우루과이 라운드 협상과 한국의 대응

새로운 국제 규범 도입 어떻게 다루었나?

한국외교협상사례 총서 13

우루과이 라운드 협상과 한국의 대응
새로운 국제 규범 도입 어떻게 다루었나?

초판 1쇄 발행 2022년 12월 30일

지 은 이 이재민
발 행 인 한정희
발 행 처 경인문화사
출판번호 406 – 1973 – 000003호
주소 (10881) 경기도 파주시 회동길 445 – 1 경인빌딩 B동 4층
전화 031 – 955 – 9300   **팩스** 031 – 955 – 9310
홈페이지 http://www.kyunginp.co.kr
이메일 kyungin@kyunginp.co.kr

ISBN 978-89-499-4997-0 94340
    978-89-499-4940-6 (세트)

국립외교원 외교안보연구소
외 교 사 연 구 센 터

우루과이 라운드 협상과 한국의 대응

새로운 국제 규범 도입 어떻게 다루었나?

이 재 민

경인문화사

간행사

뛰어난 인재를 구하기 어려움은 옛날과 오늘이 다르지 않았으니, 선인들은 이를 '재난(才難)'이라는 말로 표현했습니다. 특히 대한민국 외교를 짊어질 외교관 후보자와 초임 외교관들에 대한 교육의 중요성과 어려움은 새삼 강조할 필요도 없을 것입니다. 이에 국립외교원 외교안보연구소 외교사연구센터는 외교관후보자 교육과 초임 외교관들의 실무에 도움을 주고자 2018년부터 「한국외교협상사례」총서를 발간하고 있습니다. 본 총서는 1948년 대한민국 정부 수립 이후 오늘에 이르기까지 외교부가 수행한 주요 외교협상 사례의 배경, 주요 쟁점, 전략, 과정, 성과 및 후속조치 등을 체계적으로 서술함으로써 그 공과(功過)를 기록하고 정책적 함의를 도출하는 데 그 목적이 있습니다.

이를 위해 국립외교원은 국내 정치외교학계 및 국사학계의 최고 전문가들로 구성된 기획편집위원회의 자문을 받아 주요 외교협상사례 100건을 선정한 후, 이를 바탕으로 매년 5책 내외의 「한국외교협상사례」총서를 간행하고 있습니다. 본 편찬사업의 실무를 담당한 김종학 외교사연구센터 책임교수와 집필자 추천으로부터 최종 결과물의 심사에 이르기까지 전 과정에 참여해주신 신욱희, 홍석률 공동위원장을 비롯한 기획편집위원들의 헌신적인 도움과 노력에 심심한 사의를 표합니다. 본 총서가 장래 한국 외교의 동량(棟梁)이 될 우리 외교관 후보자들에게 귀감이 되는 교재이자 현직 외교관들의 유용한 업무 지침서로 널리 활용될 수 있도록 많은 관심과 격려를 부탁드립니다.

2022년 1월

국립외교원장 홍현익

이 책은 우루과이 라운드 협상을 새로운 각도에서 조망한다. 1986년부터 1994년까지 8년에 걸쳐 진행된 이 협상은 WTO를 출범시키며 세계 교역질서의 틀을 새롭게 짰다. 그간 우루과이 라운드 협상을 다룬 글이나 책은 많지만 대부분 쌀 시장 개방 문제 등 여러 현안들을 단편적으로 다루었거나 또는 협상 결과 새롭게 출범한 WTO 체제를 소개하는 내용을 담고 있는 것이 대부분이었다. 이 책은 우루과이 라운드 협상을 새로운 규범 도입이라는 측면에서 살펴본다. 새로운 통상규범이 어떻게 논의되고, 어떻게 타협에 이르게 되었는지 검토한다.

지금 이 작업이 필요한 이유는 두 가지다. 먼저 규범 형성의 시기가 다시 도래하였다는 측면이다. 안타깝지만 2016년 이후 WTO를 중심으로 한 다자주의 체제가 급속히 약화되며 현재 새로운 규범 논의가 활발하게 전개되고 있다. 동시에 디지털 경제가 확산되고 코로나 19라는 전례없는 감염병이 전 세계를 휩쓸며 이를 반영한 새로운 통상규범에 대한 요구는 더욱 커지고 있다. 세계 경제를 좌지우지하는 미국과 중국은 통상규범을 어떻게 구성할 것인지를 두고 치열한 헤게모니 다툼을 벌이고 있다. 이러한 규범 형성의 시기에 직면한 지금, 36년전 우루과이 라운드 협상 과정에서 여러 국가들이 어떻게 협상에 나섰고 특히 우리나라가 어떻게 대처하였는지를 살피는 것은 오늘의 난제를 극복하는 데에도 중요한 시사점을 제시하여 준다.

두 번째 이유는 그렇게 새로운 규범이 도입된 이후 각각의 분야에서 우리나라가 어떻게 지난 27년을 헤쳐 나왔는지 한번 살펴보아야 하는 시점이 되었다는 점이다. 새로운 규범 도입 과정에서 여러 어색함과 우려가 있었는데 과연 이러한 부분이 지난 27년간 어떻게 전개되었는지 한번 정리할 때가 되었다. 과거 규범 형성 과정에서 우리의 생각과 대응을 복기하면 현재 규범 논의에 대한 우리의 전략과 미래상도 어느 정도 그려볼 수 있을 것이다.

국립외교원의 외교협상사례 연구는 과거의 주요 외교협상사례를 심층적으로 살펴보고 이를 통해 앞으로의 협상에 대한 시사점을 찾고자 하는 중요한 사업이다. 군사, 안보, 경제 등 여러 영역에서 지난 사례를 심층적으로 분석하고 교훈을 도출하는 이 사업은 앞으로 우리 외교 전략을 수립하는 데에 큰 지적 자산이 될 것이다. 또한 이들 사례 연구는 비단 정부에서 일하는 담당관들뿐 아니라 이 분야를 연구하는 학생, 연구자들과 일반 독자들에게도 여러 시사점을 제시하여 줄 수 있을 것이다. 이 책도 이러한 목표에 기여할 수 있기를 기대하는 마음이 간절하다.

이 연구사업을 기획하고 추진한 국립외교원 홍현익 연구원장님과 실무자분들의 노고에 깊이 감사드린다. 특히 그간 출간 과정에서 여러 어려운 일들을 도맡아 주신 국립외교원 외교사연구센터의 김종학 책임교수와 이상숙 연구교수, 정종혁 연구원께 감사의 말씀을 드린다.

2022년 6월 1일

이재민

차 례

1. 본 총서는 한국외교협상사례 기획편집위원회가 선정한 『한국 100대 외교협상사례』에 기초하여 협상의 배경
   과 중요 쟁점, 전개과정과 협상전략, 후속조치와 평가 등을 서술한 것이다.

2. 본 총서의 집필자 추천 및 원고 심사는 한국외교협상사례 기획편집위원회가 담당하였다. 본 위원회의 구성
   은 다음과 같다.
   공동위원장   신욱희(서울대학교), 홍석률(성신여자대학교)
   위   원   신종대(북한대학원대학교)
   위   원   우승지(경희대학교)
   위   원   정병준(이화여자대학교)
   위   원   조양현(국립외교원)

3. 본 총서는 각 협상사례를 상대국 및 주제에 따라 총 7개의 클러스터로 분류하였다. 각 클러스터는 책등 및
   앞표지 상단의 사각형 색으로 구분하였다.
   1) 한반도(황색)
   2) 미국(주황색)
   3) 일본(자주색)
   4) 중국, 러시아(보라색)
   5) 유럽, 제3세계(남색)
   6) 국제기구, 환경(녹색)
   7) 경제통상(연두색)

4. 부록에는 협상의 관련 자료 및 연표 등을 수록하였다.

  1) 관련 자료에는 한국, 협상상대국, 제3국의 외교문서 원문 및 발췌문, 발표문, 언론보도 등을 수록하였다.

  2) 자료의 제목, 공식 문서명, 발신일, 수록 문서철, 문서등록번호, 기타 출처 등은 부록 서두에 목록화하였다.

  3) 연표에는 주요 사건의 시기와 내용, 관련 자료 등을 표기하였다.

  (예)

시기	내용
1950. 10. 7.	유엔총회 UNCURK 창설 결의

  [자료 1] "Resolution 376 (V) Adopted by the General Assembly"

  4) 자료의 제목은 공식 문서명을 기재하는 것을 원칙으로 하되(예: "Telegram from the Embassy in Korea to the Department of State") 편의상 자료의 통칭 등을 기재하기도 하였다(예: "닉슨 독트린").

  5) 자료는 원칙적으로 발신일을 기준으로 나열하되, 경우에 따라 협상 단계 및 자료간 연관성 등을 고려하여 배치하였다.

우루과이 라운드 협상은 새로운 통상규범이 일시에, 그리고 여러 방면에 걸쳐 포괄적으로 우리나라에 들어온 마지막 사례이다. 2022년 현재 우리나라는 다시 새로운 통상규범 형성 과정의 한 가운데에 서 있다. 과거 우루과이 라운드 협상에서 우리의 기억을 복기하고 경험을 되살리는 것이 지금 무엇보다 필요하다.

우루과이 라운드 협상은 우리나라가 새로운 규범 형성 과정에 적극 참여하는 것이 결국 우리나라의 이해관계를 보호하는 데 도움이 된다는 점을 여실히 보여주고 있다. 이를 강 건너 불 구경 하듯이 해서는 그 대가를 두고 두고 치루어야 한다는 점을 깨닫게 해 준다. 또한 적절한 전략만 수립되면 우리나라가 효과적으로 이 작업에 나설 수 있다는 가능성도 잘 보여주고 있다. 세계 교역 시장에서 우리나라의 영향력이 지속적으로 확대됨에 따라 이제 새로운 통상 질서 정립 과정에서 우리나라의 적극적인 역할이 요구되고 있다.

한 번 도입된 국제통상 규범은 협상에 참여한 모든 나라를 구속하며 오랜 기간에 걸쳐 긍정적이든 부정적이든 심대한 영향을 미치게 된다. 그 나라 기업과 국민에게 큰 영향을 초래한다. 국제통상에 사활을 걸고 있는 우리나라 입장에서는 이러한 국제통상 규범 형성 과정에 적극 참여하여 우리 입장을 개진하고 우리나라에 유리한 방향으로 규범이 도입, 채택될 수 있도록 노력하는 것은 무엇보다 중요하다. 통상분쟁에 대한 일종의 선제적 또는 예방적 대응이라고 부를 수 있을 것이다.

우리나라는 세계 통상질서를 좌지우지하는 위치에 있지는 않으나 세계 11위에 해당하는 경제규모를 가진 국가로 무시할 수 없는 영향력을 보유하고 있다. 이러한 우리나라의 위상은 통상규범 형성 측면에서 우리에게 새로운 가능성을 제시하고 있다. 특히 지금 논의되는 여러 규범들은 선진국과 개도국간, 그리고 보다 구체적으로는 미국과 중국간 첨예한 대립을 보이고 있는 사안들과 연관되어 있는 경우가 대부분이다. 선진국과 개도국의 중간에 위치하여 있고, 양측의 입장을 모두 이해하고 있는 우리의 특별한 위치를 활용하면 새로운 통상규범 형성에 우리 목소리를 반영할 수 있는 기회는 더욱 늘어날 것이다.

그러므로 앞으로 이러한 역할을 더욱 적극적으로 수행하여 국제사회가 요구하는 통상규범을 채택하는데 있어 우리의 입장과 의견을 반영하기 위해 최선의 노력을 기울여야 한다. 통상에 사활을 걸고 있는 우리 입장에서는 어떠한 규범이 어떻게 도입되는지 여부가 우리 모든 수출기업과 국내산업에 결정적 영향을 미치기 때문이다. 새로운 규범들이 최소한 우리에게 불리한 방향으로 채택되지는 않도록 만전을 기하여야 한다.

물론 지금까지도 주요 이슈에 대하여 우리 입장을 개진해 오고는 있으나 당장 국내적으로 민감하지 않은 사항에 대해서는 대체적으로 우리나라가 수동적 입장을 취해온 측면이 없지 않았다. 그간 우리 위상이나 국력이 지금과 달리 그러한 목소리를 낼 만한 위치에 있지 않았고 또 어떠한 방식으로 결론이 도출되더라도 우리에게 치명적인 영향을 주는 경우는 그렇게 많지 않을 것이라고 생각하였기 때문이다. 그런데 이제는 우리나라의 위상도 크게 변하였으며, 이에 따라 제반 분야에서 우리나라를 견제하는 국가들도 점차 늘어나고 있고, 우리 입장 자체도 주요국과 상이한 경우도 늘어나 이제 우리 스스로 입장과 방향을 정해야 하는 경우도 점차 늘어나고 있다. 이러한 상황에서는 다른 나라의 입장을 확인하고 이에 기초하여 우리의 방향을 정하는 경우보다는 우리 스스로 독자적인 방향을 수립하고 때로는 장애물을 개척해야 한다. 이러한 도전정신으로 통상협정의 채택 내지 개정에 관한 교섭이 진행되는 계기에 우리 입장과 상황을 반영한 규범이 도입될 수 있도록 우리 역량을 결집하여야 한다.

우리 교역 규모를 감안할 때 세계시장에서 가지는 우리나라의 영향력은 앞으로도 더욱 커질 것이다. 보호무역주의를 줄여 나가고 다자주의를 다시 강화하여 자유무역을 구현하는 방향으로 국제통상질서를 이끌어 가는 과정에서 우리나라가 중요한 기여를 할 수 있을 것이다. 이러한 방향이 결국 우리 국익에도 부합한다.

새로운 통상규범의 큰 흐름을 파악하지 못한 채 눈 앞의 사안만을 해결하는데 급급하면 통상에 의존하는 비율이 높은 우리나라는 갑자기 큰 어려움을 겪을 수 있는 위험을 항상 안게 된다. 우리나라의 이해관계를 반영하고 앞으로 통상협정 운용 과정에서의 주도권을 위하여 이러한 다양한 rule-making에 적극 참여해야 한다. 현재 아시아를 넘어 유럽, 남미, 중동에까지 확산된 소위 한류로 우리나라의 국가 이미지가 향상되고 세계 문화 시장에서 판세를 주도하는 soft-power를 갖게 된 것과 같이 국제통상협상에서의 적극적인 자세는 통상 분야에서 우리의 soft-power 강화를 가능하게 할 것이다.

점차 부상하는 인도-태평양 지역에서 가장 개방된 국가 중 하나이며, 선진국과 개도국의 중간에 위치하고 있고, 미국-중국과 모두 가까운 관계를 유지하고 있으며, 앞으로 경제관계를 주도할 디지털 분야에서 앞서 나가고 있는 우리나라는 규범 형성 부분에서 주도적 역할을 할 수 있는 인프라를 이미 갖고 있다. 앞으로의 과제는 이러한 인프라를 어떻게 활용하여 적극적으로 국제사회의 여러 논의 과정에 참여하는지 여부이다. 이 문제가 앞으로 우리 통상정책의 핵심이 되어야 하고, 또 우리 외교정책의 중요한 부분이 되어야 한다. 특히 '경제안보'가 새로운 과제로 우리에게 다가오고 있는 2022년 현 상황을 감안하면 새로운 규범 형성 과정에서 우리의 역할은 우리 외교 지평을 넓혀주는 수단이 될 뿐 아니라 우리 기업과 산업의 지속적인 발전과 세계 시장 진출을 위한 디딤돌이 될 것이다.

우루과이 라운드 협상과
한국의 대응
새로운 국제 규범 도입
어떻게 다루었나?

Ⅰ. 들어가며

2022년 2월 현재 국제통상체제는 급변하고 있다. 기존의 교역질서는 그 뿌리가 흔들리고 이 와중에 세계 최대 교역국인 미국과 중국 간 분쟁은 악화일로를 걷고 있다. 2021년 1월 미국의 바이든 행정부가 새로 출범하였지만 중국에 대한 견제와 압박은 계속 이어지고 있다. 미중 분쟁뿐 아니라 코로나 바이러스(COVID-19) 확산과 브렉시트(Brexit)와 같이 이전에 경험해 보지 못한 상황들도 연이어 발생하고 있다. 이에 더하여 디지털 경제와 4차 산업혁명 시대의 도래로 새로운 사업형태와 교역방식도 속속 우리 앞에 등장하고 있다. 2020년 1월부터 25개월째 전 세계를 휩쓸고 있는 코로나 바이러스 사태는 그야말로 전세계 교역 상황을 '시계(視界) 제로'의 상황으로 몰아넣었다. 그야말로 전례 없는 통상 충격파가 전방위적으로 밀려들고 있다.

이러한 혼돈상황은 국제사회의 큰 그림에서만 그치는 것이 아니다. 국제교역의 각론으로 들어가도 우리나라는 현재 사면초가 상황이다. 미국은 "국가안보(national security)"를 이유로 우리 주요 수출품에 대한 추가관세 부과를 수시로 위협하고 있다. 지금 사활을 건 싸움을 전개하는 중국과 미국은 우리나라의 1, 2위 교역국이다. 누가 승자가 되든 우리나라에 대한 심대한 파장은 불가피하다. 우리 기업에 대한 주요 부품 및 장비를 공급하는 이웃나라 일본과의 관계 역시 위태위태한 상황이며 2019년 7월 1일 부과된 수출제한 조치가 3년이 가까워 오는 현 시점에도 여전히 이어지고 있다. 그간 우리나라의 울타리가 되었던 세계무역기구(World Trade Organization: WTO)는 그 앞날이 불투명하다. 2020-2021년 진행된 사무총장 선거 과정에서 현 WTO의 문제점과 한계가 적나라하게 드러났다. WTO 체제의 핵심을 이루는 항소기구는 2019년 12월부터 마비된 상태이다. 그야말로 전례 없는 어려움이다.

그렇다고 우리가 손을 놓고 실망만 하고 있을 수만은 없을 것이다. 어려울 때일수록 긍정적인 측면도 동시에 보는 것이 중요하다. 작금의 어려움은 뒤집어 생각하면 우리에게는 기회이기도 하다. 새로운 통상질서와 교역규범이 형성되는 이 시점에 우리가 제대로만 중심을 잡고, 내부 역량을 결집해 치고 나간다면 새로운 국제환경에서 앞자리를 선점할 수 있는 창이 열릴 수도 있기 때문이다. 새로운 질서 형성 과정에서 여러 국가들이 주춤하는 사이 그 틈새를 우리가 파고들 여지도 있을 것이다. 많은 사람들이 이야기하듯 21세기는 아시아의 시대로 이어질 가능성이 높다. 그런데 그러한 아시아의 시대를 선도할 것으로 보이던 중국이 미국으로부터 강력한 견제를 받고 있다. 그렇다면 이는 우리에게는 새로운 기회가 될 수도 있을 것이다.

이러한 시각에서 우리나라가 그 이전에 가장 어려운 통상환경에 직면하였던 1980년대 후반 진행된 우루과이 라운드(Uruguay Round: UR) 협상 상황을 되돌아보고 우리가 어떻게 이 협상에 임하였고, 어떠한 결과를 도출하였는지 살펴보는 것은 중요한 작업이다. 당시의 성공과 실패를 30여 년이 지난 현 시점에 복기하며 앞으로 진행될 다양한 통상협상에 활용할 수 있는 시사점을 도출할 수 있기 때문이다. 특히 당시 대내외 여건이 아주 어려운 상황에서 우리 정부가 어떻게 전략을 수립하고 주요국과 협상에 임하였는지, 그리고 어떻게 국내적으로 설득작업을 진행하였는지 살펴보는 것은 더더욱 중요하다. 그러한 국내외 논의의 기본틀은 2022년 현재에도 그대로 적용될 수 있기 때문이다. 나아가 사안별로 그대로 적용될 수 없는 부분을 일단 확인하는 것도 나름대로 의미가 있다. 앞으로의 통상협상 전략을 정비하는 데에 역시 반면교사로 하나의 가이드라인을 제시할 것이기 때문이다. 그 동안 우리나라가 자유무역협정 (Free Trade Agreements: FTAs) 협상을 여러 건에 걸쳐 진행하였으나 그 규모와 국내 반응 그리고 후속 파급효과 측면에서 UR에 비할 만한 것은 아니다. 따라서 UR 협상 결과야 말로 앞으로 우리나라가 대규모 통상협정 협상에 나서 새로운 통상규범을 대거 도입하는 경우 그 교훈을 찾을 수 있는 가장 포괄적인 케이스 스터디 사례로 평가할 수 있을 것이다.

1. 본 연구의 의의
: 통상규범 측면에서 한국의 UR 협상 대응 연구

1986년부터 1994년까지 8년에 걸쳐 진행된 UR 협상 과정에서 새로운 통상규범이 대거 협상 테이블에 올라왔고, 이에 대한 심도있는 논의가 전개되었다. 그 결과 여러 분야에서 새로운 규범이 도입되어 1995년 WTO가 출범하였고 그렇게 새롭게 형성된 국제교역 체제에서 우리나라는 지난 27년간 국제교역에 나서고 있다. 우리 정부가 이 UR 협상 과정에서 다양한 규범도입 움직임에 직면하여 어떠한 입장을 취하였는지, 그리고 어떠한 전략으로 이 협상에 임하였는지에 대한 자료 정리와 확인은 그간 부재하였다. 국내적으로 첨예한 갈등을 초래했던 쌀 시장 개방 문제 등 핵심 사안에 대한 결과만이 단편적으로 알려지고 있을 따름이다. 따라서 우리나라가 어떠한 전략으로 여러 신규범들을 판단하였고, 협상 과정에서 어떠한 입장을 개진하였는지에 대한 저술은 별도로 존재하지 않는다.

2022년 현재 디지털 교역의 확산, WTO 개혁 논의, 탄소중립 정책 등 새로운 통상규범이 활발하게 논의되는 과정에서 우리가 어떠한 방식으로 새롭게 진행되는 이들 신규범 협상에 나서야 하는지에 대한 의미 있는 가이드라인을 찾기가 어려운 실정이다. 그간 우리가 꾸준히 체결해온 FTA도 나름대로 시사점을 제시하지만 이들은 기본적으로 양자적 협상이며, 기존 WTO틀을 일단 전제하고 있는 제한적 협상이라는 측면에서 우리에게 제시하는 시사점은 그렇게 크지 않다. 이에 대한 가장 근접한 전례는 바로 UR 협상이다. 따라서 이 당시의 제반 사정을 확인하고 정리하여 시사점과 교훈을 도출하는 작업은 현 시점에서 무엇보다 중요하다.

이러한 목표의식 하에 이 책에서는 구체적으로 다음의 쟁점을 다루고자 한다. 먼저 새로운 규범 도입 제안에 대하여 우리 정부가 어떠한 입장을 취하였는지, 찬성 및 반대에 대하여 우리가 어떠한 논거를 제시하였는지 살펴보고자 한다. 예를 들어, 새로운 규범 논의가 구체화 되는 단계에서 우리 정부는 이를 국내적으로 어떻게 설명하고 이해관계자들간 의견을 조율하였는지 살펴보고자 한다. 특히 우리 국내법 개정 문제, 국내 이해관계 그룹에 대한 설명 문제, 정부 부처의 역할 조정·분담 문제 등에 대하여 어떠한 대응을 하였는지 집중적으로 검토한다. 특히 새로운 규범 도입을 위해 여러 국가들은 서로 의견을 수렴하고 제안서를 교환하는데, 이 과정에서 우리 정부는 어떠한 제안서를 제출하거나 의견을 제시하였는지 그리고 다른 국가의 제안서와 의견에 어떻게 반응하였는지 역시 검토한다. 그 다음으로 이러한 협상 과정 결과와 지난 27년간의 WTO 협정 적용 경험을 복기하여 볼 때 당시 우리 정부의 판단과 평가가 여러 규범 별로 타당하였는지 여부에 대한 객관적인 평가도 실시하고자 한다.

1986-1994년에 걸쳐 진행된 UR 협상은 오늘날 다자간 국제교역 체제의 골격을 마련한 중요한 전환점이었다. 이 협상에 우리나라는 적극적으로 참여하여 주요한 성과를 거두었고 전반적으로 우리가 목표한 소기의 성과를 달성한 것으로 평가되고 있다. 이러한 상황은 UR 협상 결과 1995년 1월 1일 출범한 WTO 체제 하에서 우리 경제와 교역이 비약적으로 성장하였다는 사실을 보아도 알 수 있을 것이다.

그러나 동시에 UR 협상 과정에서 농산물 시장 개방 문제, 섬유교역 문제 등 국내적으로 민감한 부분에 대하여 심각한 국내적 갈등이 표출되기도 하였다. 당시 국내적 갈등을 원만하게 봉합하고 대국민 설득작업을 효과적으로 진행한 결과, 우리나라는 새로이 출범한 WTO에서 입지를 단단히 구축할 수 있었다. 그간의 연구작업은 주로 UR 협상 과정에서 특정 상품에 대한 시장개방 문제를 어떻게 다루었고 국내적으로 어떠한 의견 조율이 진행되었는지 여부에 초점이 맞추어져 왔다. 요컨대 '품목별 시장개방'이 UR 협상에 대한 그간의 논의의 중심이었다. 이제 이를 넘어 신규범 도입과 통상체제의 거버넌스 구축이라는 거시적 측면의 과제를 우리가 어떻게 다루었는지 살펴볼 시점이다. 이를 통해 새로운 거버넌스가 검토되는 2022년에 중요한 시사점을 제시하여 줄 것이기 때문이다.

2. 본 연구의 기여
: '규범 도입' 협상에 대한 기록 확인 및 평가

 통상협정 전반에 대한 그간의 연구과정에서 충분히 다루어지지 않은 내용은 새로운 규범을 도입하는 과정에서 우리나라가 어떻게 대응하였고 어떠한 전략을 채택하였는지 여부이다. 새로운 규범이 대거 도입된 UR 협상에 대한 연구에서는 더더욱 그러하다. UR 협상을 통해 서비스 교역, 지식재산권 보호, 분쟁해결절차 등에 대하여 그간 국제사회가 다루어 보지 않은 새로운 통상규범이 상당수 새로 들어왔다. 이전에 시도해 보지 않은 새로운 통상규범이 도입되는 과정에서 우리나라가 이를 어떻게 종합적으로 평가하고 어떠한 전략으로 협상에 나섰는지에 대해 면밀히 살펴본 연구는 아직 확인되지 않고 있다. 그러다 보니 당시 우리의 경험과 교훈이 사장되는 측면이 없지 않았다. 특히 당시 이 과정에서 중요한 역할을 한 외무부의 외교협상 기록과 이에 대한 검토는 충분히 이루어지지 않았다. 다른 부처의 협상기록에 대한 검토 역시 마찬가지이다. 나아가 이러한 기록에 대한 통상법적 내지 국제법적 검토도 거의 시도되지 않았다. 단지 "국내 시장 개방을 이렇게 지연 내지 방어하였다"는 식의 시장접근적 평가만이 주를 이루었다.

 2022년 현재 세계 교역질서가 혼돈에 빠진 상황에서 또다시 새로운 통상규범 모색이 활발하게 이루어지고 있다. 수산보조금, 국영기업(State-Owned Enterprise: SOEs), 디지털 교역, 탄소저감 등이 바로 대표적인 영역이다. 이러한 신 통상규범 도입에 우리가 어떻게 참여할 것인지 판단하는 데에는 우리나라가 가장 포괄적으로 새로운 규범 도입에 나섰던 UR 협상 과정을 한번 살펴보고 이로부터 시사점을 도출하는 것이 필요하다. 이를 통해 과거의 실패를 반복하지 않을 수 있고, 새로운 협상 과정에서 우리 입장을 보다 효과적으로 개진할 수도 있을 것이며, 국내적 이해관계의 충돌을 중재할 수도 있을 것이기 때문이다. 특히 UR 협상 과정에서 일부 신규범 이슈에 대해 우리와 입장을 달리하던 미국, EU, 일본 등과 어떻게 타협점을 찾았는지에 대한 외교기록을 검토하는 것은 앞으로 첨예한 대립을 보일 제반 현안에서 타협점을 찾는 작업을 용이하게 하여 줄 수도 있을 것이다.

따라서 이 연구는 단지 과거 협상 기록의 정리 내지 확인에 그치는 것이 아니라 현재 새로운 형태의 통상규범 도입을 활발하게 검토하는 "제2의 UR" 협상 과정에서 우리가 어떻게 대처할 것인지 시사해 주는 준거점으로 그 의미를 가질 수 있을 것이다.

Ⅱ. 한국 정부의 UR 협상 참여

　2차 세계 대전이 종결되고 전후 새로운 국제경제질서를 구축하는 핵심 기제로 이해되었던 '국제무역기구(International Trade Organization: ITO)' 설립을 위한 계획(현장)이 결국 미국 상원의 비준을 얻는데 실패함으로써 역사의 뒤안길로 사라지고 말았다. 그 대신 ITO의 우산 아래 하나의 협정으로 작동 예정이었던 관세 및 무역에 관한 일반협정(General Agreement on Tariffs and Trade: GATT)이 애매한 위치에서 그 자리를 이어받아 새로운 교역질서를 구축하게 되었다. 국제기구도 아닌 GATT가 사실상 국제기구의 역할을 해야 하는 불편한 상황이 초래된 것이다. GATT의 이러한 어정쩡한 역할은 UR 협상에 따라 1995년 1월 1일 세계무역기구(World Trade Organization: WTO)가 출범할 때까지 지속되었다. 48년에 걸친 GATT 체제에서는 도합 8차례에 걸친 다자간 무역협상(Round 협상)이 개최되었다. 협상 초기에는 주로 상품 관세인하에 초점을 두었으나, 1967년 종결된 케네디 라운드부터는 비관세장벽(Non-Tariff Barriers: NTBs)에 관심을 기울이기 시작하여 1979년 종결된 도쿄 라운드에서는 비관세장벽에 대한 다양한 규범(Code)이 만들어졌다. 이 모멘텀에 힘입어 1986년 우루과이에서 시작된 제8차 협상이 바로 UR 협상이다. UR 협상이 상품 관세인하만큼이나 신규범도입에 방점을 둔 배경이다. 우여곡절 끝에 1993년 12월

UR 협상이 성공적으로 마무리되었고 협상 참가국들은 1994년 4월 15일 모로코의 작은 도시인 마라케시에서 "WTO 설립을 위한 마라케시협정(Marrakesh Agreement Establishing the World Trade Organization)"에 최종 서명을 하였다.[1] 이 협정이 이듬해인 1995년 1월 1일부터 발효됨에 따라 WTO 체제가 출범하게 되었다.

GATT 협정은 WTO 협정에도 첫 번째 부속협정으로 포함되어 있으므로 기존의 체제가 WTO로 들어와서도 그대로 이어지는 부분도 있었다. 그러나 새로운 WTO 체제의 등장은 기존의 국제통상 체제에 큰 변화를 가져왔다. 가장 큰 변화 중 하나는 국제통상 규범(trade norms)이 모든 영역에서 구체적으로 제시되고 그 준수 여부를 법적인 측면에서 엄격히 평가하는 소위 "법의 지배(rule of law)" 원칙이 본격적으로 대두한 점이다. 즉, 이전의 외교 교섭의 대상이었던 통상 문제가 드디어 법적 규율의 문제로 변화된 것이다. 물론 이전에도 법적 접근이 없었던 것은 아니나 GATT 시대의 법적 접근은 미미하였다. 그간 국제통상이 여러 영역으로 확산되고 또 각국의 자의적인 통상규제 조치에 피해를 입은 많은 국가들이 국제통상의 규범력 강화와 사법적 접근 강조에 동조하면서, WTO 체제 출범으로 이어지게 된 것이다. 2022년 현재 국제교역 체제가 혼돈에 빠지고 미중 무역분쟁이 격화되는 배경에는 이러한 접근법에 대한 새로운 검토가 필요하다는 점을 시사한다. 그간의 지나친 사법적 접근의 한계를

---

1 일반적으로 이 협정은 WTO 설립협정 내지 마라케시 협정으로 불리운다. 실제 구체적 규범을 제시하는 여러 협정들은 이 설립협정의 부속협정으로 포함되어 있다. 흔히 우리가 WTO 협정이라고 말할 경우 이 용어는 설립협정과 그 부속협정을 합한 통합적인 개념이다. 영어로는 "WTO Agreements"로 통칭하고 있다.

목도하고, 이제 다시 외교적 접근의 중요성을 강조하고자 하는 움직임이 감지되고 있다. 문제는 그 균형점을 어디에서 찾느냐이다. 바로 미중 분쟁과 WTO 개혁의 핵심 쟁점이다.

UR 협상에서 본격적으로 진행된 '규범화' 작업은 여러 경로로 이루어졌다. 먼저 기존의 GATT 협정에 포함된 조항들 중 일부는 그 중요성에 비추어 각각 세부적인 내용을 더하여 별도의 협정으로 발전하게 되었다. 우리 귀에도 익은 반덤핑 협정, 보조금 협정, 세이프가드 협정, 관세평가 협정, 동식물위생검역 협정 등이 바로 그것이다. 이들 협정은 기존 GATT 협정의 제6조, 16조, 19조 및 20조를 각각 새로운 독립협정으로 발전시켜 WTO 체제에 포함시킨 것이다. GATT 체제를 거치며 이들 문제를 둘러싼 통상분쟁이 더욱 복잡하게 전개되게 되자 간단히 하나의 조항만으로 이 문제들을 규율하는 것이 어렵다는 현실을 직시하게 되었고, 그 결과 제반 사항을 자세히 다루는 별도 협정에 대한 필요성이 대두하게 된 것이다. 이들은 새롭게 부속협정에 포함되어 국제교역에 적용되는 구체적 규범을 제시하게 되었다. 기존의 GATT 협정 역시 'GATT 1994 협정'으로 이름을 바꾸어 계속 남아 있으므로 결국 이들 '기존 조항 확대형' 부속협정이 적용되는 이슈에 대해서는 GATT 협정의 관련 조항과 새로운 협정이 동시에 적용되는 상황으로 발전하게 되었다. 손쉬운 해결책이었으나 이러한 중복적인 규범의 존재는 결국 두고두고 혼란을 초래하는 요소로 남게 되었다. 또한 이렇게 새롭게 도입된 규범들이 모두 중요한 내용을 담고 있었으나 동시에 충분히 세부적인 내용은 담지 못하여 많은 내용들은 규범에서 빠진 상태로 새로운 협정들이 출범하게 되었다.

WTO가 출범하고 새로운 협정이 본격적으로 적용되는 1990년대 후반에 가서야 빠져 있는 부분이나 잘못 도입된 부분에 대해 인식하게 되었다. 그러나 국제조약은 일단 한번 출범하면 이를 다시 개정하거나 폐기하는 것이 상당히 어렵다. 잘못된 점을 알고 있어도 그대로 유지되는 것이 일반적인 모습이고, WTO 협정 역시 예외가 아니었다. 사실 이러한 오류를 시정하고 보완하기 위한 작업을 조기에 시작하여 2001년부터 도하 개발 라운드(Doha Development Agenda: DDA)가 시작되었으나 이미 변해 버린 국제정세로 인해 이 협상을 마무리하는데 실패하였고, 결국 그 파장이 오늘에 이르고 있다.

한편, 기존의 GATT 체제에 아예 존재하지 않던 새로운 내용들을 WTO 협정 내에 새롭게 포섭하는 작업도 UR 협상에서 이루어졌다. 서비스 교역을 규율하기 위한 GATS 협정, 지식재산권 문제를 규율하기 위한 TRIPs 협정, 분쟁해결절차를 규율하는 DSU 협정이 대표적인 사례이다. GATS와 TRIPs는 국제교역이 상품교역을 넘어 다른 영역으로 점차 그 범위를 넓혀가고 있음을 보여주고 있으며, DSU는 국제통상분쟁을 해결하는 사법적 메커니즘의 도입을 보여주는 사례이다. 특히 DSU를 통해 국제통상 분쟁에 대한 1심 분쟁, 항소심 분쟁 제도를 각각 도입하고 여기에 철저한 심리기한을 부여하는 등 국내법원과 유사한 절차적 규칙을 도입함으로써 통상분쟁의 사법화 목표를 적극 구현하였다. 사실 이들 규범들은 UR 협상에서 오랜 논의 끝에 도입되었으나 여러모로 불충분하거나 불명확한 부분을 담고 있다. 따라서 새로운 규범이 어떠한 함의를 갖고 있는지에 대하여 명확한 판단을 내리기 어려운 상황에서 주요국이 합의하여 일단 규범들을 도입한 것으로 보는 것이 적절할 것이다. 이러한 빈틈은 추후 그 문제점이 확대 재생산되어 지금의 국제 통상 체제 혼돈에 역시 일조하였다.

UR 협상을 거쳐 새로운 규범들이 이와 같이 대거 도입되면서 여러 국가들이 간과한 여러 요소가 있다. 그 중 하나가 바로 선진국과 개도국간 차이이다. 거미줄처럼 새롭게 도입된 규범체제는 선진국과 개도국간 통상규범 이행과 분쟁 대응 측면에서 역량의 차이를 더욱 부각시키는 결과를 아울러 초래하게 되었다. 통상규범이 복잡다기하게 발전함에 따라 그 의미를 해석하고 국내적으로 이를 충실히 이행하는 데에는 상당한 국내적 준비작업과 법적·제도적 인프라가 필요하게 되었다. 개도국들은 그러한 작업을 완수하기 위해 더 많은 시일과 노력이 필요하였다. 또한 새로이 도입된 규범을 제대로 이행하고 문제가 생길 경우 설명과 방어에 나서기 위한 전문인력의 확보가 필요하나 개도국들은 여기에서도 큰 어려움이 있었다. UR 협상 당시 충분히 인지하지 못하였던 이러한 현상은 DDA가 "개발"이라는 목표를 내세우고 2001년 11월에 개시되는 데에 중요한 촉매제 역할을 하였다. '개발'은 바로 개도국의 우려를 반영하겠다는 의지를 표출하는 단어이기 때문이다. 개도국의 우려를 잠재우는 것이 단순히 몇몇 부속협정에서 선별적 특혜를 제공하는 데 그치는 것이 아니라 전반적으로 이들의 세계교역 참여를 독려하기 위해 새로운 제도를 요구하고 있다는 공감대가 형성된 것이다. 이처럼 UR 협상은 새로운 규범을 도입하는 과정에서 선진국과 개도국 사이의 차이를 충분히 인지·반영 못한 한계를 보여주었다.

UR 협상을 통한 새로운 국제통상 체제의 도입은 우리나라에도 새로운 기회와 과제를 동시에 제시하였다. 한편으로 국제통상 규범이 체계적으로 도입되면서 1980년대부터 우리를 괴롭히던 자의적 수출규제의 가능성이 줄어들게 되었다는 점은 긍정적인 신호였다. 동시에 새로운 규범이 우리나라에 정확히 어떠한 파급효과를 가지는지, 우리 내부적으로 어느 정도의 국내 이행을 요구하는지 등이 파악되지 않아 상당한 불안감이 존재하였던 부분도 사실이다. 교역 상대방이 법규를 따라야 한다는 것은 좋은 일이지만 그 법규의 내용이 과연 정확하게 무엇인지, 우리가 그 법규를 따르기 위해서 해야 할 일들은 무엇인지는 불명확했기 때문이다. UR 협상 전반에 걸쳐 이러한 긍정적/부정적 측면의 공존은 지속적으로 우리나라의 의식 속에 깊이 자리잡고 있었다.

UR 협상 결과 정리된 새로운 규범의 내용을 그 핵심만 정리하면 다음과 같다. 첫째, GATT는 엄밀한 의미에서의 국제기구에 해당되지 아니하는 단순한 국제협정에 불과하였으나 이제 WTO는 드디어 국제기구로서의 법인격을 갖게 되었다. 따라서 사무국 설치, 인원 충원, 예산 확보 등 국제기구 운용이라는 별도의 숙제가 새로이 부과되었다. 둘째, 종래의 GATT 분쟁해결절차는 많은 시일이 소요되고 GATT 협정 전체에 걸쳐 각 분야별로 산재하여 있으며 회원국에 대한 구속력이 약하다는 비판이 있어 왔으나 이를 획기적으로 정비하였다. 통상분쟁에 대해 제3자가 심리하고 이에 따라 법적 구속력 있는 결정을 내릴 수 있는 틀이 마련된 것이다. 셋째, 기존의 GATT가 상품교역에 한정된 반면에 WTO는 상품뿐만 아니라 서비스, 지식재산권 및 무역관련 투자도 그 규율대상으로 포함하고 있다. 국제교역의 범위가 획기적으로 넓어진 것이다. 한편 그만큼 국가간 이해관계의 충돌 가능성도 높아지게 되었다. 넷째, 반덤핑 협정, 보조금 협정, 세이프가드 협정 등을 각각 별도로 도입하여 무역구제제도에 대해 구체적인 규범을 제시하였다. 한 마디로 이들 새로운 규범들은 우리나라에 대해 상당한 기대와 부담을 동시에 초래하는 내용들이다.

1. 우리 정부의 UR 협상에 대한 이해

가. '새로운 기회' 여부에 대한 판단

1986년 9월 20일 우루과이 푼타델에스테(Punta del Este)에서 각료 선언 (Ministerial Declaration)[2]이 채택된 후 개시되어 1993년 12월 중순 타결된 UR 협상은 통상협정 협상 역사상 가장 획기적인 사건 중 하나로 평가할 만하다. 새로운 규범들이 '조약'이라는 완전체로 대거 도입된 최초의 협상이었기 때문이다. 기존의 상품 관세인하 협상과는 전혀 맥락을 달리하는 협상이었다. 각국 이해관계에 직접적인 영향을 초래하는 농산물 교역, 섬유제품 교역, 서비스 교역, 무역관련 투자조치, 지식재산권 문제에 대한 규범이 포함되었고, 반덤핑, 상계관세 관련 규범도 새로이 도입되거나 구체화되었다.[3]

이미 이 당시에도 개도국의 참여와 역할을 중시하는 분위기는 형성되고 있었다. 당시 새로운 라운드의 개시를 선언하는 GATT 각료회의로서는 이례적으로 개도국(우루과이)에서 개최되었으며, 이에 따라 개도국의 폭넓은 참여와 적극적 역할 수행에 대한 기대가 저변에 깔려 있었다.[4] 우리나라를 비롯한 주

---

2 해당 각료선언에는 ① 주어진 기간내에 농산물 무역을 왜곡하는 모든 조치의 폐지, ② 긴급수입제한조치·분쟁해결 및 비관세조치에 관련된 GATT 규칙의 강화, ③ NT(National Treatment)·MFN·투명성·시장접근을 규율하는 협정, ④ 무역관련지적재산권협정(TRIPs) 등과 같은 4가지를 포함한 광범위한 통상 문제에 대해 향후 4년간의 회담을 개시한다는 내용이 포함되어 있었다. 법무부, 『美國通商法研究』(법무부, 1996), pp. 36-37.

3 선준영, 『한국 외교와 외교관-우루과이라운드와 통상협상』(국립외교원 외교안보연구소, 외교사연구센터, 2016), pp. 76-77; 구민교·최병선, 『국제무역의 정치경제와 법: 자유무역 이상과 중상주의 편향 사이에서』(박영사, 2019), p. 218; 배종하, '우루과이라운드, 최초의 농산물 협상' in 배종하 외, 『현장에서 본 농업통상 이야기』(지니릴레이션, 2006), p. 41.

4 구민교·최병선, 전게서, p. 218; 선준영, '갓트의 당면과제와 우루과이라운드다자무역협상

요 교역국의 핵심 우려 사항이던 1980년대 미국의 일방주의를 차단하고자 하는 맥락에서 분쟁해결절차가 새롭게 포함되었고, 국제기구로서 WTO라는 새로운 조직이 탄생했다. 돌이켜보면 1986년 최초 협상 개시 시점에서 WTO 출범을 목적으로 한 것은 아니었지만, 협상 과정에서 영구적인 국제기구를 창설하자는 이야기가 나와 마지막에 합의가 된 것이었다.[5] 새로운 교역 질서 수립에 대한 당시의 적극적인 분위기를 보여주는 사례이다.

UR 협상은 공식 출범 이전에 상당한 준비작업이 선행되었다. 공식 출범 3-4년 전부터 각국 통상담당 장관이나 관료들이 참석한 고위급 회의가 개최되었다. 여기에서 중요한 역할을 한 것은 비공식 논의 과정이었다. 당시 GATT 사무총장이 주재하는 "그린룸 회의(Green Room Discussion)"에 선진국 6개국, 개도국 6개국 등이 모여 비공식 회의를 수시로 가졌는데, 한국은 여기에 개도국 대표로 참석하였다.[6] 이미 그 당시에 개도국의 입장을 개진하는 데 우리나라가 중요한 역할을 수행하는 지위에 있었다는 점은 상당히 고무적이다. 사실 우리나라는 이 회의 과정에서 개도국의 입장을 적절히 전달하였다.

의 의의', KDI 정책연구 시리즈 (1989.02.01), p. 12; 매일경제, '개도국 입장 주도역을' (1986. 05.31), available at https://newslibrary.naver.com/viewer/index.nhn?articleId=19860531000992 02001&editNo=1&printCount=1&publishDate=1986-05-31&officeId=00009&pageNo=2&prin tNo=6229&publishType=00020.

5 선준영, 전게서, pp. 76-77; 매일경제, '보호무역 동결이 뉴라운드 전제' (1986.09.17), available at https://newslibrary.naver.com/viewer/index.nhn?articleId=1986091700099202003&editNo =1&printCount=1&publishDate=1986-09-17&officeId=00009&pageNo=2&printNo=6322&p ublishType=00020; Peter-Tobias Stoll, World Trade Organization (WTO) (2014), Max Planck Encyclopedia of International Law, para.3.

6 선준영, 전게서, p. 78; 중앙일보, 'UR결산…우리 경제에 미치는 영향:상(경제초점)' (1990.12. 08), available at https://news.joins.com/article/2519129.

다만 실제 UR 협상이 진행되는 과정에서 다양한 새로운 규범에 대한 개도국의 입장을 적극 반영하는 상황으로 이어지지는 않았던 것으로 보인다. 당시 국제사회에서 새로운 규범의 파급효과에 대한 인식이 명확히 있었던 것도 아니고, 일단 협상이 개시된 다음에는 우리 현안을 챙기기에도 여념이 없었다는 점 등을 감안하면 이해할 만한 결과이다. 어쨌든 우리나라가 UR 협상 진행이 개시되는 시점에서 개도국의 입장을 대표하는 지위에 있었다는 점은 여러모로 시사하는 바가 있다. 선진국과 개도국의 브릿지 역할을 수행하는 것은 2022년 현재에도 우리에게 요구되는 과제이다.

UR 협상을 거치며 우리나라의 개도국 지위에 대한 국제사회의 새로운 조망이 이루어진 것은 사실이다. 이미 그 시점에서 우리나라가 상당한 경제적 성장을 이루고 있었기에 머지 않아 개도국 지위를 벗어날 것이라는 기대가 국내외에 있었기 때문이다. 그러나 통상협상 맥락에서는 개도국 지위를 잃는다는 것은 상당히 어려운 협상을 의미한다. 우리나라는 1967년 GATT에 가입할 당시부터 GATT 제18조 B항 국제수지 조항에 따라 개도국 지위를 유지하여 왔고, 그 결과 국제수지 적자가 발생하면 수입규제나 수입금지를 정당화할 수 있었다. UR 협상이 한창 진행 중이던 1989년 우리나라는 이 중요한 개도국 조항을 졸업하였다. UR 협상 진행 당시 이미 우리나라가 충분히 개도국 관련 조항을 모두 활용할 수는 없는 위치에 놓이게 된 것이다. 이에 따라 우리나라의 개도국 문제는 결국 쌀 시장 개방 문제로만 국한되게 되었다. UR 협상을 통해 결과적으로 우리나라는 쌀 시장만큼은 개도국 지위를 인정받아 관세화를 피하고 최소시장접근(MMA) 제도를 허용받게 되었다. 이 부분만 놓고 보면 우리나라 입장에서는 상당히 성공적인 협상 결과라고 볼 수 있을 것이다.[7]

비록 제한적인 개도국 지위를 인정 받기는 하였지만 UR 협상은 우리나라에 대하여 이제 개도국 지위를 통한 방어 수단이 더 이상 효과적이지 않을 것이라는 점을 시사하였다. 앞으로 새로운 도전에 직면할 것이라는 점을 보여준 것이다. 우리나라의 경제적 성공과 함께 국제사회에서 더 많은 부담을 질 수밖에 없다는 점을 실감하게 되었고, 동시에 쌀 시장 개방 문제에서 보는 바와 같이 국내 시장에서의 분위기는 이러한 우리나라의 상황 변화를 수용할 만한 준비가 아직은 이루어지지 않았다는 점도 아울러 명확해진 것이다. 요컨대 국내외에서 장차 새로운 도전에 직면할 것이라는 점이 점차 명확해진 상황으로 정리할 수 있다. 프로경기 2부리그에서 1부리그로 승격하여 보다 강한 경쟁상대와 맞닥뜨려야 하는 상황에 비견할 수 있다.

새로운 통상 규범이 대거 도입된 부분도 우리에게는 어려운 도전의 시기가 기다리고 있음을 의미하였다. 규범의 내용이 방대하였을 뿐 아니라 그 의미가 구체적으로 무엇을 의미하는지 여부도 아직 명확하지 않았기 때문이다. 특히 이러한 변화가 우리 기업들에게 무엇을 의미하는지도 불투명하였고, 국제분쟁해결절차에 강제적으로 참여하여야 한다는 것도 상당한 부담이었다. 당시 우리나라는 이러한 국제분쟁해결절차에 참여한 경험이 전무하였기 때문이다.

이와 같이 교역의 자유화 확대와 법의 지배 원칙의 도입으로 분명 우리나라와 같은 중소 수출국에 상당히 유리한 환경이 조성될 것이라는 희망적인 기대

---

7   선준영, 전게서, pp. 80-81; 매일경제, '쌀시장개방과 우리의 대응' (1993.12.16), available at https://newslibrary.naver.com/viewer/index.nhn?articleId=1993121600099105003&editNo=16 &printCount=1&publishDate=1993-12-16&officeId=00009&pageNo=5&printNo=8618&publi shType=00010; 농림축산식품부, 『한국농업통상 50년사』 (2017), p. 277.

와 함께 시대에 수반되는 도전들을 어떻게 극복할 것인지에 대한 우려가 교차하는 상황 속에서 UR 협상이 종결된 것이다.

WTO 출범 초기에 여러 어려운 상황에서도 우리 정부는 이러한 부분을 나름 효과적으로 처리하였다. WTO 체제에서의 우리 경제의 비약적 성장은 바로 여기에 기초하고 있다. 그러나 돌이켜 보면 UR 협상 당시의 교훈을 잘 살려 WTO 출범 이후 곧바로 여러 체계적인 제도 개선을 진행하였더라면 더 좋은 성과를 거둘 수 있었을 것이라는 아쉬움도 있다. 특히 새로운 제도의 출범이 제시하는 제도적 함의를 충분히 체화하지 못하고 단지 수출입 실적에만 초점을 둔 부분이 눈에 띈다. 1990년대 대중국 수출 증가에 따른 좋은 수출실적으로 인해 WTO 체제 출범이 요구하는 제도 개선을 보다 신속하고 체계적으로 진행하지 못한 측면이 있었고, 이러한 분위기는 결국 2001년 WTO 가입 후 급속히 진행된 중국 경제의 부상에 대해 우리가 적절히 대응전략을 수집하는 데에도 한계로 작용하였다.[8] UR 협상 과정에서 제기된 여러 규범의 정확한 의미를 파악하고 제도 개선의 필요성을 인식하였다면 2001년 중국의 WTO 가입과 중국의 WTO 협정상 의무 이행의 범위를 정확히 이해할 수 있고, 나아가 미중 분쟁의 씨앗을 어떻게 보면 진작에 짐작할 수도 있는 측면이 있었다. 그러나 우리나라의 경우 중국의 WTO 가입도 수출입 시장의 변동 측면에서만 파악하고 WTO 규범의 이행이라는 측면에서의 파급효과는 충분히 이해하지 못한 부분이 있었

---

8 김석우·윤해중·신정승·정상기, 『한중수교』(국립외교원 외교안보연구소, 외교사연구센터, 2020), p. 222; KIEP, '중국 WTO 가입 15주년 회고와 전망'(2017), pp. 16-17; 김병섭, '중국의 WTO 가입 10주년과 세계경제에 대한 영향'(2012), 외교안보연구원 주요국제문제분석, pp. 19-20.

다. 그 결과 미중 분쟁의 맹아가 싹트던 2005-2010년 기간에 오히려 중국시장으로의 우리 기업의 투자와 이전은 더욱 늘어나게 되었다. 2017년부터 미중 분쟁이 본격화하자 중간에서 오도가도 못하는 처지가 되었다.

전체적으로 새로운 기회와 도전을 제시하는 국제교역 체제의 대전환이라는 부분은 우리나라가 이해하였으나 각론으로 들어가서 어떠한 기회를 구체적으로 확대하고, 새로운 도전에 어떻게 효과적으로 대응할 것인지에 대한 전략적인 평가는 부족하였다. 상품 수출과 국내 시장 보호에 초점을 둔 정책 기조가 그대로 유지되었고 이는 GATT 체제의 정책 기본방향과 대동소이한 포지셔닝이다.

나. 수동적 협상 참여에서 서서히 적극적 입장으로

UR 협상에 처음 참여하던 당시 우리나라는 대체로 수동적이었다. 당시 우리나라를 둘러싼 대내외 여건이 대규모 통상협상을 진행하는데 우호적인 상황이 아니었고, 우리나라의 이해관계에 반드시 긍정적인 결과를 초래한다는 보장도 불투명한 상황에서 협상이 개시되었기 때문이다. 여러 항목에 대한 협상이 전방위적으로 진행되며 우리나라는 서서히 여러 논의에 보다 적극적으로 참여하게 되었다. 특히 쌀 협상을 위시한 농산물 협상에서 우리 정부는 전력을 투구하였다. 규범 관련 협상에서도 우리나라는 나름대로 적극적으로 참여하였으나, 정확하게 우리나라에 유리한 조항과 규범이 무엇인지에 대한 평가가 충분히 이루어지지는 않았던 것으로 보인다. 요컨대 "대체로 이러한 방향의 규범이면 우리에게도 도움이 되지 않을까" 정도의 추상적인 기대가 주를 이루었던 것으로 사료된다.

우리나라는 1967년 GATT에 가입하였는데, 당시 1인당 국민소득은 100달러 정도였고, 수출 순위는 전 세계 66위 정도에 불과하였다. 일본 차관 등 외자 조달을 통해 어렵게 마련한 종잣돈을 경제개발계획으로 기반시설에 투자하고, 경공업 발전에 매진하던 시기였는데, 그 당시 한국의 상황상 여러 복잡한 역사적 배경을 담고 있는 GATT 협정문의 의미를 완벽하게 이해하기는 힘들었을 것이다.[9] 이러한 상황은 이후 여러 라운드를 거치면서도 크게 바뀌지 않았다. 이는 우리나라가 전 산업 영역에 걸친 규범을 새로이 도입하는 것을 내용으로 하는 UR 협상에 적극적으로 참여하는 것에 내재적 한계가 있었음을 의미한다.

우리나라는 1986년부터 시작된 UR 협상의 중요성을 인식하고 열심히 참여하였으나, 당시 국내적으로는 여러모로 어려운 시기였다. 권위주의 정권에 대항하는 민주화 시위가 이어지고, 경제적으로는 만성 무역적자 및 오일쇼크 충격을 벗어나며 겨우 조금씩 자리를 잡아가는 상황이었다. 대외환경도 녹록지 않았다. 특히 점차 노골적으로 강화되는 미국의 보호주의에 대처하고자 고심을 거듭하던 시기로 우리 수출환경을 유지하는 것이 불투명하던 시절이었다. 이러한 국내외의 어려운 여건에서 우리나라가 UR 협정의 광범위한 내용을 모두 제대로 소화하였다고 보기는 힘들 것이다.[10] 그러므로 이러한 어려

---

9 정경록, 『2019년 통상일지』 (레인보우북스, 2020); 배연재·박노형, ‘한국의 GATT/WTO체제 경험과 국제경제법학의 발전’, 고려법학, 제73호 (2014), p. 90; 64-66; 조선일보, ‘가트 협정에의 가입’ (1967.03.07), available at https://newslibrary.naver.com/viewer/index.nhn?articleId=1967030900239102018&editNo=1&printCount=1&publishDate=1967-03-09&officeId=00023&pageNo=2&printNo=14116&publishType=00010.

10 정경록, 전게서, p. 91; 조선일보, ‘통상외교 너무 서툴다’ (1990.12.12), available at https://newslibrary.naver.com/viewer/index.nhn?articleId=1990121200239105012&editNo=1&printCount=1&publishDate=1990-12-12&officeId=00023&pageNo=5&printNo=21484&publis

운 여건 하에서 새로운 규범에 대하여 우리 나름의 평가와 의견을 개진한 것은 그 당시 기준으로 나름 국제사회에 대한 중요한 기여였다. 특히 우리나라가 다자주의 체제의 원활한 작동이라는 관점에서 의견을 개진한 부분도 심심찮게 확인되고 있는 부분은 지금도 주목할 만하다. 개도국 지위를 막 벗어나려는 우리나라가 국제사회 전체를 염두에 두고 전향적인 입장을 취한 것으로 볼 수 있기 때문이다.

우리가 적극적인 입장을 견지할 수밖에 없었던 이유는 이제 더 이상 우리도 개도국의 보호막 속에 안주하기는 힘들다는 점이 점차 명확해졌기 때문이다. 어차피 규범의 모든 측면이 우리에게도 적극 적용되는 상황으로 국제체제가 옮겨간다면 우리도 그러한 규범 형성에 보다 적극적으로 참여하는 것이 현명하다는 인식이 조금씩 자리를 잡아가게 되었다. 우리나라는 1967년 GATT 가입 후 계속 무역수지 적자를 기록했고, BOP[11] 개도국 조항에 의해 약 570개 품목(그 중 85%가 농산물)에 대해 수입제한 조치를 취했다. 그런데 우리나라가 1985년부터 4-5년간 무역흑자를 기록하자 곧바로 미국, EU, 캐나다, 호주로부터 한국이 BOP를 졸업해야 한다는 압력이 거세게 들어오게 되었다. 이 문제는 결국 GATT BOP위원회 논의로 이어졌다. 당시 BOP 보호를 받는 품목을 한번에 자유화하면 그 국내적 여파가 상당하기에 우리 정부로서는 초미의 관심사가 아닐 수 없었다. GATT 이사회에서는 1979년 이래 매 2년마다 각 개도국 회원국이 BOP에 관한 국가별 검토(review)를 받도록 되어 있었는데, 우

hType=00010; 한국국제통상학회, '세계무역체제 거버넌스 개편과 한국의 대응방안 연구' (2010), p. 65.

11 BOP(Balance of Payment) : 국제수지

리나라는 1987년에 이어 1989년에 그 심사가 예정되어 있었다. 1989년 6월 GATT 회원국과 1차 회의가 있었고, 타결에 실패한 후 다시 1989년 10월 2차 회의가 있었다. 우리 국내 부처간 국내 시장 개방에 대한 입장이 첨예하게 나뉘었을 정도로[12] 상당히 어려운 결단의 순간이었다. 결국 여러 고민 끝에 BOP 개도국 졸업을 결정하며 새로운 규범 도입에 보다 적극적인 자세로 나설 수밖에 없는 분위기로 이어졌다.

UR 협상에 적극 참여하게 된 또 다른 이유는 농산물 교역 문제 때문이다. GATT 사무총장이 주도하는 그린룸 회의에서 가장 중요한 이슈는 농산물을 UR 협상에 포함시키는지 여부였다. 미국, 호주, 캐나다 등 선진국들은 농산물을 포함하여야 한다는 점을 강력히 주장하였고, 국내 농업에 보조금을 대거 교부하는 당시 EC는 이에 대하여 소극적이었으며, 국내 농산물 시장 보호가 급선무인 일본은 선진국이지만 이에 반대하는 입장을 취했다. 당연히 우리나라는 가장 민감한 품목인 쌀을 포함한 농산물이 큰 문제였기에 이를 협상에 포함시키는 데 반대 입장을 취하였다. 그러나, 결국 미국 등 선진국이 강하게 주장하여 농산물 교역도 UR 협상에 포함되었다.[13] 농산물 교역의 UR 협상 포함

---

12   선준영, 전게서, pp. 106-107; 경향신문, '한국 가트 국제수지조항 졸업 확실' (1989.10.18), available at https://newslibrary.naver.com/viewer/index.nhn?articleId=19891018003292070 05&editNo=3&printCount=1&publishDate=1989-10-18&officeId=00032&pageNo=7&prin tNo=13557&publishType=00020; 매일경제, '수입제한 근거 상실에 관심집중' (1989.05.17), available at https://newslibrary.naver.com/viewer/index.nhn?articleId=1989051700099203004 &editNo=1&printCount=1&publishDate=1989-05-17&officeId=00009&pageNo=3&printNo= 7140&publishType=00020.

13   선준영, 전게서, p. 78; 매일경제, '수입제한 근거 상실에 관심집중' (1989.05.17), available at https://newslibrary.naver.com/viewer/index.nhn?articleId=1989051700099203004&editNo=1 &printCount=1&publishDate=1989-05-17&officeId=00009&pageNo=3&printNo=7140&publ

은 이 협상에 대한 우리나라의 관심과 의지를 대폭 높인 결정적인 변수였다.

여러 쟁점이 연동되어 동시다발적으로 협상이 진행된 부분도 우리나라가 적극적으로 협상에 참여한 또 다른 배경을 제공하였다. 지식재산권 분야나 무역관련 투자조치 같은 새로운 규범을 도입하는 문제들도 UR 협상에 포함되었는데, 주로 선진국 요구사항을 반영한 결과이다. 대신 개도국 입장에서는 섬유제품 교역 문제를 GATT 테두리 안으로 가져오는 문제와 미국의 일방주의를 견제하는 문제가 가장 큰 관심사였다. 이 문제들은 개도국의 이해관계와 직결되어 있기 때문이었다. 결국 선진국들은 미국의 일방주의 견제, 그리고 섬유교역이 UR 협상에 포섭되는 점에 동의하고, 개도국들은 새로운 규범의 대폭 수용과 농산물 교역 포함을 수용하여 서로 주고받는 방식으로 의제가 채택되었다.[14] 이와 같이 여러 쟁점들이 모두 연동되어 진행되다 보니 결국 우리로서도 점차 여러 쟁점의 논의에 순차적으로 적극 참여할 수밖에 없는 상황으로 이어지게 되었다.

다만, 난항에 처한 협상이 마지막 단계에서 신속히 종결되며 여러 쟁점들이 서둘러 봉합된 상태에서 마무리된 것은 UR 협상 전체를 통해 아쉬운 점이다. 8년에 걸친 협상을 진행하였으니 보다 체계적이고 깔끔한 정리를 하였으면 좋았을 것이나 여러 외부적 요인으로 협상이 신속히 마무리되었다. 예를 들어, 농산물 문제는 마지막까지 UR 협상의 주요 항목이었다. 미국과 EC는 유자종자

---

ishType=00020; 농림축산식품부, 전게서, pp. 205-206.

14 선준영, 전게서, p. 80; 농림축산식품부, 전게서, pp. 85-86; 매일경제, '농산물, 섬유 큰 타격 예상' (1989.04.11), available at https://newslibrary.naver.com/viewer/index.nhn?articleId=1989041100099204001&editNo=1&printCount=1&publishDate=1989-04-11&officeId=00009&pageNo=4&printNo=7110&publishType=00020.

(oil seeds) 생산 보조금 등으로 대립각을 세웠고, 미국이 자국 통상법 제301조에 따라 EC산 포도주와 기타 제품에 대한 수입제한 조치를 부과할 것임을 예고하자 UR 협상 실패에 대한 위기감이 고조되기도 하였다.[15] 하지만 양측은 1992년 11월 20일 백악관 영빈관인 블레어 하우스(Blair House)에서 이끌어낸 상호합의를 바탕으로 UR 협상에 다시 박차를 가할 수 있게 되었고, 반전의 분위기가 형성되었다.[16]

미국 내에서도 UR 협상을 추진할 수 있는 새로운 동력이 발생하였다. 1991년 5월 민주당 의원들의 강한 반대에도 불구하고 공화당 주도의 미 의회가 행정부의 신속처리권한(fast-track negotiation authority)을 2년 더 연장하였고, 그 결과 1992년 8월 북미자유무역협정(North American Free Trade Agreement: NAFTA)을 타결한 조지 부시(George H. W. Bush) 행정부는 모든 협상력을 UR 타결에 집중할 수 있게 되었다.[17] 여기에는 물론 1992년 11월 3일 대통령 선거에서 재

---

15 법무부, 전게서, p. 38; 문병철, 'WTO와 국제통상규범', 국회사무처 (2011), p. 202; 한겨레, ''도라 도라'를 들으며' (1990.12.04), available at https://newslibrary.naver.com/viewer/index.nhn?articleId=1990120400289107003&editNo=4&printCount=1&publishDate=1990-12-04&officeId=00028&pageNo=7&printNo=791&publishType=00010.

16 구민교·최병선, 전게서, pp. 218-219; 매일경제, '독불 급선회 배경과 파장' (1993.08.28), available at https://newslibrary.naver.com/viewer/index.nhn?articleId=1993082800099105002&editNo=15&printCount=1&publishDate=1993-08-28&officeId=00009&pageNo=5&printNo=8515&publishType=00010; 국가기록원, '우리나라 식탁의 모습을 바꾸다: 우루과이 라운드', available at https://theme.archives.go.kr//next/koreaOfRecord/UruguayRound.do.

17 구민교·최병선, 전게서, pp. 219-220; 박태호, '미국 대외 경제정책 변천', 미국학, Vol. 23 (2000), pp. 115-117; 외교부, '우루과이 라운드 협상(1986-1994)' (2001), available at http://www.mofa.go.kr/www/brd/m_3893/view.do?seq=294174&srchFr=&srchTo=&srchWord=&srchTp=&multi_itm_seq=0&itm_seq_1=0&itm_seq_2=0&company_cd=&company_nm=.

선을 노린 부시 대통령의 정치적 계산도 깔려 있었다.[18] 또한 1993년 6월 30일 미 의회는 새로이 대통령에 취임한 클린턴 대통령이 UR 협상 타결을 모색할 수 있도록 대통령의 신속절차권한을 다시 연장하였고, 1993년 12월 15일을 협상종결시한으로 정하였다.[19] 결국 UR 협상은 마지막 데드라인인 12월 15일에 종결되었고, 미국은 1994년 4월 15일 WTO 설립 협정에 서명을 하고, 그 해 9월 27일 UR 협정법(Uruguay Round Agreements Act)을 미 의회에 제출하여 12월 8일 의회는 위 법안을 통과시켰다.[20]

이와 같이 주요국간 핵심사항에 대한 협상 타결, 미 국내 정치일정 등이 급격히 맞물려 돌아가며 복잡한 협상이 서둘러 종결되었다. 그 결과 여러 규범 역시 애매한 상태를 그대로 둔 채 성급히 정리되었다. 일부 협정은 전체적으로 정리가 되지 않은 상태에서 조문화 작업이 이루어지기도 하였다. 이러한 애

---

18 John Peterson, "Europe and America in the Clinton Era", Journal of Common Market Studies, Vol. 32, No. 3 (1994), 구민교·최병선, 전게서, pp. 219-220에서 재인용; 경향신문, '세계경제 블록화 가속' (1992.08.14), available at https://newslibrary.naver.com/viewer/index.nhn?articleId=1992081400329106001&editNo=15&printCount=1&publishDate=1992-08-14&officeId=00032&pageNo=6&printNo=14495&publishType=00010.

19 법무부, 전게서, p. 38; 외교부, '우루과이 라운드 협상(1986-1994)' (2001), available at http://www.mofa.go.kr/www/brd/m_3893/view.do?seq=294174&srchFr=&srchTo=&srchWord=&srchTp=&multi_itm_seq=0&itm_seq_1=0&itm_seq_2=0&company_cd=&company_nm=; 매일경제, '최종시한 한달…돌파구가 없다' (1993.11.16), available at https://newslibrary.naver.com/viewer/index.nhn?articleId=1993111600099106005&editNo=15&printCount=1&publishDate=1993-11-16&officeId=00009&pageNo=6&printNo=8590&publishType=00010.

20 법무부, 전게서, p. 38; 동아일보, '미 UR이행법 개도국지정 조항 마찰 소지' (1994.12.11), available at https://newslibrary.naver.com/viewer/index.nhn?articleId=1994121100209110012&editNo=45&printCount=1&publishDate=1994-12-11&officeId=00020&pageNo=10&printNo=22709&publishType=00010; 법무부, '최신 미국 통상법' (2018), p. 22.

매한 부분들은 결국 두고 두고 여러 국가들에 부담으로 작용하게 되었고, 특히 수출에 상당한 비중을 두는 우리나라에 상대적으로 큰 부담으로 작용하게 되었다. 물론 우리의 역할이 제한적이었고 우리가 이러한 국제정세의 흐름을 바꿀 수는 없었지만 규범의 도입이라는 측면에서 마지막 순간에 더 우리나라가 적극적인 역할을 할 수도 있지 않았을까 하는 아쉬움도 없지 않다. 두 가지 이유에서 그러하다. 먼저 당시 나름대로 우리나라가 주요 개도국으로서 어느 정도 목소리를 인정받고 있던 상황이었고, 그리고 그 다음으로 이들 규범들이 이후 우리 교역상 이해관계에 큰 영향을 초래하였기 때문이다. 반덤핑 규범, 보조금 규범 등이 특히 그러하다. 이와 같이 8년간의 노력을 마무리하는 작업이 서둘러 진행되는 바람에 여러 국가들의 불만을 초래하는 씨앗을 남기게 되었다. 돌이켜보면 미중 갈등의 출발도 여기서 유래한다.

다. 다자주의 체제 강화의 득실

다자주의 체제를 극적으로 강화한 UR 협상이 진행되며 우리나라는 이 문제에 대하여 어떠한 생각을 하였을까? 다자주의 체제에 대한 확고한 신념이라고까지 부를 수 없을지는 몰라도 그러한 흐름이 우리나라에 장기적으로 이득이 된다는 생각은 분명하였다. 당시 미국의 보호무역조치가 점차 강화되고 있던 차이므로 이를 제어하기 위한 수단의 하나로 다자주의 체제가 아주 유용하다는 점이 주요한 고려사항이었다. 그러나 동시에 다자주의 체제가 우리에게 부여하는 숙제에 대한 고려는 충분히 이루어지지 않았던 것으로 보인다.

UR 협상 개시 당시의 분위기를 되짚어 보면 다음과 같다. 1980년대에 들어서며 새로운 라운드 협상을 위한 분위기가 서서히 무르익게 되었다. 1982년에 열린 GATT 각료회의에서 미국은 서비스, 지식재산권, 농산물 등의 새로운 이슈를 다룰 후속 라운드 개최를 제안했다. 이 사항들은 이전에는 생각해보지 못한 새로운 교역 항목이었다. 많은 국가들이 시큰둥한 반응을 보인 것은 당연하였다. 새로운 라운드 협상에 대해 처음에는 여러 회원국이 냉담한 반응을 보였으나, 1980년대 미국의 공격적 무역정책에 자극을 받은 중견 개도국과 일부 선진국을 중심으로 새로운 라운드의 필요성에 대한 공감대가 서서히 형성되었다.[21]

이러한 복잡한 분위기에서 시작한 협상이므로 UR 협상 초기에는 종전보다 협상 범위를 광범위하게 넓히는 시도가 과연 성공할 수 있을 것인지에 대해 회의적인 시각도 적지 않았다. 전례 없는 협상을 과연 성공적으로 마무리할 수 있을까 하는 의문이 드는 것은 당연하였다. 그럼에도 불구하고 오랜 진통 끝에 협상을 성공적으로 마무리한 것은 그 자체로 상당한 성과라고 평가할 수 있다.[22] 당시 다자주의 체제 도입에 대한 국제적 공감대가 공고하였기 때문에 가능한 일이었다. 2022년 지금의 상황이라면 도저히 생각할 수 없는 일들이다. 이에 따라 새로운 규범의 도입도 이러한 긍정적인 분위기의 영향을 받아 예상

---

21   구민교·최병선, 전게서, p. 217; John Whalley, *The Uruguay Round and Beyond: The Final Report from the Ford Foundation Project on Developing Countries and the Global Trading System* (Macmillan Press, 1989), p. 104; K.A. Ingersent et al., *Agriculture in Uruguay Round* (Macmillan Press, 1994), p. 158.

22   배종하, '우루과이라운드, 최초의 농산물협상' in 배종하 외, 『현장에서 본 농업통상 이야기』, p. 41; Brian McDonald, The World Trading System: The Uruguay Round and Beyond (Palgrave Macmillan, 1998), p. 38; Matthias Oesch, 'Uruguay Round', Max Planck Encyclopedia of Public International Law (2014), available at https://opil.ouplaw.com/view/10.1093/law:epil/9780199231690/law-9780199231690-e1554?prd=MPIL#law-9780199231690-e1554-div1-3.

외로 신속하게 진행되었다.

그러나 그 규모가 규모인 만큼 UR 협상의 최종 타결은 마지막 순간까지 아슬아슬하였다. 모든 협상이 종결되어 1994월 4월 15일 모로코 마라케시(Marrakesh)에서 개최된 GATT 각료회의에서 당사국들은 UR 협상결과인 WTO 설립협정과 그 부속협정을 채택하는 최종 의정서(Final Act)에 서명하였다. 이후 각국은 이들 협정의 국내 비준절차를 밟았는데, 미국 내에서 WTO 설립에 따른 주권침해 문제, 추가적인 관세인하로 인한 재정손실 등이 논란이 되었다. 이로 인해 1994년 12월 초에 가서야 최종 의정서가 미 의회에서 비준되었고, 이를 기다리던 다른 회원국들도 이후 각각 비준절차를 마치게 되어 WTO는 1995년 1월 1일 정식으로 출범했다.[23] 실로 마지막 순간까지 불확실성이 존재하였던 것이다. 흥미로운 점은 결국 미국이 2017년부터 WTO에 대한 집중적인 비난을 전개한 이유가 바로 이 당시 논의되었던 주권침해 논란이라는 것이다. 옳고 그름을 떠나 미국 입장에서는 이러한 다자주의 체제 자체에 대한 우려가 초기부터 있었고, 결국 그 결과 23년이 지난 이후 본격적으로 국제사회에서 불만을 표출하는 상황으로 악화되었음을 의미한다. 이러한 사실은 다자주의 체제를 복원하고자 하는 2022년 현재의 노력이 이러한 역사적 배경과 교훈을 전제로 진행되어야 한다는 점을 시사하고 있다. 과연 미국이 WTO 체

---

23 구민교·최병선, 전게서, p. 220; Peter-Tobias Stoll, 'World Trade Organization (WTO)' (2014), Max Planck Encyclopedias of International Law, available at https://opil.ouplaw.com/view/10.1093/law:epil/9780199231690/law-9780199231690-e1555?rskey=HEtfC3&result=1&prd=MPIL; Marion Jansen, 'Defining the Borders of the WTO Agenda', in Amrita Narlikar *et al.*(eds.), *The Oxford Handbook on the World Trade Organization* (Oxford University Press, 2012), p. 296.

제의 쓰라린 경험을 두고 현재 진행중인 다자주의 체제 복원에 동조할 것인지 의문이라 하겠다. 우리에게도 중요한 교훈이라 할 수 있다.

UR 협상 타결로 인해 국제교역 체제에는 중대한 변화가 발생하였다. 첫째, 국제통상에 있어서 다자적 규범을 체계화해 법치주의를 강화하였고, 둘째, 일방적인 무역제재 조치가 발생하지 않도록 상당부분 통제할 수 있게 되었다. 이 모든 것이 바로 UR 협상을 통해 새로운 규범이 도입되었기 때문이다. 이들 규범을 통해 체약 당사국들의 행위 양식을 일정한 방향으로 이끌어 가고, 각국의 조치를 정리하여 결국 국제교역의 예측 가능성이 보다 높아지게 되었다. 이는 우리나라에게는 아주 중요한 가치이다. 국제교역에 국가경제의 사활을 걸고 있는 우리 입장에서는 누구의 입장이 옳고 그르고를 떠나 어떤 방식이든 방향성과 예측 가능성이 높아진다면 그 틀 내에서 우리의 역량을 잘 발휘할 수 있기 때문이다.[24] 늘 우리나라를 괴롭혀 오던 선진국의 일방주의적 무역제한 조치도 이제 상당 부분 줄어들 것이라는 기대감도 팽배하였다. 우리로서는 다자주의 체제가 세계시장으로 도약할 수 있는 새로운 전기를 제공할 수 있을 것으로 판단되었다.

국제체제의 유기적 구성 측면에서도 중요한 발전을 이루었다. IMF, IBRD,[25] 그 다음으로 UR 협상의 결과 WTO가 출범하여 이제 국제경제 분야에서 삼각 체제를 구성하게 되었다. GATT 체제 때보다 통상이 더 자유화되었고, 시장접

---

24 허승, 『한국 외교와 외교관 -UR 협상과 WTO 출범-』 (국립외교원 외교안보연구소, 외교사 연구센터: 2016), pp. 79-80; 서진교 외, 'WTO 체제 개혁과 한국의 다자통상정책 방향', KIEP 연구보고서 18-20 (2018), p. 32; KITA, '한국무역 GATT 가입 50년의 성과와 도전' (2017), p. 1.

25 IBRD(International Bank for Reconstruction and Development) : 국제부흥개발은행. 세계은행(World Bank)이라고도 한다.

근이 개선되었다. 그리고 여러 복잡한 교역 제한조치들이 전부 WTO 산하로 통일되었다. 이를 통해 경제활동의 국경을 없애고, 글로벌 시스템으로 강화되었으며, 진정한 세계시장이 구축되었다. 즉 시장경제를 확립하여 '다자'의 테두리를 전지구적으로 확대시킨 것이다. 국내산업을 보호하고자 하는 각국의 법령이나 행정규제를 정비하고 각국 조치의 경직성을 완화하여 시장경쟁을 촉진하면 결국 이는 기업들의 경영 합리화로 이어져 종국적으로는 세계경제가 크게 발전할 수도 있다는 기대감도 확산하였다.[26] 실제 WTO 체제 출범 이후 이러한 과정을 거쳐 국제경제가 더욱 발전할 수 있는 토대가 마련되었다. 특히 국제교역의 여러 측면에 대한 법제화를 거쳐 투명성과 예측 가능성이 제고된 것은 UR 협상의 가장 큰 성과이다. 이는 선진국, 개도국을 망라하여 모든 국가에 이득이 되는 사안이다.[27] 물론 앞에서 언급한 바와 같이 이 과정에서 개도국들의 소외가 점차 커지는 상황이 발생하게 되었고 이는 현재의 위기로 이어지게 되었다.

특히 분쟁해결절차를 다루는 부속협정인 분쟁해결에 관한 규칙과 절차에 관한 양해(DSU)는 1947년 GATT 채택 이후 발전되어 온 분쟁해결관행을 결집하고 문제점을 개선하여 경제적, 사회적 이해관계의 조화를 꾀한 UR 협상의 핵심적인 결과물이다.[28] UR 협상을 통해 분쟁해결제도에 다양한 개선이 이

26 허승, 전게서, pp. 106-110; John H. Jackson, *Sovereignty, the WTO and Changing Fundamentals of International Law* (Cambridge University Press, 2006), pp. 85-86; Brian McDonald, Op. cit., p. 226.

27 허승, 전게서, p. 111; Jackson, Op. cit., pp. 118-119; Mcdonald, Op. cit., p. 77.

28 박노형, 『WTO體制의 紛爭解決制度研究』 (박영사, 1995), p. 15; Peter-Tobias Stoll, 'World Trade Organization (WTO)' (2014), Max Planck Encyclopedias of International

루어졌는데, 협의 요청부터 패널 요청 단계까지 시간적 한계, 주선·중개·조정 등의 절차, 패널 구성, 패널 설치부터 최종보고서 제출시까지 시간적 한계, 패널 권고의 이행에 대한 감독, 분쟁해결수단으로서의 중재 등이 규정되었다.[29] 이 모든 상세한 내용들이 DSU에 포함되었다. 당시 특정한 기한이 없이 진행되고 항소절차도 없던 국제분쟁해결절차를 획기적으로 바꾼 실험적인 시도였다. 부당한 수입제한 조치를 당한 국가가 이제 외교적인 설득작업 뿐 아니라 법적 절차를 통해 자신의 입장을 호소할 수 있는 길이 열렸다는 것은 특히 우리나라와 같은 처지의 수출국들에게는 반가운 소식이 아닐 수 없었다. 그런데 결국 이러한 성과가 20여 년이 지나며 WTO 체제에 가장 큰 지분을 가진 미국의 불만으로 이어지고 결국 WTO 분쟁해결절차의 마비로 이어졌다는 점은 아이러니가 아닐 수 없다. 새로운 분쟁해결제도를 운용하며 미국의 불만이 지속적으로 축적되었고 결국 2016년부터 미국은 WTO 항소기구(Appellate Body) 운용을 억제하는 다양한 조치를 채택하였으며 급기야 2019년 12월에는 항소기구를 중단시키기에 이르렀다. 성공적인 운용이 결국 스스로의 해체로 이어졌다는 사실은 처음부터 그 디자인이 잘못된 것인지 아니면 운용 과정에서 대두한 문제를 제대로 해결하지 못한 것인지에 대한 면밀한 검토가 필요하다. 이 작업을 거쳐야만 새로운 분쟁해결제도를 차제에 출범시킬 수 있기 때문이다.

Law, available at https://opil.ouplaw.com/view/10.1093/law:epil/9780199231690/law-9780199231690-e1555?rskey=HEtfC3&result=1&prd=MPIL; Gabrielle Marceau, 'WTO Dispute Settlement and Human Rights', European Journal of International Law, Vol. 13, No. 4 (2002), p. 809.

29 박노형, 전게서, pp. 14-15; McDonald, Op. cit., pp. 43-44; Peter Van den Bossche, *The Law and Policy of the World Trade Organization: Texts, Cases and Materials* (Cambridge University Press, 2005), pp. 180-182.

지금 이러한 성찰이 EU, 캐나다, 호주, 스위스 등을 중심으로 활발하게 진행되고 있다. 이 작업도 결국 그 출발은 다시 UR 협상 결과로 돌아가 이에 대한 복기작업이 이루어져야 한다.

그러나 이러한 새로운 규범의 대거 도입은 우리나라에게는 상당한 부담을 초래하였다. 그 세부내용의 의미를 이해하는 것도 쉽지 않았을 뿐 아니라 실제 어떠한 함의를 갖고 있는지 여부에 대하여도 판단이 쉽지 않았기 때문이다. 가령 분쟁해결절차가 새로 도입되었지만 이를 적극적으로 활용하기 위한 준비 작업은 미비하였다. 사실 이 작업은 현재에도 여전히 진행 중인 상황이다. 또한 한미 FTA에서 지식재산권 양허를 하고 나서야 지역무역협정(Regional Trade Agreement: RTA)에 의한 상품 관세 양허와는 달리 지식재산권 양허에는 지역무역협정에 따른 최혜국 대우 예외가 없다는 사실을 나중에 발견했다는 점도 시사하는 바가 크다. 복잡한 협정의 상호 차이점과 유사점을 정확하게 파악하는 것이 어렵다는 점을 거듭 보여주고 있기 때문이다.[30] 이러한 경험은 앞으로의 규범 협상에서 우리나라가 특히 유념하여야 할 부분들이다.

2. 당시 우리나라 통상 환경은 어떠하였는가?

가. 미국의 지속적인 301조 발동 위협

UR 협상이 개시되던 시점은 우리나라에 대한 미국의 양자적 통상압력이 최

---

30   정경록, 전게서, pp. 91-92; 이진면 외, '글로벌 통상질서 속의 지역주의 전망과 한국 신통상정책의 발전방향', KIET 정책자료 2014-224 (2014), p. 201; 문병철, 전게서, pp. 232-233.

고조에 달하던 때이다. 당시 미국이 새로운 통상정책을 채택하였고 그 압박을 가장 직접적으로 받고 있던 국가 중 하나가 바로 우리나라였다. UR 협상은 이러한 미국의 통상압박 강화의 흐름 속에서 시작되고 진행되었다.

1980년대 들어 미국의 통상기조는 공정무역(fair trade)과 공격적 통상정책 (aggressive trade policy)으로 요약할 수 있다. 이 시기 미국 경제 상황이 악화되자 점차 미국 내에서 보호무역의 기조가 강화되었다.[31] 1985년 대외경제정책 수립을 주도한 베이커(Baker) 당시 미 재무장관은 과대 평가된 달러화 가치를 낮추기 위한 선진 5개국간 플라자 합의(Plaza Accord)와 1974년 통상법 제301조의 적용강화를 다루는 통상정책 행동계획(Trade Policy Action Plan)을 추진했다.[32] 이에 따라 1986년 UR 협상 개시, 1988년 종합통상 및 경쟁력법(Omnibus Trade and Competitive Act of 1988) 제정, 슈퍼 301조와 스페셜 301조 신설, 통신통상법에 근거한 우선협상대상국(Priority Foreign Countries) 및 감시대상국 지정 등 여러 양자적 수단에 대한 검토와 발동이 동시다발적으로 이루어졌다.[33]

---

31 외국과의 경쟁으로 인해 미국의 철강, 직물, 광산, 신발류 등의 산업이 보호조치를 추구하게 되었다. 또한 고금리, 달러화 강세, 제조업의 국제경쟁력 저하 등으로 인해 무역수지적자가 급격히 확대되고 업계와 의회를 중심으로 보호무역주의 압력이 고조되었다. 전후 가장 높은 6.4%의 경제성장률을 기록한 1984년에는 전년도에 비해 거의 2배에 가까운 1,233달러로 확대되었다. 오영호,『미국 통상정책과 대응전략』(나남출판, 2004), p. 58.

32 오영호, 전게서, pp. 58-59; 매일경제, '포스트 플라자시대 플라자합의 100년⋯글로벌 머니게임 북미, 유럽, 아태 3각축 가속' (1995.09.14), available at https://newslibrary.naver.com/viewer/index.nhn?articleId=1995091400099144001&editNo=15&printCount=1&publishDate=1995-09-14&officeId=00009&pageNo=44&printNo=9211&publishType=00010.

33 오영호, 전게서, p. 59; 경향신문, '미, 한, EC 우선협상대상국 지정' (1989.01.25), available at https://newslibrary.naver.com/viewer/index.nhn?articleId=1989012500329205001&editNo=3&printCount=1&publishDate=1989-01-25&officeId=00032&pageNo=5&printNo=13334&publishType=00020; 경향신문, '미 자국시장 보호 '한국 때리기' 대한 통상압력 강화 배경, 업계

1974년 미국 통상법은 'commerce'라는 단어에 국제교역과 관련된 '서비스'도 포괄하도록 규정하여 상품에 국한되었던 GATT의 관할분야 확장의 초석을 마련하였다.[34] 이 흐름이 결국 UR 협상으로 이어지고 WTO 체제의 출범으로 이어진 것이다. 미국 국내법의 동향을 잘 파악하여 다자간 협상에 참여하여야 하는 이유를 여기에서 찾을 수 있다. 또한 동법은 무역상대국 정부의 불공정 무역관행에 대한 보복조치를 규정했는데, "대통령은 불공정하고 불합리하며 차별적이고 모순된 (외국의) 법률, 정책, 조치를 제거하기 위해 자신의 권한 범위 내에서 모든 적절하고도 가능한 정책을 취해야 한다"는 내용이 바로 그것이다.[35] 바로 미국 통상법 제301조를 말한다.

1988년 신설된 통상법 제310조, 즉 '슈퍼 301조'는 1974년 제정된 일반 301조(조사 결과에 따른 보복 절차와 결정 그리고 집행에 관한 제301조-제309조까지의 조항)에 더해 보복조치를 더욱 강화하였다.[36] 기존의 일반 301조는 이해 관계자의

파장' (1999.02.19), available at https://newslibrary.naver.com/viewer/index.nhn?articleId=1990021900329110004&editNo=40&printCount=1&publishDate=1999-02-19&officeId=00032&pageNo=10&printNo=16673&publishType=00010.

34 법무부, 전게서, p. 37; Congressional Research Service, 'Section 301 of the Trade Act of 1974: Origin, Evolution, and Use' (Dec. 14, 2020), p. 6; Congressional Research Service, 'In Focus: Section 301 of the Trade Act of 1974' (Feb. 16, 2021), p. 1.

35 선준영, 전게서, pp. 100-101; Congressional Research Service, 'Section 301 of the Trade Act of 1974, As Amended: Its Operation and Issues Involving its Use by the United States' (Aug. 17, 2000), pp. 1-4; Congressional Research Service, 'Section 301 of the Trade Act of 1974: Origin, Evolution, and Use' (Dec. 14, 2020), pp. 2-3.

36 유병린, 『30년 경험의 전직 농업통상 관료가 말하는 농업과 통상』 (북랩, 2004), p. 89; Congressional Research Service, 'Section 301 of the Trade Act of 1974: Origin, Evolution, and Use' (Dec. 14, 2020), pp. 3-4; Congressional Research Service, 'Section 301 of the Trade Act of 1974, As Amended: Its Operation and Issues Involving its Use by the United States' (Aug. 17, 2000), pp. 4-5.

제소에 의해 조사가 시작되지만, 슈퍼 301조는 미국 무역대표부(USTR)가 우선 관심국가와 우선 관심관행(Priority Foreign Practices)을 지정하면 일방적으로 조사를 시작한다는 데 큰 차이가 있다.[37] 동 조항은 무역협정에 의해 보장된 미국의 권리가 거부될 때, 상대방의 행위·정책·법률·관행이 무역협정의 조항에 위배되거나 미국의 권리가 정당하지 않은 조치로 침해 받았을 때로 비교적 구체적으로 적시하여, 재량적 판단이 개입될 여지를 줄였다.[38] 그러나 이러한 외관상 개선에도 불구하고 결국 미국 정부의 일방적 판단에 따라 적용이 결정된다는 본질은 전혀 바뀌지 않았다. 불공정의 정도가 심한 국가나 관행을 우선협상 대상국이나 우선협상 관행으로 지정하여 의회에 보고하고, 그 나라들과 12-18개월간 협상을 통해 불공정 관행을 시정하는 조치를 취하도록 하고 있으며, 상대국의 거부로 협상이 이루어지지 않으면 100% 보복관세 부과, 수입 쿼터 실시, 무역협정 철폐, 그리고 개도국에 대해서는 일반특혜관세(Generalized System of Preference) 철회 등을 단행할 수 있었다.[39] 특히 WTO 체제 출범이후

---

37 유병린, 전게서, p. 89; 조선일보, '미, 한국차 불공정서 제외' (1996.10.03), available at https://newslibrary.naver.com/viewer/index.nhn?articleId=1996100300239109001&editNo=1&printCount=1&publishDate=1996-10-03&officeId=00023&pageNo=9&printNo=23501&publishType=00010; Congressional Research Service, 'Section 301 of the Trade Act of 1974: Origin, Evolution, and Use' (Dec. 14, 2020), p. 20.

38 유병린, 전게서, p. 89; Congressional Research Service, 'In Focus: Section 301 of the Trade Act of 1974' (Feb. 16, 2021), p. 2; United States International Trade Commission, 'Operation of the Trade Agreements Program: 41st Report' (1989), available at https://www.usitc.gov/publications/332/pub2317_0.pdf, p. 132.

39 유병린, 전게서, pp. 89-90; Congressional Research Service, 'Section 301 of the Trade Act of 1974: Origin, Evolution, and Use' (Dec. 14, 2020), p. 13; Congressional Research Service, 'Section 301 of the Trade Act of 1974, As Amended: Its Operation and Issues Involving its Use by the United States' (Aug. 17, 2000), p. 2.

에는 슈퍼 301조는 국제분쟁해결절차를 거치지 않은 일방적인 보복조치로 WTO 협정에 어긋난다는 비판도 끊이지 않았다.[40] 어쨌든 301조, 슈퍼 301조는 미국의 일방주의적 무역정책을 공식적으로 천명하는 중요한 계기가 되었고 이는 우리나라에 상당한 부담이 되었다.

우리나라는 당시 미국의 압박에 노출될 수 있는 상황에 있었다. 우리나라는 1984-1988년 사이 지속적인 국제흑자를 기록하였고, 특히 1987년 우리나라 전체 무역규모 900억 달러 중 한미 간 무역규모는 270억 달러 정도였다. 우리나라는 이 해 95억 달러의 대미 무역 흑자를 기록한 반면 미국은 심각한 무역적자를 기록하고 있었다. 결국 미국은 1985년부터 301조 그리고 1989-1990년도에는 우리나라와 슈퍼 301조에 따른 통상협상을 다방면으로 진행했다.[41] 특히 1988년은 미국의 무역적자와 재정적자가 크게 확대되어 미국으로서는 무역적자를 줄여야 할 요구가 절실할 때였으며, 이에 따라 슈퍼 301조를 통해 한국 시장개방을 시도했고, 그 주요 대상은 농산물이었다.[42]

---

40 선준영, 전게서, pp. 100-101; 다만 EU가 1998년 11월 미국의 슈퍼 301조를 WTO에 제소했는데, 결국에는 미국의 슈퍼 301조가 WTO 규정에 합치하지 않는 것은 아니라는(not inconsistent) 패널 판정이 나왔다. WTO 협정이 적용되지 않는 노동, 환경, 경쟁법, 금융, 서비스와 같은 분야는 WTO가 문제삼기 어려웠으며, 슈퍼 301조 조치로 상대국의 불공정 행위를 일방적으로 지정하더라도 보복조치를 취하지 않거나, 취하더라도 WTO 규정에 따라서 하면 반드시 위반이라고 볼 수 없다고 하였다. 유병린, 전게서, p. 90.

41 선준영, 전게서, pp. 100-101; United States International Trade Commission, 'Operation of the Trade Agreements Program: 41st Report' (1989), available at https://www.usitc.gov/ publications/332/pub2317_0.pdf, pp. 118-121; Congressional Research Service, 'Section 301 of the Trade Act of 1974: Origin, Evolution, and Use' (Dec. 14, 2020), pp. 60-63.

42 유병린, 전게서, p. 89; 조선일보, '미, 무역법 시동…예견된 대한환율 압력' (1988.10.27), available at https://newslibrary.naver.com/viewer/index.nhn?articleId=1988102700239107005 &editNo=1&printCount=1&publishDate=1988-10-27&officeId=00023&pageNo=7&printNo=

1974년 통상법 301조는 대통령의 재량에 따라 보복조치 결정을 하였으나 1988년 슈퍼 301조부터는 일단 청원이 있는 경우 의무적으로 보복조치를 단행하여야 했다. 그러므로 당시 슈퍼 301조는 발동 가능성을 언급하는 것 자체가 미국의 통상 대상 국가에 대해 상당히 위협적이었다. 예컨대 미국이 우선협상 대상국(Priority Foreign Country)을 지정해서 협상을 하게 되면 시한을 주고, 그 시한까지 협상 타결이 안 되면 보복조치에 들어가는 등의 강력한 제재조치가 따르게 되었다. 이는 미국의 일방주의적 조치를 강화하는 내용이었고, UR 협상에서도 이 문제가 가장 중요한 이슈 중 하나였다. 결국 미국은 UR 협상 타결과 동시에 일방주의를 지속하지 않기로 약속하였다.[43] 우리로서는 301조 및 슈퍼 301조를 이제 제어할 수 있다는 것만으로도 UR 협상의 결정적인 혜택을 기대할 수 있는 상황이었다.

슈퍼 301조는 1989-1991년까지 한시적으로 운영되다가 폐기되었는데, 1994년 3월 클린턴 행정부가 부활시키기도 하였다.[44] WTO 체제 출범 이후에는 301조가 발동되지 않았다. 유일하게 발동된 사례가 미중 통상분쟁이 격화

20791&publishType=00010; 경향신문, '미 대한 농산물개방압력 강화' (1989.01.12), available at https://newslibrary.naver.com/viewer/index.nhn?articleId=1989011200329205001&editNo=3&printCount=1&publishDate=1989-01-12&officeId=00032&pageNo=5&printNo=13323&publishType=00020.

43 선준영, 전게서, pp. 104-105; European Commission, 'The Uruguay Round: Memo/94/24' (Apr. 12, 1994), available at https://ec.europa.eu/commission/presscorner/detail/en/MEMO_94_24; Peter Van den Bossche, Op. cit., pp. 180-181.

44 유병린, 전게서, p. 90; Congressional Research Service, 'Section 301 of the Trade Act of 1974: Origin, Evolution, and Use' (Dec. 14, 2020), p. 4; 한겨레, '미 슈퍼 301조 부활' (1994.03.05), available at https://newslibrary.naver.com/viewer/index.nhn?articleId=1994030500289101007&editNo=5&printCount=1&publishDate=1994-03-05&officeId=00028&pageNo=1&printNo=1832&publishType=00010.

된 2018년 9월 미국이 중국에 대하여 부과한 2,500억 불에 달하는 규제조치이다.

이 당시 한미 농산물 협상의 핵심 중 하나는 쇠고기 시장이었다. 1986년 시작된 양국간 쇠고기 협상은 UR 협상과 미국 통상법 301조 등이 얽혀 있었던 지난한 협상이었다. 우리나라는 1976년부터 미국산 쇠고기를 수입하다가 1984-1985년에 걸쳐 모든 쇠고기 수입을 중단하였는데, 이는 미국 송아지를 수입하자 국내 쇠고기 가격파동이 일어났기 때문이었다.[45] 당시 미국은 송아지 수출 업계와 쇠고기 수출 업계가 달랐는데, 미국 육류 협회(American Meat Institute)가 1988년 2월 슈퍼 301조 청원서를 USTR에 제출하여 한미간 쇠고기 협상이 시작되었다. 미국 정부는 슈퍼 301조 규정에 따라 양자협상을 진행하였는데, 양국 간 민감한 문제였으므로 GATT 제23조의 일반 분쟁해결 절차에 따라 먼저 협상을 시작했다. 그리고 USTR은 그 다음으로 그해 3월부터 301조에 입각한 불공정 무역 여부를 동시에 조사하기 시작했다. 국제분쟁채결절차인 GATT 절차와 미국 국내법상 절차인 301조에 따른 협상이 동시에 진행된 것이다. 특히 쇠고기 협상은 당시 국내 산업의 초미의 관심속에서 진행되었는데, "축산 농가의 피해가 많고, 국내정치적 민감성이 높으며, 액수도 상당했기

---

45 선준영, 전게서, p. 99; 매일경제, '한미 통상현안과 대응전략: 미국내 압력단체 설득 긴요' (1984.11.08), available at https://newslibrary.naver.com/viewer/index.nhn?articleId=198411 0800099208001&editNo=1&printCount=1&publishDate=1984-11-08&officeId=00009&pag eNo=8&printNo=5750&publishType=00020; 동아일보, '소값이 이렇게까지…' (1985.07.18), available at https://newslibrary.naver.com/viewer/index.nhn?articleId=1985071800209202001 &editNo=2&printCount=1&publishDate=1985-07-18&officeId=00020&pageNo=2&printNo= 19628&publishType=00020.

때문"이었다.[46] 1989년 9월 27일 슈퍼 301조 청원에 대한 USTR의 결과가 도출되었고, "한국의 쇠고기 수입 중단은 불공정 관행이다"라는 판정으로 귀결되었다. 이에 미국 정부는 슈퍼 301조에 따라 6개월 이내 우리나라와 협상을 통해 타결을 하거나, 타결이 이루어지지 않으면 일방적인 보복조치를 취하게 되어 있었다. 이러한 상황에서 양국 간 쇠고기 협상이 시작되었다.[47]

양국간 갈등은 비단 쇠고기 문제에만 국한되지 않았다. 다른 농산물로도 그 파급효과가 이어졌다. 우리나라는 개도국 지위를 단계적으로 포기하면서 농산물 수입제한 근거였던 GATT 18조 B항(국제수지 적자에 따른 수입제한 조항)을 1989년부터 원용 중단하게 되었다. 더 이상 '개도국'을 이유로 한 GATT 조항을 원용하지 못하게 되자 미국은 슈퍼 301조를 무기로 한국을 통상협정을 위반하는 불공정 무역국으로 잠정 지정하고, 농산물을 포함한 시장개방을 강하게 요구했다.[48] 이에 1989년 3월 중순부터 4월 초에 걸쳐 미국이 한국을 우선협상

---

46 선준영, 전게서, pp. 101-103; 매일경제, '한미 쇠고기협상 결렬, 고급육, 업소범위 이견' (1988.02.22), available at https://newslibrary.naver.com/viewer/index.nhn?articleId=1988022200099201011&editNo=1&printCount=1&publishDate=1988-02-22&officeId=00009&pageNo=1&printNo=6759&publishType=00020; 동아일보, '쇠고기 수입재개' (1988.07.27), available at https://newslibrary.naver.com/viewer/index.nhn?articleId=1988072700209202002&editNo=2&printCount=1&publishDate=1988-07-27&officeId=00020&pageNo=2&printNo=20558&publishType=00020.

47 선준영, 전게서, p. 117; 동아일보, '미 쇠고기 수입 축소 검토' (1989.09.30), available at https://newslibrary.naver.com/viewer/index.nhn?articleId=1989093000209206005&editNo=2&printCount=1&publishDate=1989-09-30&officeId=00020&pageNo=6&printNo=20922&publishType=00020; 경향신문, '쇠고기 개방 이견조정 난항' (1989.11.09), available at https://newslibrary.naver.com/viewer/index.nhn?articleId=1989110900329207005&editNo=3&printCount=1&publishDate=1989-11-09&officeId=00032&pageNo=7&printNo=13576&publishType=00020.

48 유병린, 전게서, pp. 90-91; 농림축산식품부, 전게서, p. 90; 매일경제, '미 USTR 불공정무역국

대상국으로 지정할지 여부를 결정하기 위한 세 번의 협상이 미국 워싱턴에서 있었다.[49] 1989년 3월에는 243개 품목의 "'89-'91 농산물 수입 자유화 예시 계획"이 발표되었는데, 미국은 우선협상 대상국 지정을 무기로 관심품목의 개방년도 단축과 관세인하를 요구했다.[50] 당시 우리 농림수산부 장관은 1989년 2월 4일 농산물 시장 개방을 반대하는 대규모 농민시위 사진을 보여주며 미국측에 개방에 따른 우리의 어려움을 설명했고, 1989년 5월 미국은 한국이 일부 농산물의 개방 시기를 1년 단축하면 우선협상 대상국 지정을 하지 않겠다고 통보하였다.[51] 이때 우리 정부는 관계 장관회의를 열어 이 문제를 논의하였

지정 착수'(1989.03.28), available at https://newslibrary.naver.com/viewer/index.nhn?articleId=1989032800099204001&editNo=1&printCount=1&publishDate=1989-03-28&officeId=00009&pageNo=4&printNo=7099&publishType=00020.

49 유병린, 전게서, p. 91; 매일경제, '한국 우선협상국 지정요청'(1989.03.31), available at https://newslibrary.naver.com/viewer/index.nhn?articleId=1989033100099204001&editNo=1&printCount=1&publishDate=1989-03-31&officeId=00009&pageNo=4&printNo=7102&publishType=00020; 동아일보, '우선협상국 지정 여부가 최대관심'(1990.04.16), available at https://newslibrary.naver.com/viewer/index.nhn?articleId=1990041600209207004&editNo=2&printCount=1&publishDate=1990-04-16&officeId=00020&pageNo=7&printNo=21090&publishType=00020.

50 유병린, 전게서, p. 91; 농림축산식품부, 전게서, pp. 365-366; 매일경제, '미, 농산물 추가개방 되풀이'(1989.04.27), available at https://newslibrary.naver.com/viewer/index.nhn?articleId=1989042700099204001&editNo=2&printCount=1&publishDate=1989-04-27&officeId=00009&pageNo=4&printNo=7124&publishType=00020.

51 유병린, 전게서, pp. 92-93; 매일경제, '우선협상국 막판절충 시도'(1989.05.01), available at https://newslibrary.naver.com/viewer/index.nhn?articleId=1989050100099203001&editNo=1&printCount=1&publishDate=1989-05-01&officeId=00009&pageNo=3&printNo=7127&publishType=00020; 한겨레, '농산물도 우선협상관행 지정 제외'(1989.05.20), available at https://newslibrary.naver.com/viewer/index.nhn?articleId=1989052000289102001&editNo=4&printCount=1&publishDate=1989-05-20&officeId=00028&pageNo=2&printNo=314&publishType=00010.

는데, 농림수산부 장관이 미국이 요구한 1년이 아닌 6개월을 제시하였고 결국 이 기간이 정부 입장으로 확정되어 미국 측에 전달되었다. 미국 역시 이를 수용하여 타결에 이르렀다. 당시 정부 입장은 농산물 분야에서 우선협상 대상국 지정을 피하기 위해 최선의 노력은 경주하지만 미국이 슈퍼 301조의 우선협상 대상국이나 우선협상 관행으로 지정하면 불가피한 결과로 이를 받아들인다는 분위기도 형성되어 있었던 것으로 알려지고 있다.[52]

　당시 협상은 한미 양자간 현안과 GATT 협정 적용이라는 다자간 쟁점이 서로 맞물려 있었다는 점, 그리고 나아가 UR 협상과 역시 함께 전개되었다는 사실을 보여준다. 이를 통해 양 분야의 협상을 유기적으로 진행할 수 있는 전략 도출이 중요하다는 점을 알 수 있다. 돌이켜보면 당시 우리 정부가 상당히 유효한 협상을 전개하였고, 그 결과 1990년대 이후 안정적인 수출전략을 유지할 수 있었던 것으로 평가할 수 있다. 2022년 현재 당시 상황이 비슷하게 재연되고 있어 그때의 교훈을 다시 한번 상기하는 것이 필요한 시점이다.

나. 자동차 등 새로운 상품의 세계 시장 진출

　한편 UR 협상이 전개되던 시점은 우리나라가 새로운 영역에서 세계시장으로 진출을 도모하던 시점이었다. 우리 산업구조와 수출전략의 변곡점에서 UR 협상이 진행되었으므로 그 장기적 파장은 더욱 클 수밖에 없었던 상황이었다.

52　유병린, 전게서, p. 93; 농림축산식품부, 전게서, p. 366; 매일경제, '미국 슈퍼 통상법 301조 따라 한국 우선협상대상국 지정될듯' (1989.01.13), available at https://newslibrary.naver.com/viewer/index.nhn?articleId=1989011300099204001&editNo=1&printCount=1&publishDate=1989-01-13&officeId=00009&pageNo=4&printNo=7037&publishType=00020.

결국 당시 협상 결과에 따라 향후 우리나라의 교역 이해관계와 기업들의 전략이 결정적으로 영향을 받게 되었다.

UR 협상에서 농업과 서비스가 처음으로 다자협상의 테이블에 올랐다. 당시 상당수 회원국들은 농업의 특수성을 인정은 하나 그간의 예외 취급으로 일어나는 문제점을 고려할 때 더 이상 농업을 다자체제 테두리 바깥에 둘 수 없다는 데 인식을 같이 하게 되었다. 농업에 중요한 국내적 이해관계를 갖고 있는 우리 입장에서는 중요한 변화이다. 서비스 분야를 포함하게 된 상황 역시 우리로서는 부담을 가질 수밖에 없었다. 원래 처음에는 서비스 분야는 교역이 거의 없었기에 별도의 규범을 만들어 규제할 필요성이 없었으나, 점차 이 부분 교역이 늘어나고 기존 상품교역과도 상이한 점이 많아 서비스 교역에 특화된 부속협정(GATS)이 도입되게 되었다.[53] 서비스 교역이 새로운 통상체제에 도입된 것은 미국의 입장이 결정적이었다. UR 협상이 개시될 즈음에 금융, 보험, 항공 등 서비스 산업이 성장하여 미국 GNP의 상당한 부분을 차지하게 되었다. 그러나 서비스 무역에 대한 각국의 장벽도 상당하며 해외시장 진출을 노리는 미국 기업들은 서비스가 GATT의 다자간 협상에 포함되는 데 상당한 관심을 가지고 있었다.[54] 우리 입장에서는 서비스 시장이 교역 규범에 들어오게 되면 특히 외국 서비스 공급자의 서울로의 진출이 확대될 수밖에 없고, 우리 정부는 이로 인한 국내적 반발을 어떻게 무마할 것인지가 주요한 관심사였다.

---

53 배종하, '우루과이라운드, 최초의 농산물협상' in 배종하 외, 『현장에서 본 농업통상 이야기』 pp. 41-42; Matthias Oesch, Op. cit; John Whalley, Op. cit., pp. 99-100.

54 법무부, 전게서, p. 37; Arlene Wilson, 'Services Trade and the Uruguay Round: An Issue Overview', CRS Report for Congress (Dec. 5, 1995), pp. 1-2; Congressional Research Service, 'The World Trade Organization: Future Negotiations' (Jul. 30, 1999), pp. 8-10.

이 모든 어려운 과제가 한꺼번에 몰린 것이 우리에게 실무적인 어려움으로 다가왔다. 하나만 하더라도 해결이 어려운 여러 이슈가 1986년경부터 집중적으로 대두하기 시작하였고 1988년부터 1990년까지 절정에 달했다. 당시 실무를 담당하였던 선준영 외무부 통상국장은 자몽 문제, 우지(牛脂) 사건, 농산물 시장 개방, 국산화 철폐 문제, 투자시장 개방, 영화시장 개방, 쇠고기 수입, 경상수지(Balance of Payment: BOP) 졸업이 UR 준비협상과 동시에 겹쳤다고 회고한다.[55] 모두 어려운 현안들이며 또한 모두 서로 연관되어 있던 사안들이었다. 동시에 모두 국내적으로 이해관계 그룹의 입장이 첨예하게 대립하던 사안들이었다.

1989년 10월 BOP 2차 교섭회의 당시 관계부처 장관회의에서 개방에 대한 논의가 심도있게 진행되었다. 경제기획원 장관 겸 부총리가 위원장으로 있는 대외경제위원회는 중요한 협상의 대표단 구성이나 교섭 입장을 결정했다. 그리고 청와대 경제수석실에서는 관계 부처간 입장을 조율하였는데, 정부 내에서도 개방을 해야 한다는 부처와 하면 안 된다는 부처가 나뉘어 있었다. 여러 논의 끝에 BOP 대표단의 수석대표로 이상옥 주(駐)제네바 대사, 교체 수석대표로 재무부 이용성 기획관리실장과 외무부 선준영 통상국장, 그 이외에 경제기획원, 농림부, 상공부, 재무부 국장급으로 구성된 대규모 대표단이 구성되었다. 여기에서 우리나라의 기본입장은 BOP 졸업은 불가피하지만 그 과정에 있어서 10년의 유예기간이 필요하다는 것이었고, 570개 모든 품목에 대해 유

---

55 선준영, 전게서, p. 50; Bark Taeho, 'The Uruguay Round Negotiations and the Korean Economy', KIEP Working Paper (Nov. 1991), pp. 19-20; 농림축산식품부, 전게서, pp. 10-11.

예기간을 요구하는 것이었다.[56] 최종적으로 1990년부터 BOP 졸업을 하되, 8년 동안의 유예기간을 허용받게 되었고, 또 2차에 걸쳐서 단계적으로 자유화 계획을 내기로 하는 등 나름대로 우리가 수용할 수 있는 결과가 도출되었다.[57] 1986년에 시작하여 당시 진행되고 있던 UR 협상을 염두에 두고 나온 결과이며, 결국은 UR 협상 속에서 전체적으로 모든 문제가 논의되었다.[58]

이러한 결과는 당시 새롭게 형성되는 분위기에 적절히 대응한 것으로 평가할 수 있다. 이 현안들을 효과적으로 해결함으로써 우리 입장에서는 UR 협상 타결에 대한 나름대로의 준비작업을 한 것으로 볼 수 있고, 무엇보다 일층 자신감을 갖고 여러 협상에 임할 수 있는 여건이 성숙되었다.

---

56 선준영, 전게서, pp. 106-108; 농림축산식품부, 전게서, pp. 186-190; 한겨레, '정부, 가트 국제 수지위원회 결정 따르기로 수입규제 허용 유예기간 10년 보장 조건부' (1989.10.14), available at https://newslibrary.naver.com/viewer/index.nhn?articleId=1989101400289102006&editNo=4&printCount=1&publishDate=1989-10-14&officeId=00028&pageNo=2&printNo=438&publishType=00010.

57 선준영, 전게서, p. 109; 농림축산식품부, 전게서, pp. 190-196; 경향신문, '농산물 97년부터 완전개방' (1989.10.27), available at https://newslibrary.naver.com/viewer/index.nhn?articleId=1989102700329201003&editNo=3&printCount=1&publishDate=1989-10-27&officeId=00032&pageNo=1&printNo=13565&publishType=00020.

58 선준영, 전게서, p. 112; 매일경제, 'UR협상과 우리경제의 진로 (4) 무역에 미치는 영향' (1990.11.01), available at https://newslibrary.naver.com/viewer/index.nhn?articleId=1990110100099212001&editNo=1&printCount=1&publishDate=1990-11-01&officeId=00009&pageNo=12&printNo=7615&publishType=00020; 매일경제, 'UR전략의 재정비' (1991.01.14), available at https://newslibrary.naver.com/viewer/index.nhn?articleId=1991011400099202001&editNo=1&printCount=1&publishDate=1991-01-14&officeId=00009&pageNo=2&printNo=7686&publishType=00020.

다. UR 협상 타결에 대한 평가

우리나라는 UR 협상 타결이 우리에게 긍정적 효과를 가지고 올 것이라는 점에 대해 얼마나 확고한 신념이 있었을까? 최초 협상이 시작되던 시점에 우리나라가 이에 대하여 확고한 판단을 하였던 것으로 보이지는 않는다. 기존의 관세인하 협상 정도로만 이해하였던 듯하다. 그러나 협상이 진행되며 새로운 교역질서가 우리의 장기적 이해관계 보호에 보다 유용하다는 판단을 하였던 것으로 보인다. 특히 미국과 지속적인 무역마찰을 거치며 이러한 생각을 굳히게 되었다. 이를 통해 다자주의 체제의 장점을 점차 체감하게 되었다.

최종적으로 UR 협상이 타결될 수 있을 것인지에 대한 판단 역시 처음에는 다른 나라와 마찬가지로 우리도 그렇게 강한 믿음을 갖고 있지는 않았다. 마지막 단계까지 여러 현안들이 해결되지 않고 남아 있게 되자 그러한 불확실성은 더욱 커지게 되었다. 그 이후 미국 주도로 여러 현안들이 빠르게 타결되고 마지막 정리를 위한 작업이 전개되며 UR 협상의 성공적 타결 가능성을 점차 감지하게 되었다. 그러나 미국 의회의 최종 비준 단계까지는 여전히 불투명한 상황의 연속이었고 우리도 반신반의하던 분위기였다. 1994년 12월 마지막 단계에서 모든 문제가 해결되고 1995년 1월 1일 WTO가 출범하게 됨에 따라 어떻게 보면 갑작스럽게 새로운 체제가 도래하였다.

1986년 UR 협상이 공식적으로 개시되기 전 준비 과정 역시 상당히 복잡했다. 당시 GATT 사무총장은 스위스 국적의 아르투어 둔켈(Arthur Dunkel)이었는데, 그는 그린 룸 회의(Green Room Meetings)[59]를 활발히 주재하였다. 개도국 중

---

[59] 각국의 협상수석대표를 1-2인으로 하여 중요 안건을 다루는 회의며, 정치적 판단을 요하는 의제에 대한 토론 및 최종 결정을 위해 개최됨. 참가국은 주요 국가로 한정되고, WTO 사무

에는 인도, 한국, 브라질이 참여하고, 선진국 중에는 미국, EU, 캐나다, 호주 등이 참여했다. 우리나라가 이 회의에 참여하였다는 점은 주목할 만하다. 개도국의 입장을 전달하는 데 있어 나름대로 창구로서의 역할을 수행할 수 있었다는 의미이기 때문이다. 그러나 이 회의에서 선진국과 개도국 간의 입장 차이가 커서 어려움이 많았다.[60] 돌이켜보면 당시 선진국과 개도국의 입장 차이가 제대로 정리, 반영되지 않은 것이 결국 WTO 체제의 부담으로 두고두고 자리잡게 되었다. 그리고 WTO 출범 6년만에 다시 DDA가 시작된 배경이기도 하다.

GATT 체제에서는 분쟁해결처리의 지속적인 지체, 미국의 슈퍼 301조를 통한 일방적 제재, 패널 권고사항 미이행 등의 한계가 적나라하게 드러났기에 WTO의 분쟁해결제도는 사법적인 방식을 강조한 새로운 체제를 표방하였다. 그렇지만 한편으로 기존의 원칙을 그대로 고수하는 부분도 있었다. 예를 들어 WTO의 분쟁해결제도의 궁극적인 목표는 과거 GATT 체제의 목표를 그대로 계승하여 패널이나 항소기구의 판정에 의한 해결보다는 당사국들의 협의를 통해 가능한 한 협조적으로 분쟁을 해결하는데 있다. DSU 제3.7조가 "분쟁당사자가 상호 수락할 수 있으며 대상협정과 합치하는 해결책이 명백히 선호되어야 한다"고 명시하는 것도 이를 뒷받침한다.[61] 외교적 해결과 사법적 해결

총장의 초청 형식으로 이루어짐.

60 선준영, 전게서, p. 49; 조선일보, '주요 협상국 막후접촉 본격화' (1990.12.05), available at https://newslibrary.naver.com/viewer/index.nhn?articleId=1990120500239107009&editNo=1&printCount=1&publishDate=1990-12-05&officeId=00023&pageNo=7&printNo=21477&publishType=00010; 농림축산식품부, 전게서, p. 210.

61 법무부 국제법무과, 『WTO 분쟁해결제도의 이행과정 연구』 (문중인쇄, 2002), p. 5; Peter Van den Bossche, Op. cit., pp. 183-184; Mitsuo Matsushita *et al.,* *The World Trade Organization: Law, Practice and Policy* (Oxford University Press, 2015), p. 90.

의 균형점을 찾는 것을 원칙으로 WTO 체제는 출발한 것으로 이해할 수 있다. 그러나 시간이 지나며 점차 사법적 해결의 방향으로 치우치게 되었고 그 결과 2015년을 전후로 미국의 반발을 초래한 것으로 정리할 수 있다.

한국과 미국은 양국 모두 시장경제와 무역자유화에 대한 확고한 믿음을 가지고 있었고, 이러한 믿음 덕분에 UR 협상의 결과인 WTO가 양국 통상분쟁에 대해 건설적인 해결책을 제공할 수 있었다는 평도 있다.[62] 그 예시로 1995년 5월 미국은 한국의 식품 유통기한(shelf-life) 체제와 농산물 판매와 관련한 복잡다단한 규제 절차에 대해 WTO 분쟁해결절차에 2건의 소를 제기했는데, WTO 절차를 거치며 양국간 분쟁이 우호적으로 해결될 수 있었다.[63] 우리나라가 최초로 직면한 WTO 분쟁이 미국과 전개된 것이라는 점은 일면 당연하기도 하면서 동시에 놀랍기도 하다. 양국이 교역의 규모가 가장 크다는 측면에서 양국간 분쟁이 WTO 분쟁해결절차로 이어진 것이 당연하며, 또한 동시에

62 James M. Lister *et al.* (eds), *Ambassadors' Memoir: U.S.-Korea Relations Through the Eyes of the Ambassadors* (Korea Economic Institute, 2009), p. 98; 매일경제, 'UR이후 세계교역질서 WTO창설…선진국 독주 제동' (1994.01.01), available at https://newslibrary.naver.com/viewer/index.nhn?articleId=1994010100099111001&editNo=15&printCount=1&publishDate=1994-01-01&officeId=00009&pageNo=11&printNo=8633&publishType=00010; 매일경제, '무역 일방주의시대의 종언' (1994.10.31), available at https://newslibrary.naver.com/viewer/index.nhn?articleId=1994103100099108007&editNo=15&printCount=1&publishDate=1994-10-31&officeId=00009&pageNo=8&printNo=8915&publishType=00010.

63 James M. Lister *et al.*, Op. cit., pp. 98-99; 매일경제, '한-미 식품유통기한 분쟁 타결' (1996.01.21), available at https://newslibrary.naver.com/viewer/index.nhn?articleId=1996012100099104001&editNo=15&printCount=1&publishDate=1996-01-21&officeId=00009&pageNo=4&printNo=9332&publishType=00010; 동아일보, '한-미, 식품유통 협상 일부타결' (1996.01.24), available at https://newslibrary.naver.com/viewer/index.nhn?articleId=1996012400209102001&editNo=45&printCount=1&publishDate=1996-01-24&officeId=00020&pageNo=2&printNo=23091&publishType=00010.

가장 가까운 우방인 미국과 국제분쟁해결절차에서 마주한다는 것이 과거에는 생각하기 어려웠던 일이라는 점에서 놀랍기도 하다.

최소한 WTO 출범 초기인 2000년대 초반까지는 새롭게 완비된 다자주의 체제가 국제교역체제의 안정에 상당한 기여를 하였고 그 맥락에서 우리나라 역시 그 혜택을 누리게 되었다. UR 협상이 우리에게는 일단 유리한 결과를 도출하였다는 점을 보여주는 반증이다.

어쨌든 초기의 혼돈 과정을 거치며 우리나라는 새로운 WTO 체제가 가져오는 장점과 단점을 아울러 실감하게 되었다. 특히 새로운 규범의 대거 도입으로 인한 우리나라 교역체제의 정비, 국내법령의 정비, 관련 부처와의 협조, 국제분쟁해결절차에의 참가 등에서 새로운 과제를 해결하여야 하는 상황에 직면하였다. 단순히 관세를 인하하고 국내 시장을 개방하는 문제가 아닌 새로운 체제에서 새로운 규범을 운용하여야 하는 부담을 갖게 된 것이다. 이러한 제도적·구조적 변화는 이후 추진된 여러 FTA에서도 경험하지 못한 UR 협상의 독특한 측면이다.

Ⅲ. UR 협상 진행 당시 국내 논의 및 피드백

1. 협상 진행 당시 우리 국내 의사결정 과정

가. 부처간 갈등

UR 협상은 주요 통상협상을 진행하며 우리 국내 부처간 입장 조율이 얼마나 중요한지를 잘 보여주었다. 사실 주요 현안에 대한 우리 국내 입장을 조율하는 것이 UR 협상 자체 만큼이나 주요한 현안이었다. 당시에는 최종적인 의사결정 기구로 경제기획원 장관 겸 부총리를 위원장으로 하는 대외경제위원회가 있었다. 중요한 사안은 모두 여기에서 결정되었다. 또한 관계부처 간 갈등이 발생하면 청와대 경제수석이 적극 나서곤 하였다.[64] 전체적으로 UR 협상 당시 우리 정부 부처내의 의견 조율과 합의 도출이 나름 효과적으로 진행되었던 것으로 평가할 수 있다. 1980년대 후반 국내외의 어려운 과정을 성공적으

---

64 선준영, 전게서, p. 52; 매일경제, '우루과이 라운드 협상 적극참여' (1986.12.19), available at https://newslibrary.naver.com/viewer/index.nhn?articleId=1986121900099201003&editNo=1&printCount=1&publishDate=1986-12-19&officeId=00009&pageNo=1&printNo=6401&publishType=00020; 조선일보, '쌀등 15개 '비교역적 기능' 품목 개방계획 제출 보류' (1990.10.24), available at https://newslibrary.naver.com/viewer/index.nhn?articleId=1990102400239107006&editNo=1&printCount=1&publishDate=1990-10-24&officeId=00023&pageNo=7&printNo=21435&publishType=00010.

로 넘어선 배경에는 이러한 부처간 의견 조율이 큰 역할을 하였다. 이러한 통상 현안에 대한 이견 조정 기능이 2022년 현재에는 그렇게 활발하게 발휘되고 있지는 않은 듯하여 다시 한번 당시의 경험과 교훈을 되짚어 볼 필요가 있다. 특히 디지털 경제, 재생 에너지, 노동기준 강화 등 새로운 통상현안이 다시 폭증하고 있는 현 시점에 이러한 부처간 의견 조율 기능이 더욱 필요한 시기이기도 하다.

사안별로 모두 다르지만 일단 일반적으로 전통적인 입장을 정리하면 농수산부는 국내산업 보호주의적 경향을 가지고 있고, 제조업을 총괄하는 산업통상자원부는 아무래도 자유무역주의적 경향을 보인다. 이는 각 부처의 존재이유와 업무 영역 상 불가피한 성향이다. 다른 나라의 상황도 이와 크게 다르지 않다. 그러므로, 이들 부처의 입장의 잘잘못을 따지는 것이 아니라 국익 전체적 차원에서 비교형량하는 것이 가장 중요한 작업이다. UR 협상 과정에서 나름대로 이러한 비교형량 작업이 적절히 이루어졌다.

대규모 통상협상에 직면하면 여러 국내 이해관계 그룹의 입장을 수렴하고 반영하는 것이 쉽지 않다. 우리나라가 경쟁력이 상대적으로 약한 농산물의 경우 개방을 반대하는 농업계의 목소리가 상대적으로 약하게 반영되는 반면, 제조업 분야에는 대기업을 비롯하여 사회적으로 영향력을 행사할 수 있는 이해관계 그룹들이 많아 이들의 의견이 더 강하게 반영되곤 하였다. 그러므로 이들의 다양한 목소리를 어떻게 골고루 그리고 균형감 있게 반영하는지가 모든 통상협상에서 중요한 과제이다. 이는 UR 협상에서도 마찬가지였다. UR 협상 당시 외무부는 전체를 보고 국가의 이익을 추구하는 입장을 토대로 여러 현안을 정리하여 나가고자 노력하였다.[65]

미국의 압박이 부처별로 이루어지자 이에 대한 대응이 파편적으로 나타나는 현상도 있었다. 예를 들어, 당시 한때 국내 야당과 농민단체가 이미 합의가 끝났던 국별양허표(Country Schedule) 수정을 요구하기도 하였다. 문제의 발단은 미국이 한국과 양자협상을 하면서 어려운 조건을 자꾸 내걸면서 압력을 행사한 데 있었다. 이에 대한 반발로 우리도 그럼 국별양허표를 다시 오픈하여 농산물 문제를 들여다 보자는 것이다. 미국은 비철금속, 전자 등 몇몇 분야를 상호 무관세로 하자고 주장하여 다른 루트를 통해 주무 부처와 미국 간 양해가 되기도 하였다.[66] 그러나 이러한 논의는 정부 전체적 차원에서 충분한 논의를 거친 것은 아니었다. 이러한 일들이 이어지며 범정부적 차원의 대응 필요성은 더욱 부각되었다.

유기적 협조체제는 단지 국내부처간의 문제만은 아니다. 외국에 위치한 우리 공관간의 협조체제구축 역시 중요하다. 가령 당시 싱가포르는 워싱턴에 있는 싱가포르 대사관과 커뮤니케이션이 잘 되어 미국의 입장이 싱가포르 본국에 빠르게 전달되었다. 그런데 우리나라는 이러한 부분이 때로는 아쉽기도 하

65 선준영, 전게서, pp. 53-54; 중앙일보, '무역전쟁 헤쳐 갈 자신 있어요, 첫 경제통상 대사 선준영씨' (1993.02.08), available at https://news.joins.com/article/2784434; 조선일보, '쌀시장 지키기 어렵다' (1993.12.02), available at https://newslibrary.naver.com/viewer/index.nhn?articleId=1993120200239101001&editNo=1&printCount=1&publishDate=1993-12-02&officeId=00023&pageNo=1&printNo=22534&publishType=00010.

66 허승, 전게서, pp. 97-98; 조선일보, '쌀 지키려고 양보 거듭 UR쌀협상' (1993.11.30), available at https://newslibrary.naver.com/viewer/index.nhn?articleId=1993113000239105001&editNo=1&printCount=1&publishDate=1993-11-30&officeId=00023&pageNo=5&printNo=22532&publishType=00010; 경향신문, '전자, 수산물등 8분야 미, 대한 무관세화 요구' (1991.05.24), available at https://newslibrary.naver.com/viewer/index.nhn?articleId=1991052400329102001&editNo=15&printCount=1&publishDate=1991-05-24&officeId=00032&pageNo=2&printNo=14059&publishType=00010.

였다. 이에 따라, 제네바 주재 대사는 서울 본부에 보고하는 전문의 카피를 미국, EU, 일본 등 주요국 주재 우리나라 대사관에 보내기도 했다. 협상은 제네바에서 이루어지지만 주요국 주재 우리 대사들이 상황을 파악하고 유기적으로 협조하고 주재국 동향을 본국에 보고하는 것이 중요하다는 것을 실감했기 때문이다.[67] 이러한 유기적 협조 부분은 앞으로 우리나라가 보완하여야 할 부분이기도 하다. 특히 통상업무의 주무부처가 외교부가 아닌 다른 부처로 지정되어 있는 상황에서는 외국 주재 공관과의 협조체제 구축이 더욱 중요하다.

UR 협상이 타결되고 WTO가 출범함에 따라 국내적으로 상당한 제도 변경이 뒤따랐다. 새롭게 도입된 WTO 반덤핑 협정 내용을 반영하기 위해 1995년 12월 관세법 시행령을 개정하여 덤핑 조사업무를 관세청에서 무역위원회로 이관하여 명실상부한 전문조사기관이 출범하였다. 무역위원회가 잠정조치 및 덤핑방지관세의 부과율과 부과기간을 재정경제원장관(현재 기획재정부 장관)에게 건의할 수 있도록 규정하여 조사기관 의견이 반영되도록 제도화하였다.[68] 그러나 이러한 새로운 제도 하에서도 각 부처의 입장이 서로 상이한 부분은 그대로 남게 되어 때로는 이견이 드러나기도 한다. 반덤핑 업무와 관련된 무역위원회, 기획재정부, 외교부 등 관련 부처간 갈등은 현재에도 간간이 확인된다. 이러한 부처간 갈등은 한편으로 반덤핑 협정을 통해 새로이 도입된 규범들

67 허승, 전게서, pp. 116-117; 매일경제, 'UR계획서 수정 시사' (1994.03.04), available at https://newslibrary.naver.com/viewer/index.nhn?articleId=1994030400099102001&editNo=16&printCount=1&publishDate=1994-03-04&officeId=00009&pageNo=2&printNo=8690&publishType=00010.

68 무역위원회, 『무역위원회 30년사: 공정무역 질서 확립 30년을 담다』 (무역위원회, 2017), p. 122.

의 의미가 정확하게 국내적으로 전파되지 않은 부분과도 맞닿아 있다. UR 협상 당시 우리 입장을 개진한 부서와 그 이후 국내적 이행 단계에서 새로운 제도를 도입하는 부서가 반드시 부합하지 않았다. 그리고 실제 외국 정부와 반덤핑 관련 사안을 놓고 협의하는 부서는 또 다른 부서이다. 그리고 협상 당시 논의되었던 여러 내용이 체계적으로 제도 개선 과정에서 전달 내지 계수된 것으로 확인되지도 않는다.

이러한 부분은 특히 새로운 규범을 도입하는 통상협상에 있어 여러 부처의 이견 조율과 합의도출 그리고 이를 통한 우리나라의 입장 도출이라는 과정의 어려움과 중요성을 잘 보여주고 있다. 요컨대 UR 협상을 우리 입장에서 잘 진행하였으나 그 이후의 '애프터 서비스' 과정에서 국내제도 개선에 대한 집중력은 시간이 지나며 떨어졌던 것으로 평가할 수 있다. 바로 이 협상을 주로 시장개방 협상으로만 이해하고 새로운 규범 도입을 통한 전반적 교역체제 개선 협상 측면은 상대적으로 간과한 결과로 이해할 수 있다.

나. 이해단체간 이견 조율

한편 UR 협상은 동시에 우리 국내 이해관계 그룹간 이견 조율이 얼마나 중요한지를 여실히 보여 주었다. 전체적으로 우리 정부는 당시 어려운 여건 속에서도 이 작업을 무난히 진행하였던 것으로 평가할 수 있다. 때로는 국내 반발을 적절히 협상 과정에 활용한 부분도 나름대로 주효했다.

UR 협상 막바지에 주로 농촌을 지역구로 둔 야당 국회의원들이 제네바를 방문하여 심각한 우려를 전달하였고, 민간단체 대표들도 제네바에 와서 쌀 시장 개방 반대혈서를 전달하기도 했다. 이들 중 일부는 삭발을 하며 반대 의지를 표명하기도 했다. 결과적으로는 국내적인 반대를 설득해 가며 정부와 현지 대표단이 긴밀한 접촉을 통해 우리 입장을 적절히 반영할 수 있었다.[69] 그리고 이러한 국내적 반대는 상대국에도 전해져 역설적으로 우리의 협상 동력을 높이는 데에도 일조하였다.

우리나라의 국별 양허표 개정에 대한 상대국의 요구가 있을 때마다 정부는 결국 우리나라 전체적으로는 어떤 식으로든 개방 확대가 불가피하다는 점을 국민들에게 설명해야 했다. 정부로서는 곤혹스러운 상황이었다. 국별 양허표 수정에서 우리 농업단체에서 요구하려는 사항을 일부라도 반영하려면 그 대가로 상대국에 대하여 다른 항목에서 그것보다 더 큰 개방 약속이 불가피하였다. 그렇게 되면 우리가 일부 양보한 부분과 함께 새롭게 양보한 부분이 동시에 국내적으로 부각되어 우리가 상당한 양보를 한 것으로 비치게 되는 문제가 있었다. 결국 수정에 의한 추가 양보만 크게 부각되고, 국내적으로 어려운 형편에 처할 수 있었다.[70] 이와 같이 국내적 상황과 국제적 상황의 간극에서 발생하는 어려움을 조정하고 이에 대처하는 것이 정부의 큰 과제였다.

이러한 점을 인식하고 국별 양허표 파동 이후 귀국한 주 제네바 허승 대사

---

69 허승, 전게서, p. 96; 한겨레, 'UR 현장' (1993.12.11), available at https://newslibrary.naver. com/viewer/index.nhn?articleId=1993121100289104002&editNo=5&printCount=1&publish Date=1993-12-11&officeId=00028&pageNo=4&printNo=1756&publishType=00010; 동아 일보, '가슴졸인 쌀대좌…긴박의 열이틀' (1993.12.14), available at https://newslibrary.naver. com/viewer/index.nhn?articleId=1993121400209102004&editNo=40&printCount=1&publish Date=1993-12-14&officeId=00020&pageNo=2&printNo=22371&publishType=00010.

70 허승, 전게서, pp. 99-100; 조선일보, '개방 타분야 양보설 부인' (1993.12.12), available at https://newslibrary.naver.com/viewer/index.nhn?articleId=1993121200239104012&editNo=1 &printCount=1&publishDate=1993-12-12&officeId=00023&pageNo=4&printNo=22544&pu blishType=00010.

는 국내 각 신문과 방송을 통해 협상의 여러 상황과 우리 입장을 설득하는 보도를 주도하였다. 한국이 협상결과를 끝까지 반대하게 되면 다른 분야의 불이익을 우리가 감내할 수 있는지 묻고, 소탐대실로 이어질 수도 있다는 부분을 강조했다. 농업계에 대한 피해가 안타깝지만 우리가 UR 협상에 참여하는 것이 불가피한 국가이익 보호의 길이라는 점을 언론에서 피력하기도 하였다.[71] 이와 같이 전체적 국익의 관점에서 UR 협상을 바라보아야 한다는 점은 모든 통상협상에서 무엇보다 중요하다. 특히 여러 현안들이 톱니바퀴처럼 맞물려 있는 UR 협상에서는 더욱 그러하였다. 당시 허승 대사와 담당 관료들의 국내 설득 작업은 이러한 부분을 효과적으로 전달하여 UR 협상 타결에 대한 국내 여론을 호의적으로 바꾸는 데 일조하였다.

다. 최종 의사결정 과정

UR 협상 결과를 법적으로 종결하기 위해서는 우리나라도 국회의 비준 동의를 거쳐 대통령이 비준한 비준서를 기탁하여 필요한 국내절차를 완료하여야 했다. 당시 허승 대사는 가능한 한 조기에 이러한 국내절차가 종결되도록 정부에 요청하였다. 이는 당시 김철수 상공부장관의 WTO 사무총장 입후보 문제, 농산물 양허표 수정 문제 등을 거치며 쌓인 주요 교역국 내의 우리나라에 대

---

71 허승, 전게서, pp. 100-101; 매일경제, '인터뷰 허승 주 제네바대표부 대사, 일 '예외없는 관세화' 수용할 것' (1993.10.12), available at https://newslibrary.naver.com/viewer/index.nhn? articleId=1993101200099107006&editNo=15&printCount=1&publishDate=1993-10-12&officeId=00009&pageNo=7&printNo=8557&publishType=00010; KBS, '우루과이라운드 협상, 유럽공동체 주재 허승 대사와의 대담' (1993.12.06), available at https://news.kbs.co.kr/news/view.do?ncd=3735315.

한 부정적인 이미지, 미국·EU와의 그간 논의 상황 등을 종합적으로 고려한 결과였다.[72]

오랜 협상을 거쳐 1993년 12월 15일자로 UR 협상 결과가 제네바에서 최종적으로 타결되고, 그 협정의 불가분의 일체를 이루는 이행계획서도 채택되었다. 각국이 오탈자 정도만 고쳐서 관세율표인 이행계획서를 1994년 2월 25일까지 GATT 사무국에 제출하게 되어 있었는데, 우리나라는 합의된 이행계획서를 주요 교역국과 충분한 협의 없이 독자적으로 수정하였다. 당시 분위기상 이러한 무리수를 둘 수밖에 없는 불가피한 상황이었던 것으로 보인다. 그리고 수정 사항도 사실 그 내용을 구체적으로 보면 충분히 이해할 수 있는 사항들이었다.

우리 정부는 이 때 두 가지 내용을 고쳤는데, 하나는 농산물 분야로 쌀을 제외하고 농산물 전체의 관세를 우리가 합의한대로 평균 26%만 인하하면 되는데 다시 계산해보니 전체적으로 28%를 인하한 것으로 결론이 도출되어 이에 맞추어 일부 조정하였다. 그 다음은 공산품 분야 일부 수정이었다. 공산품의 경우에도 어떤 부분은 종가세, 어떤 부분은 종량세로 표기되어 있어 125개국 품목을 우리의 편의에 따라 수정하였다. 결국 미국이 이러한 두 가지 수정

---

72 허승, 전게서, pp. 101-102; 한겨레, 'UR 비준 각국 동향 김영진 의원 보고회, 미국 EU등 농업 보호 대책위해 내년으로 미뤄, 한국 조기비준 대가 WTO총장 내락 소문 무성' (1994.07.30), available at https://newslibrary.naver.com/viewer/index.nhn?articleId=1994073000289113004&editNo=5&printCount=1&publishDate=1994-07-30&officeId=00028&pageNo=13&printNo=1968&publishType=00010; 한겨레, '갑작스런 UR비준동의안 국회제출 결정 배경 또 한차례 대결정국 예고' (1994.06.17), available at https://newslibrary.naver.com/viewer/index.nhn?articleId=1994061700289102001&editNo=5&printCount=1&publishDate=1994-06-17&officeId=00028&pageNo=2&printNo=1928&publishType=00010.

을 확인하고 우리측에 항의하였다. 당시 이회창 국무총리는 국회 대정부질의에서 "한 자, 한 획도 고친 바가 없다"고 답변을 했으나, 한겨레 신문에서 제네바와 서울 간에 주고받은 전보 사본을 토대로 이행계획서 수정을 크게 보도하기에 이르렀다. 당시 이회창 총리는 밤 9시 관계 장관 회의를 열어서 "농산물부터 공산품까지 모든 품목에 대해 수정한 것을 원점으로 되돌려라"는 지시를 내렸고 문제는 일단락되었다. 이 사건을 계기로 이회창 총리는 그 다음날 사임하게 되었다.[73] 전체적으로 쌀 협상 및 이행계획서 수정 파동을 겪으며 3개월 사이에 총리가 2명, 농림부 장관이 2명 교체되었고, 그 이전 개방 협상을 총괄하던 상공부 장관, 제네바 대사도 교체되었다.[74]

양허표의 오류를 추후 발견하고 수정하는 작업은 통상 협상에서는 심심찮게 있는 일이다. 발효후 몇 년 지나고 그러한 오류가 확인되기도 한다. 이러한 사실을 사전에 충분히 인지하고 우리가 적절히 대응을 하였더라면 큰 소동이 발생하지 않을 수도 있던 미세한 수정이었으나 최종 타결 이후 독자적으로 고치는 바람에 결국 문제가 커지고 총리가 물러나는 상황으로 이어진 것이다. 협

73 선준영, 전게서, pp. 87-89; 한겨레, '이총리 사퇴 정국 긴장' (1994.04.24), available at https://newslibrary.naver.com/viewer/index.nhn?articleId=1994042400289101001&editNo=6&printCount=1&publishDate=1994-04-24&officeId=00028&pageNo=1&printNo=1878&publishType=00010; 경향신문, '이 전총리 퇴임회견 '자진사퇴…다신 공직 안맡겠다'' (1994.04.24), available at https://newslibrary.naver.com/viewer/index.nhn?articleId=1994042400329105004&editNo=15&printCount=1&publishDate=1994-04-24&officeId=00032&pageNo=5&printNo=15065&publishType=00010.

74 정경록, 전게서, p. 67; 농림축산식품부, 전게서, p. 276; 경향신문, 'UR파장에 인사처방' (1994.04.05), available at https://newslibrary.naver.com/viewer/index.nhn?articleId=1994040500329102005&editNo=15&printCount=1&publishDate=1994-04-05&officeId=00032&pageNo=2&printNo=15048&publishType=00010.

상 내용만큼이나 세부적인 작업과 실무적 정리가 중요하다는 것을 보여준 대표적인 사안이다.

2. 쌀 시장 개방 문제

쌀 문제는 단순한 교역 문제가 아니라 우리 국민 정서의 핵심과 맞닿아 있다. 쌀이 수천 년 동안 우리 국민의 주식이었으므로 쌀 시장을 개방하고 외국산 쌀을 수입해서 먹는 것은 있을 수 없는 일이라는 인식이 당시 우리 국내에 팽배했다. 당연히 쌀 시장 개방 문제에 직면하여 농민단체, 시민단체, 정치권에서 크게 반발하였고 국내정치적으로 매우 심각한 사안이었다.[75] 또한 우리나라는 분단 상태에 있어 유사시 식량문제를 우리가 마음대로 제어할 수 있는 방법으로 확보하고 있어야 한다는 인식도 있었고, 이에 쌀을 안보와 관련된 재화로 보는 경향도 강했다.[76]

75 선준영, 전게서, p. 130; 한겨레, '쌀시장 개방은 자립국가 포기 뜻' (1991.10.15), available at https://newslibrary.naver.com/viewer/index.nhn?articleId=1991101500289103001&editNo=4&printCount=1&publishDate=1991-10-15&officeId=00028&pageNo=3&printNo=1055&publishType=00010; 경향신문, '쌀은 상품 이전에 겨레생명줄' (1993.03.23), available at https://newslibrary.naver.com/viewer/index.nhn?articleId=1993032300329109001&editNo=12&printCount=1&publishDate=1993-03-23&officeId=00032&pageNo=9&printNo=14709&publishType=00010.

76 허승, 전게서, p. 81; 경향신문, '식량안보차원 쌀 개방 않는다' (1991.10.15), available at https://newslibrary.naver.com/viewer/index.nhn?articleId=1991101500329101001&editNo=15&printCount=1&publishDate=1991-10-15&officeId=00032&pageNo=1&printNo=14199&publishType=00010; 한겨레, '쌀시장 개방 반대 재확인' (1992.11.28), available at https://newslibrary.naver.com/viewer/index.nhn?articleId=1992112800289101005&editNo=5&print

UR 협상이 막바지로 치닫던 1992년 우리나라는 대통령 선거가 있었다. 이때 여야 후보들 모두 쌀만큼은 개방에서 지켜내겠다는 대선 공약을 내걸었으며, 국내적 약속과 대외적 개방 약속이 충돌하는 지점이 생기게 되었다.[77] 당시 여당 김영삼 후보는 선거기간 중에 "내가 당선이 되면 대통령직을 걸고 쌀 개방을 반대할 것이다"라고 공언을 하기도 했다. 1993년 말 정부 협상 대표단이 제네바로 출발할 때 당시 수석대표인 허신행 농림수산부 장관이 기자회견에서 "제네바에 가서 목숨을 걸고 쌀 시장을 지키겠다"고 언급하기도 했다.[78] 국내 상황과 국제 상황간 부조화 현상은 더욱 깊어만 갔다.

우리 정부는 쌀시장 개방문제를 최우선순위에 두고, 1993년 12월 1일자로 허신행 당시 농림수산부 장관, 선준영 외무부 2차관보, 강봉균 경제기획원 대외경제조정실장, 임창열 재무부 차관보, 김광희 농림수산부 차관보, 박운서 상

Count=1&publishDate=1992-11-28&officeId=00028&pageNo=1&printNo=1406&publishType=00010.

77 정경록, 전게서, p. 67; 동아일보, '유세현장 불법 들춰내기 격앙된 종반' (1992.12.09), available at https://newslibrary.naver.com/viewer/index.nhn?articleId=1992120900209204001&editNo=3&printCount=1&publishDate=1992-12-09&officeId=00020&pageNo=4&printNo=22024&publishType=00020; 한겨레, '현안 어떻게 풀까 대선후보 시각 (5) 피폐한 농어촌' (1992.08.14), available at https://newslibrary.naver.com/viewer/index.nhn?articleId=19920814 00289103004&editNo=5&printCount=1&publishDate=1992-08-14&officeId=00028&pageNo=3&printNo=1313&publishType=00010.

78 선준영, 전게서, p. 130; 한겨레, '쌀 개방 대세론의 허구성' (1993.01.09), available at https://newslibrary.naver.com/viewer/index.nhn?articleId=1993010900289110006&editNo=5&printCount=1&publishDate=1993-01-09&officeId=00028&pageNo=10&printNo=1444&publishType=00010; 한겨레, '정부, 쌀 지키기 최선 다했나' (1993.12.07), available at https://newslibrary.naver.com/viewer/index.nhn?articleId=19931207002891 02012&editNo=4&printCount=1&publishDate=1993-12-07&officeId=00028&pageNo=2&printNo=1752&publishType=00010.

공자원부 차관보 등 관계 부처의 고위급 공무원으로 대표단을 구성했다. 그리고 현지에 나가서 활동하는 동안 각 부처 단원의 실무협상을 조정하기 위해 UR 정부종합협상단을 별도로 구성했는데, 단장으로는 선준영 외무부 2차관보, 부단장으로는 김광희 농림수산부 차관보가 임명되었다.[79] 우리 정부로서는 전력투구의 의지를 밝힌 것이다.

UR 협상 타결 이후 허승 대사는 청와대에서 김영삼 대통령과 면담시 당시 진행 중이던 국정개혁 드라이브가 성공적으로 추진된다면 쌀 개방 문제는 크게 부각되지는 않을 것이라는 취지로 언급하였다.[80] 그 후 1993년 12월 9일 김영삼 대통령은 쌀 개방을 수용할 수밖에 없었다는 것을 특별 담화로 국민들에게 발표하고 대국민 사과를 했다. 제네바나 해외 언론은 대통령의 담화에 대해 한국이 너무 늦게, 너무 조금씩 회담에 임했으나 종국에는 용기 있는 결정을 했다는 취지의 언급들이 주를 이루었다.[81] 1993년 10월 즈음에는 한국과 일본이 힘을 합해 쌀 관세화 반대를 하고 있었으나, 갑자기 10월말 미국과 일본이 양자합의를 했고, 결국 관세화에 반대하는 나라는 한국밖에 없게 되었다. 그리하여 한국은 당시 일방적으로 몰리는 상황에 있었다.[82] 여러 측면에서 우

---

79 선준영, 전게서, p. 131; 매일경제, 'UR종합협상단 파견 단장에 선준영 차관보' (1993.12.07), available at https://newslibrary.naver.com/viewer/index.nhn?articleId=1993120700099105008 &editNo=16&printCount=1&publishDate=1993-12-07&officeId=00009&pageNo=5&printNo =8610&publishType=00010.

80 허승, 전게서, p. 81.

81 허승, 전게서, p. 81.

82 허승, 전게서, pp. 83-85; 한겨레, '막바지 UR협상 2 벼랑에 선 '쌀시장 정책'' (1993.11.14), available at https://newslibrary.naver.com/viewer/index.nhn?articleId=1993111400289107007 &editNo=5&printCount=1&publishDate=1993-11-14&officeId=00028&pageNo=7&printNo= 1731&publishType=00010; 농림축산식품부, 전게서, pp. 257-259.

리로서는 어쩔 수 없는 선택이었다.

문제는 이제 농업계의 불만을 어떻게 달래는지 여부였다. 외국과의 협상도 중요하지만, 국민, 특히 농민의 불만을 누그러뜨리는 것이 무엇보다 급선무였다. 실제 현장에서 협상에 나서는 현지 대사가 직접 나서서 소통하는 것이 농민단체나 국민들한테도 어느 정도 설득력이 있다고 보고 허승 주 제네바대사가 귀국하여 지방을 순회하며 강연을 하기도 하였다.[83]

그 당시 정부에서 간행하는 국정신문 제1면이 "UR 협상을 타결한 허승 주 제네바대사, 자부심을 가지고 있다"라고 제목을 뽑은 적이 있었다. 그러나 그때나 지금이나 국민들이 격렬하게 반대하는 상황에서 주 제네바대사가 협상 타결에 자부심을 가지고 있다고 하면 국내적 불만은 더 커지기 마련이다. 결국 당시 총리가 공보부 장관에게 연락하여 제목을 변경하였다. 국내 홍보가 필요하나 '아' 다르고 '어' 다른 뉘앙스를 정확히 전달하여야 하기 때문이다.[84] 설사 사실에 기반한 내용이더라도 성과를 지나치게 홍보하면 결국 국내적으로 더 어려운 상황만 초래할 것이기 때문이다.

조금 거슬러 올라가면 1990년 브뤼셀 각료급 협상회의에서 농산물 협상 의장초안을 토대로 한 합의가 결렬되자 한미 양국간 협상도 발걸음이 빨라졌다. 당시 한미 정상회담이나 장관급 회담 공동성명에는 "양국은 UR의 적시적, 성공적인 타결을 위해서 긴밀히 협의한다"라는 표현이 들어가 있었는데 이 부분이 문제되어 당시 우리나라 수석대표였던 박필수 상공부장관이 책임을 지고

83 허승, 전게서, pp. 83-85.
84 허승, 전게서, pp. 86-87.

사퇴하는 일도 있었다. 이에 대해 주 제네바대사를 지낸 선준영 대사는 "사실 선진국이라면 위에서 합의를 한 사항에 대해서 장관급이라든지 또 그 밑의 실무자급에서 이해를 하고 기억해서 이행하는 것이 원칙"이라고 하겠으나 그렇게 진행되지 않은 관행은 우리가 되돌아봐야 할 사항이라고 언급하였다. 당시 농산물 문제가 촉매제가 되기는 했지만, 여러 국내 정치적인 문제도 있었고, 전체 수석대표는 상공부 장관이었으므로 박필수 장관이 사임을 한 것으로 알려지고 있다. 당시에는 경제기획원 장관 겸 부총리가 위원장인 대외경제위원회에서 중요한 통상협상에 대한 우리나라 입장과 훈령을 승인했다. 그리고 어려운 사안의 경우 청와대 경제수석실에서 부처간 이견을 조정해서 합의하는 사례가 많이 있었다.[85]

나아가 당시 한미 농무장관회담 협상 결과가 성공적이었음에도 불구하고 국내 정치적 민감성 때문에 황인성 국무총리와 허신행 농림수산부 장관이 사표를 내게 되었다. 쌀 시장 개방을 반대하는 쪽에서는 최소접근물량(MMA)제도 역시 시장 개방이라고 주장했기 때문이다.[86] 당시 국내적 분위기를 짐작할 수

---

85 선준영, 전게서, pp. 83-84; 매일경제, '경제운용 전면 재검토' (1990.09.26), available at https://newslibrary.naver.com/viewer/index.nhn?articleId=1990092600099201001&editNo =1&printCount=1&publishDate=1990-09-26&officeId=00009&pageNo=1&printNo=7581 &publishType=00020; 매일경제, '경제정책 재조정 착수' (1990.07.18), available at https:// newslibrary.naver.com/viewer/index.nhn?articleId=1990071800099201001&editNo=1&print Count=1&publishDate=1990-07-18&officeId=00009&pageNo=1&printNo=7511&publishTy pe=00020.

86 선준영, 전게서, p. 140; 동아일보, '농민 어떻게 달래나 자성과 규탄' (1993.12.06), available at https://newslibrary.naver.com/viewer/index.nhn?articleId=1993120600209105001&editNo=4 0&printCount=1&publishDate=1993-12-06&officeId=00020&pageNo=5&printNo=22364&p ublishType=00010; 동아일보, '야 '내각사퇴' 공세에 청와대 못마땅' (1993.12.16), available at https://newslibrary.naver.com/viewer/index.nhn?articleId=1993121600209104001&editNo=4

있다.

최소접근물량제도를 통한 쌀 수입물량제한조치(MMA[87])는 1995년부터 10년간 시행 후 2005년에 다시 10년 연장하기로 했고, 다시 10년이 지난 2015년부터는 관세화하는 방식으로 수입을 하기로 했다. 처음 10년이 지난 2004년에는 중국이 WTO에 가입을 한 다음이라 우리나라는 미국, 중국, 태국 등 9개국과 협상을 통해 관세화 없이 MMA를 지속하여 시행하는 방식을 10년 동안 연장하기로 합의했다. 따라서 MMA가 2005년에 22만 5,000톤에서 2014년 40만 8,700톤으로 순차적으로 증가하게 되었고, 그 후 여러 협상을 거쳐 2015년도부터 관세화 조치를 시행하게 되었다. 2015년부터는 2014년 우리 MMA 물량인 40만 8,700톤에 대해 5% 관세만 부과하여 수입하고, 그 이상의 쌀 수입에 대해서는 513%의 조정 관세를 매기게 되었다. 왜냐하면 이 당시 기준으로 수입 쌀 관세율이 513%는 되어야 국산과 가격이 비슷해지기 때문이다. 513% 관세율은 WTO에도 통보되어 있고, 양허표 수정이 일어나지 않는 한 지속적으로 적용된다. 우리나라에서 지금 쌀은 정부가 쌀 수매 가격을 시장 가격보다 높게 정하는 방법으로 정부 보조금 교부를 통해 생산되고 있다. 하지만 이러한 보조금 교부도 "원칙적으로는 WTO 위반"이며 "점차적으로 줄여나가야 하는 문제"라는 평가도 적지 않다.[88] 지난 35년간의 상황을 보면 대체로

0&printCount=1&publishDate=1993-12-16&officeId=00020&pageNo=4&printNo=22373&publishType=00010.

87 MMA(Minimal Market Access) : 최소시장접근. 수입이 금지되었던 물품을 점차적으로 수입함에 있어 최소한도로 개방해야 하는 의무도입물량을 말함.

88 선준영, 전게서, pp. 148-149; 경향비즈, '미국 등 4개국 "한국 쌀 관세율 너무 높다" 이의 제기' (2015.01.02), available at http://news.khan.co.kr/kh_news/khan_art_view.html?art_

UR 협상 당시 우리 정부의 입장과 판단이 최소한 쌀 시장 개방 문제에 관한 한 여러 어려운 여건하에서 적절한 선택이었음을 보여주고 있다.

어쨌든 쌀 시장 개방 문제와 그로 인한 일련의 국내적 갈등은 첨예한 현안을 다룸에 있어 국제사회의 압력과 국내 이해관계 그룹의 요구가 부딪히는 틈바구니 속에서 어떻게 균형된 시각을 확보하여야 하는지를 보여주는 대표적인 사례이다. 어려운 문제를 처음부터 솔직하게 설명하지 않고 긍정적 측면만 부각하며 '사실 설명의 순간'(moment of truth)을 끝까지 뒤로 미룬 것은 아쉬운 부분이다. 그러나 상황이 정리된 다음에는 결국 솔직하게 국민에게 설명하고 대통령이 직접 대국민담화로 해결한 부분은 적극적인 대응으로 평가할 만하다. 이 부분은 앞으로도 우리가 참고할 만한 부분이다.

3. 국내외 홍보 문제

UR 협상 과정에서 우리 정부는 국내외에 우리 정부 입장을 효과적으로 전달하는 데 때로는 혼선이 있었다. 어려운 협상에 나서는 상황이니 아마 이러한 부분까지 미처 신경 쓰지 못하였을 것이다. 그러나 돌이켜보면 국내적, 국제적인 차원에서 대외홍보에 보다 신경을 썼더라면 갈등상황을 좀 더 누그러뜨릴 수 있었을 것이다.

UR 협상 과정에서 선진국의 주요 미디어들은 한국의 입장, 어려운 부분, 특

id=201501022124235.

별한 상황 등을 이해하기보다는 계속하여 비판적인 입장으로 이 문제에 접근하였다. 통상협정 체결을 위한 협상은 때로는 '제로섬'적 성격도 분명 있으므로 당연히 주요 교역국들이 우리나라에 대하여 호의적으로만 판단하기는 어렵다. 그러나 그렇다고 하더라도 우리의 상황에 대하여 보다 호례적·건설적인 자세로 접근할 준비가 되어 있다면 서로 타협에 이를 가능성이 한 층 높아진다고 할 수 있다. UR 협상이 후반부로 이어지며 쌀 시장 개방 문제와 관련하여 우리 정부는 여러 루트로 홍보에 적극 나서게 되었다. 그러나 그러한 홍보는 주로 대내적 홍보에 치우쳐져 있었고 대외적인 측면에서의 홍보에는 여전히 주안점을 두지 않았다. 대내 홍보만큼이나 대외 홍보가 중요하다. 쌀 시장 개방 문제에 대해 우리나라의 진정한 우려가 국제사회에 전해질 수 있도록 대외 홍보에 보다 적극적으로 임하는 것이 좋았을 것이다.

앞으로 국민적인 관심사가 되고 정치적으로 민감한 쟁점을 제기하는 다자 통상협정 교섭의 기회가 다시 온다면 미디어와 홍보 전문가 활용에 대한 대책이 필요하다.[89] 이러한 홍보는 국내적 차원에서는 물론 국제적 차원에서도 중요하다. 협상 내용만큼이나 그 내용이 정확한 뉘앙스와 톤으로 국내외에 전파되는 것이 필요하다.

---

89 허승, 전게서, pp. 113-114; 대한민국 정책브리핑, '재협상론 누가 부추기나' (2007.04.16), available at https://www.korea.kr/news/policyBriefingView.do?newsId=148622672&tongYeog=Y&pageIndex=&startDate=&endDate=&srchWord=.

4. 국내 법령 및 제도 개선 문제

새로운 규범이 대거 도입된 UR 협상이지만 그 이후 우리 법령 및 제도 개선에는 상당히 오랜 시간이 소요되었다. 어떤 측면에서는 우리의 제도 개선은 여전히 현재 진행형인 부분도 있다. 이러한 부분은 우리가 더 적극적이고 체계적으로 새로운 규범에 적응하기 위해 우리 국내 법령과 제도를 제/개정할 필요가 있었다는 점을 일깨워주고 있다. 다자협상 이후 진행되는 우리 법령과 제도 개선은 여러 부처를 망라하여 우리 경제체제 전반에 걸친 작업이다.

가령 반덤핑 조사 제도를 한번 살펴보면 다음과 같다. 우리나라는 1986년 2월 GATT 반덤핑 코드(Code)에 가입하고 그 내용을 국내법에 법제화하였는데, 실제 반덤핑 제도를 운용해본 결과 조사기간이 보통 18개월이나 소요되고 잠정조치에 관한 규정이 결여되어 그 실효성에 의문이 제기되었다.[90] 이에 따라 1992년 12월 관세법 시행령을 개정하여 조사절차를 더욱 간소화하고 조사기간을 단축하였다. 그 결과 조사개시 여부는 재무부장관이 1개월 이내 결정하고, 예비조사 및 본조사는 각 3개월, 덤핑방지관세부과 검토기간은 1개월로 규정하였다.[91] 또한 무역구제 제도의 중요성에 대한 인식과 관심이 높아지면서

---

90 무역위원회, 『무역위원회 30년사: 공정무역 질서 확립 30년을 담다』, pp. 121-122.

91 무역위원회, 전게서, p. 122; 한겨레, '반덤핑 조사기간 240일로 줄여' (1992.06.16), available at https://newslibrary.naver.com/viewer/index.nhn?articleId=1992061600289107002&editNo=5&printCount=1&publishDate=1992-06-16&officeId=00028&pageNo=7&printNo=1262&publishType=00010; 한겨레, '덤핑판정기간 크게 축소' (1992.07.05), available at https://newslibrary.naver.com/viewer/index.nhn?articleId=1992070500289107004&editNo=5&printCount=1&publishDate=1992-07-05&officeId=00028&pageNo=7&printNo=1279&publishType=00010.

반덤핑 제도의 근본적인 개선을 요구하는 여론이 커짐에 따라, 1993년 12월 관세법과 동법 시행령 개정을 통해 덤핑방지관세 부과권자를 대통령에서 재무부장관으로 하향 조정하고, 조사 신청서 접수 및 조사개시여부 결정권한을 재무부에서 무역위원회로 이관하였다.[92] 연이어 1995년 1월 1일자로 WTO 출범과 함께 새로운 처음으로 조약의 성격을 가진 반덤핑 협정이 발효하자 무역위원회의 반덤핑 조사 방식은 다시 대폭적으로 변경되었다. 이에 따라 관세법 및 관세법 시행령도 다시 개정되었다. 그러나 실제 반덤핑 협정 협상 과정에서 복잡한 논의가 전개되었던 사항들을 참고하여 이들을 적절히 우리 법령에 반영한 부분은 미흡하였다. 단지 협정 문안만을 보고 이를 국내적으로 이행하기 위한 대응 조문을 국내법령에 반영하는 피상적인 접근만이 이루어져 왔다. 그 결과 다른 나라의 무역구제 제도는 지난 27년간 상당한 발전을 이룬 반면 우리나라는 그러한 작업이 상대적으로 뒤처져 있다. 심지어 WTO 협정이 인정하고 있는 상계관세 조사는 법령 도입도 충분히 이루어지지 않았고 조사도 한 건도 개시된 바 없다. 세이프가드 조사도 사정은 비슷하다. 협정 발효 이후 우리가 국내적으로 법령과 제도를 어떻게 정비하고 실제 이를 어떻게 운용할 것인지에 대한 검토가 미흡하였던 까닭이다. 이에 따라 국내 시장 보호를 위해 중요한 역할을 수행해야 할 무역구제 제도가 다른 나라들에 비해 상대적으로 활용빈도가 낮아지게 되었다. 이러한 부분은 다른 영역에서도 광범위하

---

92 무역위원회, 전게서, p. 122; 매일경제, '우회덤핑 제재 강화' (1993.06.16), available at https://newslibrary.naver.com/viewer/index.nhn?articleId=1993061600099101007&editNo=15&printCount=1&publishDate=1993-06-16&officeId=00009&pageNo=1&printNo=8447&publishType=00010.

게 확인되고 있다. UR 협상 결과를 우리가 충분히 활용하지 못하고 있다는 점을 보여주는 반증이다.

UR 협상 결과 외국 기업과 상품/서비스들이 서울로 대거 진출함에 따라 우리 법령에 대한 외국의 관심 역시 높아지게 되었다. 주요 법령에 대한 외국 정부·기업의 검토 및 분석이 이루어지는 경우도 빈번하다. WTO 체제 하에서 우리나라의 국제적 위상이 높아지자 외국 정부와 기업 입장에서도 우리 법령이 그만큼 중요하게 된 것이다. 이들이 한글을 해독하지 못하는 한 우리 법령을 접하는 것은 결국 그 나름 확보한 영문 번역문을 통하여 이루어진다. 점차 우리 법령의 의미가 여러 주장과 다양한 분쟁의 주요한 논거가 된다는 점을 감안하면 정확한 번역과 의미전달의 필요성이 점차 증가하고 있다. 특히 우리 정부가 공식 영문 법령을 제공하지 않고 있어 이러한 혼선은 더욱 이어지고 있다.

사실 우리 법제처 웹사이트는 상당한 분량의 법령내용을 영문으로 제공하고 있다. 그러나 이들 영문법령은 우리 정부의 공식 번역이 아닌 참고용에 불과하다. 그리고 이러한 내용이 웹사이트에도 명시되어 있다. 사실 여기에(영문 번역 대상에) 포함되지 않은 중요한 국내법령도 적지 않고, 또 영문으로 제공되는 법령의 경우도 문안만을 보아서는 때로는 그 의미가 무엇인지 불명확하거나 심지어 오해를 초래하는 표현도 적지 않다. 적지 않은 경우 결국 우리말 원본과 비교하여 보고 나서야 비로소 그 정확한 의미를 이해하게 되곤 한다.

결국 이를 감안하면 장기적인 과제의 하나로 정부차원에서 우리 법령에 대한 정확한 영문 번역문을 작성, 제공할 수 있는 시스템의 도입이 필요하다. 여기에는 적지 않은 비용과 인력이 소요될 것이기는 하나 현재와 같은 국제화

체제 내에서는 결국 언젠가는 거쳐가야 할 비용과 과정의 하나로 볼 수 있을 것이다. 사실 UR 협상 종결시에 이러한 부분에 대한 장기계획이 수립되어 이행되었어야 하나 그러한 부분을 게을리하였다. 외국 시장 개방과 국내 시장 보호라는 일차원적 관점에서만 UR 협상을 이해하고 새로운 통상규범을 우리 국내적으로 이행하고 활용한다는 측면에서의 중요성을 제대로 이해하지 못한 결과라 할 수 있다. 우리 국내법령에 대한 국제사회의 증가하는 관심과 정확한 영문 번역문의 중요성을 인지하고 앞으로 이 작업에 보다 체계적인 노력을 경주하여야 한다. 새로운 규범에 대한 협상과 국내적 수용을 위해서는 반드시 거쳐야 할 과정이다.

Ⅳ. 새로운 교역 규범 도입과 대응

우루과이 라운드 협상에서는 그간 국제교역에서 다루어지지 않던 새로운 쟁점들이 대거 논의되었다. 그 결과 여러 영역에 걸쳐 다양한 새로운 규범이 도입되었다. 대표적인 것이 바로 서비스 교역과 지식재산권 분야이다. 이 협상을 진행하면서 사실 적지 않은 국가들이 새로운 내용을 배워가면서 협상에 임하였다.[93] 우리나라도 예외는 아니었다.

1. UR 협상 개시 시점 규범 관련 논의

가. 협상 분위기 구축 작업

UR 협상 개시 직후인 1987년도는 UR 협상의 기초를 구축한 한 해이다. 협상 대상, 협상 방법에 대한 각국의 입장 표명으로 일단 쟁점을 확인하고, 협상 관련 무역통계, 무역장벽 정보 확보, 종합 데이터 베이스(Integrated Data Base) 구

---

93 허승, 『한국 외교와 외교관 -UR 협상과 WTO 출범-』(국립외교원 외교안보연구소, 외교사 연구센터: 2016), pp. 68-87; John Whalley, Op. cit., p. 63; McDonald, Op. cit., pp. 218-219.

축, 현 상황 유지(Standstill/Rollback)를 위한 감시기구 운영 등이 그러하다.[94] 일단 정확한 상황판단이 전제되어야 협상도 개시될 수 있기 때문이다.

나. 선진국 주도의 규범 협상

UR 협상에서 신규범도입은 기본적으로 선진국들이 주도권을 쥐고 진행하였다. 전통적인 관세인하 분야는 모든 국가들이 준비된 협상에 임하였다. 그러나 신 규범 분야(서비스, 지적소유권, 무역관련 투자)에서는 선진국들이 일단되게 협상을 주도했다. 미국, EC, 일본 등 협상 주도국은 협상 전반을 주도하여, 새로운 규범 도입을 강력하게 추진했다. 새로운 규범 도입이 다자주의 체제 강화라는 명분과 이들 선진국 각각의 이해관계 보호라는 실익이 서로 맞아떨어졌기 때문이다. 과거 동경 라운드보다는 개도국의 참여가 활발해진 것은 사실이나, 개도국은 주로 GATT의 권능, 협상 기본골격 등 원칙론적인 입장을 반복하는 수준에 그쳤다고 볼 수 있다.[95] 규범 협상과정에서 개도국의 상대적 배제는 결국 WTO 출범 이후 개도국의 불만이 증폭되어 DDA로 이어지는 빌미를 제공하였다.

---

94 외무부 통상국,『우루과이 라운드협상 진전 중간평가와 아국의 대책(3)』, 집무자료 88-20 (통기), 우루과이 라운드 자료집(4) (1988. 2), pp. 5-6; McDonald, Op. cit., pp. 93-94; Narlikar et al., Op. cit., p. 568.

95 외무부 통상국, 전게서, p. 6; Oesch, Op. cit; Wolfgang Benedek, 'General Agreement on Tariffs and Trade (1947 and 1994)' (2015), Max Planck Encyclopedia of International Law, available at https://opil.ouplaw.com/view/10.1093/law:epil/9780199231690/law-9780199231690-e1526.

다. 개도국 구분론 대두

선진국들은 개도국 우대 필요성은 인정하지만 개도국들도 다양한 스펙트럼에 걸쳐있으므로 이들을 구별해야 한다는 입장이었다. 예를 들어, 선진국은 후발 개도국에 대한 우대를 인정하는 반면, 선발 개도국에 대해서는 책임분담을 강력하게 주장했다. 개도국 내부에서도 명시적인 발언은 없었지만, 선발 개도국 책임 분담이 후발 개도국 우대 강화에 도움이 될 것이라고 보는 분위기도 대두되었다.[96]

개도국의 국제수지 관리 및 유치산업 보호를 위한 수입제한 권한을 제한하려는 미국의 제안에 대하여 우리나라를 비롯한 많은 개도국들이 공동보조로 반대입장을 취하였다. 그러나 개도국의 발전 정도를 감안하여 이러한 특혜를 선별적으로 제공하자는 논의가 전개되자 개도국들의 속내는 복잡해졌다. 이에 따라 우리나라도 개별 개도국의 국제수지 및 경제개발 수준에 따라 차별적인 기준을 적용하려는 시도가 예견됨으로 여타 개도국과 공동 보조하여 이에 반대하지만 선발개도국에 대한 차별 대우없이 일반원칙으로 국제수지 악화를 이유로 한 수입제한을 감축하는 경우 장기적으로 우리나라에게 이익이 되는 측면도 있음을 고려하기도 했다.[97] 개도국 구분 논의는 추후 DDA 협상에서도

---

96 외무부 통상국, 전게서, p. 6; 경향신문, '개도국에 경원 확대' (1988.08.03), available at https://newslibrary.naver.com/viewer/index.nhn?articleId=1988080300329202004&editNo=3&printCount=1&publishDate=1988-08-03&officeId=00032&pageNo=2&printNo=13184&publishType=00020; 매일경제, '다자간 무역자유화가 살길' (1988.12.28), available at https://newslibrary.naver.com/viewer/index.nhn?articleId=1988122800099213001&editNo=1&printCount=1&publishDate=1988-12-28&officeId=00009&pageNo=13&printNo=7025&publishType=00020.

97 외무부 통상국, 전게서, p. 162; 매일경제, '미 압력 일방적 수용시대 지나' (1988.05.12),

주요 쟁점 중 하나이다. 특히 중국의 등장 이후 중국이 개도국 특례를 원용하는 것을 차단하고자 2022년 지금도 '뜨거운 감자'로 남아있다.

라. 국가안보 예외 논의

니카라과는 서면제안을 통해(W/34) 국가안보 문제에 대한 GATT의 관할권, 외교·안보 문제에 대한 GATT와 유엔과의 관계 등을 지적하고 GATT 21조(국가안보 예외조항)의 자의적 발동 방지를 위해 동 조항의 개정이 필요하다고 주장한 바, 아르헨티나, 인도가 여기에 관심을 표하였다. 니카라과, 아르헨티나, 인도 등은 국가안보 예외조항 적용으로 나름 피해를 본 경험이 있었기 때문이다. 미국은 안보문제는 GATT 관할권 밖의 문제이며 UR 협상 과정에서 이 문제를 다루는 것에 반대 입장을 표명하였다. 이 때 이 조항에 대한 충분한 논의가 이루어지지 않아 국가안보 예외조항은 애매모호한 상태로 남게 되었다. 그 후폭풍은 2017년부터 미국이 이 조항을 적극 적용하며 다시 여러 국가들이 피해를 보는 상황으로 이어졌다.[98]

available at https://newslibrary.naver.com/viewer/index.nhn?articleId=1988051200099213001&editNo=1&printCount=1&publishDate=1988-05-12&officeId=00009&pageNo=13&printNo=6826&publishType=00020; 매일경제, '세계경제질서와 수출주도공업화'(1988.06.01), available at https://newslibrary.naver.com/viewer/index.nhn?articleId=1988060100099213002&editNo=1&printCount=1&publishDate=1988-06-01&officeId=00009&pageNo=13&printNo=6843&publishType=00020.

98 외무부 통상국, 전게서, p. 181; Mona Pinchis-Paulsen, 'Trade Multilateralism and U.S. National Security: The Making of the GATT Security Exceptions', Michigan Journal of International Law, Vol. 41, Issue 1 (2020), p. 181; Group of Negotiations on Goods, Article XXI: Note by the Secretariat, MTN.GNC/NG7/W/16 (18 August 1987), p. 4.

마. 우리나라의 대응 전략

우리나라 역시 새로운 규범 도입의 파급효과를 원칙적으로는 인식하였다. 우리 국민경제에 파급효과가 큰 신분야로는 서비스, 지식소유권 등이 언급되었다. 이러한 분야에 대해서는 장단기적으로 세부 협상 목표를 설정하고, 협상력을 집중하도록 계획하였다.[99]

구체적인 협상과 관련하여 협상분야별로 이해를 같이하는 국가들과 공동보조를 모색하기로 했고, 선진국·개도국 간의 대립된 사안에 대해서는 의견 조정자로서의 역할을 부각시킴으로써 독자적 협상력을 확보하기로 하였다.[100] 이러한 포지셔닝은 지금도 유효한 상태이다. 우리나라의 강점은 선진국·개도국의 입장을 모두 망라할 수 있다는 것이기 때문이다.

특히 당시 우리나라는 선발 개도국 졸업 논의의 구체화를 방지하려는 데 초점을 두었고 이에 대한 전반적인 대응 논리 개발과 협상 분야별 구체적 대응 방안을 강구하였다. 다만 국내적으로는 졸업에 대비하여 대책을 수립하기도

---

99 외무부 통상국, 전게서, p. 11; 동아일보, 'UR 태풍이 온다 관치온실 속 서비스 산업 너무 허약' (1990.10.22), available at https://newslibrary.naver.com/viewer/index.nhn?articleId=1990102200209219001&editNo=2&printCount=1&publishDate=1990-10-22&officeId=00020&pageNo=19&printNo=21276&publishType=00020; 한겨레, '다가오는 UR 충격 (4) 지적재산권 기술도입 타격 대외종속 가속화' (1990.10.09), available at https://newslibrary.naver.com/viewer/index.nhn?articleId=1990100900289103004&editNo=4&printCount=1&publishDate=1990-10-09&officeId=00028&pageNo=3&printNo=743&publishType=00010.

100 외무부 통상국, 전게서, p. 12; 매일경제, 'UR 금융, 서비스협상 아주국 공동입장 제출' (1990.09.16), available at https://newslibrary.naver.com/viewer/index.nhn?articleId=1990091600099201010&editNo=1&printCount=1&publishDate=1990-09-16&officeId=00009&pageNo=1&printNo=7571&publishType=00020; 매일경제, 'UR협상 중도역할 담당' (1990.12.01), available at https://newslibrary.naver.com/viewer/index.nhn?articleId=1990120100099201001&editNo=1&printCount=1&publishDate=1990-12-01&officeId=00009&pageNo=1&printNo=7645&publishType=00020.

하였다.[101] 원칙적으로 우리나라가 선발 개도국이라는 이유로 다른 개도국에 비해 차별적이고 불리한 대우를 받게 되는 방식은 강력하게 반대하는 입장이었다.

동시에 UR 협상이 양자적 압력에 맞서 시간을 버는 효과도 있다는 점을 인식하였다. 특히 당시 미국의 압력을 누그러뜨리는 방책의 하나로 UR 협상의 포럼을 활용하자는 아이디어도 공유되었다.[102]

한편 각 부처별 업무 분장도 주요한 과제였다. 주관부처는 구체적 사례 및 산업 현황 분석에 입각한 협상 입장을 정립하는데 주력하였고, 총괄부처는 협상그룹별 입장 조정에 방점을 두었다.[103] 여러 부처가 총동원되어 전방위적 협

---

101 외무부 통상국, 전게서, p. 12; 경향신문, 'UR파고, 철저 대비를' (1990.07.23), available at https://newslibrary.naver.com/viewer/index.nhn?articleId=1990072300329202002&editNo=3&printCount=1&publishDate=1990-07-23&officeId=00032&pageNo=2&printNo=13792&publishType=00020; 매일경제, '개방과 산업피해' (1990.09.21), available at https://newslibrary.naver.com/viewer/index.nhn?articleId=1990092100099204004&editNo=1&printCount=1&publishDate=1990-09-21&officeId=00009&pageNo=4&printNo=7576&publishType=00020.

102 외무부 통상국, 전게서, p. 12; 동아일보, 'UR대책 개도국 대우 협상 급선무' (1991.12.26), available at https://newslibrary.naver.com/viewer/index.nhn?articleId=1991122600209209001&editNo=2&printCount=1&publishDate=1991-12-26&officeId=00020&pageNo=9&printNo=21690&publishType=00020; 매일경제, 'UR협상 최종 각료회의 피해의식 벗어나 새 활로 개척을' (1990.12.03), available at https://newslibrary.naver.com/viewer/index.nhn?articleId=1990120300099202001&editNo=1&printCount=1&publishDate=1990-12-03&officeId=00009&pageNo=2&printNo=7647&publishType=00020.

103 외무부 통상국, 전게서, pp. 12-13; 동아일보, '통상조직 개편 추진' (1991.02.20), available at https://newslibrary.naver.com/viewer/index.nhn?articleId=1991022000209207001&editNo=2&printCount=1&publishDate=1991-02-20&officeId=00020&pageNo=7&printNo=21392&publishType=00020; 조선일보, '서울서 제네바서 뛰는 한국 UR팀' (1993.12.01), available at https://newslibrary.naver.com/viewer/index.nhn?articleId=1993120100239104005&editNo=1&printCount=1&publishDate=1993-12-01&officeId=00023&pageNo=4&printNo=22533&

상에 나선 것은 이때가 처음이었다. 어떻게 역할과 권한을 부처간 배분할 것인 지는 협상 진행 내내 초미의 관심사였다.

우리나라는 서면 제안 제출 등 우리나라의 입장 반영을 위해 노력하였다. 우리측의 적극적인 입장 개진이 요망되는 분야로 서비스, 지식소유권, 농산물, 열대산품 분야가 논의되었고 관세, MTN[104] 협정과 관련된 문제도 협상 진행 상황에 따라 서면 제안서 제출 등 적극적 입장 개진을 모색하기도 하였다.

국내외 전문 연구기관의 UR 관련 연구보고서 활용, 해외공관간 UR 관련 정 보교환 제도화(미국, EC, 일본, 제네바 등), UR과 관련이 있는 세계 거시 경제동향 및 각국의 입법 동향 모니터링(공관 경제활동 지침에 포함) 등이 논의되었다.[105] 민 관 합동을 통한 총력적인 대응을 염두에 둔 것이다.

UR 협상에 대한 세미나를 개최하여 산업계 중견 간부를 초청하고, GATT 전문가 및 제네바 대표부 실무 교섭대표 등을 통한 세미나·간담회·설명회 등 도 논의되었다. 그리고 국제기구 주관 각종 회의·세미나에 정부 관련 인사 및 업계 대표가 적극 참가할 것도 주문하였다.[106]

---

publishType=00010.

104 MTN(Multilateral Trade Negotiation) : 다자간 무역협상.

105 외무부 통상국, 전게서, p. 13; 매일경제, '비교역 품목 선정 막바지 진통' (1990.09.28), available at https://newslibrary.naver.com/viewer/index.nhn?articleId=199009280009920300 1&editNo=1&printCount=1&publishDate=1990-09-28&officeId=00009&pageNo=3&printN o=7583&publishType=00020.

106 외무부 통상국, 전게서, p. 14; 매일경제, '통상현안 막후교섭 절호의 기회' (1991.11.07), available at https://newslibrary.naver.com/viewer/index.nhn?articleId=19911107000992030 01&editNo=1&printCount=1&publishDate=1991-11-07&officeId=00009&pageNo=3&print No=7948&publishType=00020; 매일경제, '아태 무역자유화 진일보' (1991.11.14), available at https://newslibrary.naver.com/viewer/index.nhn?articleId=1991111400099203001&editNo

바. 규범 관련 구체적 쟁점

(1) 지식소유권의 무역관련 측면

지식소유권 문제는 우리가 가장 큰 관심을 기울인 신규범이었다. 최근 공개된 UR 협상 당시 외무부 통상국 중간평가 보고서에 의하면, 지식소유권의 무역관련 측면에 대하여 우리 정부는 대체로 아래와 같은 입장을 갖고 있었다.

지식소유권의 무역관련 측면에 대한 정확한 개념 정립은 향후 GATT 사무국이 각국이 제출하는 무역관련 지식소유권에 대한 사례를 종합하는 작업을 추진하면 어느 정도 해결될 수도 있을 것이나, 선진국·개도국 간 첨예한 의견 대립은 앞으로도 계속될 것으로 보았다. 선진국은 현재까지 분명하지 않은 지식소유권의 무역관련 측면에 대한 개념 정립을 통해 단순히 위조상품 퇴치작업을 넘어 전반적인 지식소유권 보호 제도 도입으로 그 적용범위를 확대하려는 의도를 갖고 있는 것으로 파악하였다. 이에 대해 우리나라는 우선 위조상품 문제에 대한 토의를 계속, 합의에 도달한 후 단계적으로 그 적용 범위를 확대토록 하는 것이 우리에게 유리한 것으로 보았다.[107]

=1&printCount=1&publishDate=1991-11-14&officeId=00009&pageNo=3&printNo=7954&publishType=00020.

107 외무부 통상국, 전게서, p. 271; 매일경제, '위조상표 남발 해외 압력 가중' (1988.10.28), available at https://newslibrary.naver.com/viewer/index.nhn?articleId=1988102800099208001&editNo=1&printCount=1&publishDate=1988-10-28&officeId=00009&pageNo=8&printNo=6973&publishType=00020; 매일경제, '다자간 무역자유화가 살길' (1988.12.28), available at https://newslibrary.naver.com/viewer/index.nhn?articleId=1988122800099213001&editNo=1&printCount=1&publishDate=1988-12-28&officeId=00009&pageNo=13&printNo=7025&publishType=00020.

우리의 구체적 입장 정립을 위해 관련 부처에서 Inventory 작성 작업을 추진하였으나 작업의 복잡성으로 작업 완료에 상당한 시일이 소요되었다.[108] 국내적으로 이러한 Inventory를 작성하여 본 것은 처음이었기에 우리 제도를 한번 살펴보는 좋은 계기도 되었다.

미국은 모든 지식소유권의 보호를 강화하는 국제규범의 설정과 이의 효율적인 시행을 위한 수단(분쟁해결 절차 및 국내집행절차)의 마련을 목표로 하였다. 그러나 지식소유권 보호에 관한 기본적인 사항들은 세계지식재산권기구(World Intellectual Property Organization: WIPO) 등 여타 국제 기구가 담당하고 있으며, GATT의 권능 및 각료선언을 감안할 때 일반적인 보호기준 문제가 UR 협상 초기부터 논의되는 것은 적절하지 않다고 우리는 보았다.[109] 반면 스위스는 선진국·개도국간 입장의 대립되어 있는 협상분위기 전환을 위해 건설적 제안을 한 것으로 우리 정부는 판단하고 이 제안이 보다 현실적인 것으로 보았다. 다만 스위스 제안을 수용한다하더라도 선진국·개도국간 근본적인 입장대립 해소가 가능할 지는 여전히 의문이었다.[110]

선진국은 각국이 제시한 다양한 사례를 분석한 사무국 보고서, 미국, 스위스, EC, 일본 제안을 상호 보완하여 향후 협상의 기초로 삼고자 시도한 반면,

---

108 외무부 통상국, 전게서, pp. 271-272; 손찬현, '우루과이 라운드 지적재산권 협상과제와 우리의 대응방안', KIEP 연구보고서 (1990.07.01), p. 77; Daniel Gervais, 'Agreement on Trade-Related Aspects of Intellectual Property Rights (1994)' (2011), Max Planck Encyclopedias of International Law.

109 외무부 통상국, 전게서, p. 272; 손찬현, 전게서, pp. 81-82; 권재열 외, '지재권 관련 DDA 협상의제에 대한 연구', 지식재산권연구센터 연구보고서 2003-01 (2003), pp. 7-8.

110 외무부 통상국, 전게서, p. 272; 손찬현, 전게서; Gervais, Op. cit.

개도국은 타 국제기구의 업무영역을 침범하는 GATT의 과도한 권능 확대에 반대하였다.[111] 결국 어디까지 통상협정이 지식재산권 문제의 영역에 침투할 수 있는지에 대해 입장 차이가 컸다.

미국, EC, 일본 등은 위조 상품교역 문제를 포함한 지식소유권 전반에 걸친 국제규범 설정을 시도하였으며, 스위스는 타 국제기구 역할과 GATT 역할을 서로 조화시키고자 하는 해결방안을 제안하였다. 개도국은 새로운 규범 도입보다는 우선 GATT 관련 조항을 더욱 명료화해야 한다는 입장이었다.[112] 선진국은 위조 상품교역 문제를 무역관련 측면의 일부로 취급하며, 지식소유권과 종합적으로 검토하고자 하는데 반해 개도국은 과거 작업결과를 토대로 위조 상품 문제를 우선 중점적으로 다뤄나가야 한다고 보았다.[113] 선진국들은 지식소유권 관련 타 국제규범이 이행상 실효성이 미흡하다는 이유로 GATT의 권능을 보완·확대하려는 반면, 개도국들은 협상 지침이 GATT 관련 조항 확인에 있음을 이유로 이에 반대하였던 것이다.[114]

이에 따라 전체적으로 무역 관련 측면에 규정 미비 관련 사항 포함 여부, 위조 상품교역 문제 우선 취급 여부, 타국제기구 활동과 중복 사항에 대한 GATT 권능 인정 여부 등이 주요쟁점으로 자리매김하였다.[115] 이 문제들은 근본적인

---

111   외무부 통상국, 전게서, p. 285; 권재열 외, 전게서, p. 12; Gervais, Op. cit.

112   외무부 통상국, 전게서, p. 285; Gervias, Op. cit.

113   외무부 통상국, 전게서, p. 285; Gervais, Op. cit; 조선일보, 'UR협상 어떻게 되나 분야별 중간점검 지적재산권' (1990.10.25), available at https://newslibrary.naver.com/viewer/index.nhn?articleId=1990102500239107004&editNo=1&printCount=1&publishDate=1990-10-25&officeId=00023&pageNo=7&printNo=21436&publishType=00010.

114   외무부 통상국, 전게서, p. 286; Gervais, Op. cit; 손찬현, 전게서, pp. 81-83.

115   외무부 통상국, 전게서, p. 286.

골격에 대한 고민을 제기하고 있어 선·개도국간 합의가 용이하지 않으므로, 후속단계 회의에서도 협상의 순조로운 진행을 기대하기 어려울 것으로 우리 정부는 보았다.[116]

기 제출된 각국의 제안과 추후 발간될 관련 국제기구 활동 보고서를 종합 분석하여 한국의 협상목표 및 전략을 검토하고 한국 입장을 정립하고자 하였다. 특히, 서면 제안 제출이 협상의 기초가 되고 있는 점과 한국의 협상력 강화에 도움이 된다는 측면에서 가능한 한 우리 입장을 종합하고, 서면으로 제출하는 방안을 적극 검토하기로 하였다.[117]

(2) 분쟁해결제도

분쟁해결제도 역시 우리의 관심을 끈 신규범 중 하나였다. 외무부 통상국 중간평가 기록에 의하면 이에 대하여 우리 정부는 아래와 같은 입장을 갖고 있었던 것으로 파악된다.

기존의 GATT 분쟁해결 절차를 완전히 대체하는 새로운 분쟁해결기구 설치에는 몇 가지 문제점이 예견되었다. 여기에는 기능별 전담기구의 확산에 대한 일부 국가들의 회의적 시각으로 실현 가능성이 의문시 된다는 점, 사실상의 최고기구인 일반이사회의 정치적 역할은 전담기구가 수행하기 곤란하며, 그렇다고 분쟁해결기구가 각국간 분쟁을 법적, 기술적으로만 해결하는데는 한계가

116　외무부 통상국, 전게서, p. 286; 박태호, '우루과이라운드(UR) 協商과 우리의 對應方案' KIEP 보고서 (1990.04.02), p. 153.

117　외무부 통상국, 전게서, pp. 286-287; 손찬현, 전게서, pp. 80-84; 박태호, 전게서, pp. 154-161.

있다는 점, 분쟁해결기구가 일반이사회의 본연의 업무라고 할 수 있는 분쟁해결 기능을 대체 수행하면서 이사회에 동 임무 수행 내용을 '보고'하는 것은 이사회와 분쟁해결기구 간 거버넌스 측면에서 문제점을 야기한다는 점, 분쟁해결기구 운영의 효율성이 불투명하다는 점, 일반이사회 산하 각종 위원회의 분쟁해결 기능 수용 문제(전문성과도 관련), 분쟁해결 관련 GATT 규정을 전면 개정해야 하는 문제 등이 포함되었다.[118] 이러한 문제점은 27년이 지난 현시점에도 여전히 여러 국가들이 제기하고 있는 핵심 사항들이다.

분쟁해결기구 설립을 골자로 하는 홍콩 제안이 상기와 같은 많은 문제점을 내포하고 있으므로 가급적 이에 대한 지지를 유보하는 것이 우리 입장이었다. 여타국의 반응을 보아 불가피할 경우 분쟁해결기구 설치 구상 그 자체에 대해서는 원칙적으로 찬성하나 동 기구는 모든 분쟁해결을 통합, 관장하는 기구가 아니라 감시 의무에 중점을 두는 것으로 추가 제안하기로 하였다(일반이사회 의장과 사무총장의 화해, 조정 기능은 현재대로 유지). 분쟁해결기구는 일반이사회 산하에 설치하고 분쟁해결 절차 이행, 시한 준수, 권고 이행 여부에 대한 감시임무를 수행하도록 하고 그 명칭도 분쟁해결 "감시기구"로 동 감시기구는 임무수행 내용을 정기적으로 일반이사회에 보고하고, 일반이사회는 감시기구의 보고를 토대로, 또는 독자적으로 분쟁해결절차 준수 및 권고사항 이행여부를 감시할 수 있도록 하였다. 특히 이행 여부에 대해 일반이사회가 정기적, 포괄적으로 검토할 수 있는 것으로 제안하였다.[119]

---

118 외무부 통상국, 전게서, p. 309; Van den Bossche, Op. cit., pp. 180-182; John H. Jackson, Op. cit., pp. 144-147.

119 외무부 통상국, 전게서, pp. 309-310; Peter-Tobias Stoll, 'World Trade Organization, Dispute

이에 대해 우리 제네바 대사관은 구체적인 건의를 하기도 했다. 한국의 대외 교역량 증대에 따라 앞으로 무역분규가 증가하고 이들이 GATT의 분쟁해결절차에 회부되는 사례가 늘어날 것이며, 사안에 따라 우리나라는 제소자는 물론 피제소자의 입장에도 서게 될 것이므로 분쟁해결 규정 및 절차 개선, 강화에 대해 양측 입장을 공히 고려토록 건의하였다. 또한 구체적인 개선 방안은 한국이 분쟁해결의 직접 당사자가 된 경험이 거의 없으므로, 과거 다른 사례와 주요국의 경험을 참조하되 수출증대 과정에서 주로 피제소자의 입장에 섰다가 당시 제소도 활발하게 하고 있는 일본의 제안을 특히 참조하기로 하였다.[120] 이에 따라 우리 제네바 대사관도 1987년 UR 협상 초기 아주 구체적인 제안서를 제출하였다. 무엇보다 분쟁해결절차 신속화와 효율화 및 채택된 권고이행을 원활히 하는 감시 절차 강화에 두도록 하였다.[121] 당사국간 협의 및 합의를 통한 타결을 근간으로 하는 GATT 분쟁해결 절차의 특성을 원칙적으로 유지하되 제3자의 개입에 의한 화해(conciliation), 조정(mediation) 절차를 강화하고, 중재(arbitration) 절차를 새로 도입함으로써 GATT 협정 23조 2항의 일반이사회 회부(패널 구성 제외) 이전에 해결할 수 있는 가능성을 제고토록 도모하였다. 그러나 화해, 조정, 중재 절차가 신속한 분쟁해결을 지연시키는 방편으로 활용되는 것을 저지하기 위해 명료한 절차와 시한을 두도록 하였다.[122]

Settlement' (2014), Max Planck Encyclopedias of International Law; Kerry Allbeury, 'Review of the Dispute Settlement of Understanding: World Trade Organization (WTO)' (2019), Max Planck Encyclopedia of International Law.

120   외무부 통상국, 전게서, pp. 310-311; Stoll, Op. cit; Allbeury, Op. cit.
121   외무부 통상국, 전게서, p. 311.
122   외무부 통상국, 전게서, p. 311; Ann Weston and Valentina Delich, 'Settling Trade Disputes

분쟁해결의 신속한 추진 측면에서 단계적인 시한을 설정하는 방안도 많은 조명을 받았다. 패널 작업 기한 및 패널 보고서 채택시한의 경우, 사안을 긴급 및 일반상황으로 구분하여 시한을 설정하고, 동 시한을 준수할 수 없을 경우, 일반이사회에 정당한 사유를 보고하고 시한 연장을 요청하도록 하였다.[123] 분쟁해결과 관련된 모든 의사결정은 종래의 당사국의 참여 및 총의(consensus) 원칙에 따르도록 하였다.[124] 일반이사회에서 채택된 패널의 권고사항에 대한 이행을 원활히 하기 위해 적절한 이행 시한을 설정하도록 하고, 1차에 한해 시한 연장을 허용하되 동 시한 내에도 이행하지 않는 경우 보상을 의무화하도록 하였다.[125] 분쟁당사자가 개도국인 경우, 1966년도 결정사항을 수용하여 화해, 조정, 보상 등에서 예외적인 절차를 도입하도록 제안하였다. 그러나 선진국의 반대와 이러한 절차적 특혜의 실효성을 감안하면 그 범위를 최소화하도록 제안하였다.[126] 패널 구성원을 민간인 전문가로만 구성할 경우 분쟁해결절차가 지나치게 사법절차화하고 개도국에 불리한 결과가 나올 가능성이 높다는 점을 감안하여 1979년 양해사항 및 1982년 각료선언에 명시된 대로 패널 구성

---

after the Uruguay Round. Options for the Western Hemisphere', Latin American Trade Network supported by IDRC (2000), pp. 9-10; Michael K. Young, 'Dispute Resolution in the Uruguay Round: Lawyers Triumph over Diplomats', The International Lawyer, Vol. 29, No. 2 (1995), p. 397.

123 외무부 통상국, 전게서, p. 312; Weston and Delich, Op. cit., pp. 10-11; Young, Op. cit., p. 404.

124 외무부 통상국, 전게서, p. 312; Weston and Delich, Op. cit., p. 11; Young, Op. cit., p. 402.

125 외무부 통상국, 전게서, p. 312.

126 외무부 통상국, 전게서, p. 312; Weston and Delich, Op. cit., pp. 12-13.

원 선정시 주로 정부인사를 활용하도록 하였다.[127]

이러한 구체적인 한국 제안에 대해 미국을 위시한 12개국이 발언을 통해 매우 유익한 제안이라고 평가하는 등 다수국이 지지와 관심을 표명하였다. 주요 항목별 이들의 반응은 다음과 같이 요약할 수 있다.[128]

중재 – 미국은 중재조항에서 일반이사회 사전 승인 절차를 도입하는 경우, 중재 회부가 현실성이 없을 것이라고 말한데 반해, EC, 브라질, 멕시코 등은 중재에 대한 일반이사회 및 제3자의 보다 적극적인 역할을 주문했다. 이에 대해 우리나라는 중재절차를 도입한 것은 어떤 분쟁도 그 본질은 양자적 특징을 갖는 것이므로 이러한 차원에서 원만한 해결을 모색함으로써 GATT의 분쟁해결 기능을 강화하려고 한 것이나 이러한 양자적 성격의 해결절차를 GATT와 같은 다자적 성격의 분쟁해결에 조화시키는 일은 용이한 것이 아니라고 언급하였다. 중재조건을 일반이사회에 회부하여 승인을 거치도록 하고 중재결과를 일반이사회에 보고토록 한 것은 이와 같은 조화를 이루고자 한 것이 주목적임을 설명하였다. 또한 이를 통해 제3자의 GATT상의 이익과 권리(패널 설치 요구 등) 행사를 보호하자는 데 또 다른 이유가 있다고 설명했다. 이에 대해 스위스와 칠레는 중재결과에 대해 일반이사회가 단지 참고(take note)하는데 대해 지지 입장을 표명했다. 일본은 GATT의 분쟁해결 성격상 일반이사회 권한을 제3기구에 위임할 수 없다는 점과 중재절차 도입시 회색조치가 만연하고 중재결과를 어느 일방이 이행하지 않음으로써 GATT 밖에서 보복사태가 발생하는

---

127 외무부 통상국, 전게서 p. 312; Jackson, Op. cit., pp. 153-154.

128 외무부 통상국, 전게서, p. 334; Negotiating Group on Dispute Settlement, 'Communication from Korea', MTN.GNG/NG13/W/19 (20 November 1987).

경우 GATT는 아무런 역할을 할 수 없게 되는 문제점이 있다고 지적하며 중재절차 도입에 대한 반대입장을 표명했다.[129] WHO DSU 제25조에 따른 중재절차가 2019년부터 적극 활용되고 있는 점을 보면 우리 입장이 선견지명이 있었다고 할 수 있다.

패널보고서 채택 - EC, 호주는 우리나라의 60일 이내의 패널 보고서 채택과 관련, 패널 보고서가 동 시한내 자동적으로 채택되는 것인지 여부에 대해 설명을 요청했다. 이에 대해 우리나라는 서면제안에 명시된 대로 일반이사회가 패널보고서 채택 여부를 실질적으로 결정하는 것으로 반드시 자동적 채택을 의미하는 것은 아니라고 설명했다.[130]

개도국에 대한 보상 - 미국, EC, 뉴질랜드는 승소한 개도국에 대해 적절한 보상권고를 패널보고서에 포함시킬 수 있도록 한 것과 관련, 동 보상 권고가 개도국에만 국한되는데 대해 의문을 제기했다. 우리나라는 협상력이 취약한 개도국을 위해 적절한 보상권고를 패널 보고서에 포함시키는 것이 정책적으로 바람직하다고 언급하고 선진국 간의 분쟁시에도 현행 GATT 관례에 따라 어느 일방 요청시 패널 보고서에 보상권고를 포함시킬 수도 있을 것이라고 설명했다.[131]

분쟁단계별 시한 설정 - 멕시코는 한국 서면제안이 설정하고 있는 시한이

---

129 외무부 통상국, 전게서, pp. 334-335; Negotiating Group on Dispute Settlement, 'Communication from Japan', MTN.GNG/NG13/W/21 (1 March 1988).

130 외무부 통상국, 전게서, p. 335; Negotiating Group on Dispute Settlement, 'Communication from Korea', MTN.GNG/NG13/W/19 (20 November 1987).

131 외무부 통상국, 전게서, p. 336; Negotiating Group on Dispute Settlement, 'Communication from Korea', MTN.GNG/NG13/W/19 (20 November 1987). p. 3.

일반이사회 회부로부터 패널 보고서 채택까지 최장 1년 3개월로서 너무 길다고 지적하였으며, 호주는 우리 제안이 엄격성과 융통성을 혼합한 현실적인 제안이라고 평가했다. 우리나라는 우리 제안이 시한이 다소 긴 것은 인정하나 지나치게 시한을 짧게 설정함으로써 졸속 처리하는 것은 더욱 바람직하지 않으며, 현실적으로 분쟁당사국이 패널 요청 자료를 제출하는 데 많은 시간이 소요되는 점을 고려해야 한다고 설명했다.[132]

개도국 우대 – 인도, 니카라과는 협상력이 약하고, 경험이 부족한 개도국을 지원하는 절차 조항을 보완할 것을 주장하고, 이러한 부분을 반영하고 있는 한국의 노력을 지지하였다.[133]

전체적으로 1987년 한국은 구체적 서면제안을 통해 조정기능 강화, 자발적 중재절차 신설, 분쟁해결절차 단계별 시한 설정, 패널 권고사항 이행시한 설정 및 불이행시 보상규정 강화, 일반이사회의 연4회 정기적 감시기능 수행방안 등을 제시한바, 다수국이 지지 또는 관심을 표명했다.[134] 그리고 이 제안은 실제 추후 DSU 성안 과정에서 상당 부분 반영되었다. 우리 정부의 가장 성공적인 기여라고 할 수 있을 것이다. 그리고 그 당시 우리가 주도하였던 여러 제안들이 담고 있는 장·단점과 함의가 2016년부터 시작된 WTO 분쟁해결제도 개선 논의에서 그대로 반복되고 있는 점은 당시 우리 정부 제안의 숙성도를 보

---

132 외무부 통상국, 전게서, p. 336; Negotiating Group on Dispute Settlement, 'Communication from Korea', MTN.GNG/NG13/W/19 (20 November 1987). pp. 2-3.

133 외무부 통상국, 전게서, p. 337; Negotiating Group on Dispute Settlement, 'Communication from Nicaragua', MTN.GNG/NG13/W/15 (6 November 1987).

134 외무부 통상국, 전게서, p. 348; Negotiating Group on Dispute Settlement, 'Communication from Korea', MTN.GNG/NG13/W/19 (20 November 1987).

여주고 있다.

전체적으로 우리나라가 피제소국의 입장에 서는 경우에도 대비하여 현행 GATT 분쟁해결 기능의 절차적 개선을 도모하되 필요한 융통성을 부여하고자 노력하였다. 우리나라가 제출한 서면제안을 기초로 후속단계 협상과정에서 한국의 입장이 반영되도록 노력한다는 계획도 수립하였다.[135] 종래 분쟁해결 사례를 면밀히 분석하여 우리나라가 분쟁해결절차에 효과적으로 참여하기 위한 대책도 수립하고자 하였다. 앞으로 제출될 각국의 다양한 서면제안을 비교 검토하여 쟁점별 한국의 세부입장을 수립하고 실질협상에 대처하기로 하였다.[136]

(3) 농산물 협상

농산물 교역의 문제점 및 교역 원칙에 관한 사무국 문서 그리고 미국, 호주 등의 제안 내용은 주로 농산물 수출국의 입장에서 파악된 것이며, 한국과 같은 수입국의 입장 반영은 미흡했다. 우리나라는 농산물 교역면에서 EC나 미국, Cairns 그룹은 물론 일본과도 다른 특수한 사정하에 있으므로 수입국의 입장에서 느낀 농산물 교역상 문제점과 교역 원칙에 대한 방안을 우리가 적극적으로 제시할 필요성이 있다고 보았다. 농산물에 대한 수입개도국의 특수한 사정을 강조하여 이에 대한 회원국간 이해를 넓히고자 하였다.

농업보조금의 10년내 완전 철폐에 대하여서는 철폐 대상이 되어야 할 보조

---

135 외무부 통상국, 전게서, p. 350; 중앙일보, '우루과이라운드 최종협상에 나서는 우리의 입장 (경제초점)' (1990.12.01), available at https://news.joins.com/article/2516770.

136 외무부 통상국, 전게서, p. 351; KIEP, 'UR 총점검: 분야별 평가와 우리의 대응' (1992), pp. 311-312.

금은 원칙적으로 농산물 교역에 직접 영향을 미치는 수출 보조금이나 과잉생산의 원인이 되는 보조금에만 국한되어야 할 것이라고 우리 정부는 보았다. 영농기술이 낮고 구조적으로 취약한 개도국의 농업발전을 위한 농민소득 지원과 농업 구조조정에 필요한 건전한 보조금 및 식량자급율을 높이기 위한 증산지원 등은 이러한 규제에서 제외되어야 할 것으로 보았다.[137]

수입장벽의 10년내 완전 철폐에 대해서는 수입장벽은 점진적으로 철폐해 나가되 식량안보 등 농업의 특수성과 수입개도국에 대한 우대를 고려할 것을 제안했다. 즉, 수입개도국이 수출선진국과는 달리 저수준에 있는 영농기술과 취약한 농업기술을 제고, 조정하여 국제 경쟁력을 어느 수준까지 갖출 수 있을 때까지, 최소한의 농민소득과 기본적인 식량안보를 보장하기 위한 제한된 수입장벽을 유지하는 한편, 수입개도국이 자발적으로 수입장벽을 완화시켜 가는 것이 바람직하다고 보았다.[138]

정부 지원조치와 관련하여 일체의 정부지원 조치를 모두 포함시키는 것은 구조조정이 완료되고 상업적 전문 농업경영 방식을 채택, 가격 경쟁력을 충분히 갖춘 선진국 농업과 그렇지 못해 영세한 개도국 농업을 동일하게 취급하는 결과로 이어져 부당하다고 우리는 생각하였다. 따라서 개도국이 자급을 위한

---

137 외무부 통상국, 전게서, p. 74; 농림축산식품부, 전게서, p. 243, 249; 매일경제, '제2의 파동을 이기는 지혜' (1993.12.11), available at https://newslibrary.naver.com/viewer/index.nhn?articleId=1993121100099103003&editNo=15&printCount=1&publishDate=1993-12-11&officeId=00009&pageNo=3&printNo=8614&publishType=00010.

138 외무부 통상국, 전게서, p. 74; 한겨레, '한국농업이 무너진다 UR 농산물 협상 긴급점검 (3)' (1993.12.01), available at https://newslibrary.naver.com/viewer/index.nhn?articleId=1993120100289103001&editNo=6&printCount=1&publishDate=1993-12-01&officeId=00028&pageNo=3&printNo=1747&publishType=00010.

구조조정과 영농기술 제고로 적절한 가격 경쟁력을 갖출 때까지 정부 지원조치에 대한 예외 범위를 인정하는 것이 바람직하다고 보았다. 나아가 수입개도국이 취하는 각종 정부 지원조치는 안보적 차원에서의 최소한의 식량자급 확보, 농업구조 조정, 균형된 경제발전 등을 위한 것으로서 식량 수출국의 정부 지원조치와는 그 성격이 다른 바, 이들 수입 개도국에게는 예외조치의 범위를 더욱 확대해야 한다고 보았다. 또한, 미국이 예외조치로 인정하는 농민에 대한 소득의 직접적인 이전은 농업개도국에게 있어서는 농업선진국과는 달리 농민의 생산의욕을 저하시켜 농업발전을 가져오지 못하고, 자원의 효율적 배분을 왜곡시키는바, 오히려 가격기구를 통한 소득의 간접적 이전이 농민의 생산의욕을 증대시켜 농업부문 발전을 가져올 수 있다고 설명하였다. 따라서 농업선진국과 농업개도국에게 있어서 각종 정부 지원조치는 서로 성격과 목적에서 차이가 있는바 정책 커버리지의 범위를 각각 차별적으로 적용하되, 수입개도국을 포함한 농업개도국은 자발적으로 정부 지원조치를 일정 기간에 걸쳐 점진적으로 철폐시켜 나가는 것이 바람직하다고 파악했다.[139]

또한 우리나라는 미국안과 일본안에 대해 각각 언급하였는데, 특히 수입개도국에 대한 우대원칙은 여타 협상원칙에 대한 합의가 있은 후에 잔여적인 고려사항으로 다룰 것이 아니라 협상 원칙의 주요요소로서 처음부터 논의되어야 컨센서스가 가능할 것이라고 언급하였다. 우리나라 발언을 전후하여 자메이카, 멕시코, 이집트 등도 수입개도국 우대를 주장함으로써 우리와 공동보조를 취했다. 이러한 분위기에서 수입국인 스위스 및 EC가 자국안을 제안, 설명

139　외무부 통상국, 전게서, pp. 75-76; 농림축산식품부, 전게서, pp. 218-219.

하기도 했다. 호주는 한국이 일본의 전례에 따라 보호주의에 의한 성장을 꾀하고 있다는 우려를 표시하고, Cairns 그룹안은 이미 개도국 우대원칙을 설정하고 있다고 언급했다. 이에 우리나라는 한국 경제정책 전반을 보면 한국이 일본의 전철을 밟고 있다는 생각이 잘못인 것을 알 수 있을 것이라고 말하고, 우리나라는 일본과 달리 수입개도국 우대를 주요원칙으로 제시하고 있음을 설명했다.[140]

우리 정부는 미국이나 Cairns 그룹 국가들이 주장하는 시장 경제원리에 입각한 완전 자유화 실현과 협상의 조기타결 문제는 영세 소규모 경작 등 농업의 구조적인 취약성을 안고 있는 농산물 수입개도국의 입장에서는 영세농민의 소득 격감, 농업기반 붕괴 및 대량의 실업발생 등 심각한 경제 사회적인 문제를 야기시킬 것이라고 우려를 전달했다. 특히, 이 문제에 대해 우리와 공동보조를 취하는 국가들 중 자메이카, 멕시코, 이집트 등 발전 정도가 우리나라보다 낮은 국가들도 많아 저개발국(less developed countries)과 개발도상국(developing countries)이 혼재되어 있어 우리나라로서는 농산물 문제와 별도로 개도국 우대에 대한 전반적인 입장을 밝힐 필요성이 있었다. 시장개방 문제에 대해 소득의 대부분은 영세소농 규모의 농업생산에 의존하고 있는 개도국 농업구조를 감안하여 최소한 현소득 수준 이상을 유지하고 농업생산 기반을 무너뜨리지 않는 범위내에서 개방이 진행되어야 한다는 기조하에 협상에 참여하기로 했다.[141]

---

140 외무부 통상국, 전게서, p. 92; 농림축산식품부, 전게서, pp. 229-230.
141 외무부 통상국, 전게서, pp. 79-80; 농림축산식품부, 전게서, pp. 232-233.

우리나라를 비롯한 이들 개도국들이 공동 제출한 농산물 수입국 공동제안에 다수국의 참가를 기대하기 어렵고, 이미 여타국이 제출한 서면제안이 공동제안보다 구체적인 안을 제시하고 있음을 감안, 공동제안과 별도로 우리나라의 단독서면안을 제출할 필요가 있다는 점도 내부에서 제기되었다.[142]

이에 고려할 사항은 다음과 같은 것으로 정리되었다. 우선 예상외로 빠른 협상진전 가능성에 대비하여, 미국 및 Cairns 그룹의 농산물 협상 조기수확 추진움직임에 어떻게 대응할지 여부였다. 사실, EC, 북유럽도 조기수확과 관련된 단기 또는 긴급조치 방안 제안 등을 고려해야 한다고 보았다. 이와 동시에 당시 우리나라가 일본, 북유럽, 스위스, 오스트리아 등과 함께 주요 농산물 수입시장으로 등장한 점, 그리고 우리나라의 경제발전 수준을 감안하여 여타 개도국보다 큰 양허가 요구(공산품 수출국으로 분류, 농산물 분야에서는 양보 기대)되고 있다는 점도 변수였다. 또한 미국, Cairns 그룹 국가들과의 관계에 비추어 우리나라가 끝까지 현재와 같은 강한 입장(특히 보조금 및 시장개방 분야)을 고수하기는 어려울 것이므로 국민경제에 영향이 적은 농산품의 보조감축, 수입확대가능성을 검토하는 대안이 필요하였다. 동시에 장기적으로 계속 유지가 불가피한 보조와 수입제한 조치, 품목을 선정하여 이를 예외 조치로 연결시키는 방안을 모색하여야 했다. 구체적인 개도국 우대방안 제시 필요성에 대해서는 개도국 우대원칙은 일반적으로 인정되고 있으므로, Cairns 그룹 제안에서 언급한 개도국 우대를 포함하되, 한국이 언젠가는 개도국 우대를 적용 받지 못할 것에 대비, 개도국 우대에만 협상력을 집중하는 것을 피하고 개도국 우대 졸업 후에도

---

142 외무부 통상국, 전게서, p. 124; 공동, 전게서, 'UR 총점검: 분야별 평가와 우리의 대응' (1992), pp. 185-186.

우리나라의 이익을 방어, 확보하는 방안도 아울러 검토해야 했다. 그리고 농산물 협상과 열대산품 협상과의 연계성 및 타협상(서비스)과의 관계에 대해서는 미국 등이 열대 농산품의 시장개방 문제를 농산품 교역규범과 연계시키려는 움직임을 보이고 있어 이들 협상들을 연계시켜 종합적인 대책검토가 필요하였다. 서비스 분야에서 노동력 이동 문제 포함에 반대하는 선진국 주장(국내 정치, 사회 문제 고려)을 농산물 수입제한 조치 이유 설명과 연계시켜 원용하면 효과적일 것으로 생각하였다. 농산물 수출입국간의 균형된 이익 확보에 대해 수출국은 수출가격 인상, 수출시장 확대 추구를 목표로 하고, 수입국은 수입가격 인하(안정), 공급안정, 자급도 증대 등 농업기반 확충을 추구할 것을 제시하였다.[143] 전체적으로 양측의 균형된 이해관계 확보가 중요하다는 점을 염두에 둔 포석이었다.

2. UR 협상 결과 새로운 규범의 도입

가. 서비스 교역 규범

서비스 교역 문제가 우루과이 라운드에 들어오게 된 것은 선진국들이 서비스 분야를 자신들이 비교우위를 갖고 있는 영역으로 생각하였기 때문이다. 상품교역 부분에서의 자신들의 손해를 서비스 교역에서 만회하고자 하는 기본적인 생각이 자리잡고 있었다. 그 결과 서비스 교역을 규율하기 위한 주요 골격은

---

143 외무부 통상국, 전게서, pp. 125-126; 농림축산식품부, 전게서, p. 233, 246.

일단 채택될 수 있었다. 그러나 세부적인 쟁점들을 모두 다루기는 힘들어 일부 내용은 추후 협상하기로 남겨두었다. 국내규제 문제와 보조금 문제가 대표적이다.[144] 이들 모두 핵심적인 사안이라 이를 남겨둔 것은 UR 협상의 큰 흠결이었다. 그리고 서비스 시장에 대한 각국의 민감도가 다르다는 점을 인정하고 국가별 양허표에 따른 개별적인 차이가 있는 시장개방 부담을 받아들이는 제도를 도입하였다.[145] 상당히 탄력적인 접근법을 채택한 것으로 볼 수 있고, 그 결과 서비스 교역 문제가 미흡하나마 매끄럽게 WTO 협정으로 들어올 수 있었다.

서비스 교역이 국제교역에서 점차 중요성을 띠고 그 규모도 커짐에 따라 1995년 WTO 체제가 출범과 함께 서비스 교역 부문도 최초로 국제교역 질서에 포함되었다. WTO 부속협정의 하나인 서비스 교역에 관한 일반협정(GATS)은 서비스 교역의 자유화를 단계적으로 논의하기 위한 큰 틀에서의 기본골격을 제시하고 있을 뿐이어서 여러 분야에 걸쳐 구체적이고 상세한 규범을 제시하고 있는 GATT 등 상품교역 관련 협정들과는 큰 차이가 있다.

사실 '교역의 역사' 측면에서 볼 때, 상품교역 부문과 서비스 교역 부문을 동일선 상에서 비교하는 것은 무리가 있다. 상품교역 부문은 1947년 이래로 약 50년 동안 국제 무역 규범에 의해 이미 규율되어 왔다. 이에 반해, 서비스 교역 부문은 UR 협상에서 극적인 타협으로 마지막에서야 그 규율 대상에 포함되었다. 때문에 GATS 협정 전문에서도 표방하고 있는 바와 같이 GATS는 서비스 교역의 "점진적 자유화(progressive liberalization)"를 모토로 하고 있다.[146]

144　WTO 웹사이트 (보조금 협정 해설 및 Rules Negotiation) 참조.
145　WTO 웹사이트 (서비스 협정 해설) 참조.
146　GATS 협정 전문 (preamble)은 이러한 원칙을 상세히 규정하고 있다.

GATS 협정의 또 다른 특징으로는 WTO 회원국들이 원칙적으로 자신들이 약속한 대로만 규범의 적용을 받는다는 것이다. 즉, 시장개방과 내국민 대우에 관하여 자신들의 약속사항을 155개 분야에 걸친 각각의 서비스 영역에 대하여 상세한 표로 작성하여 제시하고, 여기에 기재된 대로만 규범의 적용을 받는 독특한 방식을 취하고 있다. 이는 '모든 국가에 대하여 모든 규범이 통일적으로 적용됨'을 기본원칙으로 따르고 있는 상품교역 협정(GATT)과는 상당히 구별되는 부분이다. 이 역시 서비스 교역 부문이 처음으로 국제교역 질서에 포섭되면서 각 국가에 가해질 충격을 최소화하기 위한 일종의 타협책이라고 볼 수 있다.

이에 따라 각국이 작성하여 WTO에 제출한 상세한 표를 "서비스 시장 개방 양허표"라고 통칭한다. 이 표의 실제 명칭은 각국의 "구체적 약속에 관한 양허표(Schedules of Specific Commitments)"이다. 각국이 서로에 대하여 "구체적"으로 약속하는 시장개방의 내용을 기술한 표라는 의미이다. 이 표에는 164개 WTO 회원국이 155개의 서비스 산업 영역에 대하여 각 영역별로 자국이 약속하는 시장 개방의 범위와 내국민 대우의 범위를 상세히 기재하게 된다. 그리고 여러 서비스 영역에 동시에 공통적으로 적용되는 사항들은 별도로 통합하여 기재하기도 한다.[147]

GATS 협정에 따라 제출하는 "서비스 시장 개방 양허표" 외에도, 회원국은 WTO 협정에 따라 상품교역과 관련하여 GATT 협정 제2조에 근거하여 자국이 부과하는 관세율을 기재한 "관세 양허표(Schedules of Concession)"도 제출하

---

147 이러한 여러 서비스 산업에 공통된 양허 사항을 "수평적 양허(horizontal commitment)"라고 한다. 여러 산업에 수평적으로, 즉 동시에 적용되는 약속 내용이라는 의미이다.

여야 한다. 국제교역의 대상이 되어 상정 가능한 모든 상품을 나열하여야 하는 관세 양허표가 서비스 시장 개방 양허표에 비하여 그 분량이 많기는 하나, 관세율만을 기계적으로 나열하고 있다는 측면에서 구조적으로는 단순하다. 이에 비해 서비스 시장 개방 양허표는 여러 조건들이 개별적으로 상세하게 기술되어있어 그 구조가 훨씬 복잡하고 분쟁의 소지 또한 많이 담고 있다.

나. 분쟁해결절차

분쟁해결절차 역시 WTO 체제에서 새로운 규범이 도입된 영역이다. 이전의 GATT 체제와는 그 성격을 달리하는 새로운 분쟁해결절차가 WTO에 도입되게 되었다. UR 협상의 중요한 성과 중 하나라고 할 수 있다. 특히 엄격한 시한을 정해 절차를 진행하고 최종 판정이 채택되고 이행되도록 보장하는 제도를 도입하였다는 점에서 '법의 지배'를 기초로 한 다자주의를 그야말로 정립한 것으로 볼 수 있다. 물론 2019년 12월 11일 이후 WTO 항소기구가 마비상태에 빠지게 되어 원래의 성과가 퇴색되고 있는 것은 안타까운 일이다. 그러나 최근의 후퇴 상황을 감안하더라도 UR 협상을 거쳐 새로운 분쟁해결절차가 도입된 것은 통상분쟁의 해결이라는 측면에서는 혁신적인 시도였다. 2022년 2월 현재 610건의 분쟁 회부 건수가 보여주듯이 이 제도가 그간 활발하게 사용되어 회원국간 분쟁해결에 상당한 공헌을 하였다. 그러므로 최근의 실패를 감안하더라도 그간의 성공을 과소평가하여서도 안될 것이다. 그 공과를 모두 평가하는 것이 필요하다.

새롭게 도입된 분쟁해결절차를 담고 있는 부속협정인 WTO DSU는 WTO 체제가 출범한 1995년부터 곧바로 새로운 개정 필요성이 대두되었다.[148] 바로 DSU 조항 자체에 내부 모순적인 상황이 발생하거나(가령 DSU 제21조에 포함된 이행여부 확인과 이행분쟁 개시 문제가 서로 시간대 측면에서 반대로 규정되어 있는 상황: 소위 Sequencing 쟁점), 분쟁해결절차의 구조적인 문제(개도국의 효과적 참여를 위한 인력과 경제적 자원 부족문제)가 제기되었기 때문이다. 동시에 WTO 출범 이후 분쟁해결 절차가 활발하게 작동하면서 그 중요성에 대한 새로운 인식을 많은 국가들이 하게 되었다. 이에 따라 DSU에 대한 관심이 더욱 커지게 되었다.

이러한 점을 염두에 두고 WTO 회원국들은 곧바로 WTO DSU 개정 문제에 나서게 되었고 첫 번째 개정 논의는 이미 1997년부터 시작되게 되었다.[149] 즉, 이 협상의 단초는 이미 2001년 11월에 개시된 DDA보다도 한참이나 앞서고 있다. 이러한 연혁적 배경은 이 문제가 오랜 협상 기간을 갖고 있다는 점과 국가들의 이해관계가 깊숙이 반영되어 있다는 점을 잘 보여주고 있다. WTO DSU 개정 협상의 그간 경과를 간략히 정리하면 아래와 같다.[150] 오랜 기간 동안 논의되어 오던 사안이라 여러 국가들의 관심이 다양하게 반영되었다.

---

148 WTO 웹사이트는 WTO DSU 개정협상의 배경과 오랜 연혁을 상세히 설명하고 있다. "Negotiations to Improve Dispute Settlement Procedures", available at https://www.wto.org/english/tratop_e/dispu_e/dispu_negs_e.htm (last visited October 31, 2019).

149 "Decision on the Application and Review of the Understanding on Rules and Procedures Governing the Settlements of Disputes", available at https://www.wto.org/english/docs_e/legal_e/53-ddsu_e (last visited October 31, 2019); WORLD TRADE ORGANIZATION, Ministerial Declarations, WT/MIN(01)/EDC/1 (November 14, 2001), at paras. 30, 47 참조.

150 "Negotiations to Improve Dispute Settlement Procedures", available at https://www.wto.org/english/tratop_e/dispu_e/dispu_negs_e.htm (last visited October 31, 2019)에 포함된 정보를 토대로 필자가 작성.

일 자	내용
1994년 4월	마라케시 각료회의에서 우루과이 라운드 협상 종료 이후 1999년 1월까지 새로 출범한 DSU를 검토하여 이 제도를 지속, 수정, 혹은 종결할 지 여부를 결정
1997년 후반	분쟁해결기구(DSB)는 DSU에 대한 검토를 개시하였으나 회원국간 합의 도출에 실패. 검토기한을 1999년 7월로 연기하였으나 역시 합의 도출 실패
2001년 11월	도하 각료회의에서 DSB의 특별회의(Special Session)를 통하여 DSU의 개선 및 명료화를 위한 협상 개시 합의. 일단 2003년 5월을 기한으로 명시. 다만 이 협상은 DDA 일부로 포함되지 않고, single undertaking 원칙도 미적용
2003년 7월	합의도출에 실패하자 WTO 일반이사회는 협상기한 2004년 5월까지 1년 연장
2004년 8월	WTO 일반이사회는 협상기한을 없애고 향후 지속적으로 추진하기로 결정
2004년 8월 – 2011년 4월	주요 쟁점에 대하여 지속적 협상 진행
2011년 4월	의장은 2007년부터 진행된 협상을 바탕으로 12개 주제(thematic issues)를 정리, 확정하고 이를 토대로 향후 협상 전개 예정임을 확인.
2011년 4월 – 현재	주요 쟁점에 대하여 지속적 협상 진행
2016년 5월	미국 항소기구 위원 임기 만료에도 후임 선출에 반대
2018년 5월 – 12월	EU, 캐나다, 중국 등은 항소기구 마비 사태를 방지하고자 미국과의 타협을 위한 다양한 제안 제시

* WTO 자료를 토대로 필자가 정리

다. 지식재산권 규범

UR 협상결과 지식재산권 문제는 새롭게 도입된 무역관련 지식재산권 협정 (TRIPs)으로 정리되었다. TRIPs의 경우에도 한국은 1989년 10월 GATT TRIPs 에 협상회의에 서면제안(communication)을 제출하여 4가지 원칙을 제시한 바 있다. 이들은 국제협정의 충분한 고려, 지식소유권의 보호와 사용에 대한 균형 적인 접근, 각국의 공공정책 목표(public policy objectives)에 대한 충분한 고려, 합리적인 경과조치기간과 기술이전 수단을 마련하여 각국의 국내법률체계와 국제조약의 조화이다.[151] 이와 같은 제안은 당시 나름대로 우리나라의 위상을 잘 반영하며, 미국, 일본, EC, 캐나다 등의 선진국과 인도, 브라질, 멕시코 등 강경한 입장의 개도국 사이에서 균형적인 접근을 한 것으로 평가되었다.[152] 우리나라가 상당히 긍정적인 기여를 한 대표적인 사례이다. 이후 우리나라가 지식재산권 분야에서 국내 제도 개선에 나름 신속히 임하게 된 것도 협상 과정에서의 이러한 적극적인 참여와 기여가 일조한 것으로 볼 수 있다.

지식재산권 역시 선진국의 강력한 요구로 UR 협상에 포함되었다. 자국 기업과 산업의 지식재산권 침해가 결국 교역상의 손해로 이어진다는 믿음 때문이다. 이 역시 그간 국제교역에서는 논의되지 않던 내용을 WTO 협정의 영역 내로 포섭하였다. 어려운 과제를 나름 순탄하게 처리한 배경에는 바로 기존의 국제협약을 최대한 활용하였다는 부분이 자리잡고 있다. 지식재산권 분야에 존재하는 기존의 다양한 국제협약을 그대로 수용하고 여기에 추가적 조항을

---

151 Group on Negotiation on Goods, *Standards and Enforcement of Intellectual Property Rights-Communication from the Republic of Korea*, MTN.GNG/NG11/W/48 (26 Oct, 1989), p. 2; 당시 서면제안상 원칙에 기반하여 우리나라가 제안한 주요내용으로는 (1) 특허의 경우 국방상 또는 공익상 필요할 때, 정당한 사유없이 3년 이상 국내에 실시되지 아니할 때, 타인의 특허발명을 이용하여 상당한 진보가 있는 새로운 발명을 하였으나 특허권자의 實施許諾을 받을 수 없는 경우 强制實施權 부여, (2) 저작권의 보호기준은 저작자 생존시 및 사후 50년으로 하고, (3) 구체적인 시행절차는 각국에 위임하되 협정에는 일반적 원칙만을 명시하고, (4) 지적소유권 침해를 방지하기 위한 국내절차 및 국경절차(border measures) 모두를 나열하고, 각국 정부는 이와 같은 절차가 그 자체로 정당한 무역에 대한 장애가 되는 것을 방지할 수 있는 구체적인 조치를 마련해야 하는 것 등이 있었다. 손찬현, 『우루과이라운드 知的所有權 協商課題와 우리의 對應方案』(對外經濟政策研究院, 1990), pp. 76-77.

152 손찬현, 전게서, p. 77.

더하고 일부 내용을 조정하는 작업을 진행하였다. 요컨대 "수레바퀴를 처음부터 다시 만들지 않고" 기존의 바퀴를 잘 활용한 대표적인 사례이다. 지난 27년간의 TRIPs 적용과 이행 상황을 보면 이 협정 역시 전반적으로 소기의 성과를 거둔 것으로 볼 수 있다. 협정이 규정하는 바를 얼마나 강력히 각국이 이행하도록 담보하는지 여부에 대하여 국가간 이견과 의견대립도 있었지만 전체적으로 이 분야에 새로운 규범을 처음으로 도입한 점을 감안하면 나름대로 성공적인 결과를 도출하였다. 그 이후 지식재산권 문제가 모든 통상협정의 핵심사안으로 자리잡는데 일조하였다.

라. 쌀 시장 개방 문제

1995년 1월 1일 WTO 출범의 큰 의의 중 하나는 농산물에 대한 '예외 없는 관세화'였다. 다만 일부 국가의 쌀에 대해서는 '예외 없는 관세화'의 예외, 즉 '관세화 유예'가 부여되었다.[153] 우리나라, 필리핀, 일본, 대만이 쌀 관세화 유예를 획득하였다.[154] 한편 우리나라는 쌀 문제에 대해 개도국의 지위도 확보하였다.[155] 다만 BOP 품목을 관세화 하는 문제는 관철시키지 못하였고, 개방 시

---

153 배종하, 전게서, p. 66; 정경록, 전게서, p. 67.

154 정경록, 전게서, p. 67; 매일경제 '경제 외교적 입지강화 시급' (1995.11.20), available at https://newslibrary.naver.com/viewer/index.nhn?articleId=1995112000099105005&editNo=15&printCount=1&publishDate=1995-11-20&officeId=00009&pageNo=5&printNo=9275&publishType=00010.

155 배종하, 전게서, p. 66; 경향신문, '선후진국 구분 방법' (1995.03.13), available at https://newslibrary.naver.com/viewer/index.nhn?articleId=1995031300329110003&editNo=20&printCount=1&publishDate=1995-03-13&officeId=00032&pageNo=10&printNo=15366&publishType=00010.

기를 늦추거나 관세를 재조정해 올리면서 그 대신 쿼터를 허용하는 수준에서 타협하여 합의하였다.[156]

1993년 상반기는 공식협상보다 주요 선진국간 물밑접촉과 대화를 통해 협상타결의 기반을 구축하는 시기였는데, 이때 우리나라는 양자협상에 적극적으로 임하였다. 특히, 관세화 예외, 개도국 지위 인정, BOP 품목의 관세화 등이 우리의 최대 관심사였다. 관세화는 일반적인 원칙으로 제시되었지만 우리나라는 일부 품목에 대해 예외가 인정되어야 한다는 입장을 견지했다.[157]

UR 협상과정에서 선진국을 상대로 개도국의 이해관계를 반영할 수 있는 루트를 마련하는 게 좋겠다고 하여 주요국이 정기적으로 회동하는 평화그룹이 구성되었는데, 여기에는 우리나라, 스위스, 아시아 개발도상국, 일본 등이 참여하고 있었다. 거기서 나온 결론은 '미국의 무역조치라는 것이 밖에서 보면 일방적인 조치들이 많고 미국 의회가 너무 발언권이 세다' 등이었다.[158] 대체로 당시 우리나라의 입장을 반영하고 있는 내용들이었다. 우리와 입장을 비슷하게 갖는 국가들과 연대하면서 공통의 목소리로 우리 관심사를 공론화하는 소기의 성과를 거둘 수 있었다.

1986년 UR 협상 출범 당시 모두들 협상기간을 약 4년 정도로 생각했지만, 결국은 7년 7개월이 소요되었다. 이는 주로 농업협상 때문에 일어난 여러 교착상태 때문이었다.[159] 그리고 1990년 12월 3일부터 7일까지 브뤼셀에서 UR

156　배종하, 전게서, p. 66; 문병철, 전게서, p. 157; 농림축산식품부, 전게서, p. 10.

157　배종하, 전게서, p. 64; 농림축산식품부, 전게서, pp. 95-96.

158　허승, 전게서, p. 73; K.A. Ingersent *et al*, Op. cit., p. 113.

159　배종하, 전게서, p. 51; Matthias Oesch, Op. cit.

협상 최종타결을 목표로 각료급 회의가 열렸으며 이 회의에서도 가장 문제가 되었던 것이 농산물이었다.[160] 농산물 협상의 기초로 의장 초안이 마련되어 제시되었는데, 우리나라와 일본이 반대를 했고, EU도 소극적이어서 결국 결렬되었다. 그때 언론에서 한국과 일본의 반대로 결렬이 되었다는 기사가 많이 보도되었고, 당시 미국의 조지 부시 대통령은 우리나라 노태우 대통령에게 "왜 한국이 미국과 협의없이 그렇게 반대를 했느냐?"고 강력하게 항의하는 내용의 친서를 보내기도 했다.[161] 이 부분은 우리나라가 주요한 입장을 정함에 있어 우리 입장의 타당성만큼이나 주요국과의 물밑 협의 및 대외 홍보 작업에도 중점을 두어야 한다는 점을 보여주는 사례이다. 우리 입장을 확정하여 미국 등 주요 교역국에 단호하게 전하되, 이들과 사전에 충분한 논의를 하는 외양을 갖춘다면 갈등이 불필요하게 확대되는 것을 막을 수도 있을 것이다.

(1) NTC(비교역적 기능) 품목에 대한 관세화 예외

UR 협상 출범 시 농산물에는 예외 없는 관세화라는 원칙이 강도높게 제시되었다. 우리나라는 물론 쌀에 대한 관세화 예외 조치를 위해 처음부터 최선을 다하였다. 우리 대표단은 양자회의는 물론 농산물위원회, 또 전체회의에서

---

160 선준영, 전게서, p. 83; 한겨레, 'UR협상 최종 타결' (1993.12.15), available at https://new slibrary.naver.com/viewer/index.nhn?articleId=1993121500289101001&editNo=5&printCo unt=1&publishDate=1993-12-15&officeId=00028&pageNo=1&printNo=1760&publishTy pe=00010; Matthias Oesch, Op. cit.

161 선준영, 전게서, p. 83; 조선일보, '부시, 한미현안 관련 친서' (1990.12.24), available at https://newslibrary.naver.com/viewer/index.nhn?articleId=1990122400239101002&editNo= 1&printCount=1&publishDate=1990-12-24&officeId=00023&pageNo=1&printNo=21496& publishType=00010.

두 가지 기본적 입장을 관철시키도록 노력했다. 첫째는 한국의 경우 쌀은 국가 안보 품목(National Security Item)으로, 안보와 직결되기에 우리가 예외를 인정받아야 한다는 점이었다. 둘째는 쌀 산업, 쌀 농사에 관한 한 한국은 아직 개도국 지위에 있다는 점이었다. 이와 같은 입장에서 쌀에 관한 한 관세화 예외조치를 받아내는 것이 우리의 기본 입장이었다.[162]

사실 무역협상에서 국가안보 개념을 도입하면 무역협상이 정치화된다. 결국 국가안보 개념 대신 '비교역적 관심사항(Non Trade Concern: NTC)'으로 바뀌었다. 예컨대 농산물협정의 일본 쌀 조항에도 NTC가 적용되어 "식량안보와 환경보호 등 NTC에 따라서 이러이러한 조치를 취한다"는 형식으로 기술되어 있다.[163] 이러한 쟁점이 2018년부터 국가안보를 이유로 한 수입제한 조치의 도입이라는 부분으로 다시 WTO 체제에 나타나게 되었고, 이제 이 개념을 미국, 중국 등 주요국들이 적극 원용하는 상황으로 변화하게 되었다.

당시 협상 과정에서 쌀 관세화 유예의 경우 우리나라는 NTC임을 주장했다. 우리나라는 처음에는 15개의 NTC품목에 대한 관세화 예외를 주장했는데, 이는 우리나라 전체 농업생산의 3분의 2가 넘는 것이었다.[164] 특히 미국과 농업

---

162 선준영, 전게서, pp. 133-134; 조선일보, 'UR농산물 협상 타결돼도 쌀등 수입예외 요구방침' (1990.07.29), available at https://newslibrary.naver.com/viewer/index.nhn?articleId=1990072 900239106001&editNo=1&printCount=1&publishDate=1990-07-29&officeId=00023&page No=6&printNo=21350&publishType=00010.

163 선준영, 전게서, pp. 134-135; 농림축산식품부, 전게서, p. 87.

164 배종하, 전게서, p. 51; 조선일보, 'UR최종협상 오늘 개막' (1990.12.03), available at https:// newslibrary.naver.com/viewer/index.nhn?articleId=1990120300239101003&editNo=1&prin tCount=1&publishDate=1990-12-03&officeId=00023&pageNo=1&printNo=21475&publis hType=00010; 매일경제, '비교역품목 선정 막바지 진통' (1990.09.28), available at https:// newslibrary.naver.com/viewer/index.nhn?articleId=1990092800099203001&editNo=1&print

선진국, 농업 수출국의 모임인 Cairns Group과 대치하여 일본, 북유럽, 스위스와 함께 비교역적 고려사항에 대해 힘을 모아 공동 전선을 구축하고자 도모하였다. 다만 비교역적 고려사항을 주장하는 국가들도 그 세부적인 내용에는 차이가 있었다.[165] 그러나 이러한 주장은 협상이 진행되며 점차 약해지고, 예외를 주장하던 국가들이 관세화를 받아들이는 쪽으로 입장을 바꾸며 결국 우리나라는 상당히 어려운 입장에 처하기도 했다.[166]

1993년도 12월 마지막 고위급 협상에서도 관세, 보조금 감축, 수입쿼터 증량 등 세부원칙(modality)에 관한 일반적인 원칙은 결정되었지만, 한국의 쌀 관세화 예외 등 일반원칙에서 벗어나는 사항들의 처리가 중점 협상대상이 되기에 이르렀다.[167] UR 협상의 최종 타결 마지막 순간까지 쌀 문제가 결정적인 변수로 남게 되었다.

Count=1&publishDate=1990-09-28&officeId=00009&pageNo=3&printNo=7583&publishType=00020.

165 허승, 전게서, pp. 94-95; 농림축산식품부, 전게서, pp. 219-223; 매일경제, 'UR 파고 극복할 수 있다' (1990.10.31), available at https://newslibrary.naver.com/viewer/index.nhn?articleId=1990103100099202001&editNo=1&printCount=1&publishDate=1990-10-31&officeId=00009&pageNo=2&printNo=7614&publishType=00020.

166 배종하, 전게서, p. 64; 농림축산식품부, 전게서, p. 280; 동아일보, '입체점검 UR (9) 쌀 개방시대 14개 농산물 마지막 희망 관세보호막' (1993.12.10), available at https://newslibrary.naver.com/viewer/index.nhn?articleId=1993121000209103001&editNo=40&printCount=1&publishDate=1993-12-10&officeId=00020&pageNo=3&printNo=22368&publishType=00010.

167 배종하, 전게서, p. 65; 매일경제, '쌀 관세화 예외 한결같이 냉담' (1993.12.05), available at https://newslibrary.naver.com/viewer/index.nhn?articleId=1993120500099103001&editNo=15&printCount=1&publishDate=1993-12-05&officeId=00009&pageNo=3&printNo=8608&publishType=00010.

(2) 개도국 지위 인정

우리는 UR 협상 내내 '한국은 개도국 그룹의 일원이며 농업분야는 낙후되어 농업협상에서는 개도국으로 인정받아야 한다'고 강조했다. 하지만 미국을 비롯한 많은 국가들이 한국은 더 이상 개도국이 아니라고 반대입장을 명확히 하였다.[168] 이러한 입장 차이가 결국 WTO 체제 출범 이후에도 우리나라에 상당한 부담을 초래하였고 결국 그 부담은 2018년 개도국 지위 포기 시점까지 이어졌다.

관세화가 합의된 영역에서도 이견은 이어졌다. 어떻게 '관세화'하느냐의 문제 때문이었다. 우리는 협상 최종 타결 시점까지 수입 자유화되지 않은 품목은 우리가 정하는 새로운 관세율을 정하여 관세화할 수 있다는 주장을 되풀이했지만, 미국은 '이러한 관세화는 허용되지 않고 현행 관세로 개방해야 한다'고 주장했다.[169]

(3) 주요국과의 교섭

우리는 쌀에 많은 협상력을 집중시켰는데, 이로 인해 여타 품목에서 미국이 과도한 요구를 하는 형태로 협상이 진행되기도 했다.[170] 이러한 접근법이 과연

168　배종하, 전게서, p. 64; 미래정책연구실, '주간 농업농촌식품동향', Vol. 43 (2019), p. 1.

169　배종하, 전게서, p. 65; 조선일보, 'UR 이행계획' (1994.02.15), available at https://news library.naver.com/viewer/index.nhn?articleId=1994021500239105009&editNo=1&printCou nt=1&publishDate=1994-02-15&officeId=00023&pageNo=5&printNo=22603&publishTy pe=00010; United States International Trade Commission, International Economic Review (Jan 1994), available at https://www.usitc.gov/publications/ier/ier_1994_01.pdf, pp. 8-9.

170　배종하, 전게서, p. 66; 동아일보, '미국은 개방압력 자제해야' (1992.06.15), available at https://newslibrary.naver.com/viewer/index.nhn?articleId=1992061500209203005&editNo

현명하였는지에 대하여는 여러 각도에서 살펴볼 필요가 있다.

미국과 협상 문제에 대하여는 관련 업무가 많고 복잡하여 당시 선준영 외무부 통상국장은 양국간 통상 소그룹(Trade Subgroup)을 만들었다. 당시 선준영 통상국장과 미국의 USTR 차관보급관료가 공동의장을 맡아서 한미 간에 어떤 문제가 있든지 서로 터놓고 이야기할 수 있게 하였다.[171]

UR 협상 주요 4개국(Quad)에 미국, EC, 일본, 캐나다가 있었고, 그 국가들이 중요한 쟁점에 대해 입장을 정리해서 개별적으로 또는 공동으로 의견 표명을 하였다. Quad 그룹의 의견 표명은 큰 영향력을 발휘하였다. 그래서 우리 입장에서는 개도국 그룹인 평화 그룹과 핵심 실세 그룹인 쿼드가 모두 중요했다.[172] UR 협상이 자꾸 교착상태에 빠지니 Group of 7(미국, 일본, 영국, 프랑스, 독일, 이탈리아, 캐나다) 국가들은 일본 도쿄에서 회동하여 어쨌든 1993년 내에는 타결을 결정하였고, 이는 우리 교섭에도 큰 영향을 미쳤다.[173] 협상 마무리가 가

=2&printCount=1&publishDate=1992-06-15&officeId=00020&pageNo=3&printNo=218 54&publishType=00020; 경향신문, '쌀 개방 어디로 가는가 (1) 출구없이 강요받는 협상' (1993.11.28), available at https://newslibrary.naver.com/viewer/index.nhn?articleId=199311 2800329101001&editNo=15&printCount=1&publishDate=1993-11-28&officeId=00032&pag eNo=1&printNo=14930&publishType=00010.

171 선준영, 전게서, p. 50; 매일경제, '한미 농산물 회담 8일 워싱턴에서' (1988.08.06), available at https://newslibrary.naver.com/viewer/index.nhn?articleId=1988080600099201009&editNo =1&printCount=1&publishDate=1988-08-06&officeId=00009&pageNo=1&printNo=6900& publishType=00020.

172 허승, 전게서, p. 74; 한겨레, '우루과이 라운드가 오고 있다' (1990.06.05), available at https://newslibrary.naver.com/viewer/index.nhn?articleId=1990060500289107001&editNo=4 &printCount=1&publishDate=1990-06-05&officeId=00028&pageNo=7&printNo=636&publ ishType=00010; 농림축산식품부, 전게서, p. 252.

173 허승, 전게서, p. 74; 조선일보, 'UR 연내 타결 노력' (1993.07.10), available at https:// newslibrary.naver.com/viewer/index.nhn?articleId=1993071000239101003&editNo=1&prin

시권에 들어온 만큼 최종적인 'landing zone'을 찾아야 하기 때문이었다.

농업 문제와 관련하여 우리 농업이 낙후되어 있고, 산업적, 기술적으로 발전되어 있지 않다는 것을 다른 나라들에게 이해시키는 게 대단히 어려웠다. UR 협상에 참가했던 대부분의 나라들이 "한국이 UR 협상에 보다 많은 기여를 하라"는 요구가 많았기 때문이다. 그리고 한국은 무역으로 보면 선진국 수준에 있으니 사실상 개도국이 아니라고 하며 일본과 거의 동일시하고 있었다. 또한 "한국이 농산물 때문에 UR 협상에 설사 참여하지 않는다고 하더라도 UR은 타결된다. 한국이 없다고 UR 타결이 안되는게 아니다"라고 강공책으로 나오기도 하였다.[174] 우리로서는 상당히 곤란한 상황이었다.

다양한 차원에서 동시에 진행되는 협상은 여러 혼선도 초래하였다. 가령 미국과 우리가 양자협상을 해놓은 결과물이 때로는 쿼드의 승인을 받지 못하였다. 미국도 구리 3개 품목과 일부 전자제품에 대해서 우리에게 무세화한다는 약속을 지키지 못하였고 쿼드의 승인을 받지 못하였다. 결국 우리 측에서는 구리 3%, 전자 4% 세율을 매기겠다고 미측에 통보했다. 그러자 미국은 우리에게 양자합의 위반이라고 하며 다른 뭔가를 추가로 양보할 것을 요구했다. 우리 측에서는 시간제한 요건을 들어 "지금 UR 종결단계인데 한국에게 자꾸 무리한 요구를 하지 말고 미국이 주도국으로서 그에 걸맞은 리더쉽을 보여 달라"

tCount=1&publishDate=1993-07-10&officeId=00023&pageNo=1&printNo=22398&publishType=00010; 한겨레, 'UR 연내타결 최우선' (1993.07.10), available at https://newslibrary.naver.com/viewer/index.nhn?articleId=1993071000289101005&editNo=5&printCount=1&publishDate=1993-07-10&officeId=00028&pageNo=1&printNo=1613&publishType=00010.

174 허승, 전게서, p. 96; 농림축산식품부, 전게서, p. 96, 237.

고 반박하였다.[175]

UR 협상 과정에서 가장 어려웠던 것은 미국과의 양자협상 관계였는데, 특히 막바지에는 미국에서 외교교섭 경험이 부족하고, 단지 미국 대통령과 가까운 외국 인사들을 협상 과정에 참여토록 하며 양자협상이 느리게 진행되기도 했다.[176]

우리나라가 개발도상국 지위를 유지하는 과정에서도 여러 어려움이 있었다. 작은 회의와 큰 회의 모두에서 많은 대표들이 한국이 왜 개발도상국인지 불만을 표출하는 발언을 하기도 했다. 이 문제에 대해서 한국, 일본, 싱가포르, 홍콩, 헝가리, 인도네시아, 말레이시아가 속한 평화그룹이 주요한 역할을 하였다. 여기서는 UR 협상에서는 개발도상국 지위에 대해서는 적어도 문서로 손대는 것은 하지 말자는 원칙에 합의하였고, 이것이 끝까지 유지가 되어 쌀 협상에도 반영되었다.[177]

1993년 12월 1일 당시 허신행 농림수산부장관을 수석대표로 하는 우리나

---

175 허승, 전게서, pp. 98-99; 경향신문, '미에 약한 외교관들' (1994.03.16), available at https://newslibrary.naver.com/viewer/index.nhn?articleId=1994031600329102007&editNo=15&printCount=1&publishDate=1994-03-16&officeId=00032&pageNo=2&printNo=15029&publishType=00010; 동아일보, '미 통상정책 시야 넓혀라' (1993.02.14), available at https://newslibrary.naver.com/viewer/index.nhn?articleId=1993021400209105001&editNo=1&printCount=1&publishDate=1993-02-14&officeId=00020&pageNo=5&printNo=22086&publishType=00010.

176 허승, 전게서, p. 115; 중앙일보, '54세 동갑내기 미EC 무역협상 대표' (1993.12.06), available at https://news.joins.com/article/2844445; 매일경제, '한국 금융개방 비협조적 UR실패 주인-강경조치 캔터 미 무역대표' (1994.01.28), available at https://newslibrary.naver.com/viewer/index.nhn?articleId=1994012800099101003&editNo=15&printCount=1&publishDate=1994-01-28&officeId=00009&pageNo=1&printNo=8658&publishType=00010.

177 허승, 전게서, pp. 115-116.

라 대표단은 EU를 방문하고 제네바에 도착하여 마지막 고위급 협상에 임하였다. 그리고 12월 4일부터 세 차례에 걸쳐 에스피(Espy) 당시 미국 농무장관을 만나 개도국 지위, BOP 품목 처리 문제, 쌀 문제를 집중적으로 논의했다.[178] 이때 쌀 문제는 만족스러운 결과를 얻지 못하여 허 장관이 캔터(Kantor) 미 무역대표(USTR)를 만나 쌀 문제에 대한 미국의 입장을 완화해줄 것을 거듭 요청하기도 했다.[179]

한국 쌀도 일본과 마찬가지로 특별대우가 가능하다는 분위기는 일단 형성되었으나, 그 다음 쟁점으로는 최소시장접근(Minimum Market Access: MMA)이었는데, 미국은 다른 국가들의 입장도 고려하며 협상에 임해야 하는 상황이었다.[180]

---

178 배종하, 전게서, p. 65; 한겨레, '농산물협상 허신행 한국대표 일문일답' (1993.12.09), available at https://newslibrary.naver.com/viewer/index.nhn?articleId=199312090028910300 5&editNo=5&printCount=1&publishDate=1993-12-09&officeId=00028&pageNo=3&printN o=1754&publishType=00010; 경향신문, '김-클린턴 교감 막판변수' (1993.12.09), available at https://newslibrary.naver.com/viewer/index.nhn?articleId=1993120900329103001&editNo =15&printCount=1&publishDate=1993-12-09&officeId=00032&pageNo=3&printNo=14940 &publishType=00010.

179 배종하, 전게서, p. 65; 한겨레, '허장관-캔터 최종 담판' (1993.12.08), available at https:// newslibrary.naver.com/viewer/index.nhn?articleId=1993120800289101006&editNo=5&print Count=1&publishDate=1993-12-08&officeId=00028&pageNo=1&printNo=1753&publishT ype=00010; 동아일보, '한-미 쌀협상 뒷얘기, 개도국 대우 자칫 잃을뻔했다.' (1993.12.16), available at https://newslibrary.naver.com/viewer/index.nhn?articleId=199312160020910600 4&editNo=40&printCount=1&publishDate=1993-12-16&officeId=00020&pageNo=6&print No=22373&publishType=00010.

180 배종하, 전게서, p. 65; 한겨레, '정부 UR수정안 미국요구 수용 농산물 대폭양보 비밀협약' (1994.03.24), available at https://newslibrary.naver.com/viewer/index.nhn?articleId=1994032 400289101001&editNo=5&printCount=1&publishDate=1994-03-24&officeId=00028&page No=1&printNo=1849&publishType=00010; 매일경제, '개방시대 국가경영 (13) UR와 한국 농업 진단' (1994.09.05), available at https://newslibrary.naver.com/viewer/index.nhn?article Id=1994090500099101005&editNo=15&printCount=1&publishDate=1994-09-05&officeId=0

쌀 시장 개방의 경우 한미농무장관회담에서 쌀시장 개방 문제에 대해서 타결을 하면, 그 내용을 바탕으로 다자화하여 전체협상이 진행되었다.[181] 한미농무장관회의에서는 기본내용에 합의를 보게 되었는데, 그 내용은 10년 동안의 유예기간을 두고 그 동안에 우리의 의무 수입 물량에 대한 MMA를 부여하자는 것이었다. MMA는 첫 해에는 연간 총 소비량의 1%부터 시작해서 유예기간의 끝인 10년 후에는 4%까지 증가시킨다는 내용으로 합의됐다. 기준 연도는 1988년부터 1990년까지 3년 동안의 우리나라의 연간 평균 쌀 소비량을 말하며, 그 소비량의 1%부터 4%까지 증가하는 방식에 합의를 했다. 다만 어떤 방식으로 10년동안 증가해나갈 지에 대해서는 양측이 대립하였다.[182] 미국은 10년간 중단없이 1%에서 4%까지 증가하는 방식을 주장했고, 한국은 A안(1년차 1%로 시작, 5-6년차에 쉬었다가 7년차에 증가, 10년차 마지막에 4%로 끝나는 안)과 B안(5년차까지는 2%까지 증가하고 5-6년차에 쉰 뒤, 다시 7년차부터 2%에서 증가해서 마지막 해에 4%에 도달하는 안)을 제시했다. 미국은 급박한 시간 상황 때문에 B안을 받아들였는데, 처음 미국의 안과 비교할 때 B안은 MMA양이 12만 5,000톤이 적게 책정되는

0009&pageNo=1&printNo=8863&publishType=00010.

181　선준영, 전게서, p. 137; 매일경제, '한국쌀UR 다자협상 돌입' (1993.12.09), available at https://newslibrary.naver.com/viewer/index.nhn?articleId=1993120900099101001&editNo=15&printCount=1&publishDate=1993-12-09&officeId=00009&pageNo=1&printNo=8612&publishType=00010; 매일경제, '다자간 협상서 최종결론' (1993.12.10), available at https://newslibrary.naver.com/viewer/index.nhn?articleId=1993121000099104002&editNo=16&printCount=1&publishDate=1993-12-10&officeId=00009&pageNo=4&printNo=8613&publishType=00010.

182　선준영, 전게서, p. 138; 김지홍, '쌀 협상과 미곡산업 구조조정방안', 정책연구시리즈 2004-01, 한국개발연구원 (2004), pp. 6-8; 김호철, '쌀 관세화, 2015년 1월 1일부터 관세율 513% 적용', 정책과 이슈, KIET (2015), pp. 1-2.

효과가 있기에 상당히 우리에게 유리한 방식이었다. WTO 협정 발효 후 미국 측에서 비공식적으로 해당 안에 불만을 표시하기도 했다. 이처럼 모든 협상에서는 일단 자신들의 입장을 반영한 초안을 먼저 내놓는 쪽이 유리하다.[183] 해당 초안을 토대로 일단 협상이 전개될 가능성이 그만큼 높은 까닭이다. 이러한 부분은 앞으로 협상 과정에서도 우리가 어려운 쟁점일수록 먼저 우리 입장과 구체적 제안을 제시하는 것이 유리하다는 점을 보여주고 있다.

UR 협상은 중요한 국가 간 양자교섭에서 시작해서 소수국 간 회의를 통하여 쟁점을 정리하고, 그런 다음 전체회의에서 채택되는 순서로 절차를 밟게 되어있다. 쌀 문제의 경우에도 12월 12일 한미농무장관회담에서 MMA 기본수량과 10년간 증가방식에 합의에 이른 후 이를 다자화하기 위해 그날 저녁부터 소수 국가(한국, 미국, EC, 일본, 호주, 캐나다, 태국, 아르헨티나)만 참가하는 고위급 실무회의가 열렸다. 이 회의에서 선준영 외무부 차관보는 한미 양자 간에 합의된 사항을 설명하고 양해를 촉구하는 역할을 맡았다.[184]

다만 이 과정에서 역시 쌀시장 개방에 민감한 일본과 약간의 대립이 있었다. 미국과 일본은 양국합의를 통해 "WTO 발효 후 6년 동안 일정 기준년도 연간 소비량의 4%에서 8%까지 쌀 수입 MMA를 허용한다"라는 내용이 합의되었는데, 한국에 비해 일본이 불리한 내용을 합의했다는 것이 일본 언론에서 보도되어 일본은 국내정치적으로 어려움에 처했다.[185] 그래서 소수 국가 고위

---

183 선준영, 전게서, pp. 138-139.

184 선준영, 전게서, p. 141; 'Chapter 6: Emerging Issues in Agricultural and Rural Policy' in 'Agriculture in Korea' (KREI, 2015), pp. 340-342.

185 선준영, 전게서, p. 141; 배종하, 전게서, p. 65; 조선일보, '실속 개방 쌀 묘안 찾기' (1993. 11.27), available at https://newslibrary.naver.com/viewer/index.nhn?articleId=1993112700

급 실무회의에서 일본 대표가 한미 합의안에 강력하게 반대하여 진전을 보기가 힘들었다.[186] 또한 한미 간 합의 내용을 알게 된 직후 일본 외상은 제네바를 방문하여 서덜랜드 사무총장과 미국 측에 일본 입장을 적극 설명했다고 전해지고 있다.[187] 특히 일본 대표는 한미 MMA 합의조항에 "다른 농산물 품목에서 적절한 보상이 이루어질 것이다(Due compensation will be provided for in other agricultural products)"라는 내용을 추가할 것을 제의했는데, 이는 우리나라가 다른 농산물 품목에서 또 양보를 해야 한다는 이야기였다. 일본 정부로서는 해당 조항을 통해 국내적 비판을 모면할 여지를 만들고 싶었던 것으로 관측되었다.[188] 결국 "will be provided for"라는 부분에서 시간이 많이 지체되었는데, 선준영 차관보는 마지막 대안으로 "적절한 시장 접근 기회가 이미 주어졌다(Appropriate market access opportunities have been provided for in other product)"라고 과거분사를 쓴 문안을 제시하자 이에 대해 일본 대표가 또 다시 반대하였다.

239103001&editNo=1&printCount=1&publishDate=1993-11-27&officeId=00023&pageNo=3&printNo=22530&publishType=00010; 한겨레, '미, 금융시장 통째 '눈독'' (1993.12.12), available at https://newslibrary.naver.com/viewer/index.nhn?articleId=1993121200289103001&editNo=5&printCount=1&publishDate=1993-12-12&officeId=00028&pageNo=3&printNo=1757&publishType=00010.

186 선준영, 전게서, pp. 141-142; 경향신문, '일이 발목잡는다 긴장' (1993.12.08), available at https://newslibrary.naver.com/viewer/index.nhn?articleId=1993120800329104004&editNo=15&printCount=1&publishDate=1993-12-08&officeId=00032&pageNo=4&printNo=14939&publishType=00010; 매일경제, '호소카와 주일 한국 특파원과 회견 한일무역 확대균형 노력' (1993.11.06), available at https://newslibrary.naver.com/viewer/index.nhn?articleId=1993110600099105003&editNo=15&printCount=1&publishDate=1993-11-06&officeId=00009&pageNo=5&printNo=8581&publishType=00010.

187 선준영, 전게서, p. 145.

188 선준영, 전게서, p. 146.

시장접근위원회 위원장은 의장 최종안에 "Appropriate market access opportunities have been provided for in other agricultural products"라는 내용을 제시했다.[189] 일본은 이에 반대했고, 의장인 캐나다 공사는 우리 허신행 수석대표에게 전화를 걸어 한국측 차관보가 너무 강한 입장을 표명하여 협상이 결렬되고 있으니 돌파구를 마련해 달라고 요청했다.[190] 그러나 허신행 장관은 선준영 차관보에게 우리 입장을 끝까지 견지할 것을 지시하고 돌아갔다고 한다.[191] 그러자 시장접근위원회 위원장은 미국 대표와 한국 대표를 불러 의장 최종안으로 "Appropriate market access opportunities have been provided for in other agricultural products"를 제시했지만, 선준영 차관보가 "agricultural" 부분에 반대하였다.[192] 이에 아일랜드 출신 피터 서덜랜드(Peter D. Sutherland) GATT 사무총장은 무역협상위원회(Trade Negotiation Committee) 위원장직도 겸하고 있었는데, 우리 대표단 허신행 장관을 초치하여 의장 최종안을 받아들이지 않으면 일방적으로 MMA를 3%에서 5%까지 증가하는 공식으로 변경해서 본인이 책임지고 처리하겠다고 통보하였다.[193] 당시 허신행 장관은 수정안이 우리의 제안내용이 최대한 반영되어 있고, 과거분사로 표현된 부분으로 볼 때 우리에게 추가 의무가 없는 것으로 판단하여 그 안을 수락했고, 결국 이로써 한국 쌀 문제가 타결이 되었다. 일본은 "will be

189 선준영, 전게서, p. 143.
190 선준영, 전게서, p. 142.
191 선준영, 전게서, p. 142.
192 선준영, 전게서, p. 143.
193 선준영, 전게서, pp. 143-144.

provided"를 써서 추가로 양보해야 한다는 주장을 제기하였으나 당시 전체회의에서 일본만이 홀로 반대를 하는 상황이었다. 다자협상에서 컨센서스(합의)가 형성된 때에는 단 한 국가가 이를 중지시키기는 어렵고, 결국 일본도 수락을 하게 되었다. WTO 협정문 중 과거분사로 표현된 것은 한국의 쌀 조항 하나뿐이며 이러한 점을 감안하면 어려운 과정에서도 당시 쌀 협상은 성공적이었다고 평가할 수 있을 것이다.[194]

우리의 기본입장에 미국, EU, 호주 등의 여러 나라가 처음부터 반대했다. 다른 국가들도 자국 농업의 특수성, 전통과 국가안보 품목의 이유를 들면서 관세화 예외 조치를 주장했다. 캐나다는 유제품, 멕시코는 옥수수, 스위스는 낙농제품에 대해 예외조치를 인정해야 된다고 주장했다. 그러나 협상 최종 마무리 단계에서는 이 나라들이 모두 자기 입장을 철회하고 관세화에 동의했다.[195]

그러나 WTO 농산물협정에서는 예외 조치로 일본의 쌀 시장과 한국의 쌀 시장의 개방 문제가 포함되게 되었고, 중요한 것은 우리나라의 경우 NTC에 더해 개도국 지위까지 인정을 받았다는 점이었다. 다른 분야는 안되지만 "쌀 농사, 쌀 산업에 있어서만은 대한민국은 개도국이다"라는 조항이 들어갔기 때문에 타결이 가능했다.[196]

---

194 선준영, 전게서, p. 144; 농림축산식품부, 전게서, p. 280; WTO, 'WTO Analytical Index: Agreement on Agriculture – Annex 5 (Practice)', available at https://www.wto.org/english/res_e/publications_e/ai17_e/agriculture_ann5_oth.pdf 참조.

195 선준영, 전게서, p. 134.

196 선준영, 전게서, p. 135; WTO, "The WTO Agreements Series: Agriculture" (2016), p. 17, 40, 41; 동아일보, '한국 개도국 대우' (1993.12.12), available at https://newslibrary.naver.com/viewer/index.nhn?articleId=1993121200209101009&editNo=40&printCount=1&publishDate=1993-12-12&officeId=00020&pageNo=1&printNo=22370&publishType=00010.

쌀 관세화 예외에 대해서는 쌀을 보호하기 위해 쇠고기에 대해 2000년까지 예상보다 많은 수입쿼터를 허용하여, 축산물 부분을 양보하였다는 비난에 직면하였다.[197] 또한 우리나라는 쌀을 관세화 할 수 없다는 입장을 지속적으로 견지하며 융통성을 발휘하지 않아서, 협상을 위기상황으로 몰고 간다는 일부 비판을 받기도 하였다.[198] 그러나 여러 난관에도 불구하고 우리 입장을 관철시키기 위해 모든 부처가 총력전으로 임하였다는 부분은 지금도 높이 평가할 수 있다.

---

197 배종하, 전게서, p. 66; 조선일보, '농산물 개방공세 다시 '꿈틀'' (1996.08.19), available at https://newslibrary.naver.com/viewer/index.nhn?articleId=1996081900239105003&editNo=1&printCount=1&publishDate=1996-08-19&officeId=00023&pageNo=5&printNo=23460&publishType=00010; 농림축산식품부, 전게서, pp. 279-280.

198 배종하, 전게서, p. 66; 매일경제, '쌀 관세화 예외 한결같이 냉담' (1993.12.05), available at https://newslibrary.naver.com/viewer/index.nhn?articleId=1993120500099103001&editNo=15&printCount=1&publishDate=1993-12-05&officeId=00009&pageNo=3&printNo=8608&publishType=00010.

V. 새로운 교역 규범 도입 논의에 대한 교훈·시사점

1993년 12월 15일, 1986년부터 8년에 걸쳐 진행되어온 우루과이 라운드가 드디어 타결되었다. 그리고 1994년 4월 15일 모로코 마라케시 WTO 협정에 대한 서명이 이루어졌다. WTO 협정 서명을 위한 우리 국내절차는 1994년 12월 16일 국회 비준동의를 거쳐 대통령이 비준함으로써 마무리되었다. 이러한 작업을 거쳐 136개국이 참여한 WTO 협정은 1995년 1월 1일자로 발효하였다.

허승 대사는 1993년 4월 제네바 대사로 부임하였다.[199] 그러므로 허승 대사가 대사로 재임하던 시기에 우루과이 라운드 협상 마무리와 WTO 출범을 위한 여러 현안들이 처리되었다. 복잡한 협상의 마지막 정리작업이 진행되던 당시에 허승 대사는 쌀 시장 개방 문제 등 여러 현안을 최일선에서 담당하였다. 한편 허승 대사를 이어 부임한 선준영 대사는 1996년에서 1998년까지 제네바 대사로 재직하며 WTO 출범 이후 우리나라가 새로운 통상체제에서 자리를

199　허승, 전게서, p. 68; 동아일보, '허승 신임 주제네바대사' (1993.04.16), available at https://
newslibrary.naver.com/viewer/index.nhn?articleId=1993041600209104011&editNo=40&prin
tCount=1&publishDate=1993-04-16&officeId=00020&pageNo=4&printNo=22143&publish
Type=00010.

잡는 데에 중요한 기여를 하였다. 선 대사는 재임 중 WTO 서비스이사회 의장을 맡기도 하였다.

돌이켜보면 우리나라는 우루과이 라운드 협상에서 쌀 시장 개방 문제에 대하여 나름 성공적인 협상을 진행하였다. 이를 통해 그 이후 20년 동안 관세화 조치를 취하지 않을 수 있었다.[200] 10년이 경과한 2005년 한 차례 관세화를 연장한 이후 다시 10년이 지난 2015년에 이르러 관세화를 단행하였고, 우리나라에 대한 주요 쌀 수출국과의 양자협상을 마무리하여 2019년 이 작업을 마무리하였다. 국내적인 우려도 이 당시에는 이미 상당히 완화되었다. 근 25년에 걸친 작업을 성공적으로 마무리한 것이다.

안타깝게도 현재 WTO로 대표되는 다자주의 국제교역 체제는 최악의 상황에 직면하여 있고 회생의 가능성이 희박한 것으로 진단되고 있다. 일부에서는 새로운 국제기구에 대한 논의도 조심스레 흘러나오고, 설사 현재의 WTO가 그대로 유지된다 하더라도 그 역할과 의미가 대폭 수정된 새로운 형태의 WTO(소위 WTO 2.0)로 바뀔 것으로 관측되고 있다. 요컨대 다자주의 체제가 고사할 가능성은 물론, 설사 다자주의 체제가 표면적으로 유지된다 하더라도 지금 우리가 알고 있는 다자주의 체제와는 전혀 다른 새로운 건축물이 도입될 가능성이 점쳐지고 있다.

일단 다급한 대로 여러 국가들이 다자주의 체제의 부활을 위하여 다양한 노

---

200 선준영, 『한국 외교와 외교관-우루과이라운드와 통상협상-』 (국립외교원 외교안보연구소, 외교사 연구센터: 2016), pp. 60-62; 김규호, '우리나라 WTO 농업분야 개도국 지위 '자기선언'의 변화와 향후 과제', 국회입법조사처, 이슈와 논점 제1635호 (2019), pp. 1-2; 농림축산식품부, '쌀 관세화 절차 완료 (관세율 513% 확정)' (2021.01.22), available at https://www.korea.kr/news/pressReleaseView.do?newsId=156433144.

력을 경주하고 있으나 그 성공 여부는 불투명하며 결국 붕괴 내지 명목만의 다자주의로 귀결될 가능성이 상당히 높다. WTO 설립을 위한 8년간의 국제사회의 노력을 생각하면, 또한 그 체제에서 번영을 구가해온 우리나라를 생각하면 실로 안타까운 일이다.

1. UR 협상 성공적 결과 도출의 배경

우루과이 라운드 협상은 1986년에 시작하여 근 8년에 걸친 협상 끝에 1993년 12월 제네바에서 종결되었다. 최초 협상이 시작되던 시점에는 협상에 이렇게 오래 시간이 걸릴 것이라고는 생각하지 못하였다. 그러나 여러 협상 이슈가 제기되고 이에 대해 여러 국가들의 의견이 대립되며 협상 시간은 예상보다 길어지게 되었다. 특히 그간 국제교역 체제의 규율을 받지 않던 새로운 이슈 - 서비스 교역, 지식재산권, 분쟁해결절차 - 가 새로이 협상에 포함되고, 협정문에 포함됨에 따라 협상은 더욱 시간이 걸리게 되었다. 그 결과 우루과이 라운드 협상 결과 채택된 최종 결과물 - WTO 협정과 부속협정들 - 은 이전의 GATT 협정과는 같으면서도 다른 여러 내용을 담고 새로운 출발을 하게 되었다. 기존의 GATT 협정이 주요 부속협정으로 그대로 계수되었다는 점에서는 연속성을 갖지만 동시에 이전에 전혀 다루지 않던 새로운 내용이 규범화되어 도입되었다는 점은 새로운 출발이었다. 이렇게 하여 지금의 WTO가 출범하게 되었다.

우루과이 라운드 협상 결과를 복기하면 다음과 같은 교훈을 얻을 수 있다.

먼저 국제사회의 의견을 수렴하고 결집하여 결정적인 순간에 타협안을 도출할 수 있는 국제사회 리더쉽의 존재이다. 우루과이 라운드 타결은 당시 국제교역을 주도하던 주요 4개국(쿼드)인 미국, EC, 일본, 캐나다의 협의와 합의에 상당 부분 좌우되었다. 무엇보다 미국의 의지와 계획이 중요하였다. 그러나 지금은 그러한 구심점이 없다는 것이 큰 차이점이다. 오히려 지금은 국제교역 체제를 좌우하는 G2국가가 극명한 입장 대립을 보이고 있다. 특히 미국이 다자주의 체제의 복원에 여전히 회의적 시각을 보이고 있는 점이 큰 장애물이 아닐 수 없다.[201] 중국은 미국 주도의 교역체제에 반기를 들고 자국 중심의 새로운 제도 도입을 모색하고 있다. 2021년 1월 바이든 행정부가 출범한 이후에도 그 상황은 여전히 바뀌지 않고 있다. 미국 공화당·민주당간 차이라기 보다는 미중 갈등이 양국간 구조적인 충돌에서 기인하기 때문이다.

또한 고비 고비마다 당시 GATT 사무총장도 중요한 역할을 담당하였다. 피터 서덜랜드 사무총장은 막바지 협상 타결에 중요한 역할을 하였다. 이러한 부분은 다시 현재 WTO 사무총장의 역할이 중요하다는 점을 시사하고 있다. 바로 사무총장의 능력과 계획이 다자 협상의 성공적 종결에 중요한 변수라는 점이다. 현재에는 이 부분에서의 확실한 리더쉽이 보이지 않고 있다. 2021년 새로 취임한 WTO 사무총장도 아직 새로운 분위기 형성을 이루어내지는 못하고 있다. 코로나 바이러스로 인한 영향이 크지만 여러모로 아쉬운 형국이다.

---

201 서진교·이천기·이주관·김지현·정명화, 'WTO 체제의 구조적 위기와 한국의 신 다자협상 대응방향', KIEP연구보고서 20-20 (2020.12.30), pp. 104-110.

2. UR 협상 상황과 현 상황의 유사성

29년 전에 끝난 협상이지만 우루과이 라운드 협상 상황은 2022년 3월 현재 상황과도 흡사한 점이 적지 않다. 다자주의 체제가 위기에 봉착한 점이 그러하며, 신 통상규범이 대거 도입되었다는 점과 개도국의 불만이 고조되는 가운데 진행되었다는 점도 그러하다. 우리로서는 그 당시의 열정과 절박함으로 새로운 통상협정 형성과정에 적극 참여할 시점이다.

가. 새로운 규범의 논의

돌이켜 보면 우루과이 라운드 협상은 새로운 통상규범이 대거 도입된 마지막 통상협상이었다. 그 당시로는 파격적이라고도 볼 수 있는 새로운 규범들이 도입되었다. 상품교역 전반에 걸쳐서 상세한 규범이 도입되었고, 이들은 반덤핑 협정, 보조금 협정, 세이프가드 협정, 원산지 협정, TBT 협정, SPS 협정 등 곳곳에 자리를 잡고 그 이후의 국제 통상질서를 좌지우지하게 되었다. 우리나라에도 직접적인 영향을 초래한 것임은 물론이다. 서비스 교역 규범은 완전히 새롭게 도입되었다. 이전에 교역의 대상이라고 상정하지 못했던 서비스 영역이 교역의 틀 내로 들어왔고 이를 규율하는 규범들이 새롭게 도입되었다. 서비스 교역 규범은 그 이후 모든 국제통상협정의 핵심적인 부분을 차지하게 되었고, 우리나라가 FTA 협상에 나설 때에도 이제 중요한 항목으로 자리잡게 되었다. 또한 지식재산권 규범도 통상협정에 새롭게 도입되어 기존의 국제지식재산권협약과 협업체제를 이루어 무체재산권의 영역으로 국제통상협정의 지평을 넓혔다. 분쟁해결절차도 새롭게 도입되었다. 국제통상분야에서는 처음으로 강제적 구속력을 가진 분쟁해결절차가 도입되었고, 소위 말하는 "법의 지배" 원칙이 이전 GATT 체제에 비하여 더욱 강화되게 되었다. 이와 같이 우루과이 라운드 협상은 여러 분야에서 새로운 규범을 대거 도입하였다. 이를 통해 출범한 WTO 체제는 이전의 교역체제와는 질과 양 측면에서 이전의 교역체제와는 본질적으로 변화하였다.

물론 그 이후에도 여러 통상협정을 통하여 – 주로 FTA를 통하여 – 새로운 규범이 도입되었으나 우루과이 라운드의 결과와는 비교할 바가 아니다. 전 방위적인 새로운 규범의 도입은 사실상 1993년에 실질적으로 종료된 우루과이 라운드가 마지막이었다. 지금으로부터 30년 전의 일이다.

지금 국제사회가 목도하고 있는 현상이 바로 새로운 통상규범의 대거 도입 움직임이다. WTO 차원에서 보조금, 전자 상거래, 수산보조금, 백신 사용권, 분쟁해결절차 정비 등의 현안이 다양하게 논의되고 있다. 양자간 내지 복수국간 협정 차원에서도 환경, 노동, 투자, 중소기업, 환율, 공정거래, 디지털 경제, 국영기업 등 여러 새로운 영역에서 규범 도입이 이미 실험적으로 이루어지고 있다. 아직 초창기이지만 최근의 경험이 쌓이면 새롭게 도입된 규범들이 실험적/일회적 성격을 넘어 새로운 국제사회의 규범으로 자리잡을 가능성이 상당히 높다. 이 모든 새로운 규범들이 국제 교역체제에 상당한 영향을 초래할 것이며 그 결과 우리나라에도 큰 파급효과를 불러 올 것이다. 그러므로 현재 우리가 바라보고 있는 새로운 통상규범 도입 움직임과 논의는 30년 전 우루과이 라운드 당시 규범 도입 움직임과 논의와 상당한 유사성을 갖고 있다.

바로 이러한 측면에서 우루과이 라운드에 참여한 우리나라의 성과와 아쉬웠던 부분에 대한 냉정한 평가는 오히려 30년이 경과하고 국제 교역체제가 혼돈 상태에 빠진 지금 시점에 더욱 그 함의가 깊다고 할 수 있을 것이다. 당시 한국과 2022년의 한국은 분명 다르다. 당시 국제사회의 기본구도와 냉전체제가 종식되고 미중 경쟁 시대로 돌입한 2022년의 국제사회의 기본구도는 분명 차이가 있다. 팩시밀리가 주를 이루던 1980년대 후반과 무인자동차가 시장에 등장하고 있는 2022년은 여러 측면에서 상이하다. 그럼에도 불구하고 당시 새로운 규범을 도입하는 과정에서 우리나라가 겪었던 어려움과 그 과정에서 획득한 경험의 골간은 현 시점에 여러 통상협정 체결을 위한 협상에 나서는 우리 정부와 기업에도 중요한 시사점을 제시하고 있다.

나. 선진국 vs 개도국 대립

우리나라는 1967년에 GATT에 가입하였고, 우루과이 라운드 협상이 시작되던 1986년경에는 회원국 중 개도국으로서는 상위권에 위치하였다.

1986년도 우루과이 라운드 협상이 시작되면서 GATT 사무총장 아르투어 둔켈이 그린룸 회의를 시작했고, 개도국 중에는 인도, 한국, 브라질이, 그리고 선진국 중에는 미국, EU, 캐나다, 호주, 노르딕 국가 등이 참여했다. 지금도 그러하지만 당시에도 선진국과 개도국 간의 입장 차이로 문제해결에 어려움이 적지 않았다. 선진국과 개도국간 이러한 이견에도 불구하고 갈등을 봉합하고 타협안을 찾아 우루과이 라운드 협상은 종결될 수 있었다. 선진국·개도국간 이러한 대립은 WTO체제 하 27년간 계속된 현안이었다. 현 교역체제가 개도국 입장에서는 장기적 번영을 약속해주기 어렵다는 인식이 팽배했기 때문이다. 이러한 불만을 잠재우고자 2001년 도하에서 시작된 새로운 다자 협상은 '도하 개발 어젠다(Doha Development Agenda: DDA)'라는 이름을 내세우며 '개발'

이슈를 전면에 내세우게 되었다. 개도국의 입장을 적극 반영하겠다는 의지를 밝힌 것이다. 그러나 22년간 이어지고 있는 DDA 협상은 여전히 진척이 없고, 그 결과 개도국의 불만은 여전히 미해결의 상태로 남아있다. 개도국의 리더격 인 중국, 인도 등 주요 교역국의 현 교역체제에 대한 불만이 특히 큰 장애물로 남아있다. 우루과이 라운드 협상 당시의 양 진영간 이견을 해소하기 위해 노력 했던 경험과 교훈을 되살려야 할 시점이다.

어떻게 보면 우루과이 라운드 협상 당시 개도국의 어려움을 해소할 수 있는 구조적인 지원책을 도입하지 않고 새로운 WTO 체제가 출범한 것이 끊이지 않는 다툼의 불씨를 제공하였다. 미중 분쟁의 상당 부분도 여기에서 기인한다. 30여 년 가까운 시간이 지난 지금에도 개도국의 불만을 달래는 것이 교역 체 제의 핵심과제라는 측면에서 우루과이 라운드 협상 상황과 국제교역 체제 재 정비가 추진되고 있는 현 상황간에는 상당한 유사성이 있다.

다. 한미 통상 현안과 다자간 협상 병행

1980년대 후반은 여러 분야에서 미국과 다양한 통상현안을 다루던 시기이 다. 반도체 반덤핑 관세부과, 전화 교환기 장비 등 정부조달, 지식재산권 보호 문제 등이 대표적이다.[202] 그 외에도 자몽 문제, 우지 사건, 농산물 시장 개방,

---

202　매일경제 국제부, 『대사관 순간의 기록』(매경출판(주), 2010), pp. 121-123; 동아일보, '한미 통 상현안 연쇄논의 농산물~통신분야 이견 심각' (1989.10.10), available at https://newslibrary. naver.com/viewer/index.nhn?articleId=1989101000209201003&editNo=2&printCount=1&p ublishDate=1989-10-10&officeId=00020&pageNo=1&printNo=20930&publishType=00020; 매일경제, '한미 통상 산넘어 산, 미 분야별 협상서 실리노려 강경' (1989.08.18), available at https://newslibrary.naver.com/viewer/index.nhn?articleId=1989081800099203006&editNo= 1&printCount=1&publishDate=1989-08-18&officeId=00009&pageNo=3&printNo=7220&p

국산화 요건 철폐 문제, 투자시장 개방, 영화시장 개방, 쇠고기 수입, GATT의 경상수지 졸업문제 등 다양한 현안이 이어졌다.[203]

1990년 12월 브뤼셀에서 열린 각료급 협상회의에서 농산물 문제가 다루어졌을 때 우리나라와 일본이 강력히 반대하였다. 그 결과 합의 도출에 실패하였다. 이때 조지 부시 미국 대통령은 우리 노태우 대통령에게 강한 어조로 항의하는 서한을 보내기도 하였다. 미국과의 갈등을 우려하여 우리 정부는 결국 입장을 재정립하여 1991년 2월 제네바 GATT 이사회에서 쌀을 제외한 모든 농산물 분야의 관세화가 가능하다는 입장을 개진하게 되었다.[204] 당시 상황으로 불가피한 결정이었으나 우리로서는 스타일을 구긴 상황이라 아니할 수 없다. 우리 입장을 사전에 정하였다면 이를 일단 최대한 고수하는 것이 필요하며 상대국의 압력에 따라 이를 바꾸게 되면 오히려 향후 협상에서 우리 입지만 나빠지게 된다. 유사한 상황에서 다시 상대국이 정치적 압력을 행사하려 할 것이기 때문이다. 미국과 같이 협상의 향배를 좌우할 수 있는 국가와는 사전에 충분한 조율을 통하여 만약 이견이 있다면 사전에 최대한 이를 설득하는 것이

ublishType=00020.

203 선준영, 전게서, pp. 45-55; 매일경제, '미 UIP코리아사 고발' (1989.09.22), available at https://newslibrary.naver.com/viewer/index.nhn?articleId=1989092200099212008&editNo=1&printCount=1&printDate=1989-09-22&officeId=00009&pageNo=12&printNo=7248&publishType=00020; 동아일보, '한미 통상회담 마치고 온 김철수 한국 측 수석대표 '외국인 투자' 줄다리기가 가장 힘들었다.' (1989.05.19), available at https://newslibrary.naver.com/viewer/index.nhn?articleId=1989051900209203008&editNo=2&printCount=1&publishDate=1989-05-19&officeId=00020&pageNo=3&printNo=20809&publishType=00020.

204 선준영, 전게서, pp. 75-89; 조선일보, '쌀 제외땐 모든 농산물 개방' (1991.12.22), available at https://newslibrary.naver.com/viewer/index.nhn?articleId=1991122200239101001&editNo=1&printCount=1&publishDate=1991-12-22&officeId=00023&pageNo=1&printNo=21850&publishType=00010.

필요하다. 그리고 그러한 조율을 통해서도 이견이 해소되지 않아 기존의 입장을 고수하기로 결정하였다면 이를 최대한 유지하는 것이 적절하다.

2022년 3월 현재에도 한미 양국은 다양한 양자간 통상현안을 갖고있다. 무역구제 제도, 디지털 교역, 비관세 장벽, 반도체 공급망 규제, 공정거래 규범 적용 등 여러 현안이 이어지고 있다. 동시에 이러한 양자간 현안들은 다자간 협상에서도 함께 논의되고 있기도 하다. 이러한 양자-다자간 동시병렬적 협상과 논의는 우루과이 라운드 상황과도 상당히 유사하다. 미국과의 협상·논의가 다자간 협상에서 우리나라의 포지셔닝을 정하는 데에도 중요한 요소라는 점에서는 여전히 동일한 환경이다.

라. 정부 부처 내 협의

우루과이 라운드 협상 과정에서 부처간 이견 조율이 무엇보다 중요하였다. 중요한 문제에 관한 협상에서 중요한 우리의 입장에 대한 부처간 이견이 발생하면 이를 정리하기 위해 경제기획원 장관 겸 부총리를 위원장으로 하는 대외경제위원회를 통해 조율작업이 이루어졌다. 대개 농수산부 등 실물부처는 보호주의적 성향을 띠고, 제조업 분야는 자유무역을 선호하는 입장을 보여준다. 이는 우리나라뿐 아니라 다른 나라에서도 비슷한 현상이다. 이에 따라 이들 부처간 이견과 갈등이 생길 여지가 많다. 반면에 외무부는 전체를 보고 국가의 이익을 추구해야하는 입장이므로 이를 적절히 조율하는 역할을 맡게 된다. 대외경제위원회에서 때로는 청와대 경제수석이 직접 나서 관계 부처 간 갈등을 잘 조정하여 효과적으로 협상을 타결하기 위해 노력하기도 하였다.[205]

새로운 통상현안에 대해 정부 부처간 이견을 어떻게 조율할 것인지는 여전히 중요한 현안이다. WTO 협상은 물론 CPTPP, RCEP 등 여러 주요 FTA 문제를 논의하며 부처간 입장 차이가 노정되고 있다. 특히 디지털 교역, 수산보조금, 국영기업 등 신 통상규범에서는 이전 사례가 없으므로 이러한 이견 대립이 더 첨예해지고 있기도 하다. 결국 이들 부처간 입장을 조율해 타협안을 찾아내고, 결국 우리 국익을 어떻게 극대화할 것인지에 초점을 두어야 한다. 우루과이 라운드 협상 당시의 상황과 2022년 3월 현재의 상황은 이 부분에서 상당한 유사점이 있다.

3. 현재 진행 중인 협상에의 시사점

가. 규범 형성 과정에 적극 참여

UR 협상은 우리나라가 새로운 규범 형성 과정에 적극 참여하는 것이 결국 장기적으로 우리나라의 이해관계 보호에 도움이 된다는 점을 보여주고 있다. 또한 적절한 전략만 수립되면 우리나라가 효과적으로 이 작업에 나설 수 있다는 가능성도 보여주고 있다. 반도체, 조선, 전자, 철강 분야를 비롯하여 세계 교역 시장에서 우리나라의 영향력이 확대됨에 따라서 세계 통상 질서 정립에 대하여 우리나라의 긍정적 역할이 어느 때보다 요구된다. 새로운 통상환경에 적

---

205 선준영, 전게서, pp. 45-55; 한겨레, '농산물 보조금현황 제출 늦춰' (1990.10.01), available at https://newslibrary.naver.com/viewer/index.nhn?articleId=1990100100289102010&editNo=4&printCount=1&publishDate=1990-10-01&officeId=00028&pageNo=2&printNo=738&publishType=00010.

극 대응하기 위한 방안으로 가장 중요한 과제는 바로 국제통상 규범 형성에 적극적으로 참여하는 작업이다. 한 번 도입된 국제통상 규범은 협상에 참여한 모든 나라를 구속하며 오랜 기간 동안 긍정적이든 부정적이든 영향을 미치게 된다. 국제통상에 사활을 걸고 있는 우리나라 입장에서는 이러한 국제통상 규범 형성 과정에 적극 참여하여 우리 입장을 개진하고 우리나라에 유리한 방향으로 규범이 도입, 채택될 수 있도록 노력하는 것이 무엇보다 필요하며 이는 일종의 선제적 또는 예방적 대응이라고 부를 수 있을 것이다.

사실 우리나라는 좁은 국토에도 불구하고 WTO, DDA 및 FTA 협상 과정을 통하여 세계 통상체제의 정비와 재정립에 적지 않은 영향력을 이미 행사하고 있다. 물론 우리나라가 아직은 세계 통상질서를 좌지우지하는 소위 G-7 등에 해당되지는 않으나 세계 11위에 해당하는 경제규모와 6위에 해당하는 수출규모(2022년 기준)를 가진 국가로 무시할 수 없는 영향력을 보유하고 있는 것으로 평가된다. 이러한 우리나라 위상의 제고는 통상측면에서 우리의 역할이 그만큼 중요하게 되었음을 보여주는 동시에 통상규범의 형성 측면에서 우리에게 새로운 가능성을 제시하여 주고 있다. 바로 새로운 국제통상 규범의 형성에 보다 적극적인 역할을 수행할 수 있는 레버리지도 생겼기 때문이다. 특히 새로이 대두되고 있는 제반 규범들은 선진국과 개도국간, 그리고 보다 구체적으로는 미국과 중국간 첨예한 대립을 보이고 있는 사안들과 연관되어 있는 경우가 대부분이다. 선진국과 개도국의 중간에 위치하여 있고, 양측의 입장을 모두 상당 부분 이해하고 있는 우리나라의 특수성을 활용하면 새로운 통상규범 형성 과정에서 우리의 목소리를 반영할 수 있는 기회는 더욱 늘어날 것으로 보인다. 첨예한 대립을 보이고 있던 여러 국가들의 이해관계를 잘 조정하여 좋은 결과를 도출하여 내고 DDA 협상의 새로운 동력을 창출하여 낸 과거 2010년 11월 서울에서 개최된 G-20 회의는 우리나라가 이러한 역할을 잘 수행할 수 있음을 보여주는 대표적인 사례이다. APEC에서의 Capacity Building 사업도 우리나라가 그간 꾸준히 추진하여 왔고, 개도국의 어려운 부분을 조금이라도 해소할 수 있는 우리나라의 주요자산이다.

향후 이러한 역할을 더욱 적극적으로 수행하여 국제사회가 요구하는 통상규범을 채택하는데 있어 우리의 입장과 의견을 반영하기 위하여 노력하여야 한다. 통상에 사활을 걸고 있는 우리 입장에서는 어떠한 규범이 어떻게 도입되는지 여부가 우리 모든 수출기업과 국내업체들에 결정적인 영향을 미치기 때문이다. 앞으로 진행될 여타 다자간 통상협상을 통하여 WTO 협정의 특정 조항이 어떻게 개정 또는 도입되는지 여부에 따라 우리나라 상품의 수출이 자유롭게 될 수도 또는 수입국의 제한 대상이 될 수도 있게 된다. 우리나라에 중요한 영향을 미치는 이러한 협정과 조항에 대하여 우리 입장을 적극 개진하여 최소한 우리에게 불리한 방향으로 내용이 채택되지 않도록 적극 노력할 필요가 있다.

물론 지금까지도 중요 이슈에 관하여 우리나라는 적극적인 입장을 개진하여 오고는 있으나 당장 국내적으로 민감한 사항이 아닌 이슈에 대해서는 대체적으로 수동적 입장을 취해온 측면도 없지 않았다. 우리의 위상이나 국력이 그러한 목소리를 낼 만한 위치에 있지 않았고, 또 어떠한 방식으로 결론이 도출되더라도 우리에게 치명적인 영향을 주는 경우는 그렇게 많지 않았기 때문일 것이다. 그런데 이제는 우리나라의 위상도 적지 않게 변하였으며, 이에 따라 제반 분야에서 우리나라를 견제하는 국가들도 점차 늘어나고 있고, 우리의 입장 자체도 이제는 미국 등 주요국과 상이한 경우가 많아져 우리 스스로 입장과 방향을 정하여야 하는 경우가 점차 늘어나고 있다. 이러한 상황에서는 다른 나라들의 입장을 확인하고 이에 기초하여 우리의 방향을 정하는 경우보다는(물론 그러한 경우도 앞으로 적지 않을 것이지만), 경우에 따라서는 우리 스스로 독자적인 방향을 개척하여야 하는 상황도 적지 않게 발생하게 되었다. 이러한 점을 감안하여 지금 통상협정의 채택 내지 개정에 관한 교섭이 진행되는 계기에 우리 입장과 상황을 이제 적극 반영하는 것이 필요하다.[206]

현재 우리의 교역 규모를 감안할 때 세계 교역시장에서 가지는 우리나라의 영향력은 앞으로 더욱 강화될 것이다. 문제는 이러한 우리나라의 영향력을 어떻게 활용할 것인지 여부이다. 결론부터 이야기한다면, 보호무역주의를 줄여나가고 개도국에 대한 적정한 수준의 특별대우를 부여하는 바탕 위에서 자유무역을 구현하는 방향으로 국제통상질서를 이끌어 갈 수 있도록 우리나라가 기여할 수 있을 것이다. 이러한 방향이 우리의 국익에도 부합할 뿐 아니라 WTO와 FTA 협정의 기본정신과도 부합하기 때문이다. 따라서 현재 진행되는 다양한 통상협정 교섭과정을 통하여 이러한 방향의 기여를 할 수 있도록 우리나라의 적극적인 참여가 요구된다.

새로운 통상규범의 큰 흐름을 파악하지 못한 채 눈 앞의 사안만을 해결하는데 급급하다가는 통상에 의존하는 비율이 높은 우리나라의 경제구조상 큰 어려움을 겪을 수 있는 위험을 항상 안고 있게 될 것이다. 따라서 우리나라의 이해관계를 반영하고 통상협정에서의 주도권을 위하여 여러 형태의 rule-

---

206 최석영, 『최석영의 국제협상 현장노트』 (박영사, 2022), pp. 77-78; 김효은·오지은, 『외교관은 국가대표 멀티플레이어』 (엘컴퍼니, 2018), pp. 245-246.

making에 직접 참여하여야 한다. 현재 아시아를 넘어 유럽, 남미, 중동에까지 확산된 한류열풍으로 우리나라의 국가 이미지가 향상되고 세계 문화 시장에서 판세를 주도하는 soft-power를 갖게 된 것과 같이 국제통상협상에서의 적극적인 자세는 통상 분야에서 우리의 soft-power증대에 도움이 될 것이다. 다양한 국가와 FTA 체결 노력, DDA 협상, OECD 협상 등 다각도로 국제통상협상에서 우리나라의 입장을 반영한 국제통상규범을 도입하기 위하여 창의적인 전략을 모색하여야 한다.

선진국과 개도국의 중간 위치에 속한 우리의 독특한 상황, 개도국에서 선진국 문턱까지 발전한 경험, 증가하는 교역규모, 복수의 FTA 체결로 인한 경험 축적 등 규범 형성 부분에서 우리의 역량을 보여줄 수 있는 상당한 준비가 이루어져 있다고 볼 수 있다. 이에 기초하여 제반 통상협정 협상 과정에서 우리의 입장을 보다 적극적으로 개진하고 반영토록 노력하는 것은 유리한 통상환경을 확보하고 불필요한 통상분쟁을 원천적으로 제거하기 위한 중요한 기초작업이다.

나. 신규범 논의의 특징 및 난관

우루과이 라운드에서 진행된 규범 도입 협상은 시장 개방 협상과는 그 맥락과 호흡을 달리한다는 것을 보여주었다. 양자는 밀접하게 연관되어 있으나 이에 접근하는 방식은 서로 다르다.

영국이 EU를 탈퇴한 소위 "브렉시트(Brexit)"는 그간 국제화의 기치하에 국경을 없애고 교역과 투자를 자유화하며 나아가 때로는 통합된 정책을 채택, 운용하는 방향으로 움직여온 국제사회의 거대한 흐름에 이제는 새로운 반작용이 대두하고 있음을 보여주었다. 국경을 없애고 정책을 통합하며 하나의 기치 아래 움직이는 국제사회를 지향하던 흐름에 국가 주권을 중시하는 반대쪽 흐름이 맞부딪힌 것이다.

그간 우리나라뿐 아니라 많은 나라들이 자유무역협정, 투자협정을 체결하고 관련 분쟁을 겪으며 숱한 국내적 갈등을 겪어 오고 있다. 여러 세부적인 사정과 배경은 상이하나 이를 한 마디로 요약하면 이들 협정이 국내정책 선택권 나아가 국가주권을 침해한다는 것이 그 핵심이다. 한편으로 국제화와 자유화의 과실을 최대한 향유하고자 다양한 합의를 도출하여 물리적·제도적 장벽을 없애면서도, 동시에 이로부터 초래되는 협정의 이행 그리고 이러한 이행이 초래하는 주권에 대한 제약 문제에 대하여는 거부감을 표출하고 있는 것이다.

영국의 브렉시트 논의는 이러한 이중적 상황을 단적으로 보여주고 있다. EU 회원국으로서 부담하는 브뤼셀로부터의 간섭은 배제하고 싶지만 동시에 광대한 EU 시장이 제공하는 경제적 혜택은 계속 향유하고 싶은 것이 영국의 희망사항이었다. "세상에 공짜 점심은 없다"는 서양 속담이 있듯 혜택만 향유하고 부담은 회피하는 체제가 장기적으로 유지되는 사례를 찾기는 힘들다. 결국 양자는 함께 따라오는 일종의 "패키지 딜 (package deal)"이기 때문이다.

국제화가 주권을 무시하는 방향으로 진행되어서는 아니 되는 것과 마찬가지로 주권강화에만 초점을 두고 국제화를 등한시하여도 아니 될 것이다.[207] 이미 우리가 살고 있는 국제사회는 어느 사회도, 그리고 어느 국가도 이웃과 담을 쌓고 혼자서는 생존과 번영을 도모할 수 없는 상황이 되었다. 타의에 의하

---

207 강민지, 'WTO SPS 분쟁 사례연구', KIEP연구자료 16-08 (2016.9.13), pp. 226-227.

여 담을 쌓게 된 쿠바와 자의에 의하여 담을 쌓아 온 북한의 사례는 이를 잘 보여주고 있다. 결국 국제화와 주권보호라는 두 가치의 균형점을 적절히 찾는 것이 앞으로의 국제사회의 과제이다. 이 부분이 결국 여러 통상규범의 핵심이다. 우리나라의 경험과 능력은 이러한 작업에 중요한 기여를 할 수 있다. 우리나라가 신 통상규범 형성 과정에 적극 나서야 하는 이유이다.

다. 신규범 도입 논의시 유의점

우루과이 라운드 협상의 경험은 2022년 현재 새로운 규범 논의 과정에서도 참고할 만하다. 규범을 도입하는 과정에서 어떻게 첫 단추를 꿰고 나머지 과제는 미래의 협상에 남겨두는지를 보여주는 대표적인 사례를 우루과이 라운드 서비스 교역에서 찾을 수 있다. 2022년 현재 여러 국가들의 이견이 상당한 사안에 대해서는 (가령 미중 분쟁의 핵심인 보조금 규범 등) 이러한 접근법을 채택하는 것도 괜찮을 것으로 보인다. 지금 협상에 나서는 우리나라와 WTO 회원국들이 참고할 만한 부분이다. WTO 협상 및 양자/지역적 통상협정 협상 과정에서 이러한 시사점을 적극 반영할 수 있을 것이다.

우루과이 라운드 협상 과정의 분쟁해결절차 도입과정을 보면 역시 현재 협상에 대하여 시사하는 바가 적지 않다. 특정 국가의 시장 개방형 협상이 아닌 새로운 제도 도입형 협상은 목표 의식만 분명하면 상당히 합리적인 규범을 도입할 수 있다는 점이다. 분쟁해결절차가 대표적이다. 분쟁해결절차는 가치 중립적으로 모든 국가에게 동일한 부담을 제시한다. 그러므로 이러한 영역에서는 합리적인 제안과 논거에 여러 국가들이 설득당할 가능성이 상대적으로 높다고 할 수 있다. 관세인하 등 시장개방형 의제와는 성격이 다르다. 현재 WTO

협상과 양자/지역 통상협정 협상 중에는 이와 같이 가치중립적인 요소를 새로운 규범으로 제시하는 항목들이 다수 존재한다. 여전히 중요한 부분을 차지하는 분쟁해결절차, 기후변화 대응조치, 디지털 교역, 수산보조금 등이 대표적인 영역이다.[208] 이러한 부분에서는 기본적인 목표만 제시된다면 그리고 이를 구현할 수 있는 객관적인 기준틀만 도입된다면 타협에 이를 가능성이 상대적으로 높다고 볼 수 있을 것이다.

우루과이 라운드 협상 과정에서 다른 국제협정, 조약, 논의 동향을 적극 참고했던 점도 지금 협상 진행과정에서 우리나라와 WTO 회원국들이 참고할 만한 내용을 시사하고 있다. 바로 기존의 여타 협정과 조약을 최대한 활용한다는 부분은 여전히 유효한 명제이기 때문이다. 특히 지금 논의되고 있는 수산보조금, 디지털 교역, 국가안보 예외 등은 다른 협정과 조약에서도 심도있게 다루어지고 이에 대한 새로운 규범들이 이미 다양하게 실험되고 있다. 그렇다면 이들 협정 및 조약에서 다루고 있는 내용을 과감하게 도입하여 새로운 통상협정에 포함시키는 것도 생각해 볼 수 있을 것이다.[209] 이러한 방식의 협상은 다른 국제협정과 통상협정간 정합성을 높이는 데에도 기여할 것이다.

라. 균형감/객관성에 기초한 원칙적 대응

우루과이 라운드 협상의 또 다른 중요한 교훈은 통상협상에서 중요한 것은 바로 균형감과 객관성에 기초한 원칙적 대응이라는 점이다. 균형감과 객관성

---

208 박덕영·이태화,『기후변화와 통상문제: WTO의 역할』(박영사, 2016), pp. 312-313; 서진교 외, 전게서, pp. 254-256.

209 서진교 외, 전게서, pp. 216-217, 227-230.

을 담보하기 위해서는 우리나라가 생각하는 국제교역질서와 통상체제를 염두에 두고, 이에 터잡아 다양한 현안에 사안별로 대응하여야 한다. 가령 현재 우리나라의 가장 어려운 과제 중 하나인 미중 분쟁에 대한 대응과정에서 단지 불편한 상황을 모면하고자 또는 단기적인 이익만을 생각하여 한쪽 입장을 수용하거나 다른 한쪽 편을 들게 되면 우리에게는 큰 실책이 될 것이다. 그간 여러 주요 통상이슈에서 우리나라의 입장은 때로는 미국의 입장에 가깝기도 하며, 때로는 중국의 입장에 호의적이기도 하였다. 사안별로 나름대로 객관성을 유지하였다는 의미이다. 때로는 아쉬운 점도 있지만 대체로 현명한 처신이었다. 앞으로도 이러한 입장을 견지하는 것이 필요하다. 당부당이 명백한 사안에 대하여는 우리 입장을 분명히 밝히고, 올바른 편에 서 있는 국가의 입장을 지지하는 것이 장기적으로 우리에게도 이득이 된다.

단기적으로는 미국 또는 중국이 자국의 입장을 전적으로 지지하지 않는 한국에 대하여 여러 가지 제재조치를 취할 수도 있을 것이다. 그러나 미중 갈등은 EU, 일본 등 모든 주요 국가들이 관심을 갖는 사안이므로, 이들의 눈초리가 부담이 되어서라도 미국이나 중국도 우리나라에 대하여 일방적인 요구를 장기적으로 이끌어가기는 힘들다. 이들 여러 국가들의 심정적 지지를 확보하기 위해서라도 우리는 균형감과 객관성을 견지하는 것이 필요하다.

한편 지금의 통상환경은 발상의 전환을 요구하고 있다. 기존의 틀에서는 상정하기 힘든 일들이 끊이지 않고 일어나고 있다. 통상업무 담당자들의 전문성 함양이 선행되어야 이를 토대로 창의적인 해법도 따라올 것이다. 현재 전개되는 새로운 통상환경의 특징 중 하나는 통상협정이 적용되는 영역이 대폭 확대되고 있다는 점이다. 기존에는 통상협정이 적용되지 않던 영역에도 점차 이들 협정이 적용되고 있다. 환율문제, 국가안보, 국영기업, 전자상거래, 중소기업, 인권, 노동 등 이전에는 생각해 보지 못했던 영역으로 통상협정의 적용범위가 지속적으로 확장하고 있다. 나아가 때로는 통상문제가 아닌 사안이 통상문제화 되는 경우도 있다.[210] 중국과의 사드 배치와 관련한 갈등 역시 원래 통상문제가 아닌 사안이 결국 통상 이슈로 비화하고 있는 상황을 잘 보여주고 있다. 이와 같이 새로운 현상을 쫓아가기 위해서는 이러한 움직임에 대한 지속적인 파악과 업데이트가 필요하다. 이는 체계적인 재교육과 재충전을 통해서만 가능할 것이다. 따라서 통상전문인력을 확보하고 이들의 전문성 함양을 지원하는 방안에 대한 장기적인 로드맵이 필요하다.

마. 우호 국가들과의 연계 및 협조

그 다음으로 다른 나라와의 공조체제를 강화해 나가는 것이 필요하다. 예컨대 미국 및 중국과 전개되고 있는 최근 일련의 문제들은 우리 스스로 혼자 움직이는 것보다 우리와 비슷한 입장을 가지는 소위 "Like-Minded" 국가들과 연대하여 대응하는 게 현명하다. 독자적인 대응이 편할 수는 있으나, 문제를 그나마라도 해결하려면 EU, 일본, 인도, 브라질 등 여러 국가들과 사안별로 공동대응하는 것이 현명하다. 그래야 우리 목소리에 힘이 실릴 것이다. 우리 혼자만 독자적으로 움직일 때의 한계를 지난번 중국과의 THAAD 관련 분쟁에서 그리고 미국과의 국가안보 수입제한 조치 분쟁에서 여실히 목도하였다. 우루과이 라운드 협상의 경험은 이러한 접근법의 유용성을 잘 보여주고 있다.

---

210 서진교 외, 전게서, p. 252.

우루과이 라운드 협상 과정에서 우리나라는 우리와 입장을 비슷하게 유지하는 국가와 적절한 연합전선을 구성하였다. 스위스, 일본, 아시아 주요국과 함께 한 평화그룹도 그 중 하나였다. 여기에서는 주로 개발도상국의 입장을 어떻게 반영할 것인지가 주요한 논의 대상이었다. 이들은 미국의 일방주의적 무역제한 조치에 대하여 우려를 표명하였다는 점에서 공통점이 있었다.[211] 이러한 부분은 오늘날 미국, 중국 등의 일방적 조치에 대하여 우려를 표명하는 국가들이 늘어나고 있는 상황과도 비슷하다. 우리나라 입장에서도 우리와 입장을 같이 하는 국가들과 연합전선을 구성하여 현재 진행되는 여러 상황에 대처하는 데에 있어 중요하다는 점을 알 수 있다.[212]

바. 민감 쟁점에 대한 적극적 대처

쌀 시장 개방 문제는 우루과이 라운드 전체를 통틀어 우리 국내적으로 가장 민감한 문제였다. 결과적으로 우리나라는 쌀 관세화를 일단 10년간 유예함으로써 전체적으로 우리 입장을 관철시킨 것으로 볼 수 있다. 우리와 유사한 입장을 견지하던 일본이 6년간 쌀 시장 개방을 유예한 것과 비교하면 우리나라의 협상이 나름대로 소기의 성과를 거둔 것으로 볼 수 있을 것이다. 특히 우루과이 라운드 협상이 진행 중이던 1989년 우리나라는 개도국에 대하여 국제수지를 이유로 한 수입제한 조치를 부과할 수 있도록 허용한 GATT 조항으로부

---

211 허승, 전게서, pp. 68-87; 동아일보, 'UR 태풍이 온다 선진국 연대 타결 강공 개도국 수세 탈출 총력' (1990.10.16), available at https://newslibrary.naver.com/viewer/index.nhn?articleId
=1990101600209207001&editNo=2&printCount=1&publishDate=1990-10-16&officeId=000
20&pageNo=7&printNo=21270&publishType=00020.

212 안덕근·김민정, 『지역무역체제와 기술표준 협상』(박영사, 2020), p. 287.

터 졸업하였다. 쉽게 말해 중요한 항목에서 개도국 지위를 잃게 된 것이다. 그러나 이러한 어려운 환경에도 불구하고 그 이후 쌀 문제에서는 개도국 지위를 계속 인정받게 되어 관세화를 일단 유예하고 최소시장접근(MMA) 제도를 수용하였다. 나름대로 의미있는 결과였다.

특히 이 문제에 공동 대응하기 위하여 일본과 서로 정보를 공유하며 대응한 점은 주목할 만하다.[213] 쌀 시장 개방 문제는 쌀을 주식으로 하는 한국과 일본이 특히 민감하게 반응할 수밖에 없는 사안이었기 때문이다. 이 문제뿐 아니라 여러 현안에 대하여 우리 정부와 현지 공관은 주요국 대사들과 긴밀한 협조 관계를 유지하여 중요한 흐름과 정보를 확보하였다.[214] 국내적으로 민감한 사항을 통상협상 과정에서 논의함에 있어 주요국 담당관 및 외교관들과 친밀한 관계를 유지하여 우리 입장을 설명하고 이들의 공감대를 끌어내는 것이 무엇보다 중요하다는 점을 알 수 있다.

하나 주목할 만한 부분은 당시 우리나라가 쌀 시장 개방이 어려운 이유로

---

213 허승, 전게서, pp. 68-87; 경향신문, '한일 UR협상 공동보조' (1991.11.15), available at https://newslibrary.naver.com/viewer/index.nhn?articleId=1991111500329101007&editNo=15&printCount=1&publishDate=1991-11-15&officeId=00032&pageNo=1&printNo=14229&publishType=00010; 박수길, 『박수길 대사가 들려주는 그동안 우리가 몰랐던 대한민국 외교 이야기』 (비전코리아, 2014), pp. 134-135.

214 허승, 『한국 외교와 외교관 -UR 협상과 WTO 출범-』 (국립외교원 외교안보연구소, 외교사 연구센터: 2016), pp. 91-117; 동아일보, '인터뷰 '보조금 45%선서 타결 가능성 -UR 협상 실무대표 이상옥 제네바대사'' (1990.10.16), available at https://newslibrary.naver.com/viewer/index.nhn?articleId=1990101600209207008&editNo=2&printCount=1&publishDate=1990-10-16&officeId=00020&pageNo=7&printNo=21270&publishType=00020; 경향신문, '쌀 개방반대 국제협조 박수길 대사 귀국회견' (1992.12.31), available at https://newslibrary.naver.com/viewer/index.nhn?articleId=1992123100329102013&editNo=15&printCount=1&publishDate=1992-12-31&officeId=00032&pageNo=2&printNo=14631&publishType=00010; 최석영, 전게서, p. 224.

분단국가라는 비교역적 사항을 제시하였다는 점이다.[215] 지금 시각으로 보면 일종의 국가안보에 기초한 설명이었던 것으로 이해할 수 있을 것이다. 오늘날 국가안보 예외가 통상협정에서 새로운 조명을 받고 있는 점을 감안하면 당시 우리나라의 입장과 주장이 나름대로 설득력이 있었던 것으로 보인다. 앞으로도 이러한 경험을 적극 살릴 필요가 있다.

4. 제도적 측면에서의 시사점

이러한 관점에서 지금 우리에게 던져진 중요한 과제가 있다. 국제통상 체제가 새롭게 정립되는 변곡점에서 우리가 고민하고 해결해야 할 과제다. 바로 장기적인 전략을 어떻게 수립하고 이를 담당할 전문인력을 앞으로 어떻게 더욱 확충하고 양성하는가 하는 문제다. 작금의 상황은 이제 장기적인 시각에서 통상 전략을 수립하고 우리 통상전문인력의 분야별 전문성을 더욱 함양할 수 있는 제도의 도입을 요구하고 있다. 앞으로 적지 않은 시간과 노력의 투입이 필요한 부분이다. 무엇보다 일단 이러한 방향으로 첫 걸음을 떼는 것이 중요하다.

---

215 허승, 전게서, pp. 68-87; 경향신문, '식량안보차원 쌀 개방 않는다' (1991.10.15), available at https://newslibrary.naver.com/viewer/index.nhn?articleId=1991101500329101001&editNo=15&printCount=1&publishDate=1991-10-15&officeId=00032&pageNo=1&printNo=14199&publishType=00010; OECD, 'Review of Agricultural Policies in Korea' (1999), available at https://www.oecd.org/korea/40417830.pdf, pp. 13-14.

가. 장기적 로드맵과 전략적 접근

우루과이 라운드 협상의 경험은 앞으로 우리나라가 진행하여야 할 통상협정 협상에 대한 전략도 아울러 시사하고 있다. 무엇보다 국제통상체제의 패러다임 변화에 발맞추어 우리 통상정책도 새로운 '로드맵'을 마련하는 것이 필요하다는 점을 들 수 있다. 과거 우리나라의 FTA 추진전략이 성공을 거둔 데에는 여러 교섭 상대국과 현안들을 입체적으로 고려하고 우리가 가진 여러 카드를 적극 활용한 나름대로의 '로드맵'이 크게 기여하였다. 그 로드맵에 따른 전략을 진보·보수 정권을 거치며 10년 넘게 일관되게 추진하여 2010년대 중반까지 FTA 강국으로 자리잡을 수 있었다. 이제는 새로운 로드맵이 필요한 시점이 되었다. WTO 체제가 그 근간에서부터 흔들리고 보호무역주의 조치가 상수화(常數化)되었으며 새로운 형태의 수입제한 조치가 등장하고 있다. 환율, 금융, 환경, 노동 등 새로운 이슈들이 교역체제의 핵심으로 등장하고 있다. 이러한 변화를 반영한 새로운 로드맵을 마련하고 이에 기초하여 다양한 현안에 대응하여야 한다.[216]

앞으로의 대미, 대중 통상정책도 이러한 새로운 로드맵에 연동하여 수립되고 실행되어야 한다. 돌이켜보면 우리가 새로운 상황변화를 인식하고 큰 그림과 시각을 갖고 임하였더라면 미국 및 중국과의 몇몇 현안들에 더 현명하게 대처할 수 있지 않았을까 하는 아쉬움이 든다. 무엇보다 미국에 대해서는 우리가 중국을 이용하여 미국 시장을 활용한다는 인식을 불식시켜야 한다. 그리고 중국에 대해서는 우리가 미국의 대중 포위전략의 한 축을 담당한다는 시각 역

---

216 서진교 외, 전게서, pp. 204-205.

시 가능하면 피해야 할 것이다.

2017년부터 5년째 이어지고 있는 미국과 중국 간의 무역분쟁은 우리에게 큰 어려움을 주었다. 그러나 동시에 이들 분쟁은 우리에게 중요한 교훈과 함의를 제시하여 주기도 하였다. 앞으로 이를 토대로 우리나라의 교역상 이익을 최대한 보호할 수 있는 방향으로 양국과의 양자 통상정책, 그리고 이를 토대로 한 다자 통상정책을 이끌어 가야 할 것이다.

우리나라가 지난 수년간 미중 분쟁이 격화되어 가고 있는 그 구조적 이유를 충분히 파악하지 못하고 이를 미국의 교역상 불만 표출 정도로 평가하고 중국의 적절한 양보로 양측 접점이 찾아 질 수 있을 것으로 본 것은 잘못된 판단이었다.

또한 양쪽 모두 우리나라에 중요한 국가임을 전제로 각각으로부터 우리 실리를 챙길 수 있다는 전략을 공개적이고 반복적으로 표출한 것 역시 문제점으로 볼 수 있다. 소위 안보는 미국, 경제는 중국이라는 명제는 타당하나 이를 공식적으로 반복함으로써 결국 양측으로부터 의구심을 초래하는 상황으로 이어진 것 역시 아쉬운 점이다.

또한 이 어려운 문제에 대하여 정부와 기업간 국가적·장기적 측면에서 허심탄회한 토론과 논의가 부족하였다. 어떻게 보면 정부와 기업 모두 미중 양국 모두의 환심을 사기 위한 단기적인 처방에만 주력하였다. 기업들은 정부의 시그널과 가이드를 기대하며 쳐다보고 있으나 정부는 기업들이 적절히 알아서 대응하기를 기대하였다. 기업들도 자신들의 판단에 따라 대규모 투자를 하고 나서 문제가 생기면 정부에 그 해결을 요청하곤 하였다.

전체적으로 정부와 기업 공히 단기적 교역 성과 등락에 지나치게 중요한 비중을 두고, 장기적인 이해관계 판단에 상대적으로 둔감하였다. 국제교역 체제의 구조적 변화의 조짐이 여러 경로로 있었으나 이를 신속히 파악하지 못하고 기존의 체제를 전제로 한 FTA 체결과 확산에 주력하였다. 정작 새로운 교역 체제 도입시 우리나라의 리스크를 어느 정도 분산시켜 줄 수 있는 CPTPP 협정에는 참여하지 않았다. 이제 이러한 경험을 토대로 장기적 로드맵을 다시 한 번 구축할 때이다.

나. 통상전문인력 양성

우루과이 라운드 협상 진행 과정과 그 이후의 이행 과정은 또한 우리나라의 중요한 과제를 현장감 있게 제시하고 있다. 바로 통상전문인력의 양성이다. 국제통상체제가 새롭게 정립되는 현 시점에서 우리가 고민하고 해결해야 할 시급한 과제다.

먼저 고민해야 할 부분은 인프라 확충 문제이다. 무엇보다 우리 통상교섭본부의 조직과 인력을 장기적으로 확충하여 나가는 것이 필요하다. 일단 인프라가 구축되어야 이에 기초하여 필요한 전문성 함양도 체계적으로 진행될 수 있다. 현재 통상교섭본부에 근무하는 200여 명 내외의 인력으로는 현재 진행되는 여러 현안과 앞으로 우리에게 닥칠 어려운 과제를 해결하기가 쉽지 않다. 지금의 조직과 인력을 늘려 나가야 한다. 가령 5급, 7급 등 공개채용시험에서 통상전문 인력을 별도로 채용하는 폭을 대폭 늘리는 방안을 진지하게 검토해 볼 수 있을 것이다. 통상에 국가적 사활이 걸려 있다면 국가 채용시험에서도 그러한 접근이 필요하다. 가령 2019년 5급 채용시험의 경우 모두 330명을 선발하는 데, 국제통상직은 10명에 불과하다. 그리고 7급 채용 부분에서는 관세

직과 외무영사직은 있어도 통상직은 아직 별도로 없다. 세계 7위 교역국, 6위 수출국, 11위 경제규모에 어울리지 않는 부분들이다. 최소한 매년 3-40명 내외의 신규 인력을 통상 분야에 계속 공급하는 것이 필요하다. 이들은 산업통상자원부뿐 아니라 외교부, 농림축산식품부 등 다른 부서로도 배치되어 통상 문제를 담당할 수 있을 것이다.

둘째로는 전문성 확보를 위한 체계적 지원 문제를 생각해 볼 수 있다. 전문성 함양을 위하여 제도적으로 뒷받침하는 것이다. 통상전문인력에 대하여 지속적인 관리와 교육을 도모하는 것이다. 가령 다양한 재교육 방식을 생각해 볼 수도 있다. 2-3개월의 기간으로 국내 교육기관에 위탁하여 통상현안과 최신 문제를 교육하는 방안을 생각해 볼 수 있다. 해외 교육기관으로의 연수기회도 대폭 확대하여야 한다. 중앙부처 예산 및 파견인원상 제약이 있다면 통상분야 담당직원에게 해외연수의 우선권을 부여할 수 있을 것이다. 대체로 통상업무는 힘들고 빛이 나지 않는다. 잘 되면 당연하고 잘못되면 비난 받는 위치다. 그렇다면 누군가 국가를 위하여 이러한 업무에 매진하기로 한다면 여기에 정당한 인센티브를 부여하는 것은 어떻게 보면 당연하다. 공무원 체제상 급여를 통한 보상은 불가능하니 다른 방식이라도 모색하여야 한다. 이러한 맥락에서 통상분야 종사 공무원에 대하여는 교육과 연수에서 우선권을 주는 것은 진지하게 고려해볼 만하다. 해외연수 등에 있어서 지금과 같이 다른 직역의 공무원들과 동일선상에서 평가하는 것이 아닌 통상분야 담당자의 특성을 감안한 제도적 우대가 필요하다. 국내외 교육기관을 통한 이러한 재교육은 앞으로 이 분야에서 진정한 전문가가 배출되기 위한 중요한 디딤돌이 될 것이다. 어쨌든 실질적인 인센티브를 제공하여야 이 분야로 능력있는 인재들이 지원할 것이다.

또한 민간영역과의 지속적인 교류가 역시 필요하다. 이제 통상분야에서는 정부와 민간영역의 밀접한 협력이 없으면 성공적 결과를 도출하기 어렵게 되었다. 정부와 민간분야가 서로 역할 분담을 하고, 상호 정보교환도 하며 여러 현안에 대한 해법을 찾아 가야 한다. 새로운 통상현안들은 과거에는 보지 못하던 것들이다. 이러한 새로운 현상에 대응하기 위해서는 과거와 같은 정형화된 접근방식으로는 한계가 있다. 새로운 접근방식과 사고가 필요하다. 그리고 이러한 작업은 정부와 민간의 전문가들이 함께 머리를 맞댈 때 그 성과를 낼 수 있을 것이다. 정부가 갖고 있지 않은 역량을 민간영역에서 찾을 수 있고, 또한 민간영역이 도저히 따라가지 못하는 정부만의 노하우가 있다. 이들을 적절히 배합하고 연결하여 시너지효과를 도출하여야 한다. 물론 이 과정에서 우리 산업통상자원부나 외교부의 리더십이 가장 중요하다. 그리고 이러한 과정을 통하여 민간인력이 정부부처로 진출하고, 또 그 반대의 경우도 생각해 볼 수 있을 것이다. 통상이라는 환경 생태계에서 일하는 우리 국내 전문가 풀(pool)을 구축하고 양성하는 것을 국가적 과제로 상정하여야 한다.

다. 법률 전문가 양성 및 활용

우루과이 라운드 협상 과정에서 특히 문제가 되는 것은 미국 변호사를 고용하는 문제였다. 비용 문제와 보안 문제 때문에 그러하였다.[217] 이러한 외국 변호사 활용 문제에 대한 고민은 지금도 끊이지 않는 현안이다. 이제는 우리 변호사와 전문가를 적극 활용하여야 할 시점이다.

---

217 선준영, 전게서, pp. 45-55; 매일경제, '통산부 국제 통상협상 전문 외국인 변호사 2명 고용 키로' (1996.03.18), available at https://www.mk.co.kr/news/home/view/1996/03/13283/.

우루과이 라운드 협상 과정에서 미국의 입장이 협상 동력을 살려 나가고 상당 부분 관철되는 데에는 미국측이 활용하는 변호사 등 법률 전문가들의 역할이 상당하였다. 다른 나라들은 이러한 지원을 받지 못하므로 어떻게 보면 이러한 상황에서 진행되는 협상은 처음부터 차이가 날 수밖에 없었다.[218] 그렇다면 우리 입장에서는 앞으로 여러 민감하고 어려운 통상협상을 진행함에 있어 이러한 법률전문가들을 어떻게 확보하고 활용할 것인지에 대한 마스터 플랜이 역시 있어야 한다.[219] 특히 시장 개방 문제가 아니라 새로운 규범의 도입과 시스템의 재조정이 주가 되는 현재의 통상협상에서는 더욱 그러하다.

GATT 체제 하 분쟁해결절차에서도 우리나라와 관련된 대부분의 분쟁을 외국 변호사들이 담당하였다.[220] 1989년 GATT 쇠고기 분쟁패널이 개최되었을 때 우리는 네덜란드 출신 변호사와 GATT 관세국 직원으로 근무했던 인사를 자문관으로 활용하였다.[221] 이러한 상황은 WTO 분쟁해결체제로 이행하여서도 크게 변함이 없었다. 2005-2012년간 이어진 한미 FTA 협상 및 체결 과정에서도 워싱턴에 있는 미국 변호사들에게 상당 부분 의존할 수밖에 없었

---

218 허승, 전게서, pp. 145-154; 조선일보, 'UR 협상 늦어도 내년초까지 타결' (1991.03.23), available at https://newslibrary.naver.com/viewer/index.nhn?articleId=19910323002391070 12&editNo=1&printCount=1&publishDate=1991-03-23&officeId=00023&pageNo=7&printNo=21581&publishType=00010; 경향신문, 'UR해설서 펴낸 법무부 주광일 법무실장 '통상업무 나침반 역할 기대'' (1994.05.13), available at https://newslibrary.naver.com/viewer/index.nhn?articleId=1994051300329117018&editNo=15&printCount=1&publishDate=1994-05-13&officeId=00032&pageNo=17&printNo=15083&publishType=00010.

219 이재민, 'WTO 개혁쟁점 연구: 분쟁해결제도', KIEP중장기통상전략연구 19-02 (2019.11. 14), pp. 139-140.

220 선준영, 전게서, pp. 112-116.

221 선준영, 전게서, pp. 123-125.

다.[222] 이러한 부분은 민감한 정보누출 위험을 항상 안고 있는 과제이다.[223] 이제 어느 정도 국내 변호사들이 이 영역으로 진출하여 상황이 바뀌고 있으므로 우리로서는 이제 새로운 접근방식을 모색하여야 한다.

라. 무역구제조치의 중요성

마지막으로 우루과이 라운드 협상 결과는 결국 무역구제 조치가 우리나라에 가장 중요한 부분임을 다시 한번 일깨워 주었다. 협상 진행과정에서는 쌀 시장과 농산물 시장이 우리의 대부분의 관심을 빼앗아 갔으나 결국 협정 발효 이후 실제 적용 과정에서 우리나라에 가장 큰 부담을 초래하고 있는 것은 다름 아닌 무역구제조치였다. 결국 당시 우리나라가 정확한 상황 판단을 이 부분에서는 제대로 하지 못하였다는 점을 보여주고 있다. 앞으로 협상 과정에서 이러한 부분을 수정하여 효과적으로 무역구제조치에 대한 대응에 나설 필요가 있음을 보여주고 있다.

지금 우리의 주요 수출기업들은 미국의 반덤핑 조사를 예상하며 필요한 자료정리와 답변서 작성준비를 사전에 진행하고 있는 현실에 직면해있다. 요컨대, 아직 조사가 없는데 이에 대한 대응을 미리 준비하고 있다는 말이다. 전례 없는 일이다. 또한 많은 기업들이 반덤핑 조사 담당 부서 인력을 2-3배씩 증

---

222 선준영, 전게서, pp. 123-125; Pasha L. Hsieh, 'China's Development of International Economic Law and WTO Legal Capacity Building', *Journal of International Economic Law*, Vol. 13, No. 4 (2010), pp. 1019-1020.

223 선준영, 전게서, pp. 123-125; Forbes, 'Where are China's WTO Lawyers?' (Apr 27, 2009), available at https://www.forbes.com/2009/04/27/china-wto-law-business-economy-trade.html?sh=173a44316fa4.

원하고, 외부 법률·회계 전문가 고용도 대폭 늘리고 있다. 미국의 조사 강도가 크게 강화되었기 때문이다. 먼저 미국 정부가 요구하는 자료가 과거에 비해 큰 폭으로 늘어났다. 대기업 소속 회사에 대하여는 다른 계열회사의 자료도 제공하여 달라는 요청도 이어진다. 모든 자료는 영어로 번역되어야 하니 여기에는 막대한 시간과 비용이 들어간다. 반면에 이러한 자료제공과 답변제출의 시한은 과거에 비해 현저히 줄어들었다. 대략 이전 대비 2/3 정도 수준으로 단축되었다. 또한, 이 과정에서 조금의 오류라도 발견되면 자료전체를 결격으로 처리하고 독자적으로 고율의 관세 산정절차로 넘어간다. 이전에는 제출된 자료 중서로 아귀가 맞지 않으면 추가 소명이나 별도 답변을 요청하는 경우도 있었으나 이 역시 이제는 사라져가는 관행이 되었다.

이러한 조사가 대략 1년에 걸쳐 진행되니 기업 입장에서는 혹독한 시련이다. 특히 그 기간 중 담당 조사관이 한국공장을 방문하여 현지실사를 진행하는 2-3주간은 해당 회사의 모든 역량이 여기에 집중된다. 이러한 노력에도 불구하고 많은 경우 고율의 관세부과로 이어지고 있다. 안타까운 상황이다. 한마디로 최근 미국의 반덤핑 조사는 외국수출기업에 대한 강한 '압박'으로 빈틈과 허점을 어떻게든 유발하고 이를 근거로 고율의 관세를 부과하는 방식을 따르고 있다.

그간 FTA가 여러 건이 발효하였으나 아쉬운 것은 반덤핑 조사를 핵심으로 하는 '무역구제제도' 분야에서는 현재 협정에서 크게 바뀐 것은 아직은 눈에 띄지 않는다는 점이다. 그간의 우리측 우려를 감안하여 반덤핑 조사 과정에서 "절차의 투명성 제고"라는 취지의 문구가 삽입되고 이를 반영하기 위한 내용이 일부 협정문에 포함되었다. 나름 중요한 의미가 있는 성과다. 그러나 위에서 본 바와 같이 현재 우리 기업들에게는 절차의 불투명성보다는 실수를 기대하며 빈틈없이 몰아붙이는 조사방식이 더 큰 부담이다. 결국 우루과이 라운드 협상 당시 이에 대한 충분한 논의의 미흡과 우리측의 대응 미흡이 결국 우리 기업에는 큰 부담으로 다가왔다. 또한 이후 FTA 체결과정에서도 이 부분을 제대로 다루지 못한 것이 문제를 더욱 악화시켰다.

그 어려움은 특히 중소기업에게 절실하다. 이들에게는 여전히 무역구제조치는 생소하고 어려운 영역이다. 그간 여러 FTA 체결 이후 원산지 규정 등 기술적·지엽적 문제에 대한 교육은 여러 경로로 빈번히 개최되었으나 정작 기업들이 가장 자주 접하는 무역구제조치에 대한 논의와 교육은 상대적으로 미흡하였다. 이러한 부분은 우리 의지로 당장 바꿀 수 있는 문제이다. 통상 협상과정에서 정치적으로 중요한 현안과 현장에서 실제로 중요한 현안 간에는 온도차가 있다는 점을 무역구제제도는 잘 보여주고 있다. 우루과이 라운드 협상의 숨겨진 단면이라고 할 수 있다.

마. 정부와 기업의 관계

동시에 이제 우리나라도 통상문제를 바라보는 근본적인 시각을 재점검해보아야 할 시점이다. 우루과이 라운드 협상에서는 수출주도형 경제 체제에 기초한 우리의 상황에 비추어 수출확대와 국내 시장 보호라는 기조를 유지할 수밖에 없었다. 그리고 그 맥락에서 주요 기업을 지원하기 위한 정책기조를 이끌어 갈 수밖에 없었다. 그러나 이제는 국제교역에 나서는 우리 기업을 어디까지 어떻게 정부가 나서서 보호하여야 하는지가 애매한 상황이 되었다.[224] 기업과 정부의 관계를 새롭게 정립하여야 할 시점이다.

이러한 새로운 통상규범의 대표적인 사례는 최근 통상협정에 적극적으로 포함되는 국영기업(State-Owned Enterprises) 챕터이다. 이 챕터는 국영기업이 시장을 교란하고 이를 통해 타국의 경제적 이해관계를 침해하는 것을 차단하는 것을 목표로 하고 있다. 이를 위해 그 핵심적 기제로 체약당사국 정부가 자국 국영기업을 지원하는 조치를 제한하고 있다. 이러한 맥락에서 국영기업 챕터는 WTO 보조금 협정의 기본골격과 개념을 상당 부분 차용하고 있다.

기본적으로 이들 국영기업 챕터는 경쟁규범(competition rule)을 체약당사국 국영기업에 적용하여 정부가 이들 국영기업을 지원하는 것을 차단하고, 공정하고 비차별적이며 상업적 원칙에 기초한 영업관행을 정립하겠다는 목표로 도입되었다. 이러한 국영기업 챕터는 크게 보면 다음 두 가지 사항을 요구하고 있다. 먼저 정부가 국영기업에 대하여 지원조치를 제공하고 이를 통하여 다른 국가의 이해관계에 피해를 초래하는 것을 금지하고 있다. 이러한 정부의 지원을 "비상업적 지원(Non-Commercial Assistance: NCA)"이라고 하고, 여타국의 피해를 "부정적 효과(adverse effect)"로 칭하고 있다. 이들 용어는 각각 WTO 보조금 협정의 "정부로부터의 재정적 기여" 및 "부정적 효과"와 사실상 동일하다. 보조금 협정이 정부가 민간기업을 지원하는 것을 주로 규제하는 협정이라면, 국영기업 챕터는 정부가 국영기업을 지원하는 것을 주로 규제하는 내용을 담고 있다. '정부의 지원'이라는 측면에서는 서로 공통성을 내포하고 있다.

그 다음으로 국영기업 챕터는 국영기업들이 시장거래에 참여함에 있어 비차별적 대우를 하고 상업적 고려에 따른 의사결정을 내리도록 요구하고 있다.

---

224 허승, 전게서, pp. 145-154; 김종덕 외, '신보호무역주의정책의 경제적 영향과 시사점', KIEP 정책연구 브리핑 (2020), pp. 3-4, 9.

즉, 각 체약당사국은 자신들의 국영기업들이 실제 거래에 있어 모든 이해관계자들에게 비차별적 대우를 부여하고 상업적 고려를 실시하도록 보장하도록 하는 의무를 부과하고 있다. 실제 시장거래에 나서는 것은 국영기업들이나 이들이 비차별적이고 공정한 거래를 실시하도록 각국 정부가 필요한 조치를 취하라는 것이다. 아마 관련 국내법령의 제·개정과 제도의 개선을 요구하고, 이를 준수하지 않을 경우 적절히 처벌 내지 징계하도록 요구하는 것으로 이해할 수 있다. 정부가 직접 결정하고 통제할 수 있는 NCA 제공 문제와 달리 비차별적 대우 및 상업적 고려는 결국은 국영기업이 개별적으로 결정을 내리는 사항이라는 점에서 정부의 역할에는 기본적으로 한계가 있다. 그러나 이러한 현실적 어려움에도 불구하고 기본적으로 이 의무는 체약당사국 정부에 대하여 부과되는 의무라는 점은 동일하다. 이제 이러한 최근의 상황변화를 감안하여 새로운 통상환경에서 정부와 기업의 관계를 재정립하는 것이 필요한 시점이다.

바. 미디어 홍보활동

주요 통상협상은 동시에 미디어를 통한 홍보도 중요한 부분을 차지한다. 우루과이 라운드 협상 당시 외국 주요 매체들이 때로는 우리나라의 입장에 대하여 비판적인 시각을 보도하여 우리의 협상이 어려웠던 부분도 있었다. 앞으로 새로운 통상협정 체결을 위한 협상을 진행하는 과정에서 외국의 주요 매체를 적극 활용하는 방안도 검토할 필요가 있다.[225]

---

225 허승, 전게서, pp. 68-87; Cathryn Cluver Ashbrook, Alvaro Renedo, 'Social Media Influence on Diplomatic Negotiation: Shifting the Shape of the Table' (Jan. 03, 2021), Analysis & Opinions, Harvard Kennedy School Belfer Center for Science and International

한편 상황이 어려울 때일수록 긍정적인 측면도 동시에 보는 것이 중요하다. 작금의 어려움은 뒤집어 생각하면 우리에게는 새로운 기회이다. 새로운 통상질서가 형성되는 이 시점에 우리가 제대로만 중심을 잡고, 역량을 결집해 치고 나간다면 새로운 통상환경에서 다시 앞자리를 선점할 수 있는 기회가 될 수도 있다. 미중 분쟁으로 양국이 주춤하는 사이 그 틈새를 우리가 파고들 여지도 있을 것이다. 반도체 분야는 그러한 가능성을 보여주고 있다. 분명 21세기는 아시아의 시대이다. 그런데 그러한 아시아의 시대를 선도할 것으로 보이던 중국이 미국으로부터 강력한 견제를 받고 있다. 그렇다면 이는 우리나라에 새로운 기회가 될 수도 있을 것이다. 물론 이러한 기회를 포착하고 제대로 살리고자 한다면 우리 스스로 먼저 준비가 되어 있어야 한다. 준비된 국가만이 기회를 포착하고 활용할 수 있기 때문이다.

통상협정과 통상현안이 제시하는 이러한 다양한 측면을 국민 및 국내이해관계자들에게 적절히 알리기 위해서는 적절하고 효과적인 홍보와 소통이 이루어져야 한다. 이러한 소통의 부재가 불필요한 국내갈등과 부풀려진 우려로 이어지는 경우도 많기 때문이다. 마찬가지로 우리나라의 상황과 입장을 국제사회에 소개할 수 있는 해외 미디어와 오피니언 리더들에 대한 홍보 및 소통 작업 역시 체계적으로 추진되어야 한다.

Affairs, available at https://www.belfercenter.org/publication/social-media-influence-diplomatic-negotiation-shifting-shape-table; Dipankar de Sarkar et al., 'Trade Challenges, Media Challenges: Strengthening Trade Coverage Beyond the Headlines', WTO Public Forum (2006), available at https://www.wto.org/english/forums_e/public_forum_e/trade_challenges.pdf; 최병구, 『외교, 외교관』 (평민사, 2010), pp. 267-268.

부 록

[자료 1] 주요 언론보도 목록

1. 美國(미국)경제의 참고민

    매일경제 | 1987.10.19 기사(칼럼/논단)

    https://newslibrary.naver.com/viewer/index.nhn?articleId=1987101900099
    203005&editNo=1&printCount=1&publishDate=1987-10-19&officeId=00
    009&pageNo=3&printNo=6654&publishType=00020

2. 부시美(미)대통령 本報(본보)창간70周(주) 특별書面(서면)회견 全文(전문)

    동아일보 | 1990.04.15 기사(텍스트)

    https://newslibrary.naver.com/viewer/index.nhn?articleId=1990041500209
    103001&editNo=2&printCount=1&publishDate=1990-04-15&officeId=00
    020&pageNo=3&printNo=21089&publishType=00010

3. 不信(불신)의 씨앗

    매일경제 | 1990.09.03 기사(칼럼/논단)

    https://newslibrary.naver.com/viewer/index.nhn?articleId=199009030009
    9203003&editNo=1&printCount=1&publishDate=1990-09-03&officeId=0
    0009&pageNo=3&printNo=7558&publishType=00020

4. 이번주 일정

    경향신문 | 1990.09.15 기사(뉴스)

    https://newslibrary.naver.com/viewer/index.nhn?articleId=199009150032
    9218007&editNo=3&printCount=1&publishDate=1990-09-15&officeId=0
    0032&pageNo=18&printNo=13839&publishType=00020

5. 벼랑의 金融民主化(금융민주화)명제

   동아일보 | 1990.12.10 기사(칼럼/논단)

   https://newslibrary.naver.com/viewer/index.nhn?articleId=199012100020
   9205003&editNo=2&printCount=1&publishDate=1990-12-10&officeId=0
   0020&pageNo=5&printNo=21325&publishType=00020

6. 개방마찰 북방외교 한-미 찬바람

   한겨레 | 1990.12.23 기사(뉴스)

   https://newslibrary.naver.com/viewer/index.nhn?articleId=1990122300289
   103001&editNo=4&printCount=1&publishDate=1990-12-23&officeId=00
   028&pageNo=3&printNo=808&publishType=00010

7. 쌀수출 노린 미국의 남북 교역 제동

   한겨레 | 1991.05.03 기사(칼럼/논단)

   https://newslibrary.naver.com/viewer/index.nhn?articleId=1991050300289
   112007&editNo=4&printCount=1&publishDate=1991-05-03&officeId=00
   028&pageNo=12&printNo=915&publishType=00010

8. 「개방」찬단에 엄격한 통제

   경향신문 | 1991.09.30 기사(칼럼/논단)

   https://newslibrary.naver.com/viewer/index.nhn?articleId=1991093000329
   109001&editNo=15&printCount=1&publishDate=1991-09-30&officeId=0
   0032&pageNo=9&printNo=14185&publishType=00010

9. 쌀등 輸入(수입)개방 反對(반대) 결의

   동아일보 | 1991.10.14 기사(뉴스)

   https://newslibrary.naver.com/viewer/index.nhn?articleId=199110140020
   9201004&editNo=2&printCount=1&publishDate=1991-10-14&officeId=0
   0020&pageNo=1&printNo=21620&publishType=00020

10. 정부 영농법인등 농지소유 허용 추진 의미 농지제도 대전환 예고

    한겨레 | 1992.06.11 기사(뉴스)

    https://newslibrary.naver.com/viewer/index.nhn?articleId=199206110028
    9103005&editNo=5&printCount=1&publishDate=1992-06-11&officeId=0
    0028&pageNo=3&printNo=1258&publishType=00010

11. "適任(적임)"…"意外(의외)"…환영과 우려

　　동아일보 | 1993.02.26 기사(뉴스)

　　https://newslibrary.naver.com/viewer/index.nhn?articleId=199302260020
9203001&editNo=1&printCount=1&publishDate=1993-02-26&officeId=0
0020&pageNo=3&printNo=22097&publishType=00020

12. 대담 "臨政(임정)은 민족사 잇는 「汎民族(범민족)정부」"

　　동아일보 | 1993.08.10 기사(좌담/대담)

　　https://newslibrary.naver.com/viewer/index.nhn?articleId=199308100020
9105001&editNo=40&printCount=1&publishDate=1993-08-10&officeId=
00020&pageNo=5&printNo=22253&publishType=00010

13. 농협중앙회 韓灝鮮(한호선) 회장 "身土不二(신토불이)"는 나라사랑의 길

　　경향신문 | 1993.11.26 기사(인터뷰)

　　https://newslibrary.naver.com/viewer/index.nhn?articleId=199311260032
9125004&editNo=15&printCount=1&publishDate=1993-11-26&officeId=
00032&pageNo=25&printNo=14928&publishType=00010

14. 쌀대표단 「불독協商(협상)」

　　동아일보 | 1993.12.07 기사(칼럼/논단)

　　https://newslibrary.naver.com/viewer/index.nhn?articleId=199312070020
9102005&editNo=40&printCount=1&publishDate=1993-12-07&officeId=
00020&pageNo=2&printNo=22365&publishType=00010

15. 부처 利己(이기)주의 갈수록 노골화

　　매일경제 | 1994.04.04 기사(뉴스)

　　https://newslibrary.naver.com/viewer/index.nhn?articleId=199404040009
9103001&editNo=16&printCount=1&publishDate=1994-04-04&officeId=
00009&pageNo=3&printNo=8719&publishType=00010

16. 1분만에 끝난 UR서명

　　동아일보 | 1994.04.17 기사(칼럼/논단)

　　https://newslibrary.naver.com/viewer/index.nhn?articleId=199404170020
9102012&editNo=45&printCount=1&publishDate=1994-04-J17&officeId
=00020&pageNo=2&printNo=22487&publishType=00010

會 議 資 料

우루과이라운드
農産物 및 熱帶産品協商推進方案

1987. 2.

農 業 政 策 局

0010

3. 協商對應方案

가. 基 本 戰 略

○ 多者間 貿易協商을 通한 自由貿易體制의 確立은 對外指向的
  經濟運用을 追求하는 우리의 發展戰略에 합치되므로 우루과
  이라운드協商에 能動的으로 參與하여 自由貿易體制의 早期
  確立 및 우리나라立場의 反映을 爲해 積極 努力

○ 農産物 및 熱帶産品交易에 있어서는 我國農業의 特殊性과
  食糧安保外에 南北對峙속의 開發途上國이라는 것이 充分히
  反映될 수 있도록 我國立場을 定立 對處

나. 農産物 및 熱帶産品 實務小委員會 構成

○ 우루과이라운드 對策實務委員會 傘下 農産物 및 熱帶産品
  實務小委員會를 當部主管으로 構成

○ 農産物 및 熱帶産品協商에 對한 我國立場定立 및 國內 補完
  對策 樹立

-7-   0016

○ 實務小委員會

區　　分	職　　　位	備　　考
委 員 長	農林水產部　農業政策局長	
委　　員	〃　　　　國際協力課長	
〃	〃　　　　植物防疫課長	
〃	〃　　　　果樹花卉課長	
〃	〃　　　　畜 政 課 長	
〃	〃　　　　糧 政 課 長	
〃	農村振興廳　熱帶農業擔當官	
〃	山 林 廳　輸出振興課長	
〃	經濟企劃院　政策 1 擔當官	
〃	外 務 部　經濟機構課長	
〃	商 工 部　國際協力課長	
〃	保社部　食 品 課 長	
諮問機關	韓國農村經濟研究院	
	農 協 中 央 會	
	韓國開發研究院	
幹　　事	農林水產部 國際協力課 通商擔當 事務官	

— 農林水產部, 保社部 및 傘下外廳은 協商結果의 波及效果와 協商의 主要爭點을 考慮하여 構成

— 協商에 效率的으로 對處하기 위한 協調體制 構築을 위하여 經濟企劃院, 外務部, 商工部 等 關係部處 參與

0017

─ 討議課題別로 實務委員의 參與範圍를 適切히 調整運營

─ 諮問機關은 우루과이·운드 協商에 對한 我國對應方案을, 研究
中인 韓國農村經濟研究院과 韓國開發研究院을 生産團體인 農
協中央會를 參與시킴으로써 多樣한 意見을 收斂

다. 農産物 및 熱帶産品交易協商에 對한 主要爭點

(1) 主要爭點

가) 農 産 物

○ 農産物 輸出補助金 撤廢

─ 美國, 호주 等 主要農産物 輸出國 : 輸出補助金 撤廢

─ EC   : 現行交易體制維持

─ 農産物交易에 直·間接으로 影響을 미치는 直·間接의
補助金 定義問題

○ 農産物交易自由化

─ 農産物交易의 競爭條件 改善

· 市場開放擴大, 關稅引下, 非關稅 障壁除去

─ 競爭條件 改善을 위한 GATT 規定 强化

─ 開途國 優待 條項

나) 熱帶産品

○ 熱帶産品 交易自由化의 優先的 考慮

— 熱帶産品 協商은 低開發 開途國의 生活水準 向上을 爲
하여 協商時限 및 履行等에 있어서 優先的인 考慮를 하
도록 閣僚宣言에 明示

— 開途國 및 農産物 輸出國들은 協商의 早期妥結 및 早期
施行을 强力히 바라고 있음.

○ 協商對象選定

— 熱帶産品 對象品目으로서 GATT에서 論議된 品目은 熱
帶飮料(커피, 코코아, 차) 양념類 및 花卉類, 菜油實,
植物性油, 담배, 쌀, 熱帶植物의 뿌리, 熱帶果實, 熱帶
産木材, 고무, 黃麻 및 硬纖維 等이 論議됨.

— 我國은 이들品目의 輸入國임과 同時에 一部品目은 我國
農産物과 競合關係에 있음.

— 協商對象品目選定에 對한 意見對立이 豫想됨.

○ 熱帶産品 交易自由化

— 閣僚宣言은 熱帶産品의 加工, 半加工 等 形態與否를 不
問하고 關稅, 非關稅(例:數量制限 撤廢, 技術障壁除去,

0019

內國稅上의 特別待遇 等) 障壁을 最大限으로 開放하여
交易의 完全自由化를 實現하는데 目的을 두고 있음.

— 熱帶産品 非生産開途國과의 論難이 豫想됨.

(2) 檢討事項

  가) 農 産 物

   ○ 農産物 輸出補助金

   — 農産物 輸出補助金의 撤廢問題는 農産物 輸出國들이 農
     産物 輸出補助金 政策을 採擇하고 있는 EC 等을 對象
     으로한 農産物 輸出國間의 紛爭이 表面化된 것으로서 農
     産物 輸入國인 我國으로서는 큰 影響을 미치지는 않을
     것이나,

   — 閣僚宣言은 " 農産物交易에 直·間接으로 影響을 미치
     는 直·間接의 補助金 "이라고 表現하고 있어 補助金의
     定義를 明確히 하여야 하고 아울러 我國 農林水産分野
     의 補助金 形態를 分析할 必要가 있음.

   — 我國의 主要 輸入農産物(穀物類, 油脂類, 原綿, 皮革 等)
     에 對한 輸出國들의 輸出補助金 撤廢에 따른 影響等을
     檢討하여 協商에 對處하고 我國立場 强化를 爲하여 旣
     存 農産物 輸出國들에 對한 輸入制限時 考慮되어야 할
     Market share 規程(例 : 第 13 條 2 項等)에 對한 槪念
     定立 必要

-11-   0020

○ 農産物 交易 自由化

— 農産物 交易의 公正한 競争條件 改善을 위한 協商 推進
을 위하여 各國은 自國의 農産物交易政策과 慣行을 協
商 Group에 提出해야 되고 協商그룹에서 檢討하게 됨.

— 農産物交易自由化의 擴大를 爲한 市場開放, 關税引下,
非關税措置(輸入許可, 輸入쿼타, 國營貿易, 動植物檢疫
및 衛生條件 等)의 緩和내지 廢止等을 위한 具體的인
論議가 豫想됨.

— 我國農産物交易制度를 GATT 體制와 關聯하여 檢討하고
旣存의 GATT農産物交易委員會에서 論議된 事項들을
土臺로 我國立場을 定立하여야 하며, 我國農業保護를
爲하여 開途國 優待條項의 例外根據를 設定하여야 함.

나) 熱帯産品

○ 熱帯産品 交易自由化의 優先的인 考慮

— 熱帯産品이 多數 開途國과 關聯되어 있는 點을 勘案,可
能한 我國立場을 留保하되, 我國農業에 미치는 影響을
考慮, EC등의 立場과 같이 早期妥結, 早施施行을 牽制

0021

o 協商對象

  ─ 低開發 開途國의 共通生産熱帶産品을 檢討하여 協商對
     象品目 縮小努力

  ─ 主穀인 쌀等 我國農産物과 直接的인 競爭關係에 있는 品
     目에 對하여는 食糧의 安保的 特性을 考慮하여 除外토
     록 함.

o 熱帶産品交易自由化

  ─ 熱帶産品의 我國交易制度 檢討

  ─ 關聯 國際協定等을 最大한 活用 (動植物檢疫, 衛生條件
     等)

  ─ 熱帶産品의 非生産 開途國에 對한 例外 根據 設定

-13-   0022

MULTILATERAL T**▮ ▮**PE
NEGOTIATIONS
THE URUGUAY ROUND

RESTRICTED
MTN.GNG/NG5/1
20 February 1987
Special Distribution

.Group of Negotiations on Goods (GATT)

Negotiating Group on Agriculture

FIRST MEETING OF THE NEGOTIATING GROUP ON AGRICULTURE

Note by the Chairman

1.   The Negotiating Group on Agriculture held its first meeting from 16 to 18 February 1987.

2.   Mr. Aart de Zeeuw, Director-General of Agriculture, the Netherlands, was appointed by the Group as its Chairman.

3.   A number of suggestions were made as to which international organizations might be accorded observer status. Reference was made in this regard to the FAO, the IBRD and the UNCTAD. It was agreed that the Chairman should bring these suggestions to the attention of the GNG which is to consider the general question of observer status for international organizations at its next meeting. It was the Group's understanding that it would consider this matter further in the light of the GNG's discussions.

4.   The Group began work under the initial phase of the Negotiating Plan on Agriculture (MTN.GNG/5). In this context participants proceeded to an identification of major problems and their causes, including all measures affecting directly or indirectly agricultural trade, taking into account inter alia work done by the CTA. Issues considered relevant by some participants to achieving the Negotiating Objective were also outlined.

5.   The Group agreed to continue its work under the initial phase of the Negotiating Plan at its next meeting which would be held in the week of 4 May 1987. The secretariat, in consultation with the Chairman, would prepare a summary of the major problems and their causes as identified by participants at this stage as well as of the issues considered relevant. The secretariat was also requested to prepare a brief summary of the studies undertaken in recent years by selected international organizations and other bodies on the problems affecting trade in agriculture and their causes.

6.   It was agreed that participants would provide information on measures and policies affecting trade in agriculture in line with a revised FORMAT and secretariat guidance note that would take account of the points raised

./.

GATT SECRETARIAT
UR-87-0013

0062

in this connection in the course of the Group's discussion. Participants
which have already submitted AG/FOR's should endeavour to supply revised
FORMATS before the next meeting. Participants submitting FORMATS for the
first time should submit FORMAT notifications as soon as reasonably
possible.

7.   The possibility of holding a third meeting of the Group before the
summer break would be the subject of informal consultations to be
undertaken by the Chairman.

0063

MULTILATERAL TRADE
NEGOTIATIONS
THE URUGUAY ROUND

RESTRICTED
MTN.GNG/NG5/W/2
31 March 1987
Special Distribution

Group of Negotiations on Goods (GATT)
Negotiating Group on Agriculture

SUMMARY OF MAJOR PROBLEMS AND THEIR CAUSES AS IDENTIFIED
THUS FAR AND OF ISSUES CONSIDERED RELEVANT

Note by the Secretariat

1. The present note has been prepared by the secretariat, in consultation with the Chairman, in accordance with paragraph 5 of the Note on the first meeting of the Negotiating Group on Agriculture (MTN.GNG/NG5/1).

2. In general the summary attempts to present a succinct résumé of specific problems and causes identified and of the issues considered relevant. The summary is intended to serve as a background note for the Group's further work under the initial phase of the Negotiating Plan and is without prejudice as to how the results of this work may be recorded or listed.

* * * * *

3. The major problems affecting trade in agriculture as identified by participants may be summarised as follows:

A. Substantial imbalances between supply and demand for the main agricultural products, together with depressed prices on world markets and large surplus stocks;

B. Protectionism through the maintenance of support policies and measures which insulate domestic producers from the normal functioning of an international price mechanism, and the level of government intervention in agriculture worldwide;

C. The lack of effective GATT rules and disciplines on agriculture and the unwillingness of many countries to agree to effective international disciplines to liberalize international agricultural trade.

GATT SECRETARIAT
UR-87-0041

0175

4. Major problems identified in this general context are:

(i)   the longstanding and fundamental problem of protectionism in
agriculture which had not changed over the last forty years, although
the way it manifested itself differed from time to time, from
commodity to commodity, and from country to country;

(ii) declining terms of trade associated with depressed
international prices and the existence of large surpluses;

(iii) an allocation of resources in world agriculture based not on
comparative advantage but on capacity to subsidize and competition
amongst exporters characterized increasingly by competition
between treasuries;

(iv) protectionist support policies resulting in less efficient
producers being faced with nearly unsaleable surpluses which weigh on
the efficient and on the less subsidizing or non-subsidizing
countries;

(v)   agricultural trade disputes which threaten to spill over into
the non-agricultural trade sector;

(vi) the development of productivity associated with technological
progress resulting in increased self-sufficiency and surpluses. The
responsiveness of national policies to international market signals
and various factors related to the special role agriculture plays in
the national context limit the scope for adjustment;

(vii) the disharmony existing between different systems of national
support and the distorting effects that support measures in one
country can have on support arrangements in other countries;

(viii) problems related to the specificity of agriculture, together
with structural problems linked to the type of production involved
and its specific context (net importer, net exporter, industrialized
countries, developing countries, densely or less heavily populated
countries, intensive or extensive production);

(ix) the high and increasing costs of farm support programmes
associated with shrinking international markets, low prices and
reduced economic returns to farmers;

(x)   erosion of the comparative advantage of heavily populated
developing and least developed countries in the production of food
grains, together with the impairment of their ability to continue to
harness the benefits of the Green Revolution and to improve the
income and welfare of subsistence farmers;

(xi) distortions in world agricultural trade and their impact on
the income position of countries reliant on agricultural production
and trade, in particular the serious macro-economic consequences
entailed in terms of savings and investment, import demand, debt
servicing capacity and balance of payments equilibrium;

0176
P3

(xii) the failure to give operational effectiveness to the concept
of special and differential treatment for developing countries in
agricultural trade;

(xiii) the subjection of trade in agriculture over more than thirty
years to various protectionist and trade distorting measures alien to
basic GATT rules and regulations, causing substantial losses to the
interests of many exporting countries, particularly developing
countries, and bringing disarray into international trade;

(xiv) the unsatisfactory way that GATT rules and disciplines have
evolved and the related failure of governments to pay more than lip
service to the need to take into consideration the international
consequences of their domestic agricultural policies.

5. Specific problems identified as being common to the major traded
commodities, and as relating back to the basic problem of protectionist
policies included: highly restrictive import barriers; high support
prices, either through transfers from consumers or some type of deficiency
payment; government purchasing and stock holding with surplus disposal
often at enormous losses. Other specific problems identified were:

- imbalances in the area of rights and obligations
- export subsidies
- so-called hidden subsidies
- price support in the dairy products industry
- variable import levies
- export refunds
- protection of certain sugar producers
- high or escalated custom duties
- import quotas
- restrictions on land tenure and part-time farming
- production quotas and controls of inputs
- intervention prices
- consumer subsidies
- sanitary and phytosanitary measures
- waivers
- the cumulation of various restrictive measures on the same product

6. The following causes were identified as being responsible for, or as
having a bearing on, the problems outlined:

(i) the failure to establish operationally effective GATT rules to
shape international trade in agriculture and to guide the process of
domestic agricultural policy formulation away from price and other
output-linked support measures;

(ii) the lack of effectiveness of the multilateral rules and their
failure to ensure equality of treatment as between agriculture and
other sectors of international trade. The unsatisfactory way that
GATT rules and disciplines had evolved was attributable, it was
suggested, to the propensity of governments to paper over differences
and to agriculture having been dealt with at the margin in previous
MTNs;

0177

P4

(iii) protectionism and the unwillingness of many countries to take
action that would allow structural adjustment in their farm sectors,
as well as the lack of political will to liberalize access to markets
and to eliminate distorting measures;

(iv) domestic policies and measures, either generally or in some
industrialized countries, were described in several instances as
being the primary or the fundamental causes of the problems affecting
trade in agriculture. In this regard reference was made to policies
under which less efficient producers practically prohibit import
access to their markets and use subsidies to dispose of their
surpluses, thus displacing the exports of efficient producers from
their own markets as well as from third markets. Such policies
directly affected the very mechanism of international markets and
imposed a disproportionate burden of adjustment on traditional
exporters and developing countries whose producers were heavily
dependent on, and exposed to, world market forces;

(v) the growing disequilibrium between supply and demand and the
nature of agricultural policies pursued were cited as being
inextricably linked as causes of the current situation. Supply in
developed countries continued to grow in the face of slow or static
demand as producers continued to respond to government administered
price signals which bore little relationship to market realities. In
this analysis income support through producer prices, generally
entailing import restrictions and/or export subsidies, was the main
cause of the imbalances and of current international strains;

(vi) the widespread development of productivity associated with
technological progress which in the case of cereals, for example, had
led to a large number of importing countries increasing their
self-sufficiency or becoming exporters. In this situation demand
might not only continue to stagnate but could well contract in the
future. Greater utilization of technology as a means of improving
productivity in agriculture was a problem with or without
agricultural support.

(vii) deficiency payments, the practices of marketing boards and
monopolies, and trade embargoes were also cited as having played a
role as regards the surpluses and low prices in the cereals sector.
Other causes cited were increased self-sufficiency in certain
countries related to national security and balance-of-payments
considerations, and the almost generalized extension of production in
response to the scarcity of cereals in the mid 1970's and related
forecasts of longer term supply and demand trends.

(viii) monetary factors and exchange rate volatility which from one
day to another could completely alter market signals and amplify the
inherent volatility of markets that were often residual in character.
Related to this was the question of effective demand and scarcity of
foreign exchange in certain countries;

0178

p5

(ix)   the lack of harmony between different systems of support could result in a situation in which support measures applied in one country created distortions within other countries. The availability of cereals substitutes, it was suggested, created surplus production in the dairy and meat sectors and displaced the production or utilisation of indigenous cereals. Technological progress and substitutes were also amongst the difficulties affecting the highly residual sugar market. It was suggested that the fact that production of isoglucose was limited in one group of countries but unrestricted elsewhere led to increasing difficulties and to a situation where measures designed to limit domestic production could be overtaken by events;

(x)   a series of causes whose effects were cumulative and which posed difficulties peculiar to the agriculture sector. These included: causes of an economic character, notably the growing imbalance between stagnant demand and increasing supply resulting from, inter alia, productivity and technological progress; objective or natural causes, such as the weather, the soil and other factors of production which played a specific role in the field of agriculture; causes related to political considerations which went beyond simple economic considerations, such as strategic considerations (security of supply), ecological considerations (maintenance of the countryside and the regulations under which farming had to be conducted), and socio-demographic considerations; and, causes associated with deficiencies in the panoply of governmental support policies. One aspect of this was the selection of the type of support system (price-support versus other income support measures). Another aspect was the amount of support provided relative to the objectives sought to be attained.

7.   The following set of issues was presented for inclusion in the indicative list of issues considered relevant by participants to achieving the Negotiating Objective:

(i)   the need for the fundamental liberalization of agricultural trade;

(ii)   the requirement to apply fundamental GATT principles of liberal trade to disciplines governing agricultural trade;

(iii)   to strengthen and make more operationally effective GATT rules on subsidies and restrictions on access;

(iv)   to freeze and reduce subsidies affecting agricultural trade;

(v)   reduction of high support prices as a matter of urgency;

(vi)   elimination of the use of phytosanitary and sanitary regulations as unjustified import barriers.

—0179

p6

STATEMENT BY AUSTRALIA

PRINCIPLES TO GOVERN WORLD AGRICULTURAL TRADE

1. When the idea of considering the basic principles to govern world agricultural trade was originally proposed, we had some reservations about its value. It has always been our view that we should move as quickly as possible into the substance of negotiations

2. We recognise that the Negotiating Plan for Agriculture calls for consideration of the basic principles to govern world agricultural trade.

3. The Negotiating Plan does not call for any agreement or consensus on principles. Indeed to the extent that many principles can be seen as leading logically to specific proposals, a negotiation on the minutiae of individual principles would be unlikely to be productive.

4. On the other hand the last few years have seen a quite remarkable convergence of views on the basic problems in agriculture and how they should be dealt with. This sea change has been particularly marked amongst industrialised countries. While in our view some of these still have a way to go, we see countries essentially accepting conclusions on the action urgently required for agriculture which would have been rejected out of hand just a short while ago.

5. Australia has been discussing with other fair trading countries how best to handle this aspect of this Group's work programme. This is the opportunity for countries to set out basic positions. These are the positions from which our proposals will be launched. They are also the positions from which we shall need to view and evaluate other countries' proposals for meeting the Negotiating Objective for agriculture in the Uruguay Round.

6. The question of principles can be approached from a number of angles. All of these can give rise to semantic questions of whether they are, for example, long or short term, true principles or in reality approaches, bedrock positions or negotiating tactics aimed at a possible consensus, and so on.

7. The approach that we were attracted to is a combination of first setting out fundamental principles and then going on to discuss the approaches needed to implement such principles.

8. If the problems of world agriculture are to be dealt with effectively, then:

> International trade in agriculture must be based on the comparative advantage of agriculture in each country.

> In the longer-term, agricultural trade should be based on the following fundamental principles.

—0180

P7

Firstly, Government policies should secure the elimination of distortions and adverse impacts caused by government intervention in international trade in agriculture. Accordingly,

✳ agricultural exports should not be subsidized, and

domestic markets should be open to effective competition from imports and provide secure and predictable access and opportunities to compete.

Secondly, national markets in agriculture should be fully exposed to the influence of international market prices.

Thirdly, the provisions of the General Agreement and related instruments should not distinguish between agriculture and other sectors of trade. Existing special provisions for agriculture should be eliminated.

9.   It is recognised that the principle of differential and more favourable treatment embodied in the GATT and related instruments as well as in the Punta del Este Ministerial Declaration apply both to the GATT and these negotiations.

10.   The fundamental principles are the measures of the extent to which we will have succeeded in achieving the objectives set out by Ministers at Punta del Este. In our view these are the primary principles which should shape agricultural trade when the process of reform has been completed. They are the bench marks.

11.   In approaching the negotiations there are certain other approaches which should shape work in this Round.

12.   In the first category there are approaches which need to be adopted to ensure that the wind back of protectionist measures is an essential part of the negotiations from the outset. Accordingly approaches to the negotiations should include substantial phase down of:

-   market access barriers to trade in agriculture, and

-   all support subsidisation and other measures which have a negative effect on world agricultural trade.

13.   Effective implementation of the fundamental principles set out earlier also require adoption of a second category of approaches during the preparation, negotiation and implementation of agreements:

(i)   agricultural income support measures should be separated, wherever possible, from producer prices for farm output;

0181

P8

(ii)   the gap between administered internal prices
        and international market prices should be
        progressively reduced;

(iii)   sanitary/phytosanitary regulations should not
        operate as disguised barriers to trade;

(iv)   all measures negotiated should have the
        effect of predictable and progressive
        liberalization;

(v)   liberalization and adjustment of agricultural
        policies would be most effectively achieved
        by being conducted on a multilateral basis
        and should in any case encompass all
        agricultural products;

(vi)   any short term or transitional measures
        should be consistent with and contribute to
        the achievement of the Negotiating Objective
        for agriculture;

(vii)   countries with structural surplus stocks
        should adopt measures which, in containing
        and reducing them, would avoid disruption of
        and adverse impact on world markets.

14. We do not expect agreement today to the fundamental
principles we have set out. However we do not think it is
unreasonable to suggest that our partners in these negotiations
should accept our fundamental principles as those which must
desirably shape a reformed global regime for trade in
agriculture.

15. We do believe that our partners in these negotiations
should adopt the approaches which we have set out as guiding the
three phases of the negotiations - the preparation of proposals,
the negotiation of them and implementation of agreements.

16. As I said at the outset we do not propose that this Group
now set time aside to negotiate common principles or approaches
to the negotiations.

17. We would hope however that there can be some convergence of
thinking. Indeed if the results of these negotiations are to
fulfil the political commitments of our Ministers at Punta del
Este, then there must be a convergence, be it explicit or
implicit, of different approaches as we travel along the
negotiating curve through proposals towards a final outcome from
the Uruguay Round.

GVW (万)— 0042   END

-0182

P9

MULTILATERAL TR⊑
NEGOTIATIONS
THE URUGUAY ROUND

RESTRICTED
MTN.GNS/7
20 March 1987
Special Distribution

Group of Negotiations on Services

NOTE ON THE MEETING OF
23-25 FEBRUARY 1987

1.   The Group of Negotiations on Services held its sixth meeting under the Chairmanship of Ambassador F. Jaramillo (Colombia), on 23, 24 and 25 February 1987.

2.   The Chairman said that, as indicated in airgram GATT/AIR/2373, the meeting would be devoted (a) to a general debate structured around the elements listed in the programme for the initial phase of the negotiations (MTN.GNS/5) and (b) to specific comments on these elements. He also drew the attention of the GNS to communications from Sweden on behalf of the Nordic countries (MTN.GNS/W/1), and from Japan (MTN.GNS/W/2).

3.   The points made by delegations in the more specific discussion of the elements listed in the programme for the initial phase of the negotiations (summarized in paragraphs 23 to 35 below) should be read in conjunction with the statements made in the general debate (summarized in paragraphs 4 to 22 below).

General debate

4.   One member said that the views of his group of countries were outlined in document MTN.GNS/W/1. Negotiations on trade in services could draw on the 40 years of experience in multilateral trade negotiations without being constrained by the limitations of the existing GATT. The countries represented could envisage a general binding instrument, similar to that governing trade in goods but flexible enough to adjust to the rapid changes in the area of services. It was however important to note that the Ministerial Declaration implied no linkage between services and the regulatory framework of trade in goods. During the first phase of negotiations it was important to establish a comprehensive analytical base in order to identify and to understand better the problems. To avoid the risk of purely general and abstract discussions it would be necessary to initiate at an early stage work on an inventory of measures and practices affecting the expansion of trade in services. The information to be drawn from the inventory could form an analytical basis for discussion of the problems to be addressed, e.g. coverage, definition of tradeable services, national regulations and their impact on economic development. One core issue was the formulation of a framework leading to economic growth of all trading partners and to the development of developing countries. These two questions which had in the past been sometimes separated should be dealt with simultaneously within the frame of the conceptual discussion. Information should be provided about the methods of collecting statistics and about existing international regulations in services and their relevance to trade.

GATT SECRETARIAT
UR-87-0035

0073

5. One member stated that the GNS should put the elements of the negotiating plan into some logical sequence, bearing in mind that the exercise was no longer a mere exchange of information but a trade negotiation. A coherent discussion on each element could be undertaken with an examination of the trade rules and principles that might be applicable to services. Similarly a presentation of specific problems countries encountered in trade in services could help shape these negotiations. A legally binding services understanding would have to identify the specific sectors covered as well as the activities of these sectors. The GNS should also develop systematic information on the rôle of international organizations specialized in individual services industries. While Ministers had authorized a period of four years to complete the negotiations in the Uruguay Round, there was no reason why the GNS could not set a goal of completing a framework for a services understanding by the summer of 1988. Such a framework would have to emerge as a compromise of the ideas of all delegations.

6. One member said that his authorities had commissioned a major analytical study on the national services sector and on the question of what more liberalization would mean in economic terms. The findings of the study would be shared with the members in the GNS. The two communications from the Nordic countries and Japan were welcomed, in particular in light of the proposals to start negotiations in different areas in parallel, right from the beginning. His country was particularly interested in the inclusion of the sector of tourism in the multilateral framework.

7. One member recalled that both developing and developed countries had benefited from the growth of world trade and the dismantling of trade barriers. There existed many obstacles in the area of trade in services and there were no multilateral rules and disciplines. His authorities supported a horizontal, across-the-board approach to negotiations on services, rather than a compartmentalized sectoral approach. Sectoral rules could be dealt with at a later stage, if necessary, to verify the effectiveness of general rules and disciplines. He referred to a list of points for discussion circulated by his delegation in document MTN.GNS/W/2. In the view of his delegation the elements for the initial phase of negotiations were related to each other and could not be discussed separately. Consequently, there needed to be both a deductive and inductive process from general to specific and vice-versa, or from one element to another.

8. One member said that the major problems in the services area concerned the definition of trade in services, the identification of the factors affecting the structure of international trade in services and the effects on economic development. He also expressed concern about the possible repercussions of technological advances in services on developing countries. Specific measures would have to be adopted so that services contributed effectively to the development of these countries. Most of the expansion in services activities was taking place essentially in developed countries. The services sector was also influenced by the development of new products, e.g. fibre optics. This reduced the importance of the cost of labour in manufacturing, and consequently had negative repercussions on the exports of manufactured and labour-intensive products from developing countries. The new technologies implied that comparative advantage was being modified in services on a continuous basis. Multinational companies had diversified their activities in services and had hampered the expansion of services in developing countries. Effective negotiations in services required that the

0074

contribution of the services sectors to the economy of developing countries be known more precisely. His authorities were working on a national study on services to show the significance of national services in international transactions as well as their impact on the trade balance. Information should be compiled on the existing international instruments dealing with services issues as well as on the measures and practices contributing to or limiting the expansion of trade in services.

9.   One member stated that the multilateral framework of trade in services should reflect the principle of special and more favourable treatment for developing countries. It should cover those services sectors in which the developing countries had a comparative advantage, in particular labour-intensive services. The negotiations should be accompanied by a parallel effort to relax controls on the cross-border movement of the services sector labour force. There was need for a safeguard mechanism, in order to protect the objectives of national security, consumer protection and promotion of infant industries. An appropriate dispute settlement mechanism was also needed. The elements of the programme for the initial phase of negotiations should be considered as being only illustrative.

10.   One member stated that discussions should focus on commercially traded services. One had to explore in this context also the issues of temporary access to markets for skilled services workers, investment and the rôle of the rapidly developing information and telecommunication services. Her authorities were in favour of a binding framework which should build upon familiar trade policy concepts. Countries should agree to bring regulations and practices affecting their respective services progressively under multilateral discipline. They should also identify barriers and propose concessions which could be exchanged to produce liberalization. The path towards progressive liberalization could involve a standstill, the goal being enhanced economic development for all parties to the agreement, while respecting the policy objectives of national laws and regulations. It was realized that the long-term interest of her country required access to world class services inputs from both domestic and foreign services. These inputs not only enhanced the competitiveness of national services but also increased the productivity of the rest of the economy.

11.   One member said that his authorities were working on a report on the rôle of services in the foreign trade of his country. In their view a strong services sector was one condition for maintaining a competitive position in manufactured exports. Discussions should also concentrate on issues like the different means of marketing services, market access for newcomers and the new services which were capital, human and technology intensive. Any new international agreement should keep a balance between the benefits arising from a multilateral framework providing for progressive liberalization on a non-discriminatory basis and those national laws and regulations applying to services for the promotion of domestic economic growth. The lack of adequate statistics might complicate the traditional negotiating techniques of reciprocal concessions based on quantitative assessment of benefits.

12.   One member said that every phase of the negotiations should take full account of the differences existing in the stage of development in services between developed and developing countries. Discussions should first focus on the definition, coverage and existing international arrangements. Trade barriers existing in developed countries should also be discussed. The secretariat should prepare a study on world trade in services by country and by sector based on information from other international organizations, on contributions from delegations and on its own data bank.

0075

13. One member stated that a multilateral framework in services should respect the policy objectives of national laws and regulations on services. Work should be done on definitional and statistical issues. The question of technical support by relevant international organizations should be addressed at an early stage. UNCTAD which had already submitted valuable studies on the rôle of services in the development process should produce more studies in order to enable developing countries to analyse the impact of services in their economies.

14. Some members expressed the view that services were insignificant in the gross national product of a number of developing countries. They, nevertheless, considered that priority should be given to the elaboration of a precise definition of trade in services and to the coverage of the proposed multilateral framework, including services sectors of interest to developing countries. They proposed a study on the rôle of trade in services in the economies of developing countries. They also considered that special and differential treatment was needed in order to protect the services industries of developing countries which were still at an infancy stage from increased international competition.

15. Other members pointed out that the differences in the level of development in services between developed and developing countries were even greater than in goods. In the negotiations all the interests should be reflected in a balanced manner. There should be no link between progress in the negotiations on goods and progress in the negotiations on services and also no trade-off between concessions in goods and concessions in services. It was important to co-operate in the work on services with other relevant international organizations, in particular with UNCTAD. The existing rights and obligations under other international conventions or arrangements should not be impaired or weakened.

16. Some members stated that they were keen to see an early agreement on a multilateral framework of principles and rules to govern international trade in services. Priority should be given to the establishment of a list of services sectors to be covered as well as to an inventory of measures and practices compiled on the basis of notifications and counter-notifications. Work should start on the general characteristics of the services sectors and on the principles to be included in the framework, then in a next stage the negotiating rules and techniques could be discussed and finally the exceptions to the main provisions. It was also stated by these members that the future multilateral framework should be based on non-discrimination and equal treatment, the principal device being the unconditional application of the most-favoured-nation principle. Due account should be taken of the differences in the levels of economic development, provided these differences reflected objective and economic criteria.

17. One member representing a group of countries said that in the course of this year the GNS should try to lay the conceptual foundations for agreement on the services framework. His authorities sought agreement on a basis of consensus and were ready to adapt their conceptual approach to take account of the interests of others. Services were different from goods and therefore trade in services was different from that in goods. This meant that trade rules for services would also have to be different and would have to respect the specificity of services and be appropriate to that trade. The widest possible range of internationally tradeable services should be covered. The definition of trade in services would have an impact on the rules to be

0076

agreed. The concept of liberalization was concerned with the removal of protection so as to expand trade progressively. But not all perceived barriers to trade in services could be subject to liberalization since regulations were usually the expression of national policy objectives. It would be necessary to agree on a distinction between appropriate and inappropriate regulations.

18. This member further stated that since different services sectors had their own characteristics, an agreement, in order to be satisfactory, would have to take account of these sectoral specificities. There would have to be a standstill on inappropriate regulations. This would also ensure that participants would not take measures designed to improve their negotiating positions during the negotiations. There should be a provision similar to Article XXIV of the General Agreement, allowing trade in services within a customs union to be liberalized more fully and at a faster pace than trade between a customs union and third countries. There should be no quantitative link between progress in the GNS and progress in other areas of the Uruguay Round. However the results of the negotiations would have to be examined together, giving full force to the concept of a single political undertaking. A negotiating plan for the GNS for the entire negotiating process should be discussed at the end of 1987.

19. In his statement, which was circulated in document MTN.GNS/W/3, one member stressed in particular that, since the Ministers had established two legally distinct negotiating processes, the premise of trade-offs between the area of goods and that of services had been excluded from the outset. The multilateral approach for dealing with trade in services was more appropriate than bilateral or plurilateral solutions. The negotiations should attempt in good faith to find solutions which by definition must be compatible with national sovereignty. Developed countries had extensively and intently regulated, by national legislation, all services sectors, in the traditional as well as in the new technologically advanced areas. National regulations in developing countries covered almost exclusively the traditional services sectors. The correction of this fundamental asymmetry could only occur either as a result of the extension by less-developed countries of the current coverage of their national regulations to the extent of those of developed countries or by decision of the latter to proceed, unilaterally or among themselves, to the dismantling of their own regulations. It would be extremely difficult to conceive of the notion of a standstill commitment in the area of services. The letter and the spirit of Part II of the Ministerial Declaration pointed necessarily in the direction of equitable solutions, capable of correcting the basic quantitative and qualitative absence of symmetry existing in trade in services between developing and developed countries. Since states were the only actors in these negotiations and as such the ultimate beneficiaries of the results of these multilateral efforts, respect for the policy objectives of national laws and regulations were given a central status in the Ministerial Decision as the frame of reference within which the attempt to develop multilateral rules in trade in services should be confined.

20. He commented also on the lack of generally accepted definitions of services and of adequate statistical information, furthermore on the question of the applicability of existing theoretical principles such as the notions of comparative advantage, national treatment and right of establishment, and on conceptual difficulties such as the need to differentiate between the notions of trade and of investment activities. He said also that a logical sequence for the negotiating process would be the establishment of a factual

0077

basis, presentations by relevant international organizations, discussions of techniques and modalities of negotiations, the presentation of proposals, the definition of a common negotiating approach, and finally negotiations to establish agreed texts. Any agreement should be based on consensus in respect of the technique of negotiations and the mechanism for the adoption of decisions. Although the Uruguay Round was a single political undertaking comprising two legally independent negotiating processes, one on goods within GATT and the other on services outside GATT, certain basic principles embodied in the General Agreement might possibly be applied to trade in services, e.g. unconditional most-favoured-nation treatment. Development of developing countries should be an integral part of any future set of rules in this area.

21. In his statement circulated in document MTN.GNS/W/4, another member stressed in particular the distinction made in the Ministerial Declaration between the negotiations on trade in goods and the negotiations on trade in services, the one being GATT negotiations and the other being negotiations conducted on the basis of the Ministerial Declaration of Punta del Este. He said also that the mandate for the negotiations on trade in services did not make any a priori assumption that the rules and principles governing trade in goods were relevant to trade in services. Ministers had also left out any reference to standstill and progressive liberalization had been mentioned only as one of the conditions for expansion of trade. In his view, to start with an inventory of national laws and regulations, which were perceived as obstacles to trade in services, was not consistent with the mandate. Attempts to question the legitimacy of national regulations were not appropriate in terms of the agreed decision. Much confusion could be avoided if negotiations could be confined to international trade in services, i.e. trade in services taking place across national frontiers, and if the concept of trade in services was not stretched to cover operations involving investment, production or distribution of services within national borders. It was necessary to agree on a commonly accepted definition of trade in services and on a list of services sectors in order to have an idea about the possible overall balance of advantages that would emerge from the expansion of trade in services.

22. This member further stated that trade in services should encompass free access of skilled and unskilled workers from the developing countries. All labour and labour-intensive services which could be traded across the borders would have to be incorporated in the list of sectors. A general approach based on liberalization per se would not be consistent with the needs of development which should remain the general objective. Existing international disciplines and arrangements on services should be examined to see whether and how far services sectors covered by them needed to be incorporated in a new multilateral framework or a sectoral discipline. These instruments might also provide alternative approaches or models appropriate to the mandate. He suggested furthermore that a framework on trade in services should cover also restrictive business practices.

Elements Listed in the Programme for the Initial Phase of the Negotiations

23. On definitional issues it was pointed out that the main problem was the lack of accepted criteria to define or classify services. This was a source of misunderstanding and misconception. It was also stated that to devise general principles and rules applicable to services without knowing to what economic activities they would apply was either a meaningless exercise or was

0073

bound to affect the implementation, interpretation and the validity of these principles and rules. A unifying concept was needed to describe services and to separate services from goods.

24. It was also said that the question of definition of trade in services would be central to the impact of an agreement on the world services economy. While it could be agreed that the concept should not be stretched to include all aspects of services transactions, a definition would nonetheless have to be sought which reflected the reality of the services economy and the objectives agreed in Part II of the Ministerial Declaration. An important issue was the identification of the various types of services transactions. For example some services, characterized as pure cross-frontier trade, could be wholly produced in one country and consumed by residents of another. Some services were partly produced in one country but also partly, during the temporary presence of an employee of the producer, in the consumer's country. Some services were essentially produced within the central organisations of a producer in one country but contact with the consumer took place through some form of permanent commercial presence of the producer in the consumer's country. The ability to produce a particular service could be sold to the resident of another country through a licensing or franchising agreement.

25. Reference was made to international services transactions which would cover cross-border transactions of information, data, voice, and images, contractual agreements for the transmission of intellectual property, technology and other services and, the movement of consumers and producers. Another suggestion was that internationally traded services could be classified on the basis of production (e.g. low or high input of capital and qualified labour services), or consumption (e.g. complementary, new or old services). A number of concrete examples of consumption of services and trade in services, were given in order to show that there were two distinct features in trade in services, namely that the product could not be stored and that the question of the right of establishment arose only where the agent could not be separated from the production of the service itself.

26. On statistical issues, it was stated by some members that there existed a close link between the problems of definitions and statistics since in their view statistical data would have to be related to the definitions adopted. Some other members were of the opinion that the negotiation of a multilateral framework was separate from the development of an appropriate statistical base for trade in services. It was suggested that some similarities existed with the situations prevailing at the time when the Havana Charter was negotiated. By analogy with these negotiations on trade in goods, it would not seem a necessary precondition for negotiations on trade in services to have available definitions and statistics in services. This view was disputed by some members; according to them, there was a clear need for a definition of services. They considered it difficult to proceed in specific areas of the negotiations unless the GNS had a better picture of the services sectors and of trade in services.

27. It was generally noted that statistical data concerning international transactions in services were inadequate, due to the fact that they were conceptually imprecise, highly aggregated and misleading in international comparisons. Among the problems faced in data collection were the coverage of transactions, the method of collection, the classification of certain services activities and confidentiality requirements. It was pointed out that in order to assess the magnitude of services on a global scale, there was need for improved international co-operation in the area of statistics.

0079

28. It was proposed that the Chairman of the GNS with the assistance of the GATT secretariat, should consult with the relevant international organizations and seek information on the main problems in statistical data gathering, on the sources of statistics available in their respective area of work, and on the availability of technical assistance to developing countries in this field. It was also proposed that developed countries submit to the GATT secretariat relevant information on compilation of statistics. The suggestion was also made that the GATT secretariat, in consultation with other agencies such as the IMF or UNCTAD, could develop a model technique for distinguishing and gathering statistical data on various sectors of trade in services. This technique would help countries in their data collection, particularly on specific sectors where exchange of concessions might be required subsequently. One member said that her national authorities were already allocating significant resources for the improvement of services statistics and that a policy of deliberate work sharing existed in this area. Her authorities were willing to provide technical assistance on a bilateral or plurilateral level on the condition that the needs of requesting developing countries be specifically identified.

29. On the element concerning the broad concepts on which principles and rules for trade in services, including possible disciplines for individual sectors, might be based, preliminary views were expressed with regard to matters such as transparency, national treatment, most-favoured-nation treatment (general or conditional), reciprocity, market access, regulations, public monopolies, safeguards, exceptions, secondary rights and obligations, consultation and dispute settlement, and treatment of developing countries. It was stated that the principles of most-favoured nation treatment, national treatment and transparency had been widely recognized as the cornerstones of the GATT and that it was worth trying to examine how far these principles could be applied also to services. National treatment was considered an essential principle to ensure equal and fair opportunities for competition and the expansion of trade in services. At the same time it was recognized that there might be legitimate national policy objectives which would justify exceptions to national treatment. One possible approach put forward for ensuring the expansion of trade in services was the negotiation of criteria for effective liberalization of existing regulations in services. Another view was that, among all the regulations having an effect on trade, only those having a distorting effect on foreign providers of services should be scrutinized. In liberalizing trade in services, due attention should be given to the need to derive economic benefits for developing countries. Further study and understanding of the effects of services on economic development was therefore desirable. It was also said that development of new high technologies would enable services industries to provide new and often inter-sectoral type of services, which would in turn bring about new types of trade in services. The future services framework should therefore be an evolutionary arrangement, with a built-in mandate for periodic renegotiations and procedures for amendments.

30. It was furthermore proposed that a concept of binding concessions should be developed to ensure that the concessions were protected. The dispute settlement concept should address the issue of nullification and impairment. The necessity of inclusion of an Article XXIV-type provision for trade in services was again stressed. It was also emphasized by various members that growth and development should be among the main principles to be covered in the agreement and that transfer of technology might be a practical way to narrow the gap in the level of development in some services sectors.

0080

31. It was also suggested that some negotiating partners might assume greater obligations than others. Such obligations should also take into account specific characteristics of negotiating parties, e.g. the problem of equivalence between obligations undertaken by unitary and federal states. It should be accepted that equivalent obligations should not be sought from unequal partners. It should also be agreed that the objectives of the negotiations were not to dismantle or deregulate national regulations, but rather to explore how national regulations impinged on trade and hampered its expansion. Such an examination should not question the legitimacy of national regulations which would remain a sovereign right. The aim would be to achieve a balance between the objectives behind national regulations and the objectives of liberalizing and expanding trade.

32. On the element of <u>coverage of the multilateral framework for trade in services</u>, views were expressed on the types of services, i.e. sectors, branches or activities which should be made subject to multilateral disciplines. The point was made that, although the final coverage would have to emerge from the negotiations, the GNS should address all tradeable services. It was also proposed by some members that delegations should be free to submit, at a preliminary stage, an illustrative list of sectors, sub-sectors and activities in services they wanted to be covered. This information could then be compiled by the secretariat and presented to the GNS. Other members considered that there was a logical sequence in the programme for the initial phase of negotiations and they thought that agreement on coverage would have to await an agreement on definition. In their view, the question of coverage should be examined in the light of the basic objectives, in particular the development objectives. In this context they considered that labour services and labour-intensive services should be covered.

33. No specific views were expressed on the element dealing with <u>existing international disciplines and arrangements</u>.

34. Concerning the element dealing with <u>measures and practices contributing to or limiting the expansion of trade in services, including specifically any barriers perceived by individual participants, to which the conditions of transparency and progressive liberalization</u> might be applicable, it was stated by some members that an inventory of various practices and measures including perceived barriers would lead to increased transparency and serve the purpose of conveying a better understanding of trade in services as well as the problems encountered in that process. The inventory would complement the analysis of two issues, namely the motivations and policy objectives behind regulations and measures having trade inhibiting effects, and the impact of such regulations and measures on trade and economic development.

35. Other members thought that the effects of regulations on trade in services could be assessed only once trade in services had been defined. The notion of measures and practices did not imply a value judgement on their character, in particular as to whether they could be considered restrictive or not. A distinction should be made between measures by sovereign states and practices by transnational corporations and other market operators. The latter were often responsible for restrictive business practices in trade in services.

36. In his concluding observations, the Chairman noted that, following a Brazilian proposal, there was agreement that he would consult informally, with the assistance of the GATT secretariat, with the relevant international

0081

organizations, with respect to (1) sources of statistics available in their respective area of work, (2) the main problems in statistics, and (3) the availability of technical assistance to developing countries in this field. He would report its findings to the next meeting of the GNS. In addition, referring to a Mexican proposal, he suggested that communication by developed countries to the GATT secretariat of relevant information on statistics would be welcome.

37. On the issue of observer status requested by a number of international and regional organizations, the Chairman said that he had carried out informal consultations which had suggested that some more time was needed before the Group could come to an agreed view on the matter. Accordingly, he proposed that the GNS revert to this matter at a future meeting in the light of further consultations. He hoped that the GNS could also decide at an early date on the question of technical support from other organizations.

38. On the question of the schedule of meetings, he had held a series of informal consultations which had permitted the identification of a number of factors to be taken into consideration in dealing with this matter. In the light of these consultations, it seemed that, for the time being the GNS was only in a position to agree on the date for the next meeting. It was agreed that the meeting be held on 8, 9 and 10 April 1987. At that meeting the Group would also consider the question of establishing a calendar of meetings for the whole of 1987.

0082

1. 서비스무역규제에 대한 Inventory작성계획(경제기획원 대외경제조정실, 1987.07.)

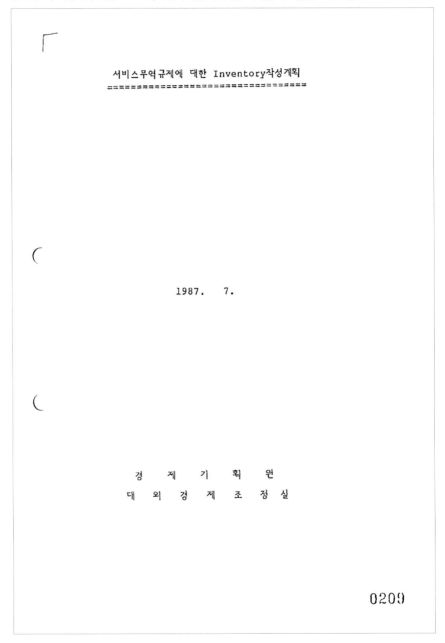

서비스무역 규제에 대한 Inventory작성계획
==

1987. 7.

경 제 기 획 원
대 외 경 제 조 정 실

0209

목   차
=====================

0210

1. 서비스협상 진행현황

- GNS 회의는 그간 3차까지 개최되었으며 서비스의 정의와 통계문제, 서비스
  규범의 기초개념, 규범의 포괄범위, 현존하는 서비스국제규범, 서비스에
  관한 규제 및 관행에 관하여 논의하였음.

- 서비스무역자유화 및 다자간 규범제정에 대하여 선진국과 개도국은 각료
  선언의 해석에서부터 협상계획에 이르기까지 현저한 시각의 차이를 노정
  하여 협상의 실질적인 토의에까지는   미치지 못하였음.

  0 미국, 일본, EC등 선진국은 서비스무역자유화가 향후 세계무역의 확대와
    경제발전에 기여한다는 논미하에 이를위한 다자간 규범제정에 촛점을
    두고 실질적인 협상촉진을 강조하는 반면, 브라질. 인도등 대부분의
    개도국은 서비스무역의 정의, 통계 및 경제발전측면과의 연관성등이
    충분히 논의된뒤에 규범제정여부를 고려할수 있다는 입장이며, 협상과정
    에서 개도국우대와 폭넓은 국별규제의 인정등을 강력히 요망함.

- 이러한 선.개도국의 첨예한 의견대립중에서도 통계문제에 대한 Working
  Party 구성결정, Transparency 등 기초개념에 대한 토의 및 서비스
  무역규제장벽에 관한 Inventory 의 제출등 일부분야에 있어서는 실질
  적인 진전이 있었던것으로 평가됨.

2. 서비스무역규제 장벽에 대한 Inventory

   1) 논의경위

     - GNS 2차회의 ('87.4.8-4.10) 에서 일본은 서비스고역에 관한
       조치 및 관행에 대한 종합적인 목록을 작성하여 공통분모를 추출,
       이를 바탕으로 기본원칙을 도출하는 접근방법이 바람직할 것이라고
       전제하고 이를위해 i) 각국이 장애로인식하고있는 타국의 관련조치 및
       규범을 사무국에 자발적으로 통보하고 ii) 사무국이 이를 형태별로

0211

분류한뒤 iii) 이를 기초로 다자간 서비스규범에 적용할수 있는
원칙과 규정을 검토할것을 제의함.

- 이에대해 인도, 브라질은 서비스를 규율하는 기존 국내, 국제적인
  규범자체가 서비스교역에 대한 장벽으로 해석되어서는 안되며, 특정
  조치가 서비스교역에 대한 장벽인지 여부판정을 위해서는 서비스개념
  의 확정이 전제되어야 한다며 다국적기업의 제한적영업관행 (RBP)
  등 활동은 정부의 조치와함께 검토의 대상이 되어야함을 지적함.

- GNS 3차회의 ('87.6.29-7.3) 에서 카나다는 자국이 조사한 각국의
  서비스무역장벽 예비리스트를 제시하였으며, 미국. EC. 일본. 호주등
  은 서비스협상작업이 서비스 무역장벽분석에서 출발해야 한다고 주장
  하고 자국들도 제출예정임을 밝힘 (미국은 87년말 제출예정).

- 인도는 Inventory 작성대상 서비스범위에 의문을 제기하고 어떤원칙도
  없이 각국이 Inventory 를 제출할경우 혼란만 초래할 것이므로 어떤
  서비스산업과 활동을 대상으로 할것인지등 방법론을 차기회의에서 토의
  하고 Inventory 작성에 착수할것을 주장하였으며 일본은 87년말까지
  모든 국가의 Inventory 제출을 촉구함.

2) 카나다의 Inventory

- 카나다는 최초로, 그리고 현재까지 유일하게 서비스무역 장벽에 관한
  Inventory 를 제출함 (동 Inventory 는 당원이 협삼일 10502-
  263 (87.7.10) "GNS 3차회의 참석보고서" 의 첨부자료로 기송부)

- 카나다는 국가, 해당산업 Code, 장벽의 유형, 구체적인 내용을 중요
  요소 (Key Elements) 로한 컴퓨터프로그램을 개발하여 응용하였음.
  동 Inventory 에서 장벽의 유형은 Raymond J. Krommenacker
  의 분류기준을 다소 변형하여 사용하였으며 해당산업의 Code롸는
  카나다정부의 표존산업, 서비스산업의 분류 Manual 을 기존으로하였음.

0212

- 카나다는 서비스장벽의 유형을 16가지로 분류하였는바 주요내용은
  노동력이동, 외환통제, 정부개입 (덤핑, 독점, 정부구매, 보조금등),
  국내공급요건, 가격통제, 수량규제, 부과금, 기술장벽등임.

  카나다의 Inventory 에서 아국은 외환통제, 정부보조금지급, 국내
  공급요건에서 서비스장벽이 있음을 지적하고 있음.
  0 외환통제: 5,000불이상 해외송금시 제한 (전산업)
  0 정부보조금지급: 계약임찰에 있어 정부보증, 금융등 국내기업에
                          대한 특혜 (건설)
  0 국내공급요건: 아국무역의 상당량을 아국선박이 온송하도록
                          Reserve (해운)

3. 아국의 Inventory 작성계획

   1) Inventory 작성의 필요성

   - 현재의 서비스협상 추이로 불때 금후 동협상은 각국이 제출한 Inven-
     tory 를 토대로 진행될 전망이며, 특히 개도국이 협상을 지연시키려는
     의도로 전략적으로 이용하는 정의나 포괄범위 문제등 개념적인 문제들이
     Inventory 를 통하여 실증적으로 해결될 가능성이 있기때문에
     Inventory 의 제출이 완료되면 협상의 속도가 가속화될 전망임.

   - 서비스협상의 초기단계에서부터 적극참여해온 아국은 향후 협상에서의
     협상력제고와 협상이 본격화될경우 아국 서비스산업의 대외진출을 촉진
     하기위한 각국장벽의 완화내지 철폐를 주장해야할 것이므로 Inventory
     의 작성이 필요함.

0213

2) 서비스무역 장벽의 유형 (Measures & Practices Limiting the
   Expansion of Trade in Services)

- 타국진출시의 서비스무역 장벽의 유형은 Raymond J. Krommenacker
  의 분류기준 (그의 저서 "World-Traded Services: the
  Challenge for the Eighties" 중 Chapter 5. "A System
  for Classifying Restrictive Measures" 참조) 을 참고하여 아국
  실정에 맞게 수정, 다음과 같이 유형화하고, 이에 타국서비스가 아국시장에
  진출하여 불공정한 영업관행이나 조치를 취하는 것을 포함토록 하였음.

- 서비스무역 규제의 유형
  (1) 아국서비스의 타국진출시 제한적조치 및 관행
      0 설립권 및 시장접근상 제한 (Right of Establishment and
        Limitation of Market Access)
      0 수량제한등 수입 제한
        (Import Restrictions)
      0 외환통제 (Exchange Controls)
      0 노동력이동규제 (Barriers to Movement of Labor)
      0 국내가격통제 (Measures for Regulating Domestic Prices)
      0 정부보조금 (Government Subsidies)
      0 정부구매 (Government Procurement)
      0 정부독점 (Government Monopoly)
      0 정부에 의해 용인되는 제한적관행 (Restrictive Practices
        Tolerated by Government)
      0 국경통과에 있어 절차적규제 (Customs and Administrative
        Entry Process)
      0 기술장벽 (Technical Barriers)
      0 제세 및 기타부담금 (Taxes and Other Charges)

0214

O 국내공급요건 (Local Supply Requirement)

O 지적소유권의 미흡한 보호 (Lack of Protection for
   Intellectual Property)

O 기타 (Miscellaneous)

(2) 외국서비스의 아국시장에서의 제한적조치 및 관행

　O 다국적기업의 제한적 영업관행 (Restrictive Business
    Practices of Transnational Cooperations)

　O 기타 (Miscellaneous)

- 규제유형별 구체내용 예시

유　　형	내　　용 (예시)
(1) 아국서비스의 타국진출시 제한적조치및 관행 - 설립권 및 시장접근상의 제한	O 서비스수입에 대한 제한 및 금지 O 기업설립에 대한 규제 O 설립된 기업의 영업범위 제한 (카다로온 요건부과 등으로 사실상 영업이 불가능하거나 제한을 받는 분야 포함) O 전문직서비스에 있어서의 자격취득기회의 원천적 봉쇄 (국내대학졸업자만 변호사자격시험 응시가능 등) 등
- 수량제한등 수입제한	O 수입허가제도 O 각종 쿼타할당 O 단체.협회등에 의한 수입추천제도

0215

유 형	내 용 (예시)
- 외환통제	O 투자수익등에 대한 송금제한등 각종 외환상 규제 O 로얄티지불제한, 외국여행제한 (외환매입한도설정, 여행세등) 등
- 노동력이동 규제	O 전문적 자격소지, 취업승인등을 이유로한 제한 O Visa 발급제한, 국내거주자고용의무, 노동허가등 노동력이동에 대한 각종규제 (특히 Blue-Collar 노동자의 일시적체류 제한)
- 국내가격통제 (정부덤핑 포함)	O 서비스공급가격의 인위적인 통제 O 국내공급서비스에 대한 비합리적인 할인, 환불등으로 외국서비스업체에 대한 실질적 활동규제등
- 정부보조금	O 수출 또는 국내 서비스산업에 대한 정부의 직.간접 보조 O 보조금성격의 각종 세금감면 및 환불, 유리한 금융지원등
- 정부구매	O 정부 또는 공기업의 차별적인 구매관행 등
- 정부독점	O 정부 또는 공기업의 실질적 독점 또는 독점적인 거래, 영업관행
- 정부에 의해 용인되는 제한적관행	O 정부기관아닌 사기업 또는 단체등이 행하는 제한적 관행으로인해 외국서비스기업이 차별적대우를 받는 경우 O 국내기업간의 담합등에 의한 제한적영업관행
- 국경통과에 있어 절차적규제	O 통관상 복잡 또는 차별적인 행정절차등

0216

유 형	내 용 (예시)
- 기술장벽	0 명료하거나 통일적이지 않은 기준, 시험등 기술적 규제
	0 차별적이거나 지나치게 엄격한 기술적규제등
- 제세 및 기타부담금	0 외국서비스에 대한 차별적과세
	0 기타 각종부담금 부과 등
- 국내공급요건	0 국산서비스 이용의 강제 및 외국서비스 이용에 대한 규제
- 지적소유권의 미흡한 보호	0 물질특허 불인정
	0 저작권, 소프트웨어의 미흡한 보호
	0 보호기간의 단기, 강제실시권 남용등
- 기 타	
(2) 외국서비스의 아국시장에서의 제한적조치 및 관행	
- 다국적기업의 제한적영업 관행 (Restrictive Business Practices)	0 국내시장지배를 목적으로한 불공정한 덤핑, 담합 및 차별적인 영업관행의 실시
	0 기술대여등에 있어서의 현저한 지위 남용
- 기 타	

3) 해당산업의 범위

- 해당산업의 범위는 서비스의 정의, 포괄범위와 관계되나 Inventory 작성에 있어서는 일단 최광의의 모든 서비스산업을 대상으로하기로 하며 한국표준산업분류상 소분류항목 (3자릿숫자항목) 을 기준으로 하기로함.

- 작성대상 산업은 참고자료 1참조

0217

4) 작성방법

- 작성기관: 서비스실무소위에 포함된 각부처에서 소관분야에 대한
  Inventory 를 국별로 작성함 (경제기획원, 외무부, 재무부, 상공부,
  노동부, 건설부, 교통부, 체신부, 문공부, 과기처, 해운항만청)
  0 광범위한 Inventory 의 수집을 위해 각부처에서는 유관단체를
     적극활용토록함 (유관단체 예시별첨)
  0 해외주재관이 있는 부처에서는 동주재관을 적극활용하여 주재국의
     규제현황을 조사토록함.

- 작성범위: 참고자료 1에서 예시된 전서비스업종과 세계의 모든나라를
  대상으로 하는 조사는 현실적으로 불가능할 것인바, 각부처는 중요
  하다고 판단되는 대상업종 및 국가를 대상으로 본작업을 진행함.
  0 대상분야: 아국의 서비스산업중 현재 및 향후에 있어서 진출이
              유망시되는 업종
  0 대상국가: 업종에 따라 아국서비스산업이 실제로 진출가능 또는
              진출이 유망시되는 국가를 선별함 (예: 건설업의
              경우 북미, 중동, 일본시장)

- 소정양식에 의거 관계부처에서는   주재관, 유관단체 조사분까지
  포함하여 9.30까지 취합하여, 경제기획원에 제출토록하며, 경제기획원
  은 동 자료를 종합.정리한뒤 10월중 UR 서비스실무소위를 개최하여
  GATT 사무국에 제출할 아국의 Inventory 를 확정하기로 함.

- 작성양식 및 작성례

0218

국별서비스 무역규제 현황

국 별	규제유형1)	대상업종2)	구체적규제내용	비 고
X 국	외환통제	511. 건물건설업 612. 섬유.의류 　　　제조업	- 투자수익 5천불 　이상 송금시 　재무성승인요	

주. 1) 앞에서 예시한 규제의 종류를 기입하며 자세한 내용은 우항의
　　　　"구체적규제내용" 에 기재
　　　2) 한국표준산업분류상 소분류항목의 숫자 (3자리) 와 업종을 기재

0219

(참고자료 1)

Inventory 작성대상 서비스산업[1]
================================

1. 농업, 수렵업, 임업 및 어업 (Agriculture, Hunting, Forestry and Fishing)

    112   농업서비스

    123   임업서비스

    132   어업서비스

2. 광업 (Mining)

    202   광업서비스

5. 건설업 (Construction)

    511   건물건설업

    512   토목건설업

    521   배관 및 연관공사

    522   실내장식공사

    523   전기.통신공사

    524   미장공사

    525   목공사업

    526   지붕공사

    527   철골공사

    528   정지.해체공사

주. 1) 경제기획원, "한국표준산업분류" 에서 발췌

0220

6. 도소매, 음식, 숙박업 (Wholesale & Ratail Trade and
   Restaurants and Hotels)

611	농산물, 음식료품도매업
612	섬유, 의류도매업
613	의약품, 화학제품
614	기계, 장비
615	철물, 가정용품
616	건축재료
617	금속, 광물
618	온수장비
619	기타도매
621	음식료품, 담배
622	섬유, 의복, 신발, 의복악세사리
623	가구, 철물, 가정용품
624	약, 화장품, 화공악품
625	장신구 및 시계
626	종이, 인쇄물, 문구
627	개인온수장비, 주유소
628	가정연료
629	기타 (백화점, 슈퍼마켓등 종합소매업포함)
631	음 식
632	주 점

0221

```
633      다과점
641      호텔
642      여관.모텔
643      기타 숙박업


7. 운수, 창고, 통신업 (Transport, Storage and Communication)
711      철도운수
712      여객도로운수
713      화물도로운수
714      기타 육상운수 및 관련서비스
715      수상운수
716      수상운수 관련서비스
717      항공운수
718      항공운수 관련서비스
719      기타운수 (운수부대, 파이프라인 포함)
721      냉장창고
722      기타창고
731      우편업
732      전신전화업


8. 금융, 보험, 부동산업, 기업서비스
811      통화금융업
812      비통화금융업
813      금융서비스
821      생명보험
822      손해보험
823      기타보험
```

0222

831   부동산관리, 임대업

832   부동산개발업

833   기타 부동산업

841   법무서비스

842   회계서비스

843   사무관련서비스

844   건축관련서비스

845   공학관련서비스

846   시추, 탐사서비스

847   조사, 정보서비스

848   광산업

849   기타 기업서비스 (사업경영상담, 경호업, 연예대리등 포함)

851   가정용품임대업

852   기계, 장비임대업

853   사무용기기

854   기타 임대업 (오락장비 임대업)

9. 사회 및 개인서비스 (Social and Personal Services)

910   위생서비스

920   교육서비스

921   초등교육

922   중등교육

923   대학교육

924   기타 교육

925   학술연구기관

931   병원

0223

932   의원 및 유사의료시설

933   수의업

934   사회복지기구

939   기타 사회서비스업

941   영화제작업

942   영화배급업

943   연극, 공연업

944   라디오 방송업

945   TV 방송업

946   도서관, 박물관, 식물원, 동물원   O

947   운동장 설비운영업

948   유기장설비운영업

949   기타 오락, 문화예술서비스 (공원, 해수욕장, 유원지포함)

951   개인, 가사용품수선업

952   가정용기계기구 수선업

953   자동차 수선업

954   시계, 장신구수선업

955   세탁, 염색업

956   이미용업   O

957   사진촬영업

958   기타

           (장의사, 예식장, 옥탕, 결혼상담소, 자전거, 수선, 악기수선)

0224

(참고자료 2)

서비스분야별 유관단체 (예시)
===============================

분 야	단 체 명
금융·증권	한국은행, 산업은행, 전국은행연합회, 대한증권업협회
보 험	생명보험협회, 대한손해보험협회, 한국화재보험협회, 한국보험공사, 한국보험계리인회
건설 및 엔지니어링	해외건설협회, 대한건설협회, 대한건축사협회, 한국기술용역협회, 한국건설기술연구원
항 공	한국항공화물협회(사), 교통개발연구원, 대한항공 한국여객대리점협회
해 운	한국선주협회, 한국해운기술원, 한국국제복합운송협회, 한국항만대리점협회, 한국항만하역협회, 한국해운조합
정보·통신	한국데이타통신, 정보통신진흥협회
법 률	대한변호사협회, 대한사법서사협회
회 계	한국공인회계사회
영 화	한국영화업협동조합, 영화진흥공사, 전국극장연합회, 공연윤리위원회
관 광	한국관광공사, 관광협회, 교통개발연구원, 관광산업연구원
광 고	광고업협회, 한국광고협의회, 한국방송광고공사, 한국신문광고협회
유통업	백화점협회, 수퍼체인협회, 한국시장협의회, 상공회의소

0225

〈참고자표 3〉

서비스무역에 대한 규제의 유형1)

유 형	주 대 상 업 종	사 례2)	비 고
1. 정부개입			
1) 정부보조금	건설, 엔지니어링, Consultancy서비스, Telematics, 영화, 해운, 보험	- 정부직접보조, 세관특혜, 용인된 금융조립	- 관광, Professional서비스3) 자유화에의 및 Leasing, Franchising, 숙박업을 신각한 문제를 야기하지 않음.
2) 정부담방	건설, 엔지니어링, Consultancy서비스, 보험, 해운	- 차항권독점에 의한 초과이윤	
3) 정부구매	Telematics	- 수출, 수입시 국적선이용 (항공, 해운), 국내보항사	
		- 차별적인 정부구매관행	
4) 정부에 의한 용인되는 재판관할	보험, 광고, Franchising, 숙박업(호텔, 모텔), Telematics, 항공	- 국내에서 Date Processing Functions 를 맡길 책임이라는 Requirement, 국제간 Date 유항에 대한 규제, 외국 Date Facilities 이용에 대한 규제등	
5) 정부독점	보험, 재보험	- 정부독점이나 차별적인 독점관행	
		- 국내시장에서 민간 또는 정부통제기업 회사에 대한 내부적 재보험가레의 강제적용도	

주: 1) Raymond, J. Krommenacker, "World-Traded Services" PP. 79-91의 내용을 종합정리한 것임.
　　2) 동사례가 국제유통을 모두 방해한다고 볼수는 없겠으나 가장 대표적인 유형이빈 방수 있겠음.
　　3) Professional 서비스에는 회계, 법률, 건강상담, 경영상담, Modeling 등이 있음.

유 형	주 대 상 업 종	사 례	비 고
2. 관세, 통관(입국) 예외의 행정절차	건설, 엔지니어링, Consultancy 서비스 Telematics 광고	- 통관(입국)시에 있어 행정절차상 문제제기 - Hardware 의 대한 각종의 관세 - Hardware 와 Software간, Computer와 Data Processing 서비스간의 판세별가성 차별	- 보험, 재보험, 항공, 해운, 은행, Professional 서비스, 관광, 자동차데이타, Franchising, 숙박업은 심각한 문제를 야기하지 않음
3. 기술장비	건설, 엔지니어링, Consultancy 서비스 Telematics 항공, 해상운송 Franchising	- 명료성이나 통일성의 부족이나 지나친 엄격성을 초래하는 차별적인 기술표준체계, 기준, 사양 - 차별적기준, 양립불가능한 (Compatible) Telematics 장비의 사용강제 - 특정 Containers 의 대한 구체적인 규격강제 - 환경제기준 (Environmental Standards) 의 일관 외국선박, 항공기 이용의 규제 - 기술적규격, 기준, 검정(Certification) 제도, 또는 외국사에 대해 차별적으로 적용되는 관련절차	- 보험, 재보험, 항공, 관광, 광고, 자동차데이타, 숙박업은 심각한 문제를 야기하지 않음.
4. 부담금 (Charges)	건설, 엔지니어링, Consultancy 서비스 보험, 재보험 항공 영화, 광고, 숙박업	- 외국회사나 수입상품, 서비스에 대한 차별적 Charges - 외국보험인수에 대한 차별과세 - 국적에 따른 User Charges - 차별적 과세	- Telematics, 핵운, Franchising, 은행, 자동차데이타, Pro- fessional 서비스는 심각한 문제를 야기하지 않음.

0227

유 형	주 대 상 업 종	사 례	비 고
5. 구체적인 수렴			
제안, 내용상계안	건설, 엔지니어링, Consultancy서비스, 재보험, 은행, Professional서비스	- 모든 서비스부문이 엔터링	- 모든 서비스부문이 엔터링
1) 섭외권, 시장 접근성 제안			- 방송, 해운, 영화, 관광은 드문제
2) 수렴계안, 수입 또는 수준아가	건설, 엔지니어링, Consultancy서비스, Franchising, 숙박업	- 꾸러빙업, Licensing	없음
3) Screen-time 위비	영화	- 차별적인 통계 및 중급계안	
4) 의뢰용역, 중급, 기타 금융계안	자동차역 및 Leasing, 건설, 엔지니어링, Consultancy서비스, 영화, Franchising, 금융	- 외국사의 Financial Consultation, Portfolio Management 제공에 대한 규제 - 신용카드, 국제간 Bank Checks, L/C에 대한 제약이나 제한철규지 - 예금관주 (Solicitation) 에 대한 공거나 제안 - 정부예금 유치에 대한 규제 - 수출금융용에 대한 보조금 혜택 금지 - 중앙은행 재할인금지, 계약 - 은행자산계산방법에 위한 외국은행의 대출한도제한	

0228

유형	주 대 상 업 종	사 례	비 고
5) 국내가용제	해운 항공 관광	- 재입하거나 차별적인 자본이나 준비금 요구 - 외환거래에 위한 계약 - 이익송금의 제한 - Pooling Agreement, Cargo Agreement	
6) 노동이동	건설, 엔지니어링, Consultancy서비스, Telematics, 은행, Professional 서비스, 보험, 재보험, 증박	- 외국인 단계승객 수용에 대한 제한 - 단계여행객 유치제안 - 개별차제안이나 용증관행 - Visa, 전문자격, 취업승인, 건강상등을 이유로한 제한	
7) 지식소유권 보호의무	건설, 엔지니어링, Consultancy서비스, Telematics, Franchising	- 특허, 저작권보호의 미흡	

0229

2. GNS 협상 참고자료 송부(통, 1987.09.)

30553

기 안 용 지

분류기호 문서번호	통기20644-	(전화 :)	시행상 특별취급	
보존기간	영구·준영구. 10. 5. 3. 1.		장 관	
수 신 처 보존기간				
시행일자	1987·9·14·		대결	

보 조 기 관	차관		협 조 기 관		문 서 통 제	
	국장				1987.9 1 4 송세관	
	과장	전결				
기안책임자	김종훈				발 송 인	

경 유 수 신 참 조	주 제네바 대사	발신명의	반송 1987.9.14

제 목	GNS 협상 참고 자료 송부

　　　　GNS 협상 관련 참고자료를 별첨과 같이 송부하오니, 업무에 참고

하시기 바랍니다.

　　　첨부 : GNS 협상 참고 자료 (II) 1부. 끝.

0261

1505−25(2−1) 일(1)갑
85. 9. 9. 승인

190mm×268mm 인쇄용지 2급 60g /㎡
가 40−41 1985. 10. 29.

GNS 협상에서의 아국입장
=====================

1. 서비스 무역의 정의 (Definition) 문제

가. 서비스 "무역 (Trade)" 의 범위

- 선진국은 "무역" 을 "거래 (Transaction)" 개념으로 확대 이해하는
  입장인데 반해, 개도국은 상품에서와 같이 서비스 최종제품의 국경통과
  에 한정하여 협의로 정의하려는 입장임.

- 아국입장

  0 서비스가 상품과는 다른 특성을 가짐으로 해서 그 거래형태 또한
    상품거래와는 구분되는 특성을 가짐. 즉 상품무역과 같이 그 최종
    제품이 국경을 통과하여 무역이 이루어지는 경우는 소수에 불과하고,
    대부분의 서비스 거래는 공급자와 그수요자간의 직접적 접촉을 필요
    토 하여 생산요소의 이동이나 공급자의 현지주재 (Local Presence)
    를 통하여 이루어짐.

  0 따라서 서비스 "무역" 은 "거래"(Transaction)" 개념으로 파악
    하는 입장이 보다 합당

나. 설립권 (Right of Establishment) 문제

- 선진국: 설립권이 포함된 개념으로 서비스무역이 정의되어야 한다는
  입장

- 개도국: 강경개도국의 견해는 서비스무역이 그제품의 국경통과에 한정.
  따라서 설립권 개념은 배제되고 있음.

- 아국입장: 서비스무역의 특성을 고려, 원칙적으로 설립권은 인정되어야
  함. 그러나 개도국의 사정등을 감안하여 설립권은 상당히
  제한될 필요가 있음 (설립권의 제한적 수용)

0262

- 투자를 요하지 않는 일시적인 주재에 한정하여 설립권 개념을 인정토록 함.

다. 인력이동 문제

- 인력이동의 범위

  0 선진국은 상품무역에서와 같이 소수의 인력이 국경을 넘나드는 것만
    인정하려고 하나, 서비스산업의 특성 및 향후 서비스무역의 확대
    견지에서도 광범한 인력이동의 보장은 필요한 사항임.

  0 또한 노동력이동은 이민차원의 문제만이 아니고, 서비스의 경우
    무역상의 문제로도 인식될 수 있는 측면을 강하게 내포

  0 완전한 노동력의 이동이 현실적으로 합의 불가능함을 고려, 체재기간
    등 이동조건에 관해 협상가능

- 논의장소 (기구) 문제

  0 선진국: 이민차원의 노동력이동문제를 GATT와 같은 기구에서 다루는
            것은 부당

  0 아국입장

    . 현재까지의 인력이동이 이민차원에서 쌍무적으로 다뤄져 왔다는
      관행만으로 UR 또는 GATT가 동문제의 관할권이 없다는 주장은
      불합리

    . 인력이동문제는 순수한 이민차원의 문제라기 보다는 통상차원의
      문제성격도 강하게 보유

    . 따라서 난점이 많은 쌍무적 방법보다는 다자적 접근에 의해 더욱
      효과적으로 해결이 가능함.

0263

2. 서비스 통계문제

　가. 서비스통계와 GNS 협상과의 관련성문제

　　- 서비스 통계의 정비가 주요과제이기는 하나 반드시 GNS 협상의 전제
　　　요건이라고 할 수는 없음. 현재의 통계자료로써 정확하지는 않으나
　　　협상추진에 필요한 일반적인 상황은 파악 가능. 따라서 통계문제의
　　　정비가 타의제 논의의 선결요건이라는 강경개도국의 입장보다는 서비스
　　　규범작성에 관한 협상과 통계정비문제를 병행하여 추진하는 것이
　　　합리적 접근법이 될 것임.

　　* 아국으로서는 강경개도국과의 관계를 의식, 회의에서 이를 직접발언할
　　　필요는 없는 것으로 보임. 그러나 아국으로서는 GNS 협상진행에 큰
　　　애로를 느끼지 않을 정도로 국내적 통계정비에 노력하고 있음을 언명할
　　　수는 있음.

　나. 향후 통계의 정비 문제

　　- GNS 하에 설치키로 기합의된 Working Party 를 중심으로 협상에
　　　필요한 통계자료를 정비, 제공토록 함.

　　- Working Party 는 장.단기 작업과제를 분리하여 작업을 추진하는
　　　것이 효과적일 것임.
　　　0 단기과제: 현재 활용가능한 자료를 수집, GNS 에서의 협상에
　　　　　　　　　　필요한 양식으로 구성하여 제공토록 함. 동작업에서
　　　　　　　　　　현재 추진중인 Data Base 설치를 연계시켜 활용가능
　　　0 장기과제: 관련되는 국제 통계기구의 통계정비문제 및 각국의 국내
　　　　　　　　　　통계정비에 관련된 과제를 검토, 발전시킴.

0264

다. Working Party 의 작업 및 동작업에의 참여문제

- Working Party 는 IMF, UNSO, UNCTAD 등 서비스무역 국제
  통계기구와 협조체제를 구축하여 작업을 진행. 이경우에도 Working
  Party 와 각 기구는 독립적인 Identity 로 활동할 것임.

- Working Party 의 구성은 GATT 체약국 대표만으로 구성하는 방법과
  각 국제기구등에서 지원받는 Expert 와 혼합으로 구성하는 방법,
  Working Party 하에 Expert Group 을 별도로 설치하는 방법등이
  가능할 것임 (구체적 방법은 현지에서 파악, 대처토록 함)

- 동 작업반에 아국이 그 구성원으로 참여하는데는 아무런 문제점이 없음
  (현지에서 참여의사를 결정, 제의가능)

3. 서비스규범의 기초개념

- MFN 원칙

  O Conditional 혹은 Unconditional MFN 문제에 관해서는, 일반
    협정의 경우 가능한한 다수국가의 참여와 선.개도국간의 이해절충을
    위해서도 무조건적 (Unconditional) MFN 원칙이 적용되어야 할
    것임. 부문별협정의 경우, 서비스부문별특성, 참가국시장의 특성,
    국내정책목표등이 고려되어야 하며, 참가국 또한 전 GATT 체약국이
    참가한다고 기대할 수는 없으므로 조건부 (Conditional) MFN의
    적용 또한 고려될 수 있음.

  O 서비스무역의 경우, 상품과는 달리 대부분이 비관세장벽이기 때문에
    다소 수정된 MFN 원칙의 적용이 필요. 즉 현행 GATT 의 MFN 원칙
    은 입국.거주.영업등에는 그 효력이 미치지 못하고 있으나, 서비스
    무역의 경우 그 거래에 필수적인 동사항들에 대한 MFN 원칙의 확대
    적용이 고려될 필요가 있음.

0265

- 내국민대우 (National Treatment)

  ㅇ 상품무역에서와 마찬가지로 서비스무역의 자유화확대를 위해 필수
  불가결한 GATT 원칙으로서, 외국의 서비스 및 그 공급자에 대해
  동종의 국내서비스 및 그 공급자에게 제공하는 것과 동일한 대우를
  제공하여야 함.

  ㅇ 그러나 상품무역과는 달리 서비스무역은 다양한 형태를 취하고 있음.
  즉 상품과 같이 그최종제품이 국경을 통과하는 거래, 현지주재를
  통한 거래, 현지설립 (Establishment) 을 통한 거래등 다양한
  거래형태를 취하고 있기 때문에 각거래의 구체적상황에 적합하게
  동원칙이 신축적으로 적용될 수 있도록 규정될 필요가 있음.

- 공개주의 (Transparency) 원칙

  ㅇ 서비스무역에 관련되는 법규, 규제 및 관행은 공개적이고 모호하지
  않아야 (Open and Unambiguous) 함. 특히 서비스무역의
  장벽은 항용 비관세인 국내적규제 및 관행의 형태를 갖기 때문에
  동원칙의 적용은 더욱 필수적임. Transparency 의 내용으로서는
  각종 법규와 규제의 공표 (to make public) 및 협의 (Con-
  sultation) 절차의 보장이 될 수 있음.

  ㅇ 일부 선진국에서 주장하는 사전통고 (Advance Notice), 협의
  절차의 의무화, 역통고 (Cross-Notification) 등은 현재
  GATT 에서 요구하는 수준을 넘어 각국의 규제주권과도 관련되는
  문제로서 개도국의 반응 및 실현가능성등을 고려할때 비현실적인
  발상으로 보임.

- 국별규제의 적정화

  ㅇ 서비스산업은 유치산업보호, 국제수지방어, 문화적 또는 안보적고려
  등으로 해서 각국에서 가장 규제를 많이 받는 분야임. 따라서 서비스
  무역의 확대를 위해 각국의 국별규제가 적정한 수준으로 완화될 필요성
  이 있음.

0266

o 규제의 적정화 원칙으로서는 미국이 제시한 "최소무역제한효과 (Least Restrictive Regulations)"나 EC가 제시하는 "적정한 또는 납득할만한 (Appropriate or Acceptable) 규제개념등이 제시될 수 있으나, 그 정확한 내용 및 기존은 향후 발전시켜야 할 과제임.

o 또한 각국이 안보, 사회적목적, 경제적고려등 각국의 사정에 따라 비교적 폭넓게 규제를 실시할 수 있는 권한은 각국의 주권적권한으로 인정되어야 함.

- 시장접근 (Market Access) 의 보장

o 모든 국가는 원칙적으로 당사국의 주권문제와 충돌하지 않는한 공정하고 경쟁적인 기반위에서 외국기업이 자국시장에 서비스를 판매할 수 있는 장치를 제공해야 할 필요가 있음. 이는 세계서비스 무역 확대에 필수불가결한 전제조건임을 인정

o Market Access 개념은 일반적으로 외국서비스기업이 공정한 경쟁 조건하에서 서비스를 판매할 수 있는 권리 (Right to Sell) 를 의미하는바, 서비스 전달체계 (Distribution Network) 에의 접근권, 고유상표로써 판매할 수 있는 권리, 자격있는 인력 (Qualified Personnel) 에의 접근권 및 소비자에게 외국기업이 제공하는 서비스에 접근할 수 있는 권리를 부여하는 것등을 포함한 개념으로 해석하고 있음 (선진국)

o 그러나 동개념은 각국에서 서비스가 시장에서 거래되는 양태를 파악한후 서비스에 있어서의 시장접근개념이 더욱 분명히 규정될 수 있을 것이며, 특히 서비스산업이 취약한 개도국시장의 접근문제는 선진국 시장의 접근과는 다른 입장에서 규정될 필요가 있음 (국내유치산업 보호, 외환통제등)

o 설립권과 관련된 문제: 서비스 정의편 참조

0267

- 개도국 우대원칙

  O 서비스산업부문에서 개도국이 처한 비교열위를 감안하여 현행 GATT
  상 개도국에게 인정되는 광범위한 우대원칙이 서비스협정에도 적용
  되어야 함.

  O 구체적우대대상으로는 다자간협정의 적용시기, 경제개발 및 국제수지에
  따른 예외조치의 인정, 선진국의 개도국에 대한 비상호주의 적용 및
  개도국 관심분야의 적극적 반영등이 포함됨.

  O 서비스에 있어서 개도국은 상품에 있어서보다 더욱 경쟁열위에 있는
  현실을 감안, 기술.정보.전문지식등 개도국이 특히 취약한 부문을
  보완할 수 있는 방안이 강구되어야 함. 이는 선.개도국에게 정당한
  조건 또는 기회를 제공한다는 측면 및 상호 이익의 균점이라는 면에서
  도 필요함.

0268

4. 규범의 포괄범위 (Coverage)

　- 협상방법

　　ㅇ 미국등 선진국은 적극적으로 규범의 Coverage 문제의 검토를 제의
　　　하나, 강경개도국은 서비스 정의문제가 선결된 후에 동문제가 거론될
　　　수 있다는 소극적 입장임.

　　ㅇ 서비스협상에 긍정적으로 임하기로 한 아국으로서는 구태어 동문제
　　　논의를 지연시킬 필요는 없음.　따라서 미국의 제안, 즉 각국관심
　　　분야의 제출 및 검토에 동의함.

　　ㅇ 그러나 Coverage 문제는 서비스 정의문제와 불가분하게 관련되어
　　　있으므로, 정의문제와 Coverage 논의를 병행시켜 논의함이 효율적임.

　- 대상 서비스부문

　　ㅇ 다자간 규범이 포괄할 대상서비스 부문은 최종제품이 국경을 통과하는
　　　서비스뿐만 아니라 현지주재 (Local Persence) 에 의해 제공되는
　　　서비까지도 포함하는 것이 합리적임 (2 서비스 정의편 참조)

　　ㅇ 업종부문별로는 아국이 비교적 경쟁력을 가지고 있는 건설, 정비
　　　의료보조, 요식업, 이.미용업등 노동집약 서비스업이 포함되도록 함.

5. 현존하는 국제규범

　가. 향후 출현할 다자간 규범

　　- GNS 협상을 통해 향후 출현할 서비스무역에 관한 다자간 규범으로는,

　　　ㅇ 무역서비스 (Traded Services) 전반을 대상으로 하는 면 GATT
　　　　형식의 일반협정 (General Agreement) 과

　　　ㅇ 각 서비스부문별 협정 (Sectoral Agreement) 을 상정할 수 있으며,

　　- 부문별협정의 협상문제는 UR 기간중 완료될지, 아니면 별도의 후속협상을
　　　통해 계속될른지는 미지수이나,

0269

o 현재 다자간 규범이 기체결되어 있는 부문은 새로이 제정되는 일반
  협정과의 괴리를 보완하는 작업이,

o 미체결 부문은 새로운 규범의 설정작업이 진행될 수 있을 것으로 보임.

- 한편 동경라운드시 합의된 각종 MTN Code 중 서비스와 관련성이 있는
  Code 의 서비스 무역부문에의 확대적용 문제에 관한 협상도 가능할 것임.

나. 일반협정

- 서비스무역에 관한 일반협정은, 그 규율대상인 서비스 각부문의 잡다성
  및 이질성등으로 해서, 모든 서비스부문의 무역에 적용 가능한 일반원칙
  들을 규정하게 될 것임 (미국이 말하는 Umbrella of Principles
  토서의 역할)

- 즉, MFN, National Treatment, Market Access, Barriers
  의 완화 Transparency, 개도국우대, 분쟁해결등 현행 GATT 의
  주요원칙들 (Principles) 이 규정될 것으로 보임 (각원칙의 구체적
  내용은 서비스와 상품무역간의 차이를 고려, 다소 수정이 불가피할 것임)

다. 부문별 협정

- 현재 기체결된 부문별 협정은 서비스무역 확대를 위한 조장적 규범이기
  보다는, 규제적.기술적 Rules 체계토서의 성격이 강함. 따라서 무역
  확대촉진을 위한 MFN, National Treatment, Transparency
  등이 규정되어 있지 않은 협정들이 많음. 일반협정의 주요원칙과의
  Consistency 확보를 위해 동 협정들의 보완 작업이 필요할 것임.

- 국제적으로 더욱 통합되면서 그 중요성을 더해가는 금융.보험등의 부문
  에서는 아직 국제규범이 성립되어 있지 않은 바, 이러한 부문에는
  새로운 국제 규범의 설정이 기대될 수 있음.

0270

라. 새로운 규범과 기존규범과의 관계

- 새로이 탄생될 일반협정은 서비스무역 전반을 규제하는 기본규범으로서
  의 성격을 가질 것으로 보임. 따라서 동 일반협정은 기체결 또는 향후
  체결될 부문별 협정의 상위규범으로서의 성격을 갖도록 함.

- 그러나 상위규범으로서의 성격은 어디까지나 권고적, 유도적 의미에서
  임. 동 일반협정과 기존규범과는 보완적인 관계를 가짐. 즉, 일반
  협정의 내용이 곧 기존의 부문별 협정을 대체하는 것은 아니며, 또한
  이미 기형성되어 있는 부문별 국제기구 (IMO, IATA등) 는 독자적인
  Identity 로 활동 계속 후속 협상을 통해 기존규범은 일반 협정과의
  Consistency 확보를 위해 보완.수정될 필요가 있음.

6. 규제 및 관행

- 협상방법

  O 강경개도국이 중심이 된 논의지연보다는 선진국측에서 주장한 Inven-
    tory 제출을 통한 논의의 진행에 찬성

  O 그러나 대부분의 개도국이 조사능력의 부족으로 선진국시장에 있어서
    그들의 관심분야에 대한 자료를 수집.체계화하는데는 현실적으로 어려
    움이 많은 바, Inventory 제출 유무에 상관없이 이러한 개도국의
    관심을 포함시키거나 그들의 자료수집능력을 보완해 주는 방안의 강구가
    바람직함.

- 아국의 Inventory 작업

  O 현재 관련부처 및 기관의 도움을 얻어 동 Inventory 작성 작업을
    진행중. 그러나 개도국 일반의 취약점인 자료수집력의 부족등으로
    상당한 한계를 예상함.

0271

O 아국의 Inventory 는 아국이 비교적 경쟁력을 갖추고 있다고 판단
되는 분야 (즉 노동집약적 및 개인서비스업) 에 대한 선진국시장의
규제현황이 주요내용이 될 것임.

O 그러나 동 작업이 끝나고 Inventory 를 GNS 에 제출할지의 여부는
추후 결정될 사안임.

0272

MULTILATERAL TRAD■

NEGOTIATIONS

THE URUGUAY ROUND

_ESTRICTED

MTN.GNS/10
15 October 1987

Special Distribution

Group of Negotiations on Services

NOTE ON THE MEETING OF 15-17 SEPTEMBER 1987

1.   The Group of Negotiations on Services (GNS) held its ninth meeting on 15, 16 and 17 September 1987. In the absence of Ambassador F. Jaramillo, Mr. M.G. Mathur acted as Chairman for the meeting.

2.   As indicated in the airgram GATT/AIR/2454, the GNS discussed separately each of the five elements listed in the programme for the initial phase of negotiations (MTN.GNS/5). Regarding the attendance of international organizations, the Chairman indicated that the Trade Negotiations Committee at its meeting on 3 July 1987 had taken a decision in this respect and that he assumed therefore that the GNS would consider this issue settled.

Definitional and Statistical Issues

3.   The Chairman recalled that at the last meeting of the GNS, participants had a thorough discussion of statistical issues with representatives of the United Nations Statistical Office (UNSO), the United Nations Conference on Trade and Development (UNCTAD), the United Nations Center on Transnational Corporations (UNCTC) and the International Monetary Fund (IMF). The Chairman referred also to documents MTN.GNS/W/17 and Addendum 1 which contained questions addressed by the Brazilian delegation to the representatives of the four international organizations at the last meeting, and the replies given by three of these organizations (UNSO, IMF and UNCTC). In addition, two communications by Brazil, one on the compilation of data in services in Brazil and one on definitional and statistical issues had been circulated as documents MTN.GNS/W/19 and 21.

4.   With regard to statistical information on trade in services, one member said that this was an essential tool for carrying on the negotiations and that there was a need to see how, in a relatively short period, some progress could be made by the GNS in improving the availability of statistics for the purposes of negotiations. He proposed that the GNS informally agree to the following. First, while the exercise of standardizing, collecting and generally improving statistics in trade in services was a long-term process, it would be useful in the short-term if information available to countries who played a dominant rôle in trade in services and perceived an acute need for negotiations could be made available to all participants. Second, there should be an understanding

GATT SECRETARIAT
UR-87-0297

0307

that participation in meetings (even those outside the United Nations system) dealing with statistics on trade in services should include as many countries as possible, in particular, developing countries. The outcome of the meetings should also be made available to all participants in the GNS.

5.   One participant said that without a minimal statistical knowledge of international trade in services, especially for developing countries, it would be difficult to evaluate the impact of the negotiations on trade flows in services. Furthermore, how trade in services was defined, that is the inclusion or exclusion of specific items, would have important consequences for the course of such negotiations. For example, the inclusion of transactions of multinational corporations in the definition of trade in services would necessarily lead to the inclusion of issues like restrictive business practices, codes of conduct for transnational corporations and transfer of technology. This member recalled that liberalization in trade in services was only appropriate if compatible with economic development.

6.   Some delegations said it was important not to lose sight of the fact that the improvement of statistics depended ultimately on national efforts rather than the work of international organizations; it was the countries themselves which were responsible for the collection of statistics. International organizations only processed the raw information. One member noted the problem before the GNS was to define trade in services and then to review the available statistics - the problem was not to use the statistics with a view to defining trade in services. Another member recalled that the Chairman had said that the GNS should see how it could influence the ongoing work in other fora in the improvement of statistics and identify its needs in general terms (e.g. more disaggregated statistics, country-wise data) for the negotiations. The GNS should not enter into a highly technical discussion since it had neither the need nor the technical expertise for such a discussion.

7.   It was noted by one member that, while the definition of trade in services was important for the purposes of the negotiations, the definition did not have to be decided on for the negotiations to proceed. In this respect, the speaker said it could be useful to set out the various options for definitions of trade in services and then, as negotiations proceeded, refer back to see what would be the implications of the various options for the sectors under consideration. Further, because of the heterogeneity of services activities, it was important in the future work of the GNS that general statements be made bearing in mind the sectoral implications of the general proposition. The member continued by noting that the statement that liberalization which was not compatible with economic development was unacceptable had a corollary; liberalization that was compatible with development was acceptable. In response to the earlier request that the major countries share their information on statistics, the member indicated that he would make available a paper explaining the work in progress in the statistical office of the countries he represented.

0308

8.   One member agreed that it was important to have more information on
services before deciding on a definition, but added that another element on
the agenda - that is, "measures and practices" - was very relevant for
defining trade in services.   Another member said that different services
activities had different income elasticities of demand and that this might
be a useful characteristic to take into account in finding a definition for
trade in services.

9.   In concluding the discussion of this agenda item, the Chairman said
that the process of consultations would continue to further clarify ideas on
statistics.

10. In the discussion on Broad Concepts on which Principles and Rules for
Trade in Services, including Possible Disciplines for Individual Sectors,
might be based, views were expressed with regard to national treatment,
non-discrimination and transparency on the basis of communications from
members of the Group (MTN.GNS/W/12, 13 and 18).

11. The member who had circulated the communication on national treatment
(MTN.GNS/W/18) said that when considering the basic principles or concepts
to govern trade in services, the applicability of already existing GATT
principles to trade in services had to be examined.   The principle of
national treatment was clearly stipulated in Article III of GATT.   It was
indispensable and one of the most fundamental principles.   In his view,
market access should be addressed separately as a component of the framework
agreement on services; it was not dealt with in the paper under discussion.
This view later received support from other speakers.   Those forms of trade
in services which should be subject to the national treatment provisions
were described in MDF/W/59 (i.e. transborder transactions, temporary stay
and establishment).   A possible definition of national treatment for trade
in these services could be the following: imported services, foreign service
enterprises or sellers delivering the service, and agents thereof should be
accorded treatment no less favourable than that accorded to like domestic
services, domestic service enterprises or sellers.   The sectoral coverage of
the various types of transactions in international trade in services which
would be subject to a national treatment obligation would need to be decided
on.   Regarding a possible application of a grandfather clause in trade in
services, he said that laws and regulations inconsistent with national
treatment obligations should be notified at the outset and phased out
through a process of negotiations.   He said it was also necessary to examine
whether exceptions to national treatment in case of subsidies, government
procurement and state trading enterprises should be applicable to trade in
services.   In his view, since the Committee on Government Procurement had
experience in this area, matters relating to government procurement could,
for the time being, be taken up in this Committee.   State-trading
enterprises could be dealt with as a general feature of the framework
agreement rather than as an exception to national treatment.   General and
security exceptions as contained in Articles XX and XXI of the General
Agreement might be applicable to trade in services.

0309

12. In commenting on the document under consideration a number of speakers
pointed to the differences between goods and services and how this
necessitated a different interpretation of national treatment to that
contained in Article III. Some members pointed out, for example, that the
national treatment provision in Article III of the GATT was intended to
protect the access granted for goods at the border from being weakened or
nullified by internal fees, charges or regulations. Some members said that
this provision had been set up for products, not for producers (or
activities), and it was therefore difficult to see how it could be applied
to services, the imports of which were not covered by customs duties at the
border as was the case with trade in goods. The conclusion that one member
drew was that national treatment would therefore be best applied to such
services trade, the definition of which was as similar as possible to trade
in goods; that is, only to those services which actually crossed
international borders.

13. In the view of some members, the approach in MTN.GNS/W/18 was too "GATT
like", and national treatment (for the reasons mentioned above) only had its
full meaning with respect to a tariff-based system as it existed in GATT.
One member said that in the case of goods, the tariff was the means of
treating foreign suppliers less favourably than domestic suppliers; in the
case of services non-national treatment was the means of treating foreign
suppliers differently to national suppliers. In the context of trade in
services, national treatment should thus be seen only as a yardstick and not
as a basic obligation. He continued that he did not accept the implication
in the document that restrictions that were "grandfathered" appeared to be
the exception. He considered that there would be a very large category of
governmental measures which would not conform to the national treatment
yardstick, but which would be accepted in the beginning of the agreement as
being legitimate. Nevertheless, there would be a presupposition that they
would be negotiated away during the lifetime of the agreement, if they were
found to be not in conformity with the definition.

14. It was also suggested by some delegates that national treatment need
not be considered as a generally applicable principle. Its application to
all services would presuppose a high degree of economic homogeneity of the
various services sectors. One participant noted that there was no need to
examine all national laws and regulations affecting trade in services as
such but rather to examine only those provisions which restricted trade in
services. In the view of one member, national treatment might well be
applied in "concrete" specific situations or sectors, and not as a general
principle as with Article III. In some specific cases (e.g. some foreign
investment), what was needed was not simply national treatment, but
national treatment "plus"; for example, it might be important to offer more
favourable terms to foreigners to attract foreign investment than those
offered to national investors. One member stated that given the different
stages of economic development of various countries and the diversified
characteristics of trade in services, he found it difficult to agree to a
uniform application of national treatment to trade in services.

0310

15. It was also suggested that the sovereign right to treat national services producers differently from foreign producers should be recognized. One member said that, in this respect, the expansion of the application of national treatment from products to producers was a "quantum jump". In the view of this speaker, the notion of a grandfather clause and the phasing out of national regulations which were inconsistent with a national treatment obligation could not be accepted as a general principle. He also raised questions whether national treatment was a concept that would promote economic growth and development, whether empirical evidence was available to substantiate this proposition and whether the approach outlined in the document was politically feasible. He posed the question what the implications of national treatment would be, for instance, in the financial services sector or the provision of labour services.

16. One participant drew attention to the fact that some services could only be provided with a commercial presence, either for the purpose of commercial facilitation or for the production of the service itself. All such services required a different concept of national treatment to that normally considered within the context of GATT. He suggested that the concept of national treatment in relation to trade in services should recognize the inseparability between the provider of a service and the service itself. Since national laws and regulations often limited the competitive position and market access of the foreign service provider, it would seem necessary to examine regulatory needs for such limitations and their implications. One view was that the national treatment concept would be determined by the coverage of the multilateral framework and that it was therefore necessary to know first the type of transactions to be covered.

17. Not all members accepted the definition of trade in services that had been adopted in the MTN.GNS/W/18 document. The question was raised as to whether the definition covered the situation when the consumer of the service crossed the border (e.g. for tourism, medical and educational services where the purchaser moved to the country of sale). Some members nevertheless were of the opinion that the GATT provisions on national treatment provided a useful starting point for considering the incorporation of this concept in a framework on services. Some others stated that the only starting point was the Punta del Este Declaration.

18. The member who had circulated the communication on non-discrimination (MTN.GNS/W/12) said that any agreement should attract the broadest possible membership. However, in the interest of liberalization, she thought that at least some of the benefits of a multilateral services agreement should be conditional as with the non-tariff barriers codes. Thus, the non-discrimination principle might in specific cases be in the form of conditional MFN. Her preference would be, however, for an unconditional agreement subscribed to by the largest possible number of contracting parties. The multilateral framework could be expected to determine which national regulations were acceptable in accordance with agreed principles. The purpose of the agreement would be to reduce or eliminate restrictions not in conformity with the principles. The sorts of discriminatory regulations that would be eliminated could be those which restricted or favoured the import of services by means of quotas, licensing or

0311

preferential access. She also made the suggestion that some existing discriminatory measures could be brought into conformity with the principles by changing the nature of the measure. She mentioned, by way of example, that the non-discrimination principle may be adhered to by auctioning of quotas among foreign producers. Quotas, if purchased at auction, would then be more akin to tariffs on imports and therefore non-discriminatory. Non-discrimination, she said, was one of those principles of fairness in trade regulation which should be apparent as well as real to have effect; that is, regulations should be seen to be non-discriminatory if they were to have broadly based agreement. Parties to the multilateral framework would need to rely heavily on effective transparency and dispute settlement procedures to monitor the compliance of all parties with their obligations.

19. One member asked whether there were elements in a framework agreement that could be relatively unconditional. In the view of another participant the answer should be affirmative and she gave examples including transparency of regulation, avoidance of burdensome regulations and avoidance of subsidies. A number of countries agreed that the MFN principle, the cornerstone of the GATT, would be equally fundamental to any agreement on trade in services. One representative noted that once the broad concepts were agreed on, other areas of negotiations would progress – particularly questions of definitions and coverage. Also, despite the fact that differences in trade in goods and services could be identified, there was no evidence that the concepts as applied to trade in goods (transparency, national treatment and non-discrimination) should be rejected. Since these concepts were known to have worked for trade in goods, they should be considered for international trade in services. Further, in order to promote the economic growth of all trading partners and the development of developing countries, the benefits should be unconditional and applied on a most-favoured-nation basis. While the benefits would be maximized by ensuring that consensus was reached on the most substantial multilateral framework possible, it might be appropriate to consider a different approach to sectoral arrangements. This would allow disciplines to be taken further in specific areas by those contracting parties who were in a position to make such commitments, but could also allow time for other sectors to be brought progressively into conformity with the provisions of the more general framework agreement. In this respect, another member indicated that thought should also be given to an optional MFN clause with automatic reciprocity which would allow interested countries to contract agreements among themselves and which would permit third countries to adhere subsequently to these agreements.

20. One member pointed out that the MFN clause implied that an advantage given to one party should be given equally to all. Conversely, non-discrimination meant that no one should be disadvantaged in a way that others were not. One could perhaps conceive of the application of GATT principles to trade in services in the context of a two-tier framework, i.e. one level of agreement containing the basic principles for general application, and a subsidiary level of understandings defining how these

0312

basic principles would apply in specific sectors. It was here that the fundamental differences between goods and services would be brought out. The sectoral rules should be broadly in line with the broad principles, but some principles might not apply directly in some sectors or be applied with some variations. This would also be the case for market access and national treatment. Issues such as the adoption of commonly acceptable standards in respect of, for example, professional services or the regulation of the activity of telecommunication service providers would have to be treated in the sectoral understanding. But they should not distract from the fundamental principles being stated in a fairly pure and unconditional form in the multilateral framework.

21. The point was also made that the important element was not the conditionality or the unconditionality of the MFN clause, but the equitable nature of the arrangements among countries. Moreover, any implicit or explicit bilateralism in these arrangements should be a consequence of the proper characteristics of each sector or sub-sector and not a negative incentive through the conditional nature of the MFN clause.

22. The member who had circulated the communication on transparency (MTN.GNS/W/13) said that this was a working paper with no definitive prescriptions. One member said that transparency, as dealt with in this document, was looked at from a biased and erroneous angle. Transparency should not mean international negotiation of each law and regulation as in this document. This view was supported by some other delegations. He continued by saying that it was important to determine the parameters for a definition of trade in services before identifying the barriers. He specifically drew the attention of the GNS to three such parameters. The first was that national legislation and regulations on foreign investment were not in themselves a barrier to trade in services. The second was that when legislation and regulation of a sector had an impact in the same way on import trade and domestic trade it could not be considered a barrier to international trade. Finally, in developing countries, legislation and regulations applied to new services could not be considered as a barrier to trade in either the framework for general application or in each sub-sector that would be negotiated.

23. For another member, transparency served two purposes. First it was a necessary element for the conduct of the negotiations and, second, it was necessary once an agreement was decided on to assure that new actions did not contravene obligations undertaken in the agreement itself. Since trade in services presented different problems from those affecting market access for goods, the negotiations and the protection of their results might require an even more ambitious approach to transparency than the one provided for trade in goods in the General Agreement.

24. Another member stated that the ideas advanced in MTN.GNS/W/13 were too ambitious and went beyond the existing GATT provisions on goods. The transparency provisions (e.g. procedures for prior notification and consultation) were not even available to national operators; it would be all

0313

the more difficult to grant them to foreign operators and would raise also question of national sovereignty. As far as notifications were concerned, such an obligation should cover only measures having a direct impact on trade.

25. Some members said that the communication (MTN.GNS/W/13) presented an ideal situation where all new provisions proposed at the national level were made known to all parties and were subject to comments. The GATT Agreement on Technical Barriers to Trade required prior notification of proposed government standards that might affect trade. One should consider the appropriateness of such an approach to trade in services. It was, however, necessary to determine what could be notified as a barrier to trade and how legislative procedures in one sector would vary from another. One way to avoid burdensome administrative routine in the early stages, might be to adopt a system of notifications on demand.

26. One member suggested it would also be wise to assess the applicability of the OECD list of appropriate reasons for the introduction or maintenance of domestic regulations in the services area, as suggested in the OECD conceptual framework. Governments had the sovereign right to regulate, regulations were essential and legitimate in many areas, and the multilateral framework was not intended to undermine this situation. Nevertheless, clarity and predictability were essential for the smooth flow of international trade in services.

27. One member noted that a fundamental negotiating objective was the economic growth of all participants and development of developing countries. This represented a "criterion of criteria" against which to test each of the concepts to see if they promoted the objectives as contained in the Punta del Este Declaration. He questioned how the notion of transparency as presented in the communication would advance the development of developing countries. To the extent that developing countries, for instance, were affected by transnational corporations, transparency should apply with respect to restrictive business practices of transnational corporations if one was concerned about development objectives. This had not, however, been addressed in the document on transparency. It was also unrealistic to expect that developing countries could meet the administrative demands placed on countries by the proposed transparency provisions. He said that advance notice, for example, was something that was not even given to national operators. As far as he was concerned, it was for businesses to inform themselves about existing measures and not to be "spoonfed" by government. Besides the exceptions foreseen for safety, health, environmental protection or national security reasons, other exceptions should be introduced that would "marry" the approach proposed in the submission on transparency, for example, with the objectives of development of developing countries.

28. During the discussions of national treatment, non-discrimination and transparency, there were a number of general comments that applied to all the concepts. It was stated by a number of members, for example, that these concepts were interlinked and could not be looked at in isolation.

0314

29. It was suggested, for example, that both the concepts of national treatment and of MFN had reference to the concept of non-discrimination. National treatment dealt with discrimination **between** foreign and domestic sources of supply and MFN dealt with non-discrimination as between different foreign sources of supply. The success of any agreement in meeting its objectives would depend very much on how these two concepts could be dealt with jointly.

30. One member requested the delegations which had circulated the three communications on national treatment, non-discrimination and transparency to illustrate the application of these concepts to all movements of factors of production across the board, including labour and labour intensive services.

31. Commenting on all the communications, one member said that they should not be viewed as position papers, but rather information papers to provide a basis for discussion. Responding to a comment made earlier, he stated that he viewed the development objective of the Punta del Este Declaration to be less of a direct objective than the objective of trade expansion. He said, for example, that the GNS should not look for rules that would reduce trade even if there was an argument that they were promoting growth and development. In short, while development was an important criteria, rules were to be checked against the absolute criteria of expansion of trade. Also, it would have to be tested whether these concepts should be applicable in all cases or whether there should be exceptions in well-defined cases. The same member also indicated that it was necessary to ascertain what was ideally desirable and then to weigh this against the feasibility of implementation. He noted the inability of some countries (particularly developing countries) to make available information on all existing government measures. In the same vein, he posed the question as to whether it was feasible to be transparent with respect to all operators in the market place, for instance, transnational corporations. He was of the opinion that the GNS had identified two criteria against which future discussions should be evaluated, namely how far did different concepts conform to the objectives set out in the Punta del Este Declaration and how far were general propositions appropriate in individual sectors? In addressing the latter point, the GNS needed to look at an illustrative list of sectors.

32. With respect to the discussion under this element, the Chairman drew attention to the fact that a number of members had stressed the interlinkages between the concepts and that observations had been made which covered all three concepts.

33. In the discussion on Coverage of the Multilateral Framework for Trade in Services, views were expressed on the treatment of labour and labour intensive services. The point was made by one participant that from his countries' perspective, all movements of factors involved in the production of services should be covered by the multilateral framework. This included not only capital, but also skilled and unskilled labour. However, the movement of labour and capital for the production of manufactured goods was not to be covered. Thus, as far as the discussions in the GNS were concerned, the movement of factors of production was only relevant if it

0315

concerned the production of services. Another participant challenged this view by saying that a number of services were inputs into the production of products, so the dividing line between trade in services as such, and trade in services producing goods, was very thin. As an example, he mentioned specifically a case where consultancy was an input into chemical engineering and therefore the production of chemical products. Should all such services be left out of the coverage?

34. Some members said that they did not have a clear idea of the concepts they wished to see embodied in the framework, and only when this became clearer could they determine what the coverage of the framework should be. The determination of coverage would be a dynamic and evolving process. This provoked an exchange on the sequential order for the discussions of the elements listed in the programme for the initial phase of the negotiations. The point was made by one member that the question of what to include in the coverage of any agreement merited more discussion by the GNS as this would determine a number of subsequent issues. He said that the sectors should first be identified for inclusion in the coverage before deciding what concepts would be appropriate. The reverse view, as stated earlier, was that one should decide first on the concepts and then determine the sectors to which these concepts may be applied.

35. One member said that definition and coverage were closely linked. He found it unacceptable to agree to a coverage that was biased in the interests of any one country or groups of countries. Another delegate said that at the outset, all services should be included in the coverage. When the GNS came to concepts, however, it needed to see to which extent it was feasible to apply these concepts to the activities covered. It was also pointed out that trade in services could be considered as complementary to trade in goods or as a new area for negotiation. In any event the coverage should include the movement of labour and labour-intensive services.

36. The Chairman recalled that the question of the order of discussion of the elements had been discussed earlier and this had been set out in the report of the Chairman on the programme for the initial phase of the negotiations.

37. On Existing International Disciplines and Arrangements, preliminary views were expressed with regard to the factual background paper prepared by the secretariat (MTN.GNS/W/16) in response to a request by the Group (MTN.GNS/8, paragraph 46). The note summarized the main features, coverage and objectives of existing international disciplines and arrangements relevant to trade in services and contained also general comments on the nature of these arrangements. The Chairman drew attention to the preliminary nature of the document and noted that it was subject to revision in the light of comments made. He indicated that it may be found that the information contained in the document could be further developed or completed.

0316

38. A number of delegations said they needed more time to study the document. Others noted that it was a background document that would be utilized in discussions in the GNS when more sector specific considerations were addressed.

39. Noting that the various disciplines and arrangements in the document involved a process of consultation by the secretariat, some members considered that not all the arrangements or disciplines dealt with in the secretariat paper had the same status, since some of them were not universal in character.

40. It was noted that most of these arrangements were highly technical in nature and that many of them were not principally concerned with the trade aspects of services and, in particular, the liberalization of markets for the expansion of trade. One delegate said it was not the rôle of the GNS to become involved in the technical aspects of these arrangements nor should the work of the group supplant them. Work in the GNS should, however, aim to complement the arrangements to ensure that services were traded in accordance with the provisions of the Punta del Este Declaration - that is under conditions of liberalization and transparency. However, should these arrangements maintain or endorse measures that adversely affected trade régimes in services they would have to be subjected to the contractual obligations adopted as a result of the GNS negotiations.

41. No specific views were expressed on the element dealing with Measures and Practices Contributing to or Limiting the Expansion of Trade in Services, Including Specifically any Barriers Perceived by Individual Participants, to which the Conditions of Transparency and Progressive Liberalization Might be Applicable.

42. In concluding, the Chairman said that the next meeting would be held on 3-6 November 1987. He invited delegations to submit written suggestions and proposals on the five elements of the programme for the initial phase of the negotiations.

0317

4. UR/서비스협상의 배경과 내용(경제기획원 대외경제조정실, 1987.12.)

UR/서비스협상의 배경과 내용
========================

1987. 12.

우루과이라운드협상은 1987년 본격개시되어 초기협상의 마무리단계에
현재 와있으며 1988년 초부터는 본격협상에 들어갈 계획임. 90년대
동협상이 타결될경우, 협상결과에 따라 우리경제는 지대한 영향을 받을
것으로 예상되며 특히 최초로 협상대상이된 서비스협상의 중요성은
더욱 크다할수 있음. 본자료는 현재 진행중인 서비스협상의 배경과
내용을 많은 정책담당자분들께 참고로 제공하기 위하여 GATT 의
Counsellor 이며 서비스분야의 전문가인 Raymond J. Krom-
menacker 박사가 '87.7월 발표한 "Services Negotiations:
From Interest-Lateralism to Multilateralism in the
Context of the Servicization of the Economy" 를 번역
한 것임.   요약

경 제 기 획 원
대 외 경 제 조 정 실

0408

1. 서비스협상의 논의배경

  - 서비스 (협상)에 대한 구상은 동경라운드시 대통령에게 서비스를 포함한
    협상권한을 부여한 '74 미국 통상법에서 최초로 제기되었음.

  - 그러나 동경라운드 종료때까지 결실을 보지못했으며 최초의 다자간 결실은
    '82,서비스협상 준비작업 (preparatory work) 을 시작한다는 제안
    이었음. 당시 개도국은 i) 서비스무역에 대한 GATT의 법적권능부재
    ii) 서비스를 규율하는 General Agreement 의 규정과 원칙적용의
    불가능성을 들어 동제안을 강력히 반대하였음.

  - 그러나 결국 '82.11월 GATT 각료회의에서는 i) 서비스문제에 대한
    국별조사와 정보교환을 위한 CP의 회합 ii) '64 정기총회시까지 서비스
    분야에 있어 다자간조치 (multilateral action) 의 가능성에 대한
    검토를 내용으로 하는 결정을 채택하였음.

  - 그러나 '84.11월까지 상기문제와 관련하여 전혀 진전이 없었으며 서비스
    에 대한 16개국의 국별보고서와 국제기구의 활동과 관련된 토의만을 시작
    하자는 타협만이 성립되었을뿐임. 결국 다자간조치의 채택이 바람직할
    것인가 하는 의문은 '86.9월 각료선언에 의해 해결되었음.

2. 국별의견대립에 대한 분석

  - 일부국가들이 서비스논의를 반대하는 이유는 자국서비스시장개방과 이에
    따른 국내경제정책 및 무역구조에 미치는 영향을 염려냈기 때문임.

  - 이러한 우려는, 전통적인 상품무역보다 GATT 무역체제 밖에 있는 서비스
    무역이 훨씬 sensitive 한 부문이라는 점에서 더욱 가중되었음.
    서비스의 sensitive 한 성격은 경제활동에 있어 서비스부문이 미치는
    영향이 증가하고 있다는데서 기인함. 통계의 미비에도 불구하고 (통계에
    관한한 선사시대라고 표현받 정도로) 실질적으로 지난 10여년간 모든
    국가의 GNP, 고용, 무역에의 영향면에 있어서 서비스가 차지하는
    share 는 괄목하게 증가하였음.

0409

- 특히 서비스는 생산자와 소비자간의 관계에 있어 기초가 되기때문에
  시장기능상 중추적역할을 하고 있으며 정보산업 networks 의 필수부문
  을 형성하고 있음. 오늘날 정보와 지식은 전세계 어느곳으로나 전자적
  으로 그리고 즉각적으로 전달될수 있음. 환언하면 telematics 를
  통하여 즉각적으로 정보전달 (interactive communication) 이
  가능하다는 것은 지구상 어떤지점에서 동시에 대량의 서비스거래가 일어
  날수 있다는 것을 의미함.

- 이런관점에서 많은 나라들은 이러한 분야에 대한 엄격한 통제가 필요하다고
  생각하고 있으며 또 그것은 기술적으로 가능함.

- 또다른 고려사항은 무역에 있어 사회문화적 또는 정치적성격임. 많은
  나라들이 그들의 상품수출이 1차산품가격하락이나 시장접근을 제한하는
  보호주의조치에 의해 위협을 받을때 서비스시장 개방에 대하여 우선순위를
  부여하는 것에 대하여 부정적임. 이러한 나라들에 있어서는 상품무역에
  대한 국제규범의 유지나 복구가 주관심사항이며 GATT 원칙이나 규정의
  준수, 보장에 우선순위를 부여하고 있음.

- 마지막으로, 서비스수입은 문화 (cultural standard) 의 수입을
  의미한다는 점으로써 영화필름이나 TV 프로그램, 위성에 의한 TV 중계
  방영등은 그 좋은예임.

- 서비스논의를 지지하는 국가들에 있어 상기한 우려사항들은 해당되지 않음.
  그들의 가장 중요한 목적은 서비스분야에 있어 모든 가용자원의 이용을
  극대화하기 위하여 서비스시장의 경쟁적기능을 최대화하는 것임.

3. 서비스협상의 제반 난점들
   - 서비스논의를 지지하는 국가들은 서비스무역의 점진적인 자유화를 위한
     다자간 framework 을 만드는것에 우선순위를 부여하고 있음. 이러한
     framework 은 일국내 서비스시장에서 외국인의 참여와 관련된 국내정책
     방향의 변화를 의미하는 양허의 교환이 따르지 않고서는 의미가 없음.

0410

- 서비스무역의 점진적 자유화에 있어 근본적인 어려움중의 하나는 서비스
  시장에 대한 규제와 일국의 거시경제적, 사회적, 정치적 목표와의 긴밀한
  관련성과 관계됨. 예컨데 은행, 보험 서비스에 대한 규제는 통화 또는
  경제개발정책의 이행을 위한 한 수단으로써 이용되며 정보통신서비스,
  항공서비스등도 명백하게 사회적 또는 국방과 관련된 정책목표와 관련됨.

- 이와같은 난점을 해결하는 하나의 접근방법은 타당하거나 (reasonable),
  합법적이거나 (legitimate), 적절하다고 (appropriate) 생각되는
  국내적규제를 결정하는 기준을 확립하는 것임. 또다른 접근방법은 현재
  설정된 입증책임의무를 반전시켜 교역상대국으로부터 비난을 받는 규제
  조치를 취한 국가가 동규제조치의 비보호주의적인 성격을 납득시키는 것임
  (현재의 상품교역체제하에서는 교역상대국이 취한 규제조치의 불법성을
  피해국이 입증토록되어 있음)

- 두번째 난점은, 일부 서비스의 경우 원거리에서 판매될수 없고 생산자와
  구매자간의 신체적 근접성 (simultaneous presence) 이 요구된다는
  점임. 이러한 거래는 최소한 구매국시장에서의 일시적 설립 (temporary
  establishment) 을 요구하는 것으로써 이러한 서비스를 규율하는 다자간
  규범을 논의할때에는 필연적으로 투자, 설립권, 이민정책과 부딪치게됨.

- 또다른 어려움은 상품무역협상과 서비스협상간의 관계와 관련된 것임.
  상품무역분야에 주로 이해가 걸린 국가들은 두협상간의 관련성을 부인하는
  입장임. 보호주의 조치에 자국상품수출이 피해를 받고있는 국가들은
  그들의 교역상대국에 대하여 서비스와 같은 새토운분야에 대한 양허를
  함으로써 현존하는 (상품관련) rules 과 consistent 한 무역행위
  (trading behaviour) 를 반대급부로 제공하지 않으려는 경향이 있음.

- 그러나 일부국가는 그들의 상품수출을 보다 촉진할수 있는 하나의 방법은
  서비스시장 자유화에 대한 협상에 동의하는 것이라는 사실을 인지해 가고
  있음.

0411

4. 다자간 framework 과 관련된 제반 Issues

  1) 서

    - 서비스에 관한 다자간 framework 을 성립시키기 위해서는 동 frame-
work이 극단에 흐르지 않고 충분한 융통성과 상대적인 엄격성이 동시에
포함되ㅣ도록 하여야함.

    - 서비스협상을 개시시킨 '86 각료선언 II부는 동협상이 GATT의 법적
framework 에 포함되지 않도록 하였으나 GATT의 절차와 관행은 동
협상에 적용되도록 하였음.

    - 각료선언상 서비스협상의 목적은 i) 명료성과 점진적자유화에서
<u>서비스교역의 증대 ii) 모든국가의 경제성장촉진 iii) 개도국의</u>
<u>경제개발촉진의 3가지로 요약됨</u>. 협상결과의 이행과 관련해서 협상
의 종결은 각료들이 결정키로 되어있음. 즉 서비스협정의 법적
status 나 구조적 framework 과 관련한 제반 대안들 (options)
은 각료들이 결정할때까지는 미정인 상태로 남아있게 되는것임.

    - 상기 3개 협상목표하에 서비스협상의 모든것이 백지인 상태로 협상담당자
앞에 놓여있음. GATT 최초서명국은 1947년 당시 11개의 개도국을
포함한 23개국에 불과하였으나 오늘날 93개국의 체약국에 이른것을
상기할 필요가 있음.

    - '87 협상초기단계계획은 다음과 같은 5개의 검토요소로 구성되어있음.

      i) 정의 및 통계문제

      ii) 서비스규범의 기초개념

      iii) 포괄범위

      iv) 현존하는 국제규범

      v)   서비스무역에 대한 규제 및 관행

0412

2) 정의 및 포괄범위 (검토요소 i, iii)

- 검토요소 i)과 iii)은 장차성립될 다자간 협정의 개요를 그릴수있게 할
  것임. 검토요소 i)은 수직적차원 (vertical dimension) 의
  것으로써 서비스무역의 정의가 종래 전통적인 국경통과무역의 차원을
  넘는 것인가 아닌가의 문제이며, iii)의 대상범위는 수평적차원
  (horizontal dimension) 의 것으로 어떤유형의 서비스가 다자간
  협정과 부문별협정에 포함될 것인가의 문제임.

- 서비스의 개념에 어려운문제가 야기되는 것은 전통적인 서비스의 변화와
  telematics, 우주분야등의 기술개발이 서비스분야에 주는 영향등으로
  새로운 유형의 서비스가 계속 출현하기 때문임. 예컨대 새로운 유형의
  서비스로 위성에 의한 직접방송, VAN등을 들수있으나 VAN 만해도
  보다 정보집약화되어가고 있어 더 세분시키지않고 VAN 만으로 분류하는
  것도 이미 진부화 (obsolete) 되어가고 있음.

- 최초로 개념문제가 제기된것은 1985년 16개국 국별보고서에 근거하여
  GATT가 만든 분석자료로써 서비스를 다음과 같이 10개로 분류하였음.

  0 은행, 보험, 운수 (transport), telecommunication, 사업
    서비스 (business services), 관광, 분배 (distribution),
    보건 (health), 교육, 기타서비스 (예: 문화서비스)
  0 그중 사업서비스같은 일부서비스는 다시 다수의 Sub-categories를
    갖고 있음.

- 국제간 서비스거래의 개념적분류를 위하여 소비자와 생산요소의 이동을
  기준으로 다음과 같이 4가지로 나눌수 있음.

  i)   국경통과무역 (across-the-border trade): 상품무역과
       유사한 것으로 생산자와 소비자가 각각 다른 나라에 거주함.

  ii) 국내설립무역 (domestic-establishment trade): 이하
       ii), iii), iv)는 생산자와 소비자가 동일국내에 있으나
       국내설립무역은 소비자가 생산자에게 이동함.

0413

iii) 생산자이동무역 (foreign-earning trade): 생산자가
　　　소비자국에 주재함.
iv) 제3국무역 (third-country trade): 생산자, 소비자가
　　　모두 제3국에 이동하는경우

		생 산 요 소	
		불 이 동	이 동
소비자	불이동	i)	iii)
	이 동	ii)	iv)

- 최광의로는 현재의 거주위치 (location) 에 상관없이 일국민에게서
  타국민에게로 소유권 (ownership)이 이전되는 모든 거래도 서비스
  무역에 포함할수 있을 것임. (예: 홍콩에 거주하는 프랑스회사와
  벨기에 회사간의 거래) 또한 전통적인 거주 (location) 개념에
  의한 무역, 즉 국적에 상관없이 다른국가에 위치한 동일국민간의
  무역 (예: 홍콩과 방콕에 위치한 프랑스 회사간의 거래) 도 물론
  포함됨.

3) 서비스규범의 기초개념 (검토요소 ii)
  - 기초개념에서는 각료선언에 언급된 3개 목적간의 적당한 균형이 확립
    되도록 하여야함. 이미 동개념으로 명료성, 무차별, 내국민대우, 시장
    접근, 독점, 적법한 규제의 성격, 예외및 Safeguards, 연방국가에
    있어 협정의 적용문제, 유치산업문제, RBP등에 대해 부분적으로 논의
    가 되었음.
  - 구체적인 내용의 결정은 기본적으로 협상참가국에 달린문제이나 다음과
    같이 7개의 개념을 다루고자함.

0414

(1) 내국민대우 (National Treatment)

　　0 NT는 소비국내에서 외국서비스기업의 영업 (operation)
　　　문제와 관련되므로 어려운문제임. 그러므로 투자나 설립권에
　　　기초를 둔 서비스가 협상에서 다루어져야하는가 또한 다루어진
　　　다면 어느정도까지 다루어져야 하는가가 먼저해결되어야함.
　　　또한 단순히 외국기업에 대한 <u>동등한 영업허용이 동등한 경쟁</u>
　　　<u>기회를 부여하지 않는다는 점</u>에서 NT와 동등한 대우
　　　(equivalent treatment)가 구별되는 것이 필요함.

　　0 다자간협정에의 NT 원칙의 채택은 보호주의조치의 완전한 철폐
　　　를 의미하기때문에 동원칙의 채택은 장기적 goal이 될수밖에
　　　없음. 결과적으로 <u>NT 원칙은 다자간 협정에 있어 하나의</u>
　　　<u>의무로 포함되어서는 안될것임.</u> 그대신, 동원칙은 특정한
　　　무역장벽이 제거되어야 하는가 아닌가를 판단하는 기준의 하나로
　　　사용되어야 할 것임

(2) 정부간섭 (State Intervention)

　　0 특히 전기통신 (telecommunication) 분야등이 독점과 관련
　　　하여 문제를 야기시킴. 즉 경쟁제한 또는 경쟁에서 제외대상이
　　　되는 <u>기본 (basic) 서비스</u>와 경쟁의 대상이 되는 <u>VAN</u>과를
　　　어떻게 구별할 것인가가 문제임 (어느 일시점에서 기본서비스
　　　였던것이 다른서비스가 부가됨으로 구별에 혼란이 야기)

　　0 정부의 간섭은 은행, 보험, 일부온수서비스등을 국유화시킨 일부
　　　국가들의 경우 그들의 개발정책과 관련하여 보다 광범위하게
　　　문제가 됨. 이경우 규제의 동기가 문제가되는데 과연 그동기가
　　　<u>시장접근규제한</u>인지 아니면 다른 목적인지를 구별하여야 할 것임.

(3) 노동력이동 (Labour Migration): 노동력이동과 관련해서는
　　2가지 측면에서 고려되어야함. 즉 첫째, 외국에서 영업활동중인

0415

회사가 자국으로부터 일시적으로 노동력을 고용하여 특정서비스기능 (예: 해외건설) 을 수행할 가능성에 대한 검토와 둘째, 노동력수출 국가의 요청에 입각하여 보다 광범위한 노동력이동문제 (broader issue of labour movements) 를 취급해야할 필요성임.

(4) 국제협약성립과 관련한 중앙정부의 권한: 일부 연방정부에서는 은행, 보험과 같이 중요한 서비스분야에 대한 규제권한이 정치적 으로 하부정부기관에 속한 경우가 있기때문에 국제협약을 성립 (making) 시키는 중앙정부의 권한에 대한 특별한 주의가 필요함. 중앙정부아닌 하부기관에 그러한 권한이 부여된 서비스라 할지라도 협상의 예외로써 적용되어서는 안될것임.

(5) 서비스에 있어 개발과 관련된문제 (Development-related Issues in Services): 특별취급 (special treatment) 이나 적절한 면책조항 (escape clause) 은 앞으로 만들어질 협정의 type에 달려있음. 한편 또다른 접근방법이, 무역의 증대가 모두 개발을 촉진한다고 할수는 없지만 대체로 개발을 촉진할 것이라는 전제에 위에서 세워질수도 있을것임. 이경우 서비스분야간의 상이한 여건, 개별국가간 개발상태의 차이, 무역과 개발간에 있어 긍정적 또는 부정적 관계등을 감안하여 서비스무역 의 확대가 개발을 촉진할 것이라는 조건들 (conditions) 을 identify 해야 할것임.

(6) 상품과 서비스협상 양허간의 trade-off 의 가능성: 양자간 trade-off의 가능성은 협상의 종국적인 결과뿐 아니라 협상의 진행 (conduct) 과도 관련됨. 그러므로 동 trade-off는 협상의 목적이나 modalities 와 깊이 연관될 것임. 일부국가 들은 묵시적으로 어느정도의 trade-off를 상정하고 있으며, 이경우 민간부문에서의 지지여부가 중요한 관건이 될것임.

0416

(7) 명료성과 분쟁해결

　　0 GATT나 어타 국제기구는 상품무역과 경제정책에 있어 통고,
　　　협의, 감시 및 분쟁해결절차 규정을 전통적으로 유지해 왔음.
　　　문제는 사전통지, 제안된 법률, 규칙에 대한 사전 comments,
　　　역통고, 정기적인 다자간검토, 요청처리기관 (enquiry
　　　points) 의 지정등을 서비스무역에도 그대로 적용시킬수
　　　있는가 하는 것임.

4) 현존하는 국제규범 (검토요소 iv)
　- 검토요소 iv)는 항공, 해운, 전기통신등 일부 서비스분야에는 국제
　　규범이 이미 성립되어있는바 동 규범들과 서비스협상목적과의 관계를
　　검토하자는 것임.

5) 서비스무역에 대한 규제 및 관행 (검토요소 v)
　- 여러나라에 존재하는 규제조치와 각료선언에서 밝힌 목적중 하나인
　　무역증대와의 관계를 검토하자는 것으로써, 환언하면 다자간규범에
　　있어 본검토 요소가 결정적인 역할을 하게될 것이므로 서비스에
　　대한 국내적규제와 그들이 서비스무역에 미치는 영향을 어떻게 다룰
　　것인가 하는 합의에의 도달이 필요함.

0417

UR 대책 실무소위원회 토의 자료

(SS & RB분쟁해결, 갓트체제기능 강화 그룹)

1987. 6. 4.

외   무   부
통   상   국

0043

- 목   차 -

0044

I. <u>STANDSTILL/ROLLBACK 감시기구</u>

(

(

1. 감시기구의 조기 경보역할 문제

쟁점 내용

  ○ 감시기구가 기 취해진 보호조치만을 취급할 것이 아니라 준비중인
     보호조치도 검토하여 조기 경보 역할을 수행토록 할 것인지의
     문제

주요국 입장

  ○ 브라질、홍콩、 아세안 등 개도국은 감시기구가 조기 경보 역할을
     수행토록 하자고 주장

  ○ 미국·EC, 일본 등 선진국은 조기 경보 역할이 감시기구의 권한
     밖이라는 입장
     - 미국은 조기 경보 역할이 감시기구의 권한밖이므로 반대
        한다는 입장
     - EC 는 감시기구가 각국의 입법과정에 관여함으로써
        고유의 역할 수행에 장애가 될 우려가 있으며、 SS/RB
        이 정치적 약속이므로 감시기구의 역할도 정치적인 것이라는
        입장·
     - 일본은 감시기구가 조기 경조역할에 치중하면 오히려
        비생산적인 논의가 될 우려가 있다는 입장

ㅇ 감시기구에 조기 경보 역할을 부여하자는 주장에 대해 긍정적
   으로 검토함.

ㅇ 조기 경보의 역할이 감시기구 권능밖이라는 선진국의 주장과
   관련하여 각료선언에서 UR 협상 지위 향상 조치를 금하고
   있음을 지적하고, 미 의회 입법 움직임등은 현실화 되지 않은
   조치임에도 불구하고 협상지위를 향상시키는 효과가 있으므로
   감시기구에서 다룰 수 있으리라는 논리를 주장

2. 개도국 공동 성명

ㅇ 6.1. 개최된 개도국 비공식 회의에서는 멕시코의 제의에
   따라 SS/RB 감시기구에 관한 아래내용의 개도국 공동
   성명을 차기 감시기구 회의서 발표키로 합의함.
   - 감시구의 중요성 및 SS/RB 약속의 유효성 강조
   - SS/RB 공약 위반 사례에 대한 우려 표명
   - RB 에 관한 협의 개시를 촉구

ㅇ 개도국 공동 성명을 지지함.

- 3 -   0047

3. SS/RB 약속 위반 조치의 통고

┌─────────────┐
│ 내용 및 각국 동향 │
└─────────────┘

○ EC 는 제 3국 조치 관련 통보 (Reverse notification)
   를 감시기구에 제출할 예정이며, 미국도 유사한 통보를 검토중인바,
   동 통보내용에 대한 설명과 토의가 예상됨.

○ 동 통보내용 자체뿐만 아니라 이러한 통보내용이 감시기구에서 어떻게
   처리되느냐의 문제, 즉 감시기구의 유효성 문제도 주요 관심사가 될
   것으로 보임.

   - EC , 미국등은 상기 통보 조치를 행함으로써 감시기구가 유명
      무실해 졌다는 개도국의 비판에 대응할 것으로 보임.

┌─────────────┐
│ 아국 대처 방향 │
└─────────────┘

○ 통보서식에 대한 연구 필요

○ 타국이 아국에 대하여 취한 SS/RB 공약 위반조치 파악(리스트 작성),
   감시기구에 통보

○ 아국이 취한 조치로서 타국이 감시기구에 통보할 것으로 예상되는
   조치 내용 파악

○ 제 3국의 SS/RB 위반 조치 내용 파악 감시기구에 통보(reverse
   notification)

- 4 -   0048

4. 관세、비관세 조치에 관한 Blue Book

내 용

○ 6.1. 개도국 비공식 회의에서 우루과이는 관세·비관세 조치에
관한 Blue Book 작성과 관련、타회원국과 협의후 동 자료를
RB 협의의 기초자료로 감시기구에 제출하겠다고 언급함.

○ 동 Blue Book 은 SS/RB 를 위한 실제적 기준점(Bench Mark)
의 역할을 할수 없음. 즉 동 Blue Book 에 명시되지
않은 조치를 추가로 취하면 SS 위반이 되고 또한 동 Blue Book
에 수록된 내용을 중심으로 RB 대상조치를 선별하게됨.

○ 우루과이가 동 Blue Book 을 거론하려는 이유는 선진국이
SS/RB 위반 조치 통보가 없는 현재로서는 아직 RB 협상을 할
여건이 마련되지 않았다고 주장할 가능성을 사전에 견제하려는
의도로 보임.

아국 대처 방향

○ 우루과이의 상기 Blue Book 내용을 검토하여 아국 입장에서
수정 또는 추가할 사항이 있는지 확인함으로써 UR 협상 전반에
대처하고 특히 RB 협상 자료를 준비하는데 참고로 함.

- 5 -   0049

o RB 감시기구 기능과 기존의 GATT 내 유사기능(분쟁해결 기능、
특별이사회 등)이 병행 운용되는 양상이 당분간 계속될 것이므로、
차기 특별 이사회에서 토의될 문서상의 아국 관련 부분과 아국의
주요 교역국 관련 부분 등을 상세 검토하여 SS/RB 감시기구에서
거론될 가능성에 대비토록 함.

5. 회색 조치의 SS/RB 대상 포함 문제

┌──────────┐
│ 쟁점 내용 │
└──────────┘

o VER, OMA 등 Grey Area Measures
도 SS/RB 대상에 포함할 것인지의 문제

┌──────────┐
│ 주요 입장 │
└──────────┘

o 미국、EC 등 선진국은 VER, OMA 등이 GATT 상 합법적인
조치라는 인식하에 SS/RB 공약 대상에서 제외해야 한다는 입장

o 개도국은 회색조치는 GATT 의 무차별 원칙에 위배되는 불법조치로서
SS/RB 대상에 당연히 포함 되어야 한다는 입장

┌──────────┐
│ 아국 입장 │
└──────────┘

o 회색조치는 SS/RB 대상에 포함되며 UR 기간중 철폐되어야
한다는 입장 견지

- 6 -   0050

6. RB 절차 및 시한

┌─────────┐
│ 쟁점 내용 │
└─────────┘

o 협상 계획(87.1.28) 에는 RB 을 위한 구체적인 절차 및 시한이
  명시되어 있지 않음.

* 협상계획 내용

  - 특정국가가 자국 또는 타국의 RB 대상 조치를 사무국 경유,
    여타 참가국의 주의 환기
  - 어느 국가도 RB 공약과 관련이 있다고 생각하는 타국의 공약
    불이행을 감시기구에 통보 (reverse notification)
  - 관련국간 RB 작업을 위한 협의 실시후, 동 협의 결과 이루어진
    RB 작업내용을 감시기구에 통보
  - 감시기구는 상기 RB 작업의 이행을 감시 (monitor) 하여
    TNC 에 보고함. (GNG 도 참고로 송부)

* TNC 의장 발표문

  - RB 공약 대상이 되는 조치를 유지하고 있는 국가는 상기
    제 1차 협의 결과 이루어진 RB 작업 내용을 87.12.31까지
    감시기구에 통보함.

- 7 -

0051

┌─────────┐
│ 아국 입장 │   (2·26 회의시 표명)
└─────────┘

o RB   관련 협상은 사무국에 통보된 후 늦어도 1개월 이내에 협의를
   개시하고、협의개시후 일정기간 (예 : 6개월) 이내에 합의에
   도달토록 해야 함·

o 사무국에 통보된 RB 대상 조치중 관계국간 철폐 합의가 이루어지지
   않은 조치에 대해서도 감시기구가 이를 검토할 기회가 부여되어야함·

o RB   협상 결과는 공개되어야 하며、이는 무차별 원칙에 따라
   어타국에도 자동 적용되어야 함·

┌─────────┐
│ 검토 사항 │
└─────────┘

o 상기 아국 입장 검토 발전

- 8 -   0052

7. 감시기구 및 TNC의 역할

┌─────────┐
│ 쟁점 내용 │
└─────────┘

ㅇ 감시기구는 SS관련 각국이 통고해 온 조치와 각료선언 내용간의
   관계를 검토한 후 자체의 처리결과에 대한 기록(a record of
   its proceedings)   을 차기 TNC 회의에 제출토록
   되어 있음. (GNG   에도 참고로 송부)

ㅇ 감시기구는 또한 관련국간 합의된 RB 작업의 이행을 감시하여
   이를 TNC 에 보고토록 되어 있음.

ㅇ TNC   는 감시기구가 제출하여 온 SS 처리 결과에 대한 기록 및
   RB 작업 처리보고서를 토대로 하고 개별국가의 이해와 관련하여
   SS/RB   공약의 이행 및 동 공약 이행이 다자간 무역협상 과정에
   미치는 영향에 대한 정기적 평가를 수행함.

ㅇ 상기 감시기구 및 TNC 의 구체적 역할에 대한 한계가 모호하여
   이를 명확히 해야할 필요성이 대두됨.

- 9 -   0053

º EC 는 SS/RB 약속이 정치적인 것임을 전제로 하고 감시기구의
  기능은 기본적으로 TNC 의 평가를 위한 보고서를 준비하는 것이며,
  감시기구의 절차는 분쟁해결 절차와는 달리 각국의 무역 조치가
  협상에 미치는 영향을 정치적으로 평가하는 것이므로 개별조치를 너무
  기술적으로 다루는 것에는 반대한다는 입장을 표명함.

º 아국을 포함한 대부분의 개도국들은 개별 조치에 대한 충분한 검토를
  통하여 선진국의 새로운 규제조치를 저지해야 한다는 입장임.

º 호주도 감시기구 토의가 일반론에 그치지 않고 구체적인 보호조치
  사항을 개별적으로 검토할 수 있어야 한다는 주장

아국 입장   (2.26 회의시 표명)

º 감시기구의 검토는 TNC 가 공약 이행여부에 대해 명확한 평가를
  내릴수 있도록 상세하고 철저히 이행되어야 함.

º TNC 의 정기 평가에는 개괄적인 평가 이외에는 통보된 개별
  조치에 대한 개별평가가 포함되어야 함.

검토 사항

º 상기 입장 보완 발전

- 10 -   0054

8. SS/RB 공약을 써비스 분야까지 확대하는 문제

┌─────────┐
│ 쟁점 내용 │
└─────────┘

o 써비스 분야에 대해서는 SS/RB 공약을 적용할 것인지의 문제

┌─────────┐
│ 주요국 입장 │
└─────────┘

o EC 는 써비스 분야에 까지 확대할 것을 시사

o 개도국은 동 공약이 상품교역 분야에만 적용되어야 한다는 입장

┌─────────┐
│ 검토 사항 │
└─────────┘

o 써비스 분야에까지 공약을 적용할 것인지의 문제

- 11 -

0055

II. 분 쟁 해 결

- 12 -

0056

1. 논의현황 및 아국의 대책 방향

가. 논의 현황

ㅇ 현행 GATT 분쟁 해결 절차를 강화해야 한다는데 대해
선진국、개도국 공히 기본적으로 그 필요성 인식

ㅇ 특히 홍콩、멕시코 등 대다수 개도국 및 호주、뉴질랜드 등
일부 선진국은 현 분쟁해결 절차의 강화를 주장

ㅇ 그러나 EC 는 지금까지 대부분의 분쟁(90%) 이 성공적으로
타결되었으며、정치적 성격의 분규(10%) 는 절차적인 규정을
통해 해결하는데 한계가 있음을 지적함으로써 분쟁해결 강화에
소극적 태도 (일본도 다소 소극적 태도)

나. 향후 대책 방향

1) 제소 또는 피제소자의 입장 검토

ㅇ 아국의 지속적인 교역 신장과 시장개방 요구 증대 추세에
비추어 아국이 직접 분쟁 당사자가 될 가능성이 증가할
것으로 예상되는바、아국이 제소자 또는 피제소자 입장중
주로 어느 입장에 설 경우가 많을 것인지에 대한 검토
필요

- 13 -

0057

º 제소자의 입장에 설 경우에는 홍콩과 유사하게 분쟁의
    신속한 해결, 패널 권고사항의 준수 강화가 유리하며,
    피제소의 입장에서는 일본의 보다 소극적인 입장이 참고가
    될 수 있을 것임.

2) 분쟁의 갓트 내 처리

  º 현재 아국의 겪고 있는 분쟁은 양자관계에서 제기되어
    GATT 밖에서 합의, 해결되고 있는바, 앞으로는 이를
    GATT 에 회부하여 다자적으로 해결할 것을 제의하는
    것이 가능하고 유리할 것인지에 대한 검토 필요

3) 대책 방향

  º 아국은 상금 GATT 분쟁해결 절차의 당자자가 된 경험이
    없으며, 앞으로도 미, 일 등 주요 교역국과의 관계로 보아
    양자협상 방식을 통해 분쟁을 해결하는 경우가 많을 것이며,
    아국이 갓트 분쟁 당사국이 되는 경우에도 제소자보다는
    피제소자의 입장에 서게될 경우가 더 많을 것이라는 점을
    고려하여, 분쟁해결 절차를 무조건 강화하자는 종래 입장
    보다는 다소 신축적인 자세를 보이는 것이 바람직할 것임.

- 14 -

0058

2. 쟁점별 아국 입장 검토

   1) 분쟁처리 기간의 장기화

   ┌─────────┐
   │ 문 제 점 │
   └─────────┘

   o 분쟁해결 절차가 지연됨으로써 제소국의 이익을 실질적으로
     침해

   o 분쟁의 이사회 상정 자체를 방해

   o 패널 설치 및 구성의 지연 (당사국의 방해、 적절한 패널
     구성원의 부족、 지명된 패널 구성원에 대한 당사국의 반대등)

   o 패널 보고서 작성의 지연

   o 패널 보고서 채택의 지연

   ┌─────────┐
   │ 논의 현황 │
   └─────────┘

   o 아국은 당사국간 일정한 협의후 어느 일방 분쟁 당사자가
     요구시 자동적으로 패널을 설치하는 방안을 제의

   o 뉴질랜드는 패널의 최대 작업기간을 12개월로 할 것을 제의

   o 홍콩은 단계별 시한 설정을 제의

┌─────────┐
│ 아국 입장 │　　(4.6. 회의 훈령)
└─────────┘

○　분쟁해결의 단계별 시한 준수

　－　분쟁해결의 신속한 처리를 위해 79 Understanding
　　　에 단계별 시한이 설정되어 있음에도 불구하고、분쟁 당사국
　　　이 부당하게 분쟁처리를 지연시키는 사례가 증가하고 있음을
　　　고려、동 시한을 엄격히 준수토록 관련 규정을 강화해야 할
　　　것임.

　－　또한 패널 설치시한이 설정되어 있지 않아 협상력이 약한
　　　개도국이 제소국인 경우 피제소국의 영향력 행사로 패널
　　　설치 결정이 부당하게 지연될 가능성이 많은바、이사회
　　　에서 일정시한 논의후 패널이 자동적으로 설치되도록 함으로서
　　　패널 설치 시한을 단축해야 할 것임.

　－　패널 구성 및 패널 절차와 관련하여서는 이사회에서
　　　패널을 구성하고 패널은 지체없이 (통상 3내지 9개월)
　　　그리고 긴급시에는 3개월 이내에 이사회에 보고서를 제출
　　　토록 되어 있으므로、동 시한을 엄격히 준수토록 하고
　　　보고서 작성에 소요되는 시간의 지연을 방지하기 위해
　　　새로운 증거 및 분쟁관련 자료 제출에 대한 시한을 설정할
　　　필요가 있음.　　보고서 작성 시한의 연장이 불가피한 경우、
　　　패널은 이사회에 연장 시한 및 그 사유를 보고하고 이사회는
　　　필요한 최소기간의 연장을 허가토록 함.

－ 16 －　　　　　　　　　　0060

2) 패널 기능상의 문제점

┌─────────┐
│ 문 제 점 │
└─────────┘

○ 패널 구성원의 전문성 (GATT 관행에 대한 경험 및 법률지식
   등) 부족

○ 패널 보고서의 불명확성 및 논리적 결함.
   - 분쟁해결 절차 규정 내용의 모호성에도 기인 (해석상의
     차이로 권고 내용에 있어서도 불명료성 야기)

┌─────────┐
│ 논의 현황 │
└─────────┘

○ 미국、뉴질랜드 등 수개국이   패널 보고서의 질을 높이고
   패널   구성원을 신속히 선정키 위하여 분야별 전문가
   명단을 미리 확보할 것을 제의 (전문 Panelist   의 확보)

○ 패널 결정에 대한 신뢰도를 증대시킴으로써 갓트의 분쟁해결
   기능을 강화하기 위해서는 패널의 중립성과 권위가 보장되도록
   해야 할 것임.

○ 먼저 패널구성에 있어서 중립성이 보장되어야 함.   패널이
   일상적인 갓트의 활동에 참여하는 정부대표로 구성되는 경우
   자국의 통상정책 및 분쟁 당사국과의 무역관계로부터 완전히
   단절될 수 없으므로 공정한 판단을 기대하기 어려울 것임.

- 17 -   0061

따라서 패널은 체약국간 이해관계의 대립에 의히 영향을 받지 않고 국제 통상 관계와 갓트의 운영에 관한 충분한 지식과 경험을 가진 제 3의 민간인으로 구성함이 바람직함.

o 또한 패널에 참가할 자격이 있는 전문 Panelist 에 대한 상설적인 명부를 작성、비치함으로써 패널의 중립성을 보장하고 패널 구성원의 개인적인 권위 및 패널의 계속성을 확보하여 패널의 결정에 대한 권위를 증대시키도록 해야 할 것임. 전문 패널제도를 도입함에 있어서는 각 회원국의 이익을 고루 반영하기 위하여 균형있는 Roster 를 작성토록 노력해야 할 것임. ○

o 84·11. 제 40차 GATT 총회에서 사무총장이 민간인 Panelist 명단을 작성、유지토록 하고、GATT에 분쟁이 회부된 후 30일 이내에 패널 구성에 대한 합의가 이루어지지 않을 경우 사무총장이 상기 민간인 Panelist 명단에서 지명 하여 패널을 구성토록 하였음에도 불구하고 실제로 이러한 합의가 ○ 제대로 실행되지 않고 있음.

- 18 -

0062

3) 패널 보고서 채택상의 문제점

| 문제점 |

o 이사회에서 consensus 방식에 의한 보고서 채택 방식의
  불합리성 (특히 호주 및 칠레의 지적)

| 논의 현황 |

o 호주는 보고서 채택시 분쟁당사국의 참여 배제를 주장
  (consensus minus two   방식)

| 아국 입장 |

o 패널 보고서 "채택" 시 분쟁당사국을 배제하는 이른바
  consensus munus two   방안은 현재로서는 실현
  가능성이 없을 것으로 보이나, 상황에 따라 이를 제기할
  필요성은 있음.

4) 이사회 권고 사항의 불이행

º 이사회 권고사항의 이행을 강제할 규정 결여
  - 권고 이행 여부는 당사국의 자발적 의사에 기초
  - '82 각료 선언에서 이사회 권고에 따른 사후 조치의
    보고를 결의하였으나, 실질적인 구속력 없음.

┌─────────┐
│ 논의 현황 │
└─────────┘

º 화해 및 조정 기능 강화
  - EC 는 분쟁해결 절차가 사법적 절차가 아니므로 분쟁
    당사국이 수락할 수 있는 타협점을 찾아야 한다고 강조
    하면서 조정기능 강화에 역점을 둘 것을 시사함.
  - 이와관련 GATT 분쟁해결 절차가 화해를 위주로 한
    것인지, 사법적인 절차를 의미하는 것인지에 대한 오랜
    논쟁이 있었는바, 일본이 EC 입장을 지지하였으며, 미국
    등 여타국은 상기 양측면이 공유하고 있으므로 먼저 화해를
    시도한 후 이에 실패할 경우 사법적인 절차가 따라야
    한다는 의견을 제시하였음.

0064

- 20 -

° 분쟁의 사법적 해결 문제

- 이사회 결정사항의 이행 확보를 위해 불이행국에 제제를
가하는 등 분쟁해결 절차에 초국가적인 사법적 기능을
부여하는 방안은 갓트의 계약적 성격 및 대부분 회원국
들의 소극적인 태도 감안시 실현 가능성이 없을 것으로
판단됨.

5) 분쟁해결 감시기구의 결여

┌─────┐
│ 문 제 점 │
└─────┘

° 홍콩、칠레 등은 절차개선 방안 검토、신속한 해결 촉구、감시
기능 수행등 분쟁해결을 전담하는 상설기구 설치를 제의

┌─────┐
│ 논의 현황 │
└─────┘

° 감시기구 설치 문제

- 홍콩은 분쟁해결 절차와 관련、처리기간 단축과 이행확보
면에서 이사회의 기능을 보조할 수 있는 감시기구 설치
방안을 제시하였으며、수개국이 이를 지지함.

- EC 는 협상 결과를 보아 감시기구 설치 필요성을 검토할
것을 언급함.

┌─────┐
│ 아국 입장 │ (4.6. 회의 훈령)
└─────┘

° 분쟁 해결을 전담하는 상설기구 설치 지지

- 22 -

0065

6) 개도국 지원을 위한 분쟁해결 기능 미흡

┌─────────┐
│ 문 제 점 │
└─────────┘

ㅇ 양자간 화해를 중시하는 현행 분쟁해결 절차나 보복 조치 규정은
  협상력이 약한 개도국에 불리

ㅇ 선진국과의 분쟁시 개도국 권익을 보호해 줄수 있는 제도적 장치
  결여

ㅇ 선진국에 대한 개도국의 보복은 사실상 불가능

┌─────────┐
│ 논의 현황 │   (4.6. 회의훈령)
└─────────┘

ㅇ 아국을 위시하여 모든 개도국이 경제력과 보복력이 약한 개도국
  의 이익 확보를 위한 추가적인 제도적 장치를 제의함.

ㅇ EC 는 경제발전 단계에 따라 각각 상이한 절차를 적용할
  수 없다는 점을 들어 이에 반대함.

ㅇ 아국은 구체방안으로 일정기간내 패널 권고사항 이행 불가시
  자동적인 보상을 제의하였으며, 알젠틴등 어타 개도국은 수출
  제개등 원상회복을 강조함.

ㅇ 스위스는 분쟁방지를 위한 통고 의무의 강화를 브라질은 회색
  조치의 금지를 각각 제의함.

- 23 -   0066

| 아국 입장 | (4.6. 회의 훈령)

o 다수 계도국들이 지적한 바와 같이 갓트 분쟁해결에 있어서
  협상력이 약한 계도국의 이익을 보호할 수 있는 절차와 기능의
  개선이 필요하다고 봄.

o 계도국의 권익보호는 근본적으로 갓트상의 계도국 관련 조항의
  성실한 준수에 의해 확보될 수 있으며、분쟁발생시 계도국 권익
  보호를 위한 제도적인 개선이 이루어져야 할 것이며、권고사항
  불이행시 보상하는 안을 패널 보고서에 포함시키도록 함.

7) GATT 밖에서의 분쟁해결 경향

| 문제점 |

o 주요 교역국이 분쟁당사자가 되는 경우 GATT 체제밖에서
  해결책을 찾으려는 경향 증대

| 논의 현황 |

o 호주가 동 문제점 지적

| 아국 입장 | (4.6. 회의 훈령)

o 현재 아국이 겪고 있는 분쟁은 양자관계에서 제기되어 갓트
  밖에서 협의、해결되고 있는바、앞으로 이러한 분쟁을 갓트에
  회부하여 다각적으로 해결하도록 촉구할 것인지에 대해서는
  아직 입장 표명을 유보토록 함.

0067

- 24 -

UR 실무대책 소위원회 자료

87. 9. 8(화) 15:00 _{외무부 소회의실 (616호)}

º 분쟁 해결 그룹
º SS/RB 감시기구
º GATT 기능 강화
º GATT 조문
º MTN 협정

외 무 부
통 상 국

0098

회 의 참 석

외 무 부	이 동 익 통상국장
	김광동 통상기구과장
경 기 원	정부균 정책 1과 사무관
재 무 부	박상조 국제관세과장
농림수산부	이용기 국제협력과 사무관
상 공 부	이성제 국제협력과장
코 트 라	김주남 국제기구과
무역협회	성영중 통상 2과장

0099

회   의   진   행

3:00-3:30   분쟁해결 그룹

　　　ㅇ 아국 입장 간단히 정리
　　　ㅇ 홍콩、 카나다의 분쟁해결 기구 설치안 협의

3:30-4:00   SS/RB 감시기구

　　　ㅇ 감시기구에 통보될 아국 조치 파악
　　　ㅇ 아국이 통보할 타국 조치 결정
　　　　- 이와관련、 Rollback 에 대한 우루과이
　　　　　제안 검토

4:00-4:30   GATT 제제 기능 그룹

　　　ㅇ UR 관련 선발개도국 졸업 문제 검토

4:30-5:00   GATT 조문 그룹

　　　ㅇ 주로 28조 양허 재협상권 문제 검토

5:00-5:30   MTN 협정

　　　ㅇ 반덤핑 협정 관련 아국 서면 제안

0100

1. 회의 개최 현황 및 계획

   ○ 87년도 전반기 회의 개최

   - 제 1차 : 87.4.6.
   - 제 2차 : 87.6.25

   ○ 87년도 하반기 개최 계획

   - 제 3차 : 87.9.21、9.24
   - 제 4차 : 87.11.9、11.13
   - 제 5차 : 87.11.19-20
   * 온건 그룹 실무급 비공식 회의 : 9.14

2. 서면 제안 내용

   멕시코

   ○ 협상에서 다룰 6개 사항
   - 패널 설치、패널 구성、패널 임무 (terms of reference)
     부여 등 절차의 신속화 방안
   - 패널의 최대 작업 기간 설정 가능 여부
   - 패널이 화해방안을 제시할 수 있도록 권한을 부여하는 것이
     적절할 것인지 여부

0101

-1-

- 분쟁 당사국의 반대로 패널 보고서 채택이 불가능 하거나 체약 국단의 권고가 이행되지 않는 상황을 방지할 수 있는 방안
- 개도국이 분쟁당사국인 경우 동 개도국이 사무총장의 주선을 이용할 수 있도록 한 66.4.5. 결정사항을 개선하는 방안
- GATT 밖의 쌍무적인 분쟁해결을 GATT 에로 수용하는 문제

뉴질랜드

o 패널의 최대 작업기간을 12개월로 설정

o 분쟁당사국이 특정 패널 구성원을 거부하는 사례를 방지하기 위하여 상설 패널 명부를 작성하되 자질 (특히 특정분야의 전문가) 과 경험 을 갖춘 가급적 소수의 인사로 작성함.

자마이카

o 통고 요건의 합리화

o 각종 규정을 통합·개선할 가능성이 있는지 검토

o "회색 조치" 에 대한 제 3국의 문제 제가 검토

0102

- 2 -

ㅇ 분쟁이 쌍무 협의 단계 있는 동안 GATT 사무총장 또는 동인이 지정
한자의 자발적인 중재(mediation) 역할 강화

- 분쟁 당사국은 동 자발적인 중재로 인해 분쟁해결이 불필요하게
장기화될 것으로 인식되는 경우 이를 거부할 권리 보유
- 동 중재 기능은 분쟁해결의 최종 단계인 패널 과정과 구분되어야
함.

ㅇ 중립적인 기구에 의한 조정 (arbitration) 절차 신설

- 이사회의 승인을 필요로 하지 않음.
- 분쟁 당사국의 사전 합의에 의해 시행
- 분쟁당사국은 조정자의 결정을 이행할 의무는 없으나, 불이행시
보상 실시 또는 보복 수락
- 제 3의 이해관계국을 기속하지 않음.

ㅇ 분쟁 해결 단계별 구속력 있는 시한 설정

ㅇ 비정부 전문가를 Panelist 로 활용

ㅇ 패널의 terms of reference 채택 지연을 방지하기
위하여 표준 terms of reference 작성

ㅇ 패널보고서 채택 방해 문제 해결 방안

ㅇ 패널 권고 사항 불이행시 보상 또는 보복 권리 부여

0103

- 3 -

가. 기본 입장

　o　GATT 분쟁해결 기능은 지금까지 대체로 잘 이행되어 왔는바、
　　　UR 에서는 분쟁해결 제도를 강화하기 위한 집단적인 정치적
　　　약속을 구체화 하는 임무를 수행해야 하며、구체적으로는 분쟁
　　　해결에 관한 통일된 규칙 (integrated rule) 을 수립하는
　　　것임.

　o　분쟁해결은 기본적으로 당사국간 협의에 의해 해결되어야 함.

　o　패널 절차가 느리고 문제점이 많은 주요 이유는 사전 충분한 쌍무
　　　협의를 거치지 않고 패널 절차에 들어간다는 점과 관련 GATT
　　　규정의 결여 또는 동 규정에 대한 통일적인 해석의 결여임.

나. 구체적 개선 방안

　o　패널 이전 단계

　　　-　22조와 23조 1항하의 협의간의 관계 명확화、사무총장의
　　　　　주선 및 패널 회부간의 관계 명확화

　　　　　·　23조 1항 하의 협의는 패널 회부를 위한 전제조건이
　　　　　　　되어야 하며、예외적인 경우가 분명히 명시되어야 함.

　　　-　당사국간 화해를 위한 적절한 기구、개인 또는 사무총장의
　　　　　중재 역할 제도 개선 필요

0104

- 4 -

○ 패널 과정

- Roster 상의 패널인 수가 확대되어야 하며、 비정부
  인사를 좀더 자주 활용해야 함·

- 패널 설치를 위한 이사회 결정 절차를 개선하여 좀더
  신속한 결정이 이루어지도록 함· (이사회의 패널 보고서
  채택은 그대로 유지)

- 패널의 최대 작업 기간 설정 (GATT 의 관행인 9개월이
  좋은 지침이며 당사국 및 패널 구성원도 구체적인 기간을
  정할수 있도록 함)、 "긴급한 경우" 3개월 이내로 할 것을
  규정한 79년 Understanding 과 관련、 동 <u>"cases
  of emergency"</u> 의 의미를 명확화 하여야 함·

- 패널 과정에서 "패널이 당사국간 상호 만족스러운 해결을
  위한 충분한 기회를 제공" 토록 한다는 의미를 보다 <u>명확화</u>
  해야 함·

○ 패널 권고의 이행 확보

- 패널보고서 채택 절차를 개선해야 할 것이나、 <u>당사국 참여</u>
  <u>배제 문제는 조심스러운 검토를 요함·</u>

- 권고사항 이행을 위한 "<u>합리적인 기간</u>" 이 명확히 명시
  되어야 함· 이사회는 동 시한까지 불이행시 필요한 조치를
  취해야 함·

- 보상 또는 보복 조치는 엄격히 극단적인 경우에 한하여 유보할
  수 있음· <u>사전 이사회의 승인을 얻도록 한 기존 규정은</u>
  <u>그대로 유지되어야 함·</u>

0105

_ㅗ_

홍콩, 카나다의 분쟁해결 기구 안

가. 경위

- 홍콩, 카나다가 공동으로 이사회, 이사회 의장, GATT 사무총장의 분쟁해결 기능을 대체할 분쟁해결기구 (Dispute Settlement Body) 안을 작성 (홍콩 작성)

- 8·20. 카나다 대표부에서 개최된,분쟁해결 그룹에 관한 온건 그룹 실무급 비공식 협의 (아국, 호주, 싱가폴, 홍콩, 뉴질랜드, 카나다 6개국 참석) 에서 동 제안 협의

나. 분쟁해결 기구안 내용

- 현재 GATT 이사회 (및 특별 이사회)가 분쟁의 처리 및 감시 임무를 수행중이나, 이사회의 관장 사항이 광범위 하여 분쟁 해결을 중점적으로 다루기 어려움. 따라서 분쟁해결 상설기구를 설치하여 동 기구가 이사회, 이사회 의장 및 사무총장이 현재 수행중인 분쟁관련 기능을 이사회를 대신하여 담당토록 제안함.

- 분쟁해결 기구는 아래 임무를 수행함.
  a) 당사국간 쌍무협의 등 적절한 조치 / 화해를 통한 해결 가능성 모색
  b) 분쟁해결 과정의 단계별 작업 수립 / 분쟁해결 절차를 신속화 하기 위하여 당사국에 권고
  c) 단계별 시한 등 절차의 엄격한 준수 보장

0106

— 6 —

d) 체약국단의 권고 또는 판정의 이행 등 분쟁해결 과정에서
   발생하는 제반 사항 감시

e) 상기 (a)-(d) 의 진전 재검토

f) 이사회에 보고

g) 문제점 확인 및 개선 방안 권고를 위하여 분쟁해결 제도의
   운영에 대한 정기적 / 연례 재검토

h) 신속한 기능 수행을 위하여 필요시 자주, 최소한 월 1회
   이상 회합

○ 분쟁해결 기구는 모든 체약국으로 구성함. 의장에게는 상당히
  독립적인 행동의 자유를 부여함. 동 의장은 분쟁단계별로 적절한
  경우 화해자, 조정자, panelist 및 업저버의 역할 수행

다. 각국 의견 (8.26. 온건 그룹)

○ 호 주

- 농산물 및 Safeguards 그룹에서도 별도 전담기구 설치를
  고려중에 있어 분쟁해결 전담기구 설치 문제도 이와관련하여
  검토해야 하므로 입장 표명 유보

○ 싱가폴, 뉴질랜드

- 기능별 전담기구의 확산에 대해 많은 반대가 예상되며 총회를
  제외하고는 GATT 최고기구인 이사회의 정치적 위치와
  역할을 전담기구가 수행할 수 있을지, 전담기구가 효율적으로
  운영될 수 있을지에 대한 의문 제기

0107

-7-

○ 아 국
  - 분쟁해결 전담、시한준수 등 절차의 monitoring, 패널 권고 이행감시를 제고할 수 있는 여지가 있다는 점에서 전담기구 설치가 바람직하나、싱가폴이 지적한 이사회의 권위에 비추어 이사회 의장 및 GATT 사무총장의 화해 및 조정 기능과 이사회의 이행 감시기능을 전담기구가 그대로 대체할 수는 없으므로 이사회와 전담기구의 기능을 일부 상호 보완할 수 있는 방안도 검토함이 좋을 것임·

○ 홍 콩
  - 이사회가 다기한 문제를 취급하고 있어 분쟁해결 기능을 제대로 수행할 수 없음· 전담기구 의장은 TSB 의장과 같은 full-time job 이므로 monitoring 및 화해、 조정 기능을 전적으로 취급할 수 있음· 전담기구를 이사회 하부 기구로 할 경우 오히려 절차가 더 복잡해지고 시일이 더 지연될 우려가 있음·

○ 아 국
  - 이사회와의 관계와 관련、이사회 의장과 GATT 사무총장의 화해、조정기능을 살리고、특히 이행 여부 감시여부는 이사회 에서도 정례적으로 검토케 하는 방안이 있을 수 있을 것임·

○ 카나다도 홍콩 작성문안에 대해서는 유보

0108

- 8 -

3. 쟁점별 각국 입장 및 제안 (구두제안 포함)

   1) 분쟁의 신속한 처리

      ° 홍콩、미국
        - 단계별 시한 설정

      ° 뉴질랜드
        - 패널의 최대 작업 기간을 12개월로 정함

      ° 일 본
        - 패널의 최대작업 기간 설정 (예 : 9개월)、"긴급한 경우"
          의 의미 명확화

   2) 분쟁해결 절차의 성격

      ° E C
        - 사법적 성격을 배제하고 화해 및 협상 강조、새로운 의무의
          창조 반대 (브라질도 사법적 성격 부여 반대、일본도 동조)

      ° 미 국
        - 먼저 화해시도후 실패시 사법적 절차가 따라야 함.

   3) 협의,조정

      ° 미 국
        - 협의 단계시 사무총장의 자발적인 중재 역할 강화
        - 중립적인 기구에 의한 별도의 arbitration절차도입

0109

- 9 -

    ° 홍 콩
        - 동 arbitration 은 강대국과 약소국간 분쟁에만 적용

    ° 일 본
        - 사전 충분한 쌍무협의 필요
        - 중재 역할 개선 필요

4) 패널 구성、임무 부여、보고서 채택

    가) 패널의 구성

        ° 아 국
            - 패널 구성 방지를 위해 일정기간 협의 및 이사회
              논의후 일방 분쟁당사국 (특히 계도국) 가 요구시
              자동적으로 패널 구성
            - 긴급한 경우 패널 활동시한을 동 패널의 terms
              of reference 에 명시

        ° 뉴질랜드
            - 분쟁을 사안이 복잡한 경우와 단순한 경우로 구분、
              후자는 패널에 회부치 말고 이사회에서 시한을 명시
              하여 직접 다룸

        ° 칠 레
            - 계도국이 당사국인 경우 사무총장이 패널 구성(긴급시
              잠정패널 즉시 구성)、동 패널이 terms of reference
              작성

        ° 미 국
            - 통일적인 terms of reference   작성、활용

0110

- 10 -

나) 패널 명부 작성

　　° 아국、미국、뉴질랜드 등 수개국

　　　- 패널 구성원의 신속한 선정 및 전문성 확보 위해 민간인
　　　　전문가로 구성된 roster 작성

　　° E C

　　　- 제네바 주재 인사도 포함

　　° 일 본

　　　- 현행국별 민간인 패널인을 3-4명 수준으로 증원
　　　　(1-2인)

다) 패널 보고서 및 권고 채택

　　° 뉴질랜드

　　　- 보고서 채택시 당사자 배제

　　° 일본、EC

　　　- 이에 반대

5) 이사회 결정 사항 이행

가) 구속력 부여 문제

　　° 뉴질랜드

　　　- 구속력 부여

　　° E C

　　　- 구속력 부여에 강경 반대

0111

- 11 -

나) 보상 및 보복

　ㅇ 미 국
　　- 권고 불이행시 보상、보복 권리 부여

　ㅇ 일 본
　　- 보상 및 보복은 극단적인 경우에 한정 (체약국단의
　　　승인 필요)

　ㅇ 대다수국가
　　- 보상 및 제제조치의 한계성

　ㅇ 아 국
　　- 제도국이 분쟁당사국인 경우 보상규정을 패널보고서에
　　　포함

다) 권고사항 이행 기간

　ㅇ 아국、일본 등 대다수 국가
　　- 권고사항 이행기간 설정

라) 권고사항 이행 감시

　ㅇ 아 국
　　- 이사회가 권고사항 이행 여부를 정기적、포괄적 검토
　　　(미국이 긍정적 반응)

0112

- 12 -

6) 감시기구 설치

　o 홍　콩 (다수국 동조)

　　- 감시기구 설치

　o E C

　　- 협상 결과를 보아 설치 필요성 검토

7) 개도국 권익 보호

　o 아국 등 개도국

　　- 개도국 이익 위한 제도적 장치

　　- 개도국이 당사국인 경우 적절한 보상 규정을 패널 보고서에
　　　포함하고 일정기간내 권고 불이행시 개도국에 대한 자동적인
　　　보상제의 (아국)

　o E C

　　- 경제발전 단계에 따른 상이한 절차 적용 반대

　o 브 라 질

　　- 전반적으로 개도국 우대 원칙 고려

0113

— 13 —

4. 아국 입장

　가. 기본 고려 사항

　　ㅇ 홍콩、미국、카나다 등은 분쟁해결 절차를 대폭 강화하자는
　　　입장을 취하는 반면、일본、EC 등은 보다 소극적인 태도를
　　　견지하고 있음.

　　ㅇ 아국으로서는 향후 GATT 분쟁해결에 직접 관련될 가능성이
　　　높은바、그 경우에도 아국이 제소하는 경우는 그리 많지 않고
　　　제소를 당할 경우가 오히려 많을 것이라는 점 및 아국이 동분쟁의
　　　쌍무적인 해결을 추구할 가능성이 많을 것이라는 점에서 분쟁해결
　　　절차의 무조건적인 개선·강화 주장은 지양하도록 함.

　　ㅇ 다만 대다수 국가가 현행 분쟁해결 절차의 개선을 주장하고
　　　있는 점을 감안、아국으로서는 일반적으로 공감을 받고 있는 개선
　　　방안을 제안 또는 지지하면서 개도국의 권익이 보장될 수 있도록
　　　노력함이 보다 바람직할 것으로 판단됨. (일본의 입장 참고)

　나. 전반적인 입장

　　ㅇ 분쟁의 신속한 처리
　　　- 단계별로 설정된 시한 준수 촉구、불명확한 시한(합리적인
　　　　기간 등)의 명확한 설정

　　ㅇ 패널 구성
　　　- 당사국간 일정기간 협의시 자동적인 패널 설치
　　　　(특히 개도국이 당사자인 경우)

0114

－ 14 －

o 패널 활동 시한

  - 패널의 최대 작업기간 설정、동 시한을 terms of
    reference 명시

o 상설 패널인 명부 작성

  - 민간인 패널인으로 구성、균형있는 roster 작성

o 이사회 결정사항 이행

  - 이사회에서 패널 결정 채택서 이행기간 명시
  - 이사회가 정기적으로 (연 2-4회) 동 이행 사항 검토
  - 불이행서 보상 기능 강화

o 개도국 권익 보호

  - 선진국과의 분쟁서 개도국 권익을 보호해 줄수 있는 장치
    마련
  - 개도국이 피해당사국인 경우 패널 보고서에 보상규정 포함
  - 일정기간 권고사항 불이행서 자동적인 보상이 이루어지도록
    함.

0115

다. 홍콩、카나다의 분쟁해결 전담기구 설치안 검토

  1) 기본 입장

    ° 향후 아국이 GATT 분쟁의 직접 당사자가 되는 경우가
      많을 것으로 예상되나、홍콩 등과는 사정이 다를 것으로
      예상되므로 무조건적으로 홍콩 입장에 동조할 필요는 없음.

    ° 다만 여타 개도국 및 온건 선진국과의 유대 관계를 감안、
      홍콩、카나다의 분쟁해결 기구 설치안에 대해 어느정도
      성의를 보일 필요가 있음.

    ° 그러나 기존의 분쟁해결 주관기구 및 절차를 완전히 대체
      하는 분쟁해결 전담기구 설치에는 아래 문제점이 예견됨.

      - 기능별 전담기구의 확산에 대한 여타국의 반대 예상

      - 사실상의 최고기구인 이사회의 정치적 역할을 전담
        기구가 수행 곤란

      - 전담기구 운영의 효율성에 의문

      - 이사회 산하 각종 위원회의 분쟁해결 기능 수용 문제
        (전문성 과도 관련)

0116

— /5-/ —

o   상기 문제점을 감안, 홍콩 제안에 대해 가급적
유보하되 불가피 할 경우에는 원칙적으로 분쟁해결 기구
설치안에 찬성하나, 동 기구는 모든 분쟁해결을 통합,
관장하는 기구가 아니라 감시임무에만 중점을 두도록
제안함. (이사회 의장과 사무국장의 화해, 조정기능은
그대로 유지함)

- 분쟁해결 기구는 이사회 산하에 두고 분쟁해결 절차
  이행, 시한 준수, 권고이행 여부에 대한 감시임무를
  수행

- 따라서 동기구는 분쟁해결 "감시" 기구로 개칭

- 동 감시기구는 임무수행 내용을 정기적으로 이사회
  에 보고

- 이사회는 분쟁해결 감시기구의 보고를 토대로, 또는
  독자적으로 동 분쟁해결 절차 준수 및 권고사항 이행
  여부를 감시할 수 있음. 특히 이행 여부에 대해
  이사회가 정기적, 포괄적으로 검토할 수 있음.

0117

_ 15-2 _

┌─────────────────────────┐
│ SS/ RB 감시기구   │
└─────────────────────────┘

1. 논의 현황

  o UR 협상 개시후 최초로 SS/RB 관련 통보가 제출되었으나,
     개도국으로 부터는 한건도 없었으며, 모두 EC , 미국 등 선진국의
     통보만 제출되었음.

     - 미국의 세관사용료 부과 조치 (EC통보)
     - 미국의 수입유류 및 유류 제품에 대한 과징금 (EC통보)
     - 미국 국방성의 공작기계 조달 법령 (EC 통보)
     - 인도네시아의 열대목적 수출금지 (EC 통보)
     - 브라질의 국제수지 관련 조치 (EC및 미국통보)
     - 일본의 농산물 수입규제 조치에 대한 미국의 RB 협상 요청
        통보

  o 예상외로 개도국인 브라질 및인니가 선진국의 통보 대상이 되었는바,
     미국, EC 는 SS 공약 위반에 대한 개도국의 비판을 수동적으로
     방어하는 종래 자세에서 전환하여 개도국의 위반사례를 가론하는
     공세를 취함으로써, 개도국으로 부터의 비판 대응 및 개도국의 의무
     강조라는 두가지 효과를 노린 것으로 볼 수 있음.

0118

- 16 -

° EC 는 미국이 취한 조치 이외에 일본 및 일부계도국이 취한
조치를 통보함으로써 UR 협상을 통해 일본과 선발계도국을 특히
겨냥하고 있음을 간접적으로 시사함.

° 미국은 일본에 대해 농산물 관련 규제에 대한 RB 협상을 제의함
으로써, 일본 시장의 패쇄적 성격을 공개하고, 특히 선·후진국의
대부분으로 부터 호응을 받을수 있도록 농산물 분야를 거론하였음.

° 상기 선진국의 선제공세를 감안 계도국은 당초 계획하였던 감시
기구 강화에 관한 공동 연설을 일시 보류하게 되었음.

° 계도국은 협상 지위나 협상력의 상대적 약세로 인해 선진국의
SS/RB 위반 사례를 제대로 정식거론하지 못하는 현실이 노출됨.
이에따라, 계도국은 EC 와 미국 상호간에 계도국 관심분야 (예:
미국의 customs user fee, 섬유제품에 대한 수입과징금
등) 가 거론되면, 이를 거론한 선진국에 편승하는 등 소극적 대응의
형태를 보였음.

° 한편, 통보대상이 된 인니와 브라질중 인니는 본국의 공식 훈령을
받지 못해 자기방어에 미흡하였고, 특히 차기 회의에서까지 인니가
취한 조치가 거론되는 여지를 남겨두었으나, 브라질은 철저한 사전
준비를 통해 통보된 자국의 조치를 금번 감시기구 토의로 사실상
종결되도록 하는 등 비교적 효과적인 대응을 하였음.

0119

— 12 —

2. 대처 방안

　가. 아국의 조치가 통보될 경우에 대한 대비

　　ㅇ EC 등 선진국이 선발개도국의 조치를 겨냥하고 있음에 비추어 장차 아국의 조치도 감시기구에 통보될 가능성에 대해 사전 철저하게 준비 필요

　　ㅇ SS 위반으로 감시기구에 통보될 것으로 예상되는 아국의 조치를 파악, 아국의 입장 (GATT 규정 및 SS/RB 공약 관련 아국 조치의 정당성 및 불가피성) 을 작성, 사전 대표부에 송부

　나. 타국의 SS/RB 위배 조치에 대한 아국의 통보

　　ㅇ 타국의 SS/RB 위배 조치 추출, 통보서식에 따라 작성하여 상황을 보아 감시기구에 통보

　　ㅇ Rollback 관련 우루과이 제안(87.8.7) 검토

　　　- 제안내용 :

　　　"수입국이 자발적으로 Rollback 조치를 취할 것을 기대하기 어려우므로 각 수출국들이 관심품목에 대한 Rollback 희망사항을 감시기구 의장에게 통보할 것을제의"

　　　- 87.9.14(월) 09:00 개최될 개도국 비공식 회의에서 GATT 조문, 써비스 문제등과 함께 토의예정 (아국 입장 송부 필요)

0120

- /ㅇ -

○ 우루과이 제안에 대한 입장 검토

- 일단 주 제네바 대표부에 재량권을 부여하여 여타
  개도국과 Rollback 조치 통보문제를 협의토록 함.

- 개도국의 공동 행동 가능성 및 이에대한 선진국의 대응
  등을 고려하여 Rollback 통고 여부 및 시기 결정

0121

─18─1─

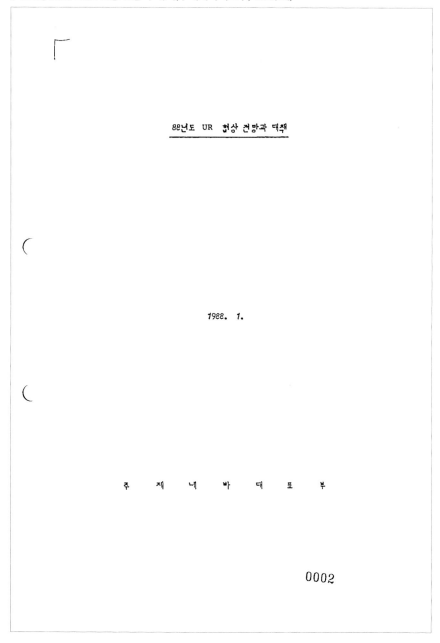

88년도 UR 협상 전망과 대책

1988. 1.

주   제   네   바   대   표   부

0002

목   차

0003

I. 87년 UR 협상 평가

1. 87년도 협상경과

- 86.9 Punta del Este 각료선언 채택으로 UR 협상
  분야별 협상그룹 (14개 상품무역 협상그룹, 서비스 무역협상그룹,
  감시기구등 16개)설치 및 그룹별 협상계획 확정
- 87.2월 이후 각 협상그룹별로 5차 (SERIES)에 걸친
  협상회의 개최

2. 87년도 협상평가

- 후속단계 협상 진입기반 마련

  ｃ 협상대상, 협상방법에 대한 각국의입장표명으로 쟁점확인
  ｃ 협상관련 무역통계, 무역장벽 정보 확보방안 토의,특히,
    종합 데이타 베이스(Integrated Data Base) 설치 결정
  ｃ 협상 분위기 조성의 전제조건인 SS/RB 감시기구 운영

- 선진국의 협상 주도와 개도국의 소극적 협상 참여

  ｃ 선진국은 전통 분야는 물론, 신분야(써비스, 지적소유권,
    무역관련투자)에서 협상주도
  ｃ 과거 동경라운드보다는 개도국의 참여가 활발해 진것은 사실
    이나 주로 간트의 권능, 협상의 지침등 원칙론적인 주장을
    반복하는 수준에 그침.

- 선발개도국에 대한 책임분담론 구체화

  ○ 선진국은 후발 개도국에 대한 우대를 인정하는 반면, 선발 개도국에 대하여는 책임분담을 강력히 주장

  ○ 개도국 내부에서도 명시적인 발언은 없으나, 선발개도국 책임 분담이 후발 개도국 우대강화에도 도움이 될 것이라고 보는 분위기 대두

  ○ 특히, 아국에 대하여는 최근 국제수지흑자, 수출신장등으로 선진국들이 동등한 협상파트너로 인식

- 각국의 협상이해 관계에 따른 비공식 그룹의 다극화

  ○ 미국, 이씨, 일본등 협상주도국 : 협상 전반을 주도, 새로운 규범 제정 강력추진

  ○ 인도, 브라질, 유고등 강경개도국 : 간트의 권능, 각료선언 지침을 근거로 한 원칙론 주장으로 신분야 협상지연

  ○ 온건개도국 (아국포함) : 국제무역 환경개선 및 협상의 무리없는 진전에 관심을 두고 협상주도국과 강경개도국간 중도 입장 유지

  ○ 기타 농산물, 열대산품그룹등 에서의 강력한 이익그룹 대두

- 아국입장에서의 평가

  ○ 당초 아국의 UR참여 및 신분야 포함 명분으로 제시한 보호 주의 완화는 UR 협상 진전에 따라 개선되었다고 평가할 수 없음.

0005

2

ᴼ 특히, 선진국들이 SS/RB 에 대한 성의를 보이지 않고
있으며 다자간 협상에도 불구하고 쌍무적 압력은 가중

ᴼ 그러나 주요국가간 무역 불균형의 심화, 개도국 부채, 환율의
불안정등 세계 거시경제 여건의 악화속에서 무역환경의 악화
방지를 위한 공동노력은 UR 의 성과이며, 아국에 대한 개방
압력·통상 마찰이 증가한 것은 아국의 획기적인 경제발전 결과에
따른 결과로 평가됨.

II. 88년 UR 협상 전망

1. 협상 추진대상

- 협상대상 분야의 구체화·확정
- 협상 접근 방법에 대한 합의 도출
- 신규범 제정 협상에 있어서는 기본 frame 부상
- 조기수확분야 (특히 농산물, 열대산품, 서비스)에서의 강력한
  실질협상 추진

2. 88년말 UR 각료회의 개최(mid-term review)

가. 개최전망

- 개최시기, 회의목적, 의제등에 이견이 있으나 다수국이
  88년말 카나다 각료회의 개최 지지

0006

- 그러나 의미있는 각료 회의를 위해서는 농산물(미국, 케언스),
  서비스(미국, 이씨, 일본), 열대산품(아세안등 이익국),
  SS/RB(개도국)등 주요 이슈에 대한 소기의 성과 기대

나. 다루어질 사항

- 최종 협상결과 윤곽(outline of final package)
  에 대한 토의

- 협상 부진 분야에 대한 진전촉구 및 조기수확 분야 협상방안

- SS/RB 에 대한 Commitment 재확인

III. UR 협상 대처방안

1. 협상목표

- 국제다자간 국제무역체제 강화 및 보호주의 확산 저지

- 상품수출 및 대외진출 여건개선

- 국내경제에 미치는 충격완화, 국내산업체질 개선

- 경제정책의 국제무역 질서 발전과의 조화로 선진 경제토의 진입

O

O

0007

4

2. 전략

가. 협상중점 분야 선정

- 협상 중점 분야

  ○ 아국 수출신장에 직접 관련되는 분야
    : 비관세, SS/RB, Safeguards
  ✓ 국내 산업 정책상 방어가 요청되는 분야
    : 관세, 농산물 및 열대산품
  ○ 국민경제에 파급효과가 큰 신분야
    : 서비스, 지적소유권

- 동 분야에 대하여는 장단기 세부 협상목표 설정 및 협상력 집중

나. 협상력 강화

- 협상분야별 이해를 같이하는 국가와의 공동보조 모색
- 강경선·개도국간의 대립된 의견 조정자로서의 역할을 부각 시킴으로써 독자적 협상력 확보

다. 선발개도국 졸업논의 저지

- 선발 개도국 졸업논의 구체화 방지노력

  ○ 전반적인 대응논리 개발
  ○ 협상 분야별 구체적 대응 방안 강구

- 다만, 국내적으로는 졸업에 대비, 대책 수립

0008

5

다. 쌍무협상과 UR 협상 연계 강화

  - UR 협상을 쌍무적 압력에 시간을 버는 수단으로 활용

3. 세부 대책

  가. 후속단계 협상 체제 정비

   (1) 아국 기본입장 및 훈령 재점검

    - 신정부 경제 정책 및 UR 협상 예상결과를 감안한 앞으로의
      입장 정립 및 기하달된 지침 재검토

   (2) 본부 협상 지원 체제 강화

    - 주관부처 : 구체적 사례 및 산업 현황 분석에 입각한
      협상 입장 정립

    - 총괄부처 : 협상그룹별 입장 조정 강화

  나. 중점 협상 분야에서의 협상력 강화

   - 서면 제안 제출등 아국입장 반영 노력 강화

    ○ 신규제안 제출이 요망되는 분야 : 서비스, 지적소유권,
      농산물, 열대산품

    ○ 협상진전에 따라 보완된 서면제출필요 분야 : 관세, MTN

0009

6

다. UR 관련 정보수집 강화 및 공동 활용

- 국내외 전문 연구기관의 UR 관련 연구보고서 활용
- 공관간 UR 관련 정보교환 제도화 (미국, 이씨, 일본, 제네바)
- UR 과 관련있는 세계 거시 경제 동향 및 각국의 입법동향
  모니터 (공관 경제활동 지침에 포함)

라. UR 협상에 대한 국내 경제계의 관심제고

- UR 에 대한 세미나 개최

  ◦ 업계 중견 간부 초청
  ◦ 간트 전문가 초청 및 제네바 대표부 실무고선 대표   활용

- 국제기구 주관 각종회의, 세미나에 정부관련 인사 및 업계
  대표 적극 참가

7

0010

MULTILATERAL TRADE
NEGOTIATIONS
THE URUGUAY ROUND

RESTRICTED
MTN.GNG/NG11/8
29 August 1988
Special Distribution

Group of Negotiations on Goods (GATT)

Negotiating Group on Trade-Related
Aspects of Intellectual Property Rights,
including Trade in Counterfeit Goods

MEETING OF NEGOTIATING GROUP OF 5-8 JULY 1988

Chairman: Ambassador Lars E.R. Anell (Sweden)

Note by the Secretariat

1.   The Negotiating Group adopted the agenda set out in GATT/AIR/2625.

2.   The Group had before it five new documents:

- a proposal by Switzerland (MTN.GNG/NG11/W/25);
- guidelines and objectives proposed by the European Community for the negotiations on the trade-related aspects of substantive standards of intellectual property rights (MTN.GNG/NG11/W/26);
- a communication from the Director General of the World Intellectual Property Organization making available to the Group the documents of the last meeting of the WIPO Committee of Experts on Measures Against Counterfeiting and Piracy (MTN.GNG/NG11/W/5/Add.6); and
- the remaining parts of the document from the International Bureau of the World Intellectual Property Organization on the existence, scope and form of generally accepted and applied standards/norms for the protection of intellectual property (MTN.GNG/NG11/W/24/Adds.1-2).

3.   On behalf of the Group, the Chairman expressed its thanks and appreciation for the documents furnished by the International Bureau of the World Intellectual Property Organization.

4.   Introducing documents MTN.GNG/NG11/W/24/Adds.1-2, the representative of the World Intellectual Property Organization said that these documents contained the remaining parts of the study that the Group had requested WIPO to prepare at its meeting of February/March 1988 (MTN.GNG/NG11/6, paragraph 39 and annex). Addendum 1 dealt with industrial designs and geographical indications. Addendum 2 dealt with neighbouring rights; it treated this subject in three sub-parts concerning respectively the protection of performers, the protection of producers of phonograms, and the protection of broadcasting organisations.

GATT SECRETARIAT
UR-88-0400

0064

5.   Commenting on the documents furnished by WIPO, a participant said that
the additional parts confirmed that the member States of WIPO had at their
disposal in that Organization all the necessary ways to review and improve
the protection of intellectual property rights. This demonstrated the
wisdom of her delegation's position that the Group should not discuss
substantive standards for the protection of intellectual property rights,
but should use the limited time available to it to deal with the
trade-related aspects of intellectual property rights, that is to say the
negative effects on trade that may result from the protection of
intellectual property rights.

Trade-related aspects of intellectual property rights

6.   Introducing his country's proposal in document MTN.GNG/NG11/W/25, the
representative of Switzerland said that, in preparing the proposal, the
points of departure had been the Group's Negotiating Objective and the will
to elaborate a solution that would be applicable to all participants - a
truly multilateral solution. Account had been taken of three contexts.
First, the environment of the General Agreement which established a link
between trade and intellectual property, and provided, in Articles XX(d)
and XXIII:1(c), ways of tackling trade distortions arising in connection
with intellectual property rights. These had provided inspiration for the
Swiss proposal, which aimed to integrate the solutions found in the Group
into the General Agreement. Secondly, account had been taken of the
traditional environment of intellectual property and of the need to avoid
legal conflicts between GATT and existing international conventions dealing
with intellectual property. The third context was the environment of
negotiations, which was characterised by diverging appreciations as to the
appropriate approach to be taken. The Swiss proposal had two objectives:
in the short-term to facilitate progress towards a basis for negotiations;
and to provide a vision as to the possible overall result of the
negotiations. He then spelt out the three main principles proposed in the
Swiss paper. First, an obligation to avoid or eliminate trade distortions;
this would be an elaboration of Articles XXIII:1(c) and XX(d) of the
General Agreement. Second, the principle of non-discrimination, whilst
taking into account the concept of proportionality contained in
Article XX(d). The principle of non-discrimination could be made directly
applicable. Third, the obligation to transpose into internal law a number
of commitments of the General Agreement, based on Article X:3(b). These
three principles should take the form of an article of the General
Agreement. They would not only resolve a good number of trade problems in
their own right but also constitute a legal basis for action to forestall
or resolve trade disputes which had their origin in the field of
intellectual property.

7.   The representative of Switzerland further said that, in order to put
into practice these general principles, it was suggested that indicative
lists should be drawn up reflecting situations of fact or of law, in each
area of intellectual property law, or procedural situations giving rise to
trade distortions. As one of the bases for identifying these situations,

0065

the Group's documents W/12/Rev.1 and W/24 could be used. Such lists would have the effect of shifting the burden of proof. If a situation in a country figured on the list, that country would have in a dispute the burden of proving that the specific situation in question was not in practice causing a trade distortion. If the situation did not figure on the list, the burden of proof would be on the complaining party, as is the case presently under Article XXIII:1(c). In regard to other means of making progress, the Swiss proposal suggested the establishment of a system, inspired by practices under the Agreement on Technical Barriers to Trade, for the prior notification of laws and regulations that participants wished to introduce in the area of trade-related intellectual property, and a system for dispute settlement. The proposal also suggested the establishment of a committee on the trade-related aspects of intellectual property which would: analyse the intellectual property systems of parties and exercise a consultative rôle for national intellectual property experts; play the rôle of a mediator between parties to a dispute; develop the indicative lists; co-operate with WIPO; and, only if necessary, draw up intellectual property norms where progress elsewhere had not been possible. The proposal further provided for technical co-operation in collaboration with WIPO upon request. In conclusion, the representative of Switzerland said that the proposal of his country offered a flexible approach based on the existing provisions and mechanisms of the GATT that would provide the GATT with means to work in the area of intellectual property after the end of the Uruguay Round. It respected existing national and international legal systems while introducing a new dynamic that would lead to increased convergence and leaving open the option of a norm-setting activity in GATT.

8.   Giving their general reactions to the Swiss proposal, some participants considered it a constructive contribution to the work of the Group. They welcomed the emphasis on the provisions of the GATT and on trade distortions arising in connection with intellectual property as the points of departure. Many participants wished for greater specificity to be given to the possible contents of the indicative lists and some reserved their comments until they had been able to look at such lists. Some participants were of the view that the proposal included elements that were outside the scope of the Negotiating Objective of the Group, in particular where the proposal touched on the question of substantive standards for the protection of intellectual property, notably the suggestion that a GATT committee might draw up norms where cooperation with other international organisations in this regard had failed. It was also suggested that Article XX(d) could not be treated as a basis for GATT commitments in the area of intellectual property since it was an exceptions provision.

9.   Commenting on the approach suggested in the Swiss proposal, some participants indicated their interest in the idea of a possible new GATT article, which they considered to be a preferable approach to that which would involve the negotiation of a code. Some other participants took the view that it was premature to be considering questions of legal form; an attempt should be made first to see where agreement would be possible

0066

on points of substance. Some participants expressed concern that the Swiss proposal aimed at a comprehensive treatment of the trade-related aspects of intellectual property rights and thus did not respect the Negotiating Objective of the Group, which drew a clear distinction between trade in counterfeit goods and other aspects.

10. Some participants, noting that a basic commitment proposed was to avoid trade distortions caused by excessive, insufficient or lack of protection of intellectual property, said that a prior question that would need to be answered was what was excessive, insufficient or lack of protection of intellectual property. This proposal did not answer this question and concern was expressed about the subjectivity of judgements in this regard. It had to be recognised that the appropriate level of protection varied between countries according to their economic, social and legal circumstances. It represented a balance between, on the one hand, the need to stimulate inventiveness and creativity and the use of intellectual property within the country and, on the other hand, the need to avoid undue economic and social costs from the anti-competitive effect of such rights. This point of balance would not necessarily be the same for all countries. The fact that the practices in the area of intellectual property might have adverse trade effects did not necessarily mean that those practices were not justifiable, since the underlying objectives of the protection of intellectual property were not in the field of trade. Moreover, it had to be borne in mind that the protection of intellectual property was in itself a constraint on competition and therefore on trade; for example, many of the trade problems arising in connection with intellectual property stemmed from the restrictions contained in licensing agreements. The Group still had to undertake an in-depth discussion of what were the trade distorting effects arising in connection with intellectual property rights. A participant suggested the establishment of a specialist working group to study and analyse the impact of intellectual property rights on trade, other than in the area of counterfeiting in respect of which the Negotiating Objective was already clear. In his view, there was need for a common understanding of what was appropriate and inappropriate protection of intellectual property, if the Group was to find a solution to the issues before it. In such an exercise account should be taken of the existing international instruments and the work under way in WIPO on these matters.

11. A participant said that the issue before the Group was an economic rather than a legal one. Developing countries were net importers of technology and other subjects of intellectual property protection. The various proposals before the Group would, if implemented, improve the competitiveness of companies and countries which owned most intellectual property at the expense of worsening the terms of trade of developing countries and impairing their efforts to develop indigenous technology. He recognised that intellectual property rights had their price and was prepared to find an appropriate formula provided there was understanding on the part of developed countries for the position of developing countries, through for example, preferential treatment, exclusion of trade retaliation and shorter terms of patent protection.

0067

12. A participant considered that the Swiss proposal went beyond existing practice under the General Agreement in postulating the possibility of trade distortions as a result of internal measures.

13. A number of participants wondered what would be the link between the suggested indicative lists and norms for the protection of intellectual property. Some doubted that it would be possible to avoid a treatment of norms if the indicative lists were to lay down commitments of sufficient specificity to be the basis of dispute settlement proceedings and to generate the desired predictability. Some participants found the notion that the situations in the indicative lists would constitute a rebuttable presumption of nullification and impairment an innovative concept that would require careful study. Questions were also raised as to the practical effect of a reversal of the burden of proof. The view was expressed that experience in GATT had shown that reversal of the burden of proof could, depending on how it was applied, either have the same effect as a binding obligation or the effect of not providing a set of functioning rules at all. If it was the former, it was not clear what would be the advantages of such an approach over binding obligations on norms that could offset the additional complications that it would entail. Some participants asked what would be the contractual nature of these indicative lists, for example to what extent would a participant be obliged to reflect them in its national legislation. Some participants also wondered how they would be drawn up, especially after the end of the Uruguay Round when it might be difficult to find an acceptable balance of advantage. Some participants indicated that they were ready to participate in an exercise to develop indicative lists.

14. Some participants welcomed the emphasis in the proposal on non-discrimination and national treatment. It was also said that the precise language for reflecting these principles would need further exploration.

15. In regard to the proposed amendment to Article XX(d) of the General Agreement (Section C.1(iv) of the Swiss proposal), some participants doubted the need for the proposed amendment. The view was expressed that Article XX(d) as it stood could apply to all intellectual property; support for the proposed amendment would imply a different interpretation.

16. In regard to the suggested commitment to prevent counterfeiting and piracy (Section C.1(ii)), some participants believed such a commitment would be excessive since it would make governments internationally responsible for illegal actions of private parties within their jurisdiction. Moreover, it would not be feasible for a government to be able to implement such a commitment since it could not guarantee the complete elimination of counterfeiting and piracy, any more than it could guarantee the elimination of smuggling, for example. It was said that the proposal was inconsistent with the position taken by some countries in the area of restrictive business practices where it was claimed that governments could not be responsible for the behaviour of private parties.

0068

It was also said that the proposed commitments on enforcement lacked
specific elements, such as those suggested in the proposals made by some
other participants. It was asked whether the indicative lists would serve
to provide greater specificity in this regard. Noting the proposals in
Section C.1(v) concerning the implementation and review of domestic laws
and practices, some participants were concerned about the resource
implications of the establishment of tribunals of the sort envisaged. The
question was also raised as to the compatibility with legislative
timetables of a deadline in this regard.

17. In regard to Section C.3 concerning dispute prevention, some
participants doubted that prior notification and discussion in GATT of laws
and regulations relating to intellectual property would be consistent with
their national sovereignty and were of the view that it could constitute a
breach of parliamentary privilege, especially if the views of other
contracting parties had to be taken into account. With regard to practices
in this connection under the Agreement on Technical Barriers to Trade, a
participant said that there was an important distinction, since prior
notification in that context referred to specific standards rather than to
laws and regulations of general application. In regard to Section C.3(ii),
support was expressed for the concept that efforts on the part of regional
and local governments and authorities would also be required if there was
to be a balanced outcome.

18. A number of questions were raised in regard to the proposed committee
on trade-related aspects of intellectual property rights (Section C.4),
including on its nature, functioning and status. Some participants
considered that it would not be appropriate for such a committee to
propose international norms for adoption by the CONTRACTING PARTIES since
this would be prejudicial to the work of the WIPO. A participant said that
such a committee should not propose norms unless efforts to do so in other
organisations such as WIPO had not proved successful. Another participant
wondered what would be the circumstances in which co-operative efforts
between GATT and WIPO would be deemed to have failed.

19. In regard to dispute settlement, a participant wondered if a two-phase
process was being suggested - first in the proposed committee and then in
accordance with Articles XXII and XXIII - and whether this might prove
complicated and slow. In connection with the rôle of the proposed
committee in mediating existing disputes, it was asked what was meant by
the term "existing disputes". A participant was concerned that treatment
of questions concerning Articles XXII and XXIII in the Group might
prejudice work in another Group.

20. In connection with technical co-operation, support was expressed for
commitments in this field. However, a participant was doubtful that the
GATT should become involved in technical co-operation in regard to the
development, the amendment and implementation of national laws and
regulations and practices since this would mean entering the area of
substantive norms and would prejudice initiatives that rightly belonged
elsewhere.

0069

21. Responding to the comments, the representative of Switzerland first referred to the points raised by some participants concerning the subjective nature of the evaluation of the sufficiency of the protection of intellectual property rights. He said that a purpose of the Swiss proposal was to overcome this problem by having such evaluations made through a multilateral process so that they were not simply a subjective one of each contracting party. The greatest objectivity would be achieved through international norms, but the Swiss proposal did not go this far. It proposed a multilateral process involving indicative lists and dispute settlement that would nevertheless introduce a high degree of objectivity. In the absence of such a system, the alternative would be a situation where the subjective assessments of individual contracting parties came into conflict with each other, and often it would be the stronger that would win the day. Concerning the question of the prevention of counterfeiting and piracy, he said that the commitment on governments being proposed would be to make available measures and procedures by which parties considering that their intellectual property rights were being counterfeited or pirated could themselves take action to prevent such illicit acts. As for Article XX(d), he said that this was not a basis of the Swiss proposal, rather it was a source of inspiration. In particular, Article XX(d) was interesting because it did not constitute an absolute exception but contained an aspect of proportionality. As to the statement that Article XX(d) already referred to all intellectual property rights, his delegation would be quite prepared to go along with such an interpretation if there were a consensus to that effect in the Group. Turning to the proposed indicative lists, he said that they should not be regarded as the main element of the Swiss approach. They were technical means to make it possible, to give, on a step-by-step basis, concrete form to the normative principles, which were the central features of the Swiss proposal. Their content would be the result of negotiation, to which he hoped all participants would contribute. It was possible that in the first phase lists would not be able to cover all the situations that had already been raised in this Group, for example, in documents W/12/Rev.1 and W/24. This was one reason why provision had been made for the lists to be evolutionary and for institutional machinery to permit this. The lists would cover situations, that is to say situations of fact or situations of law or situations reflecting the state of procedures, rather than set out norms. His delegation would provide concrete examples at the Group's next meeting. He did not agree that the notion of a presumption or reversal of the burden of proof was new within the framework of General Agreement; this was already provided for in agreed practices under Article XXIII and also in Note 26 to the Agreement on Subsidies and Countervailing Measures.

22. As to the suggestions on the prevention of disputes, the representative of Switzerland said that the long-standing and growing importance attached in GATT to mechanisms aimed at the prevention of disputes was reflected in the emphasis in GATT's work on transparency, notification and surveillance. The proposal aimed to make surveillance more effective as a means of preventing disputes. It would provide an opportunity for prospective intellectual property legislation to be

examined from the trade policy viewpoint. He believed that given these
advantages and the preferability of preventing rather than having to
resolve disputes, even governments of trading nations highly conscious of
their national sovereignty would see the benefits of such mechanism. In
the field of both dispute prevention and dispute settlement, a concern had
been to present governments with as many options as possible for dealing
with disputes. The possible rôle of the proposed committee as a mediator
was designed to provide an additional option. The reference to existing
disputes was a reference to disputes that would exist at the time that the
committee would come into effect. As regards the possibility that the
committee might, if necessary, propose international norms regarding
intellectual property related to international trade, it was his hope that
successful co-operation with WIPO would obviate any such need. Both in the
committee and in the field of technical co-operation, close co-operation
with WIPO was advocated, but on the understanding that each organisation
would maintain its specific characteristics and autonomy. In conclusion,
he said that if the Swiss approach were supported, negotiations would need
to concentrate on the following aspects: first, the normative principles;
second, the contents of the indicative lists; third, the ways and means of
preventing disputes; fourth, technical co-operation; and lastly, links
with other relevant provisions of the General Agreement.

23. A participant informed the Group of the main conclusions which had
emerged from a recent survey of industry in his country aimed at
identifying some of the trade-distorting effects arising in connection with
intellectual property rights. Piracy problems had been reported as
particularly severe in the book publishing, music recording and film/video
production industries. The computer software industry had also cited the
incidence of overseas piracy as a major factor inhibiting exports. In the
area of industrial property, the main industries affected by counterfeiting
were chemicals, pharmaceuticals, automotive parts, apparel and a range of
other manufactured goods. The survey had also revealed that trade problems
related to intellectual property were not confined to one group of
countries or to one region. Problems were evident in a range of countries,
both developed and developing. The main causes of these problems, as
reported by industry, were: the absence or inadequacy of relevant national
laws; discrimination or lack of reciprocity in according protection to
intellectual property rights; inadequate procedures for holders of
intellectual property rights to enforce their rights; and "gaps" in the
coverage of certain international agreements in the industrial property
area. In addition, many firms were concerned that some countries
administered their intellectual property right systems in such a way as to
constitute a non-tariff barrier to trade. Overall, the survey had
indicated significant trade losses to his country's economy from the
displacement of genuine exports by pirated and counterfeited goods. More
general economic losses had also been identified in the form of reduced
incentives to innovation and creative activity and consequent lower levels
of research and development and economic growth. He said that these
results indicated the severity of trade-related intellectual property right
problems and they provided a basis for establishing evidence of

0071

nullification and impairment of GATT rights. His delegation could support future work aimed at developing lists of trade distortions in this area. A critical point was how such distortions would be evaluated. One possibility could be for the Group to agree that specific trade-related provisions in major intellectual property conventions could be adopted in the GATT to provide a guide to determining the adequacy or otherwise of particular standards at issue.

24. Continuing, this participant presented the preliminary views of his delegation on the future direction of the Group's work on enforcement. The Group could usefully consider work aimed at codifying acceptable domestic mechanisms that would allow intellectual property right holders to enforce their rights. By and large, the existing international agreements did not specify such mechanisms. He suggested a two-stage approach to this exercise: first, recognition that enforcement should be conducted on the basis of the established GATT principles of non-discrimination, national treatment and transparency; and second, the codification of certain elements in order to introduce more predictability and uniformity to this area. The aim should not be to set down hard-and-fast rules, but to specify the essential elements which should be available in all countries to enable legitimate holders of intellectual property rights to enforce those rights. The elements which the Group could elaborate might include the following: forms of relief; forms of interim orders and discovery procedures; conditions required to establish the right to protection; rights of defence and counterclaim; details of judicial and clearly-defined administrative procedures; and time-limits for the conclusion of procedures. He believed that a greater level of uniformity in the enforcement area would be a significant element in overcoming many of the problems being addressed in the Group.

25. A participant made a number of suggestions for inclusion in any future revision of MTN.GNG/NG11/W/24/Adds.1-2. He also expressed the view that 20 years was too short a period of protection for phonograms and drew attention to the absence of a dispute settlement mechanism in the Phonograms Convention.

26. Introducing document MTN.GNG/NG11/W/26, the representative of the European Communities said that the proposed guidelines and objectives for the negotiations on the trade-related aspects of substantive standards of intellectual property rights complemented the earlier interventions and submission of the Community which had mainly referred to questions of enforcement. In preparing the paper on standards, a preoccupation of the Community had been to develop an approach which, while establishing GATT commitments on trade-related substantive standards, would have no negative effects with respect to the multilateral conventions and the multilateral system of cooperation already existing in the field of intellectual property including in particular the World Intellectual Property Organisation. He believed that the mutually reinforcing series of commitments that the Community was proposing would lead to a strengthening

0072

of the multilateral system as a whole, including not only the General
Agreement but also the World Intellectual Property Organisation. He
highlighted what he considered to be the main features of the proposal:

- provisions on trade-related substantive standards should
  constitute an integral part of a GATT agreement on trade-related
  intellectual property right issues;

- this part of a GATT agreement should cover at least the following
  types of intellectual property rights: patents, trademarks,
  copyright, computer programmes, neighbouring rights, models and
  designs, semi-conductor topographies, geographical indications
  including in particular appellations of origin, and acts contrary
  to honest commercial practices;

- all parties should be obliged to adhere to and respect the Paris
  Convention for the Protection of Industrial Property and the
  Berne Convention for the Protection of Literary and Artistic
  Works in their latest revisions;

- signatories should be invited to adhere to other international
  conventions and participate actively in the operation of new or
  revised conventions within the competent international
  organisations;

- there should be inserted into a GATT agreement a number of
  principles related to substantive standards of the intellectual
  property rights mentioned above;

- if efforts elsewhere to elaborate substantive standards on issues
  of particular trade relevance were to fail within a reasonable
  time span, parties could attempt to elaborate trade-related
  principles in order to overcome the trade distortions or
  impediments arising out of this situation;

- other international mechanisms should be encouraged or
  established, for example in the areas of the registration of
  geographical indications and trademarks;

- an agreement should provide for the appropriate application of
  the general principles and mechanisms of the General Agreement,
  including for example the principles in Articles I and III and
  the dispute settlement machinery.

27. Referring to Section III.D.3 of the Community paper, on principles
related to substantive standards of intellectual property rights, the
representative of the European Communities said that the "principles" were
conceived of as differing from "substantive standards" in important
respects. First, principles should be expressed in more general terms than
would be a typical substantive standard in an international convention

0073

dedicated to substantive standards, such as for example the Paris
Convention. Secondly, the translation of the proposed principles into
national law would not be verbatim or even close to verbatim; rather
parties would be required to follow the thrust of these principles in
drafting national legislation in the required detail, taking into account
the greater precision often contained in international conventions and in
the national legal system in question.

28. Commenting on the general policy context in which the proposal was
conceived, he first said that the Community's paper aimed at promoting more
widespread acceptance and implementation of the Paris and Berne
Conventions. Its detailed principles drew inspiration from relevant
trade-related substantive standard provisions of these and other relevant
international conventions or agreements, such as those of Madrid, Lisbon
and Rome, as well as of certain other international texts, including WIPO
model laws, and the European conventions. This approach would strengthen
not only the GATT but the WIPO and international cooperation in the whole
general area of intellectual property and trade. A second major boost to
the multilateral system would, in the Community's view, be created by the
proposed commitment by parties that, when they encountered trade-related
intellectual property problems, they would have recourse to the dispute
settlement mechanism provided for under the agreement rather than having
recourse to bilateral or unilateral action. The effectiveness of such a
commitment would, in large part, depend on the scope and coverage of a GATT
agreement; the wider and more substantial the contents of an agreement,
the greater would be the incentive for parties to employ the GATT as an
avenue for settling disputes as an effective alternative to bilateral or
unilateral action. In conclusion, he said that some of the proposals were
open-ended and preliminary in nature as indicated in the second paragraph
of Section III.D.3. They were detailed because the Community believed that
it was only by focusing the negotiations on reasonably concrete suggestions
that it would be possible to keep up with the pace of the negotiations
going on in other Groups, particularly given the complexity of the present
area, thereby respecting the requirements of globality.

29. Some participants welcomed the Community proposal as a positive
contribution to the work of the Group and indicated that in general terms
they could support the thrust of the suggestions, although they had
reservations or queries on specific points. Among the points of emphasis
that were noted with satisfaction were those on the link with international
trade and the problem of trade distortions, the desirability of effective
multilateral action as a preferable alternative to bilateral or unilateral
measures, the links with existing international conventions on intellectual
property rights and activities in other fora, the general principles of the
GATT such as most-favoured-nation treatment, national treatment and
transparency, the broad coverage of intellectual property rights and
technical co-operation. In their view, the Community proposal together
with that of the Switzerland improved the basis for further negotiations in
the Group.

0074

30. Some other participants believed that the Community proposal dealt
with matters that fell outside the Negotiating Objective of the Group. In
their view, the Declaration of Punta del Este, together with the statements
made by a number of delegations after its adoption, and the Group's
Negotiating Plan made it clear that the question of the adequacy of
substantive standards was not a matter for discussion in the Group. The
suggestions that had been tabled in this regard constituted a reversion to
ideas that had been put forward before Punta del Este, but which had been
rejected at that meeting. It had not been explained how substantive
standards for the protection of intellectual property rights could in
themselves give rise to obstacles or distortions to international trade.
The protection accorded to intellectual property represented a balance
between a number of conflicting national considerations. It took the form
of a balance of rights and obligations between each owner of intellectual
property and the society at large that granted the protection. The
protection granted was thus a function of the domestic situation within
each country and its national policy objectives. This was recognised in
the existing international conventions. Trade aspects were relevant but
only secondary in importance. It was not sufficient to establish that a
matter was trade-related for it to fall within the scope of the work of the
Group. This criteria did not appear in the Group's Negotiating Objective
itself, but only in the heading to that Objective. The Group had not been
assigned the task of questioning the appropriateness of national standards
for the protection of intellectual property rights, especially where they
were in conformity with international conventions. Moreover, such a task
would seriously prejudice the initiatives in WIPO and elsewhere and would
thus be inconsistent with the Group's Negotiating Objective also for this
reason. It was not the task of the Group or of the GATT to create an
international system for the protection of intellectual property parallel
to that existing in WIPO and elsewhere. If countries considered the
international protection under that system inadequate, they had full
opportunities to raise the matter in the appropriate fora. These
participants also expressed concern that the Community proposal was another
example of a tendency in the Group to seek a comprehensive solution that
did not take into account the distinctions made in the various paragraphs
of the Group's Negotiating Objective. Concern was further expressed that
matters relating to services were dealt with, for example service marks;
services were for discussion under Part II and not Part I of the
Declaration of Punta del Este.

31. Some participants did not accept that the approach being proposed was
desirable on the grounds that the alternative would be a proliferation of
unilateral or bilateral actions. It was said that this view seemed to
reflect a defeatist attitude to the question of the legality of such
bilateral or unilateral actions, and its acceptance would be tantamount to
creating a licence to force, in the name of trade, modifications in
standards for the protection of intellectual property in a way that had not
been found acceptable or possible so far in WIPO. Moreover, it was not
clear what would be the advantages that would stem from entering into a
multilateral arrangement that would entail a commitment to implement the

0075

standards being proposed. The only real difference would be that, whereas
in the present situation retaliation which took the form of a withdrawal of
GATT benefits would be illegal under GATT, a multilateral agreement of the
kind being proposed would render such retaliation legitimate, as was
indicated in the last two lines of the Community paper. For many
contracting parties, adherence to such an agreement would be both costly,
because it would require higher levels of protection to be given to
predominantly foreign-owned intellectual property, and risky, because it
would put at risk a country's rights to GATT concessions, while yielding
benefits only to other contracting parties.

32. Some participants believed that GATT commitments should not just
specify minimum standards but also maximum standards, because excessive as
well as inadequate protection of intellectual property could give rise to
distortions or impediments to legitimate trade. One participant said that
raising the standard and scope of protection of patents could impede trade
flows by increasing delays in the processing of patent applications.

33. Some participants expressed their agreement with the Community's view
that adequate protection of intellectual property rights not only helped
prevent distortions and impediments to international trade but also
contributed to the economic growth and development of all countries. One
of these participants believed, however, that the coverage of the proposal
was too broad. He suggested that, as a first stage, work should deal with
limited areas such as registered trademarks and patents. He also asked for
clarification of the Community proposal that the negotiations should not
aim at the harmonisation of national laws. In his view, assuming the
results of the negotiations were to be incorporated in national law, some
harmonisation would come about from the Community's suggestions. He
further asked whether the proposed agreement would be incorporated into the
General Agreement or have an independent existence.

34. Some participants commented on the relationship envisaged in the
Community proposal between a GATT agreement and the conventions and
activities of other international organizations concerned with intellectual
property rights. Some agreed with the overall approach that the purpose of
GATT action in this area should not be to attempt to provide a substitute
for existing activities, but to complement them by identifying gaps related
to international trade and filling them in a way not inconsistent with the
existing international rules in the field of intellectual property rights.
Some participants expressed support for the idea that a GATT agreement
should attempt to build on existing international rules. One participant
expressed doubt about the appropriateness of using model laws as a basis
for GATT commitments since such laws had not been drawn up with a view to
establishing binding obligations. Some welcomed the proposed obligation on
parties to adhere to the Paris and Berne Conventions in their latest
revisions (Section III.D.1). Some others, however, saw difficulties with
this proposal, for example there might be countries which would be willing
to accept trade-related standards based on these conventions without
necessarily wanting to adhere to all the provisions of their latest

0076

revisions. Difficulties might also arise because there were several
different Acts of each of these Conventions that had been adopted at
different times and to which different countries were parties. For
example, in regard to the most recent revision of the Paris Convention, the
Stockholm Act of 1967, some countries were parties only to its
administrative and not to its substantive provisions. In regard to other
international conventions (Section III.D.2), it was also said that the
reasoning in this Section appeared somewhat confusing in that, while no
formal obligation to adhere was being suggested and minimum standards
covering the areas concerned were being sought in the proposed GATT
agreement, signatories were nevertheless being invited to adhere to these
conventions. It was asked whether acceptance of the invitation to adhere
to such conventions would create obligations under the proposed GATT
agreement. Some support was expressed for the proposals on the elaboration
and implementation of further substantive standards (Section III.D.4). A
participant also asked how it would be determined what could be regarded as
a positive, as opposed to a negative, contribution to the elaboration of
standards in other fora. In regard to the proposed review clause
permitting the incorporation into a GATT agreement of principles derived
from new substantive standards adopted in other fora, some participants
asked for elaboration as to how such a mechanism might work.

35. Some participants raised questions concerning the legal nature of the
principles relating to substantive standards that were being proposed and
how they might differ from standards. Some agreed that it should be left
to each party to translate GATT commitments in this area into its own
national law; this was desirable in order to provide the flexibility that
would enable differing national circumstances to be taken into account.
However, questions were raised as to what would be the legal implications
of the Community suggestions that parties would be required to translate
into national law the thrust of the principles rather than the principles
themselves and that there should be proper regard in this process for the
rules contained in existing international conventions. It was also
suggested that the obligations would need to be sufficiently specific to
provide a clear guidance as to what should be implemented. In addition,
questions were raised in regard to the notion of a transition period as
suggested in the fifth indent of Section III.C, for example what would be
the benefits that a party would not reap until it had fully implemented the
provisions of the proposed agreement.

36. In regard to the proposals on the general principles and mechanisms of
the GATT (Section III.D.6), a participant sought clarification as to what
types of information a signatory could be obliged, under the transparency
provisions of paragraph (iii), to furnish in response to requests and how
issues of confidentiality might be dealt with in this regard. In regard to
the proposed mechanism for prior consultation, it was asked how such a
mechanism might work, prior to what exactly would a party be obliged to
enter into consultations, and what type of consultation would be envisaged.
Some participants considered that the Community's proposals concerning the
application of most-favoured-nation and national treatment commitments

0077

provided a helpful elaboration of these issues that warranted further
detailed examination. It was also suggested that the proposals might prove
unduly complicated and consequently a source of disputes, notably in the
provision for qualification of the basic commitments depending on whether
countries were parties to intellectual property conventions, and that more
straight-forward commitments, based on those presently contained in GATT
Articles I and III, might be preferable. A participant said that the
implications of extending these basic GATT commitments to apply not just to
goods but also to persons were a cause for concern. In regard to dispute
settlement, clarification was requested about the extent to which the
Community envisaged that the proposed committee would play a rôle in
attempting to resolve disputes before procedures such as those provided for
under Article XXIII were employed.

37. Comments were made and questions put on the specific principles
related to substantive standards suggested by the Community. In relation
to the rights that a patent should confer (Section III.D.3.a(i)), a
participant doubted the appropriateness of extending this right to the
importing or stocking of products, since practical difficulties with
enforcing such rights would risk generating barriers to legitimate trade.
In regard to the exceptions to the rights conferred, it was asked how would
the "legitimate" interests of the patent owner and of third parties, which
would have to be taken into account in establishing exceptions, be defined
and who would do the defining; and why did the exceptions not include the
concept of exhaustion of rights, as did the corresponding provision in the
case of trademarks. On the criteria for patentability, it was asked
whether the Community intended to define the term "inventions" and why the
criteria of non-obviousness had not been employed. On patentable subject
matter, one participant believed that the exclusion of plant or animal
varieties and of essentially biological processes for their protection was
inappropriate, and another participant asked the reasons for these
exclusions. It was also asked why these were the only exceptions. In
regard to the proposed term of patent protection of "generally" 20 years,
questions were raised as to the implications of the qualifying expression
"generally", including who would determine whether this commitment had been
met and whether this phrase was intended to provide for possibilities for
patent extension. Some participants also asked what was the fundamental
rationale for the choice of 20 years as the basic term and wondered whether
a flexible term depending on the nature of the technology might not be more
appropriate. In regard to compulsory licensing, a participant considered
the proposed text as insufficiently precise. He asked whether it was
envisaged that compulsory licences for failure to work might be used for
production for exportation; would the compulsory licensee be obliged to
supply the market in question through local production or could he import
for this purpose; should there be any limitations on the circumstances in
which a compulsory licence might be granted in respect of dependent
patents, such as the requirement that the dependent patent would have to
represent a significant technological advance over the basic patent; what
was the scope of the public interest justification for compulsory licences;
and what were the Community's views in regard to exclusive compulsory

0078

licences in the event of abuse of the patent. Some participants were concerned that the Community proposal attempted to establish a parallel system for the protection of patents that would regulate matters that under the Paris Convention had been recognised for over 100 years as being matters properly left to national law, for example the duration of patent protection. Another participant counselled against attempting to deal with the question of compulsory licences since, on the one hand, such licences were rarely employed and were of little practical significance and, on the other hand, a great deal of energy would be expended without finding a solution.

38. In regard to the rights conferred by a trademark (Section III.D.3.b), it was asked whether likelihood of confusion would have to be established in cases other than those where an identical sign was used for identical goods or services, for example where an identical or similar sign was used in respect of similar goods; what was the meaning of the term "legitimate" interests of the proprietor of the trademark and third parties which had to be taken into account in establishing any exceptions to the exclusive rights; what was the meaning in this connection of the expression "fair use of descriptive terms"; and what limitations did the Community intend to flow from the concept of "exhaustion of rights", which was presumably a reference to parallel imports. In regard to the signs that should be protected, it was suggested that "colours" might be added to the list in paragraph (ii). In regard to the possibility of acquiring a trademark right by use rather than by registration, a participant believed that such a provision might not provide for the required degree of objectivity in the determination of rights. As to the period of non-use before a registration might be cancelled, a participant asked what was the rationale for the choice of five years when some countries employed a shorter period.

39. In regard to the proposed principles on copyright (Section III.D.3.c.1), some participants believed that the suggested approach of embodying by reference the rights conferred under the Berne Convention was practical and reasonable. However, in the view of a participant, this would leave unclarified a number of uncertainties concerning the application of the Berne Convention, such as in regard to the coverage of data bases, satellite transmissions and new works or new forms of works generally, and the definition of public performances. He was also doubtful about the trade effects of moral rights in the copyright area. In regard to neighbouring rights, one participant said that the proposed principles could create a problem in his country; another participant was doubtful about the distortive effects on international trade of the enforcement of such rights; a further participant believed that sound recordings should be protected under copyright in accordance with the Berne Convention, with a term of life plus 50 years. In regard to computer programmes, a number of questions were asked about the relationship between the proposed protection and copyright protection under the Berne Convention. A participant believed that computer programmes should not be regarded as a separate type of intellectual property right but should be subject to protection under the two multilateral copyright

0079

conventions; the appropriate term was that specified in the Berne Convention, namely life plus fifty years. Another participant asked what was the justification of the proposed term of protection of twenty-five years. Reservations were also expressed about the appropriateness of copyright protection for computer programmes.

40. A participant welcomed the inclusion of models and designs (Section III.D.3.d). Questions were asked as to what was the difference between "models and designs", on the one hand, and "industrial designs" on "utility models" on the other. As to the criteria for protection, it was asked whether the criteria of originality or novelty were the only criteria or could a country employ other criteria such as non-obviousness.

41. In regard to topography rights (Section III.D.3.e), some participants said that a successful conclusion to the on-going negotiations in WIPO on integrated circuits could obviate the need for the Group to work out specific rights in this connection.

42. Some participants said that they had difficulties with the section on geographical indications including appellations origin (Section III.D.3.f), in particular in relation to the respect of acquired rights to the use of denominations that had become generic. In relation to the protection that should be given to geographical indications (paragraph (ii), a participant noted that the concepts of unfair competition and misleading use had not been fully defined; he asked what other situations might be covered in addition to those described in the examples given. Another participant believed that use of a geographical indication where the true origin of the product is indicated or the appellation is accompanied by expressions such as "kind", "type", "style", "imitation" or the like, could not be considered as constituting misleading use. In regard to paragraph (iii), a participant asked who determines, and against what criteria, whether it is "appropriate" to accord protection to appellations of origin to the extent that they are protected in the country of origin. Another participant asked whether the reference to products of the vine in this paragraph was merely illustrative. In regard to the provision that appellations of origin for products of the vine shall not be susceptible to develop into generic designations (paragraph (iv)), some participants said that it was an empirical question as to whether a denomination became generic or not; this had been determined to be the case in a number of instances by the courts in their countries; and they doubted that such decisions could be reversed. It was asked whether this proposal went beyond the provisions of Article 4 of the Madrid Agreement. It was also suggested that the specific reference to products of the vine demonstrated that the Community proposal was more based on expediency than principle. In regard to the proposed international register of protected indications, it was asked whether this would be separate from that provided for in the Lisbon Agreement and who would administer it. A participant was concerned that such a register would be swamped with applications and would create grounds for numerous disputes.

0080

43. In relation to the provisions on acts contrary to honest commercial practices (Section III.D.3.g), a participant welcomed the inclusion of this matter but believed the provisions did not go far enough; they did not deal with the improper release of proprietary information by government agencies. Another participant understood the proposal to suggest specific legislation and considered that his country and some other common law countries that already protected trade and business secrets under the common law or in other ways might be reluctant to legislate specifically. A further participant asked who would be prevented from disclosing those secrets - someone privy to the secrets or someone who had developed the know-how in question by their own efforts. It was also asked to what extent would the means of prevention include remedies such as injunctions.

44. Providing preliminary responses, the representative of the European Communities first addressed what he described as the systemic or fundamental issues raised in relation to the Community paper. He believed that the Community paper was in full conformity with the objectives defined at Punta del Este both as they related to the work of the Group and more generally. It had to be borne in mind that the GATT had not been oblivious in the past of substantive standards-related issues, as indicated in Article IX:6. Moreover, the commitments emerging from the Group could not ignore the issue of substantive standards, because enforcement commitments would not be possible without defining the standards to which these should apply. Further, if it were agreed that trade distortions arising out of excessive enforcement could be addressed, logically the same should apply to problems arising out of inadequate enforcement and standards. In regard to the proposals aimed at wider adherence to international conventions on intellectual property, while agreeing that the protection of intellectual property rights should not per se be an objective of the Group's work, he believed that the multilateral system had to be treated as constituting a coherent whole. Wider acceptance of the existing multilateral conventions would reduce trade distortions arising out of inadequate or excessive standards. This would also conform to the objectives of the Declaration of Punta del Este, which inter alia called for an increase in the responsiveness of the GATT system to the evolving international economic environment. The Community's preference for a multilateral rather than bilateral or unilateral approach was based on the belief that "might should not be right". However, the Community was not optimistic about the ability of the present GATT to resolve these problems. In the absence of an effective interface between trade and other relevant issues, the GATT would, to some extent, be overtaken by events.

45. Turning to the comments made on some of the main features of the Community proposal, he said that, in Section III.C, the special, but finite, transitional period foreseen was a classical feature of international agreements, based on the concept of reciprocal commitments. No party would reap the full benefits of the proposed agreement before it had fully implemented its provisions; for example, a party might be able, subject to some form of GATT approval, not to extend commitments to another party comparable or corresponding to those that that other party had not

0081

yet implemented pursuant to the transitional provisions. As regards the
concept of a review clause (Section III.D.4), this was another classical
feature of international agreements that, in the present case, was rendered
necessary in particular by the evolving nature of the subject matter being
dealt with. The new substantive standards that might be incorporated into
a GATT agreement would be either those derived from work elsewhere or, if
need be, those arising out of work undertaken in the GATT itself. In
regard to the proposals requiring adherence to the Paris and Berne
Conventions, he said that such a notion was not new; for example the GATT
was based upon the notion that contracting parties would normally have
accepted international obligations in the area of finance. On the question
of the legal implications of the proposed principles, he said that parties
would undertake commitments to respect them as an integral part of a GATT
agreement. They would, thus, be subject to the relevant dispute settlement
procedures of the GATT. The purpose of the principles would not be to form
the basis of a harmonisation exercise, but to provide a reasonably clear
definition of the objectives to be attained by national legislation. The
actual translation of these principles into national law would be
undertaken in the light of the objectives thus defined. Since the aim was
to deal with rather wide-ranging trade problems and not to substitute for
the work of WIPO, the principles would often be expressed in somewhat
general terms. There would thus be a fairly wide margin for the national
translation of these principles. To the extent that greater precision
would be necessary at the national level, countries might find it useful to
draw further inspiration from the intellectual property right conventions.
As regards the rôle of the proposed committee or expert group, the
Community had not reached any conclusions as yet as to whether such a body
might play a rôle as normally defined under the General Agreement or as
defined in some of the Tokyo Round agreements, with an explicit dispute
settlement function. However, he was confident that bringing together
trade and intellectual property experts within a well-defined institutional
structure would be a constructive exercise. On the question of prior
consultation, the proposed mechanism would take into account questions of
national constitutions and sovereignty and was intended to constitute an
optional system for the exchange of information, which parties would
hopefully find it in their interest to use actively, for example by
circulating non-confidential information at a reasonably early stage of
domestic deliberations. In regard to the MFN and national treatment
provisions contained in Articles I and III of the General Agreement, he
recognised that they had been drafted for the purpose of providing
commitments on trade in goods. Given that such provisions were of a
fundamental and almost universal nature, he believed that it would be
desirable and possible to apply them to the trade-related aspects of
intellectual property rights with a number of qualifications rendered
necessary by the particular nature of the subject matter.

46. Turning to the comments and questions in regard to the specific
principles related to substantive standards, the representative of the
European Communities said that, in elaborating the proposals on patents,
account had been taken of the fact that the Paris Convention was less than

0082

specific in some of its provisions; the Community had sought inspiration
from other sources, for example the draft patent law harmonisation treaty
and the European Patent Convention. It was in this light that the
Community interpreted the term 'invention'. He saw the notion of inventive
step as largely covering that of non-obviousness. As to the protection of
plant and animal varieties and the subject of compulsory licensing, the
Community had wished to touch upon these subjects but without prejudicing
the intricate ongoing debate on these matters. On trademarks, the
Community had found inspiration in the Paris Convention, notably in its
Articles 6 and 6bis. He believed that requiring a likelihood of confusion
where identical or similar signs were used on similar goods was a criteria
worthy of consideration. On copyright, neighbouring rights and computer
programmes, the Community had tried to strike a balance. It would welcome
wider adherence to conventions other than the Berne Convention, such as the
Universal Copyright, Rome and Phonograms Conventions. With respect to
computer programmes, the Community favoured a copyright-type solution. As
regards models and designs, the Community concern was to ensure more
effective protection than had been secured so far under Article 5B and
5quinquies of the Paris Convention. On semi-conductor topography rights,
he confirmed the high priority that the Community and its member States
placed on the welcome work towards a diplomatic conference under the
auspices of WIPO. In regard to geographical indications including
appellations of origin, he emphasised the importance attached to this area
by the Community; it would continue to figure prominently in Community
proposals in the Group. With respect to acts contrary to honest commercial
practices, he said that the term 'by law' in the Community proposals was
intended to include aspects covered by common law.

47. A participant said that in his view the Community proposal was fully
consistent with the Group's Negotiating Objective, notably in taking into
account the need to promote effective and adequate protection of
intellectual property rights and in elaborating appropriate new rules and
disciplines in this connection. He considered that the fact that the issue
of trade in counterfeit goods was referred to in a specific paragraph of
the Negotiating Objective did not preclude the possibility of treating this
matter in a wider context. He believed that the trade effects stemming
from inadequate protection of intellectual property rights had been amply
demonstrated and referred in this connection to the study prepared by the
United States International Trade Commission. He did not see any
inconsistency between the adequate protection of intellectual property
rights and the objective of the GATT in establishing an open trading
system. In his country, the elements that were the strongest supporters of
the open trading system were also those most concerned about trade
distortions or impediments arising from inadequate protection of
intellectual property. In regard to the suggestions that adherence to a
GATT agreement might be risky or costly because of exposure to retaliation,
he said that the aim of any dispute settlement process would be to clarify
the obligations under the agreement and to bring national legislation and
practices into conformity with those obligations. If this were not
possible, other actions might be foreseen, but this was an unfortunate
consequence rather than the intent of the agreement.

0083

48. A number of other participants outlined their understanding of the
Group's Negotiating Objective. They stressed the importance of the third
paragraph of the Group's Negotiating Objective in circumscribing the rôle
of the Group. It was said that this constituted a recognition that the
Uruguay Round must not interfere with, or intrude upon, the work of WIPO
and all other relevant organizations on all aspects of intellectual
property rights. They also emphasised that the distinction between the
first and second paragraphs of the Negotiating Objective. Only the second
paragraph, concerning international trade in counterfeit goods, spoke of a
multilateral framework of principles, rules and disciplines. The objective
in this paragraph was qualitatively different from that in the first
paragraph and this underlined the need for these two specific aspects of
the Group's work to be kept separate. The primary purpose of the first
paragraph was to clarify existing GATT provisions and it had to be
approached from this angle. The purpose of the GATT provisions as they
related to intellectual property was not to protect intellectual property
or to enforce intellectual property rights but to ensure that action
avowedly taken for these purposes did not in reality distort or impede
international trade by constituting a disguised restriction on trade or a
means of discrimination. It also had to be borne in mind that there was an
underlying conflict between the protection of intellectual property, which
involved the restriction of trade, and the basic objective of the General
Agreement which was to liberalise trade. For these reasons, the Group
should consider trade distortions or impediments arising from excessive or
discriminatory enforcement of intellectual property rights, but it was not
its function to consider whether the rights granted were themselves
sufficient; this was a matter for national governments. One participant
saw the basic concern of the Group's work under paragraph one of the
Negotiating Objective as being with excessive enforcement mechanisms that
would interfere with legitimate trade; he would, for example, like to
explore the relevance of Sections 301 and 337 of the United States Tariff
Act to the Group's work. Another participant suggested that the Group
should concentrate on examining the actions of governments which, under the
pretext of ensuring respect for national laws on the protection of
intellectual property, interfered with the normal flow of merchandise
trade, including through the imposition of unilateral trade restrictions on
imports. This participant was also concerned about the use of intellectual
property laws as a means to establish dominant trade positions. Some
participants were of the view that an important problem for consideration
was the ability of intellectual property right owners to use intellectual
property rights to distort trade, for example through the terms of
licensing contracts. It was suggested that the Group should examine the
issue of restrictive business practices and, in this regard, give close
attention to Chapter V of the Havana Charter. It was further suggested
that, in order to establish what were the trade distortions arising in
connection with intellectual property rights, it would be necessary to
examine the trade restrictive effects of the protection of intellectual
property rights, for example those stemming from the prolongation of the
term of patent protection, the widening of the scope of patent rights or
the extension of the protection of patents from processes to products.

0084

Trade in Counterfeit Goods

49. The Chairman opened item B of the Agenda, trade in counterfeit goods, without closing item A, trade-related aspects of intellectual property rights.

50. A participant said that his comments were relevant to both item A and item B of the agenda. In regard to the basic objectives of GATT disciplines concerning enforcement and trade in counterfeit goods, he could agree, as a first formulation, that they should be to lay down principles, rules and disciplines to oblige governments, on the one hand, to provide effective procedures and remedies by which owners of intellectual property rights could themselves take action to enforce their rights and, on the other hand, to ensure that measures and procedures for this purpose did not themselves become barriers to legitimate trade. Further elaboration of objectives would depend on progress in the Group on the scope of its work in this area and on other matters. In regard to the question of scope, he first took up the issue of which intellectual property rights should be covered by GATT commitments concerning enforcement. In his view, excessive or insufficient enforcement of all intellectual property rights was capable of creating distortions or impediments to international trade and therefore all intellectual property rights should be covered. If disciplines established by the Group were limited to only trademarks and copyright, the absence of multilateral guidelines would no doubt lead to trade problems in respect of other intellectual property rights. The types of mechanism that might be appropriate would vary according to the type of intellectual property right in question and the legal system of individual countries. While all intellectual property rights could and should be subject to domestic enforcement mechanisms, border mechanisms might have to be more closely circumscribed for some types of intellectual property rights if the risk of barriers to legitimate trade were to be avoided. For example, it was often argued that trademarks and copyright lent themselves more readily to _prima facie_ determinations of possible infringement, allowing for temporary seizure pending a court order, without such a system creating major risks of trade distortions or impediments. Few, if any, customs administrations would be able to take on such a task for more complex determinations of infringement. In regard to the question of what types of infringement of intellectual property rights should be covered, he believed that GATT commitments should cover all types of infringement related to trade. Limiting coverage to infringements embodied in or associated with a good would fail to address major problems. The Group might also examine the implications of the qualifying criteria put forward in this regard in the draft WIPO model legislation on measures against counterfeiting and piracy. In regard to the points of intervention, he said that this question was related to the types of intellectual property rights that would be covered. In his view, domestic enforcement measures were generally preferable to border measures since they ran less risk of distorting or impeding legitimate trade. Moreover, only efficient domestic measures that operated against production and distribution could go to the root of the problem. Effective domestic measures could reduce the rôle of

0085

border measures to that of a safety net and might avoid the need for
commitments on transit trade. Conversely, the less successful were the
negotiations on domestic enforcement measures, the greater would be the
need for strong border enforcement mechanisms.

51. The representative of the United States presented further thoughts on
the five points concerning enforcement procedures that appear in the
United States proposal of October 1987 (MTN.GNG/NG11/W/14, pages 4-5). He
said that his comments were relevant to both item A and item B of the
agenda. The responsibility to enforce intellectual property rights should
remain that of the holders of those rights. The proposed obligation on
governments would be to provide effective and adequate procedures for such
enforcement, both internally and at the border. They should cover not only
infringement of intellectual property rights embodied in internationally
traded goods, but unauthorised use of intellectual property rights more
generally. Appropriate procedures should be provided to determine the
validity and enforceability of intellectual property rights. The
commitments should be sufficiently flexible to allow countries to make
available within their respective legal systems appropriate judicial or
administrative, or administrative and judicial, procedures for the
assertion of intellectual property rights against any person or judicial
entity, including governmental entities. The procedures applied to right
holders of other parties should be no´less favourable than those applied to
nationals. In this connection, detailed examination should be made of
Article 2(3) of the Paris Convention and of Article 5 of the Berne
Convention which made certain exceptions for judicial and administrative
procedures. Consideration should also be given to the operation of a
most-favoured-nation provision among parties to an agreement. There should
be obligations to ensure the fairness and openness of procedures:
appropriate notice of action should be given to all parties to a case; the
substantive standards applied to imported and domestically produced
products should be the same; there should be provisions to ensure that the
necessary facts are assembled, before the parties to the dispute have to
make their arguments; and determinations should be in writing, reasoned
and made in a fair and open manner without undue delay. In addition,
consideration should be given by the Group to the possibility of ex parte
decisions, subject to appropriate procedural safeguards, where actions on
an emergency basis were necessary to protect the rights of intellectual
property right holders.

52. A participant said that the basic objective of work was to reduce or
eliminate trade distortions arising from the intellectual property right
system. Although all elements of intellectual property rights had a direct
bearing on trade, this did not mean that all types of intellectual property
rights should be covered by the current negotiations. He favoured a
piecemeal approach, concentrating initially on those elements that were
most important and clear; a good point of departure would therefore be the
counterfeiting of registered trademarks and industrial designs. In
determining the types of infringement to be covered, the criteria suggested
in the WIPO draft model legislation on measures against counterfeiting and

0086

piracy should be employed, i.e. that the goods should have been
manufactured on a commercial scale without the authorisation of the owner
of the right in question. As to points of intervention, internal measures
were much preferable to border ones: border measures could easily become
barriers to legitimate trade and they might be difficult to enforce in view
of the recent spread of free trade and industrial zones which by their
essence were outside the customs control of the country in question.

53. A participant urged further detailed discussion of the issue of trade
in counterfeit goods. He recalled, for example, a number of questions his
delegation had raised at the Group's last meeting which were recorded in
MTN.GNG/NG11/7, paragraphs 35 and 37. In regard to the appropriate points
of intervention, he said that since the Group was dealing with
international trade in conterfeit goods, these points were the points of
importation or exportation. He asked whether there was experience with
customs intervention at the point of exportation that could be shared with
the Group. A multilateral framework should take into account not only the
interests of the holders of intellectual property rights, but also the
consumer and public interests, thus respecting the balance of interests
that went into the formulation of national intellectual property
legislation.

54. Some participants stressed the importance they attached to keeping the
discussion of trade in counterfeit goods separate from other matters before
the Group. This was required by the Group's Negotiating Objective, its
Negotiating Plan and its agenda. The question of enforcement should not be
equated with that of trade in counterfeit goods. The objectives, scope and
modalities of work on trade in counterfeit goods should not be confused
with the objectives, scope and modalities of the Group's work in other
aspects. Only in relation to trade in counterfeit goods did the
Negotiating Objective talk of a multilateral framework of principles, rules
and disciplines.

Consideration of the Relationship Between the Negotiations in this Area and
Initiatives in Other Fora

55. The representative of the World Intellectual Property Organisation
said that he had taken note of the observations made on documents
MTN.GNG/NG11/W/24/Adds.1-2 and requested any other delegations with
comments to provide them as soon as possible. He also informed the Group
of forthcoming WIPO meetings of possible interest.

56. The representative of the Customs Co-operation Council informed the
Group that the model for national legislation to give customs powers to
implement trademark and copyright legislation that had been drawn up by the
CCC had been approved by the governing body of the CCC at its annual
meeting in June 1988. That body had also approved a proposal of the Policy
Commission of the CCC that the model legislation should be accompanied by a
Recommendation of the CCC which would recommend the use of the model
legislation as a basis for national legislation providing for customs

0087

intervention at the border. A CCC Recommendation was a semi-legal
instrument requiring States, if they accepted it, to use the recommendation
and to notify the Secretary General of the CCC. Through the
Recommendation, the CCC could thus monitor whether and how the model
legislation was being used by its member States. A draft of the
Recommendation would be first examined by the Permanent Technical Committee
of the CCC in October 1988 and hopefully it would be presented to the
Council for adoption in June 1989. He described four basic considerations
underlying the model legislation. First, it was recognised that although
customs could contribute effectively to the fight against counterfeiting
and piracy, the rôle of customs had to be defined very precisely.
Secondly, it was the owners of trademarks and of copyrights who had the
prime responsibility for taking measures to protect their rights. The rôle
of customs was limited to assisting in the enforcement of protected rights.
However, in countries where the exportation or importation of pirated or
counterfeit goods was prohibited, customs had the sole responsibility for
enforcing the law in accordance with normal practice regarding any
restrictions or prohibitions. Thirdly, the extent and effectiveness of
customs intervention would be dependent upon the resources available to
customs. The model legislation therefore provided for alternative levels
of customs intervention so that countries could choose the level which was
most appropriate in the light of the resources available. Finally, any
infringement of intellectual property rights by the importation of
counterfeit or pirated goods should, to the extent possible, be remedied in
a way that would achieve an effect equivalent to the remedies applicable in
the event of infringement of the right by the production of counterfeit or
pirated goods within the customs territory. He said that the CCC was
appreciative that the Negotiating Group recognised the initiatives being
taken in other fora. Recalling that this had also been the case in the
Tokyo Round when the CCC had been given a rôle in administering the GATT
Agreement on Customs Valuation, he said that it could be envisaged that the
CCC would be the appropriate body for administering any practical measures
of a customs nature that might be agreed in this field by the GATT
CONTRACTING PARTIES.

<u>Other Business, including Arrangements for the Next Meeting of the Group</u>

57. The Group agreed to meet again on 12-14 September 1988. It
tentatively agreed on the dates of 17, 18 and 21 October for its subsequent
meeting.

0088

UR / TRIP 협상 아국입장 검토

1. 기본입장

o 금번회의는 각국의 개별적 제안내용에 대한 토의보다는 금년 12월에 개최되는 Mid-Term Review 회의에 대비하여 현재까지의 협상진행 상황의 정리와 향후 협상방법에 대한 논의가 있을 것으로 예상됨

o 따라서 UR/지적소유권 그룹 의장이 작성한 궁한에 따라 협상진전 상황이 평가될 것이므로 동 체제에 따른 아국입장 정립이 필요함

o 특히 현재까지 참가국간 논란이 많은 규법문제 보다는 시행(enforcement) 측면에 논의가 집중될 것으로 예상되므로, 아국도 동 세부사항에 대한 입장제시가 필요 할 것임

2. 세부입장

(1) 협상의 대상범위 (Scope of Coverage)

쟁 점 ·별 각 국 입 장	아국입장 검토
1. 지적소유권 보호의 범위(Coverage of IPR) (i) 구체적 규법과 기준 제시 　o 미 국 　- 특허,상표,저작권,영업비밀,반도체 　　집적회로 　- 개별적인 보호기준 제시	- IPR보호에 관한 기본규법 정립 문제는 WIPO등 여타 국제기구 에서 담당하므로 원칙적으로 협상대상에서 제외

0128

쟁점별 각국입장	아국입장 검토

o E C
 	
- 특허, 상표, 저작권, 컴퓨터 프로그램,
  인접권, 모델 및 의장, 반도체설계권,
  지리적표시,선량한 상행위에 반하는 행위
 	
- 개별적인 보호기준 제시
 	
o 일 본
 	
- 특허, 상표, 의장, 저작권, 반도체 집적
  회로 설계권
 	
- 개별적인 보호기준 제시
	- 특허,상표,저작권분야는 WIPO 에서
	  오랜작업을 통해 이미 국제적인 규범
	  이 마련되어 있고, 반도체 집적회로,
	  생명공학등의 신기술분야나 영업비밀
	  은 아직 국제적인 개념정립이 되지
	  않은 상황이므로 이분야에 대한 GATT
	  의 initiative 가 WIPO 등의 보완적
	  노력을 저해해서는 안된다는 각료
	  선언 mandate 와 상충될 소지가 있음

(ii) 보호기준의 제정에 반대
 	
o 다수 개도국
	- 지적소유권의 기본적 보호기준에
	  대한 새로운 규법설정 문제는
	  우선적으로 현행국제규법의 내용과
	  보완필요부분, 분야별 진전상황등에
	  대한 검토이후 고려
	
	- 필요시 IPR보호원칙에 대해 체약국이
	  기존 국제협약을 이행토록 하는
	  연결장치만 GATT 내에 마련

2. 지적소유권 침해유형
 	
(i) 모든 형태의 침해 포합
 	
o 미 국
  - 지적소유권 전반
 	
o E C
  - 모든 IPR
 	
o 일 본
  - IPR 전반
	- 협상대상은 "무역관련 측면"에 한정
	
	- 수입상품에 대한 차별조치, IPR 침해
	  상품에 대한 부적합한 규제및 절차는
	  원칙적으로 협상대상으로 인정(위조
	  상품 문제는 별도협상)
	
	- 위조상품 교역의 협상범위는 조치의
	  객관성 확보를 위해 등록상품의
	  Counterfeit 에 제한
	
	* 논의진전에 따라 등록 저작권
	  포합 검토

0129

쟁 점 별 각 국 입 장	아국입장 검토
(ii) 상품과 관련되거나 상품에 체화된 침해만 포함 o 브라질 - 상품출처의 허위표시, 또는 판매, 전시 또는 판매제의의 허위표시 (서비스마크, 저작권 또는 공연, 방송 기타 무형수단의 인접권은 제외 * 실제적으로 상품에 체화되지는 않았으나 판매, 전시 또는 판매제의와 제조, 판매, 전시, 판매제의의 준비행위등 상품과 관련 하여 발생하는 침해가 문제시 (iii) 권리자의 승인없이 상업적 규모로 생산 된 상품의 경우 포함 o Draft Counterfeiting Agreement - 수입국의 등록상표와 동일 유사한 상표를 권리자의 승인없이 부착하여 수입된 물품 - 권리침해하는 모든 물품을 포합하지는 않고, 등록된 권리의 침해나 준비행위 포합	
3. IPR 의 실질적 보호를 위한 시행및 구제수단 o 미 국 - 지적소유권자의 권리행사를 위한 행정 및 사법적 절차 마련 - 사실입증(discovery)을 위한 공정한 수단 제공 - 권리침해 구제수단 제시 - 필요시 형사적 절차 제공 o E C - 국경 및 국내절차 마련 - 구제수단 제시 - 민사상, 형사상, 행정상 절차는 각 체약 국이 자유로이 결정 o 일 본 - 국내, 국경 시행절차 마련 - 행정결정에 대한 사법적 재심 보장	- 조치수단은 사법적재심을 전제로 행정적 절차 인정 - 정당무역에 대한 장애제거를 위해 단기의 시한조치, 구제수단등 Safe-guards 확보 - IPR 보호를 위한 행정적 사법적 쟁송 에 있어 사실확인과 증거수립을 위한 공정한 절차의 보장은 원칙적으로 필요하나 미국제안 중 discovery 제도는 영국, 미국법의 민사소송절차 에만 있는 것으로 각국의 민사, 형사 소송법이나 행정절차법에서 규정될 사항이고, GATT 에서의 규정은 바람 직하지 못함 - 지적소유권 침해저지를 위한 민사상, 형사상 구제수단 제공필요

0130

쟁 점 별 각 국 입 장	아국입장 검토
o 노르다 - 상이한 IPR 에 대하여 상이한 시행체제 　(국경조치, 행정, 사법절차) 적용 4. 적용시점 (국경조치, 수입, 수출, 운송 및 　국내조치의 포함 문제) o 미 국 - 일반절차 　. 지적소유권자에게 국경 및 국내에서의 　　효과적인 IPR 시행절차 제공 　. 수입품과 국내생산제품 및 서비스에 　　대하여 동일기준 적용 - 국경조치와 관련된 특별절차 　. 수입침해상품이 세관의 통제를 벗어나기 　　전에 필요한 사법적, 행정적 수단제공 　. 동 절차는 운송중인 상품에 대하여도 　　적용 o E C - 국경에서의 시행절차 　. 법원, 세관, 기타 권한있는 기관의 임무 　　는 문제된 권리의 특성이나 침해의 특성 　　에 따라 결정 　. 상품이 세관의 통제를 벗어나기 전에 　　법적, 행정적 절차 제공 　. 세관이나 권한있는 기관은 재심 또는 　　사법 당구에의 항소 - 국내절차 　. 수입을 통한 또는 국내생산을 통한 침해 　　에 대하여 균형된 시행절차 제공 o 일 본 - IPR 형태에 따라 국내 및 국경에서의 　시행절차 제시	- IPR 의 존재여부 및 침해여부 결정에 　있어 수입상품과 국내제조 상품의 　차별대우 금지 - IPR 보호를 위해 이의 침해상품의 　교역 및 생산을 저지하기 위한 효율 　적인 행정적 사법적 절차와 구제수단 　의 마련

0131

(2) 시행절차 및 구제

쟁점별 각국입장	아국입장 검토
1. 권리행사인 o 미 국 - 지적소유권자 o E C - 조치를 취할 수 있는 자연인 또는 법인의 정의 - 각국은 직권조사 절차의 도입가능 o 브라질 - 개인 또는 법인중 이해관계인의 적절한 조치가능 - 검사 또는 기타 관련기관이 피해당사자 또는 직권요청에 따라 압류요구 가능 o Draft Counterfeiting Agreement - 상표권자 또는 대리인 - 권한있는 기관이 직권 개시가능 2. 피해판정, 구제기관 o 미 국 - 국경 및 국내에서의 효과적인 지적소유권 시행절차는 사법적, 행정적 또는 이들의 결합으로서 구성 - IPR 의 획득, 유지, 시행상 야기된 분쟁에 대한 최초의 사법적 판정이나 최종적 행정적 결정에 대하여 사법적재심권 부여 o E C - 타기관의 결정을 시행하기 위한 대리인 으로서 세관당국의 개입허용 - 법원, 세관, 기타 권한부여 기관의 개개 일부로 문제된 권리의 특성이나 침해의 특성에 따라 결정	- 권리침해의 금지를 요구한 자에게 지적소유권의 소유어부 및 침해어부 입증책임 부여 - 지적소유권 획득유지 시행과 관련한 분쟁은 최종적으로 사법부의 재심을 전제로 행정적, 사법적절차 부여 - 국경조치의 경우 세관의 규제조치가 정당무역에 대한 장벽으로 작용할 가능성이 크므로 IPR 유형에 따라 세관의 역할과 한계를 명확히 설정

0132

쟁 점 별 각 국 입 장	아국입장 검토
- 세관이나 권한 부여기관은 재심 또는 사법당구에의 항소를 조건으로도 위조상품 등의 수출입을 저지 - 국내절차는 IPR 시행을 위한 사법 당국 에의 위탁 가능 o 브라질 - 보전처분으로서 세관에서의 압류 - 검사 또는 기타 관련기관이 피해당사자 또는 직권요청에 따라 압류요구 가능 o Draft Counterfeiting Agreement - 협정체약국의 지정 - 동 절차는 사법적, 행정적 또는 이들의 결합으로 구성 - 세관당국은 직접적으로 또는 지정된 행정 기관의 결정에 따라 위조상품을 압류, 몰수하거나 상표권자에게 수입자의 당해 상품을 일정기간동안 처분하지 못하도록 Court Order하는 기회를 주고 실질적으로 법원조치를 통한 구제수단 제공 3. 잠정구제 (Interim Relief) o 미 국 - 국경조치의 특별절차로, 권한기관은 수입품의 IPR 침해협의에 대한 정당한 이유가 있을 때에는 침해여부 결정시까지 동 상품압류 o 브라질 - 보전 처분으로서 세관의 압류 o Draft Counterfeiting Agreement - 위조협의 물품의 판매나 기타 처분을 방지하기 위한 압류 또는 몰수, 기타 적절한 조치	- 정당무역에 대한 장벽을 제거하기 위한 제도적장치 마련이 필요 · 국경에서의 세관의 역할과 한계 명확화 · 단기의 처리기한 설정 · 제소자 공탁금 의무화 · 비침해 상품에 대한 충분한 보상 조치 · 침해여부 결정에 대한 충분한 보상 조치

쟁 점 별 각 국 입 장	아국입장 검토
4. 제재 및 구제 o 미 국 - IPR 침해방지 및 억제위한 적절한 구제 수단 부여 - 침해상품의 압류, 몰수, 파기, 유통경로의 제거등 효과적 조치를 통한 경제적이익의 박탈과 추가거래 저지 - 민사상 구제조치에 예비적 또는 최종적 금지명령외에 금전보상을 포함 - 민사상 구제조치는 침해상품 생산자뿐 아니라 판매자 및 유통업자에게도 부과 - 지적소유권 절차 남용에 대한 배상수단 마련 - 고의적인 상품위조와 저작권 침해에 대한 효과적인 형사절차 및 구제조치 마련 (상품, 재료, 생산기구의 압류, 몰수, 징역, 벌금등 포함) o E C - 국경절차상 위조상품의 수출입금지 및 침해상품의 압류 및 파기가능 - 국내절차상 분쟁당사자에 대한 적절한 손해와 벌칙 부과 o 일 본 - IPR 침해자에 대한 충분한 제재 부과 - 금지명령, 손해배상등 피침해자에 대한 보상제도 마련 - 행정기관의 처분에 대한 사법적 심사보장 o 브라질 - 수입물품의 압류, 허위출처 표시국 및 수출국에서의 압류 - 수입물품 압류가 국내법에 의하여 허용 되지 않는 경우 수입금지 o Draft Counterfeiting Agreement - 위조상품 판정시 위조상품 수입자의 동 거래에 따른 경제적 이익박탈 및 추가거래 금지 - 가능한한 상표권자의 피해를 최소화하기 위한 방법으로 유통경로 이외에서의 처분 및 몰수	- IPR 침해저지를 위한 민사상, 형사상 구제수단 제공 필요 - 민사상 구제 . 예비적 또는 최종적 금지명령 . 손해배상 . 기타 업무상 신용회복을 위한 조치 - 형사상 구제 . 침해상품이나 이를 제작하는데 사용하는 물건등의 압류 및 폐기 . 침해자에 대한 실형 또는 벌금부과

0134

(3) 정당무역에의 장애에 대한 보장수단(Safeguard) 확보

쟁 점 별 각 국 입 장	아국입장 검토
1. 절차의 적절성 보장을 위한 요건 (Main requirements to be met to ensure adequacy of procedures) o 미 국 - 지적소유권의 신속하고 효과적인 시행보장 - 국경조치와 관련된 특별절차 · 수입침해 상품이 세관의 통제를 벗어 나기전에,동상품에 대한 지적소유권자의 권리를 보호하기 위한 절차제기에 필요 한 사법적, 행정적 수단을 제공 (운송중인 상품에 대해서도 적용) · 수입품이 지적소유권을 침해했다고 소관 당국이 인정할 경우 소관당국도 직권 또는 동권 보유권자의 요구에 의해 동 상품압류 · 소관당국이 수입품의 지적소유권 침해 혐의에 대한 정당한 이유가 있을때에는 침해여부 결정시까지 동 상품을 압류 o E C - 상품이 세관의 통제를 벗어나기 전에 효과적이고, 신속하고 무차별적으로 법적 행정적 절차 제공 - IPR 침해와 시행의 판정을 위한 간단하고 신속한 국내절차 마련 o 일 본 - 신속한 조치를 위한 적절하고 효과적인 절차 마련 - 적법절차(due process) 보장 o 브라질 - 수입물품의 압류, 허위출처 표시국 및 수출국에서의 압류 - 수입물품 압류가 국내법에 의하여 허용 되지 않을 경우 수입금지	- 지적소유권의 특성에 관계없이 침해 상품에 대한 시행절차를 일률적으로 규정하는데는 문제가 많으므로 지적 소유권의 유형에 따른 합리적인 접근 방법 모색

0135

쟁점별 각국입장	아국입장 검토
2. 공정한 절차 보장을 위한 요건 / 정당한무역 장애에 대한 보장수단	
ㅇ 미 국	- 지적소유권 보호를 위해 이를 침해 하는 상품의 교역 및 생산을 저지
- 합법적 교역에 대한 간섭 극소화	하기 위한·효율적인 행정적, 사법적 절차와 구제수단의 마련과 동시에
- 적법절차 제공 (due process of law)	이러한 절차 및 조치자체가 정당한 무역에 대한 장벽이 되는것을 방지할
· 절차(proceedings) 및 분쟁근거 정보의 신속한 서면통보.	수 있는 구체적인 조치를 마련할 필요성이 있으며, 양자간의 균형된
· 수입품과 국내생산 제품 및 서비스에 대한 동일기준 적용.	접근방법 모색
· 사법 및 행정제판소에서 지적소유권 시행에 대한 증언, 정보, 서류, 기록	- IPR 보호기준이나 확득절차, 분쟁 해결절차의 명료성 확보
및 기타 증거의 발견과 제시를 위한 신속, 합리, 적시, 효과적 수단	- IPR 존재여부 및 침해여부 결정에 있어 수입상품과 국내 제조상품의
· 지적소유권의 침해 및 시행과 관련, 부 당한 지연이 없으며, 공정하고 궁개진	차별대우 금지
형태의 서면판결	- 권리침해 금지 요구시 해당국 정부
· 인(제소자, 피소자) 또는 대리인에 나타나는 권리	에 의한 지적소유권자로서의 인정과 침해여부 입증 책임부담
- 타체약국의 지적소유권 소유자에게도 동 절차의 동등허용	- 사실확인 증거수집을 위한 궁정한 절차보상 수단은 각국 민사, 형사
- 지적소유권 시행에 관련된 법률, 규칙, 사법적 결정, 행정명령등의 신속한 간행	소송법이나 행정절차법에서 규정해야 할 사항으로 discovery 제도를 GATT
- 관련국간 상호검토 정보의 신빙성과 공정	에 규정하는 것은 바람직하지 못함
성 보장을 위한 절차 및 시행절차의 촉진 과 비용의 감소를 위한 전문가 증언과	- 사법부 재심을 전제로 행정, 사법적 절차부여
기술적 또는 시험자료를 포함한 증거의 수락	- 세관의 규제조치가 각국의 세관운영
- 관련당국은 지적소유권자, 기타 당사자 및 동 절차에 영향을 받는 국가정부에	방식에 따라 상이하며 각국의 자의적 세관운용이 시장진출제한등 정당
시행조치와 관련된 적절하고 비밀이 아닌 정보의 입수기회와 의견제시 준비기회를	무역에 대한 장벽으로 작용할 가능성 이 크브로 지적소유권 유형에 따른
제공	세관의 역할과 한계를 명확히 설정
- 시행조치와 관련된 증언의 진술, 서류, 기록, 기타 증거자료를 얻기 위한 타국 에서의 절차허용	
- 적절, 적시, 효과적인 절차수립에 의해 자국 영토내에서의 자료제시와 제출의 수락을 촉진	

0136

쟁 점 별 각 국 입 장	아국입장 검토
- 당사자는 자료제출 이전에 관련당국에 사전통지 - 소송당사자 또는 정부가 필요한 정보의 수락 또는 제공을 거절할경우 침해어부의 예비 및 최종판정은 상대방 당사자에 의해 제출된 증거에 기초하여 결정가능 - 국경조치와 관련된 특별절차 · 제소자는 수입국 관련법과 합치되는 적절한 보호권리에 대한 증거제출이 요구됨 - 관련 지적소유권 보유자는 동 상품이 무 침해 판정을 받았을 경우 당국에 대한 보상 및 동 조치에 대한 손해와 피해를 보전할 수 있을 정도의 증권공탁이나 에치금을 제공 o E C - 국경 시행절차로서 다음절차를 제공 · 일반적으로 인정되는 적절한 절차(due process) 원칙 · 수입상품의 침해어부를 결정하기 위한 기준 및 절차 (특히 수입품품에 대한 차별대우 방지 및 내국민대우) · 잠정보호 조치의 채택 및 유지를 위한 단기 시한 설정 · 증권공탁, 비용보상등 보장을 통한 제소 자의 오용방지 및 항소가능 - 국내절차는 피소자의 권리존중 차원에서 균형유지 필요 · 절차의 오용(misuse)에 대한 배상, 제소시 위탁증거금등 · 무차별원칙, 내국민대우, 명로성등 일반 원칙의 적용 o 일 본 - 적법절차(due process of law)의 원칙 보장과 서전통지와 충분한 설명답변기회 제공을 전제로 하는 시행절차	- 정당무역에 대한 장벽을 제거하기 위한 제도적장치 마련 · 국경에서의 세관의 의할과 한계 명확화 · 단기의 처리기한 설정 · 제소자의 공탁금 의무화 · 비침해상품에 대한 충분한 보상조치 · 침해어부 결정에 대한 이의제기 보상

0137

쟁 점 별 각 국 입 장	아국입장 검토
- 예비적 금지 또는 임시조치에 따라 피해 입은 경우의 제소자에 의한 피해보상 - 행정기관의 처분에 대한 사법적심사 - 최혜국, 내국민대우, 명료성제고등 GATT 기본원칙 적용 o Draft Counterfeit Agreement - 절차를 개시하는 자는 수입국 관련법에 따라 IPR 보호권리가 있어야 하고, 위조 상품이 수입과정에 있거나 수입가능성이 있다는 증거제시 - 위조상품이 아니라는 판정에 대비한 예탁금 또는 공탁 필요 - 잠정조치 이후 소정기한 이내에 국가 조치가 없는 경우 수입자는 수입물품을 자유로이 처분 - 수입업자는 행정기관의 최종결정에 대하여 사법적 재심권한 가짐	○ ○

(4) 다자간 분쟁해결절차의 마련

쟁 점 별 각 국 입 장	아국입장 검토
o 미 국 - GATT 체제와의 관계 　· GATT 의 합의 및 분쟁해결절차의 방식 　　(model)을 따르되, 동 분야의 특수성을 　　감안하여 부가적인 요소(additional 　　elements)를 고려 - 다음의 협정당사자(party)는 분쟁해결 　절차에 호소 　· 협정 위반이 있다고 인정하는자 　· 협정으로 받은 이익이 직접 또는 간접적 　　으로 무효화되거나 침해되었다고 생각 　　하는자 　· 협정의 목적달성을 방해받고 있다고 　　생각하는자 - 전문가의 도움 　· 분쟁해결절차의 규정에는 기술전문가 　　그룹이나 panel 에의 회부를 포함	- 지적소유권에 관한 분쟁은 각국의 　통상법에 근거한 양자간 협상방식을 　지양하기 위해 다자간 분쟁해결방식 　에 따라 해결되는 것이 바람직함 - 원칙적으로 GATT 분쟁해결절차의 　방식을 적용하되 동분야의 특수성을 　고려토록 함 - 다만 기존 국제협약 분쟁해결절차와의 　시기적 우선성, 판결, 권고등의 효력 　상 우위성등에 대한 조화가 모색 　되어야 함 - 또한 분쟁해결절차 개선 문제가 별도 　협상그룹에서 논의되고 있으므로 　동 결과가 충분히 반영되어야할 것임 - 분쟁제도에 있어 일반적으로 제소 　자체는 타당한 것을 전제로 접근하고 　있어 근거없는 침해주장으로 선의의 　피해자 및 새로운 무역장벽 발생가능 　성이 있으므로 지적소유권의 특성상 　이에 대한 Safeguards 확보를 위해 　제소타당성에 대한 충분한 사전심의 　가 필요함 - GATT 분쟁해결절차 적용시 다음사항 　을 고려 　· 지적소유권 문제의 특성을 고려한 　　전문가 그룹의 개입필요 　· 전문적인 기술사항에 대하여 WIPO 　　와의 협조가능성 (필요시 WIPO 에 　　의한 review 절차도입 검토)

0139

쟁점별 각국입장	아국입장 검토
- 구제책 • 권고안이 이행되지 않았을 경우 그에 상응하는 양허 또는 의무철회의 가능성을 포함하는 보복조치를 제공	- 지적소유권 침해시 피해의 산정방식, 권고 불이행시 GATT 권리와의 연계 여부등에 대해서는 지적소유권의 이용과 보호의 균형이라는 측면에서 충분한 논의가 필요함 - 아울러 비침해시 구제방안도 충분히 검토되어야 함
○ E C - GATT 분쟁해결 절차를 적용하되 특수 절차의 포함도 검토 - 동 절차는 특정혜택이나 권리의 정지 또는 철회의 가능성도 제공 ○ 일 본 - 동경라운드시 체결된 여타협정의 분쟁 해결 절차에 따라 국제적인 mechanism 마련 - 전문가의 참여	

0140

**MULTILATERAL TRADE
NEGOTIATIONS
THE URUGUAY ROUND**

RESTRICTED

MTN.GNG/NG11/W/14/Rev.1
17 October 1988
Special Distribution

Group of Negotiations on Goods (GATT)
Negotiating Group on Trade-Related Aspects
of Intellectual Property Rights, including
Trade in Counterfeit Goods

Original: English

SUGGESTION BY THE UNITED STATES FOR
ACHIEVING THE NEGOTIATING OBJECTIVE

Revision

The attached communication, dated 13 October 1988, has been received
from the Office of the United States Trade Representative in Geneva.

GATT SECRETARIAT
UR-88-0479

0342

I. Introduction

In October 1987, the United States submitted a suggestion for achieving the Negotiating objective of this Group (MTN.GNG/NG11/W/14). In that submission, the United States set forth its objectives for these negotiations. Specifically, it sought an agreement that would reduce distortions of and impediments to legitimate trade in goods and services caused by inadequate standards of protection and ineffective enforcement of intellectual property rights.

The submission then outlined the means of achieving this objective. Specifically, parties would undertake obligations to bring national laws and enforcement mechanisms into conformity with the provisions of a GATT agreement. That agreement would include obligations to adopt and implement (1) adequate substantive standards for the protection of intellectual property, drawing such standards from international conventions where adequate, and from national laws that provide a sufficient level of protection where the provisions of such conventions are inadequate or do not exist; (2) both border and internal enforcement measures; (3) a dispute settlement mechanism, taking into account existing GATT procedures and negotiations and adapting them to intellectual property; and (4) provisions drawn from existing GATT principles, such as national treatment and transparency, adapted to intellectual property. Each of these obligations would be undertaken with a view toward minimizing interference with legitimate trade.

Finally, the U.S. suggestion included preliminary thoughts on the standards that might be included in an agreement and provisions of general concern, such as provision of technical assistance and the potential for revision and amendment of the agreement.

In the year since submission of the U.S. proposal, participants in the negotiating group have made further detailed proposals on how the negotiating group could achieve its objective. Indeed, the United States has orally and in informal submissions further developed its thoughts on the details of how we should achieve that objective. These evolving thoughts are set forth in the following paper.

II. Objective

The objective of these negotiations remains unchanged, i.e, a GATT intellectual property agreement to reduce distortions of and impediments to legitimate trade in goods and services caused by deficient levels of protection and enforcement of intellectual property rights. Parties would undertake specific obligations to

0343

enact adequate substantive standards in their national laws for
the protection of intellectual property and for border and internal
enforcement measures consistent with the terms of the agreement.
Thus, Parties would agree to:

-- Recognize and implement standards and norms that
provide adequate protection for intellectual property
rights and provide a basis for the effective enforcement
of such rights;

-- Provide an effective means of preventing and deterring
infringement of intellectual property rights;

-- Create an effective economic deterrent to international
trade in goods and services which infringe intellectual
property rights through implementation of internal and
border measures;

-- Ensure that such measures to protect intellectual
property or enforce intellectual property rights minimize
interference with legitimate trade;

-- Extend international notification, consultation,
surveillance and dispute settlement procedures to
protection of intellectual property and enforcement of
intellectual property rights; and

-- Encourage non-signatory governments to adopt and enforce
the agreed standards for protection of intellectual
property and join the agreement.

III. Standards for the Protection of Intellectual Property Rights

During the course of these negotiations, the United States and
other participants, such as the European Community and Japan,
have commented in significant detail on the standards or principles
that should be included in a GATT agreement. The United States
takes this opportunity to elaborate its evolving views on adequate
standards for the protection of intellectual property rights.

A. Patents

1. Patentable Subject Matter and Conditions for
Patentability

A patent shall be granted for all products and
processes which are new, useful, and unobvious.
In this regard, the terms "useful" and "unobvious"
encompass or are synonymous with the terms "capable
of industrial application" and "inventive step."
Examples of items which do not meet these criteria

0344

are: materia:s consisting solely of printed matter, scientific principles, methods of doing business, and algorithms and mathematical formulas per se, including those incorporated in computer programs. A patent application or a patent, however, may be withheld from publication if disclosure of the information contained therein would be detrimental to the national security.

2. **Term of Protection**

A patent shall have a term of at least 20 years from filing. Extension of patent terms to compensate for delays in marketing occasioned by regulatory approval processes is encouraged.

3. **Rights Conferred**

A patent shall provide the right to exclude others from the manufacture, use or sale of the patented invention and, in the case of a patented process, the right to exclude others from the importation, use or sale of at least the direct product thereof, during the patent term.

4. **Conditions for Compulsory Licenses and Revocation Provisions**

A compulsory license may be given solely to address, only during its existence, a declared national emergency or to remedy an adjudicated violation of antitrust laws. Patents may also be used non-exclusively by a government for governmental purposes. In the case of a license to address a national emergency or in the case of use by a government for governmental purposes, a patent owner must receive compensation commensurate with the market value a license for the use of the patented invention. A compulsory license must be non-exclusive. All decisions to grant compulsory licenses as well as the compensation to be paid shall be subject to judicial review. A patent shall not be revoked because of non-working.

B. **Trademarks**

1. **Definition**

A trademark may consist of any sign, word, design, letter, number, color, shapes of goods or of their packaging, or any combination thereof, capable of distinguishing the goods of one undertaking from

0345

those of other undertakings. The term "trademark" shall include service mark and certification mark.

2. **Derivation of Rights and Rights Conferred**

Trademark rights may derive from use or registration or a combination thereof. The owner of a trademark shall have the exclusive right to use that mark and to prevent others from using the same or a similar mark for the same or similar goods or services where such use would result in a likelihood of confusion. Rights shall be subject to exhaustion only in the country or customs union where granted.

3. **Registration Systems**

A system for the registration of trademarks shall be provided. Use of the trademark may be a prerequisite to registration. Regulations and procedures shall be transparent and shall include provisions for written notice of reasons for refusal to register and access to records of registered trademarks. Each trademark shall be published within 6 months after it is approved for registration or is registered and owners of the same or similar trademarks and other interested parties shall be afforded a reasonable opportunity to challenge such registration.

4. **Protection of Well-Known Marks**

A country shall refuse or cancel the registration and prohibit the use of a trademark likely to cause confusion with a trademark of another which is considered to be well known either in that country or internationally well known. A period of at least five years from the date of registration shall be allowed for requesting the cancellation or prohibition of use of such a trademark. No time limit shall be fixed for requesting the cancellation or the prohibition of the use of trademarks registered or used in bad faith.

5. **Subject Matter for Registration as a Trademark**

The nature of the goods or services to which a trademark is to be applied shall in no case form an obstacle to the registration of the trademark.

0346

6. **Term of Protection and Conditions on Maintenance of Protection**

A trademark shall be registered for no less than ten years and shall be renewable indefinitely for further terms of no less than ten years when conditions for renewal have been met. Where use of a registered trademark is required, the registration may be cancelled only after five years of continuous non-use, and then only if the person concerned does not justify the non-use. Justified non-use shall include non-use due to import prohibitions or other government laws, regulations, policies, or practices. A country shall not impose any special requirements for the use of a trademark such as size or use in combination with another trademark. Authorized use of a trademark by a third party shall be considered use by the trademark owner for purposes of meeting use requirements.

7. **Prohibition of Compulsory Licenses**

No compulsory licensing of trademarks shall be imposed and assignment of trademarks shall be permitted.

C. **Copyrights**

1. **Rights Conferred**

    A. Parties shall extend to copyright owners at a minimum, the exclusive rights to do or to authorize doing of the following:

        (a) to copy or to reproduce the work by any means or process, in whole or in part, and whether identically or in substantially similar fashion;

        (b) to translate, revise, and otherwise adapt and prepare derivative works based on the protected work;

        (c) to distribute copies of the work by sale, rental, or otherwise, and to import copies; and,

        (d) except in the case of sound recordings, to communicate publicly the work, directly or indirectly

0347

(e.g., perform, display, exhibit, broadcast, transmit and retransmit) whether "live" or from a fixation, by any means or process, (e.g., by electronic network, by terrestrial links, broadcast signals, satellites, or otherwise) and regardless of whether the signal emanates from beyond national borders.

B.   Restrictions of exclusive rights to "public" activity (e.g., the right of public performance) shall not apply to the reproduction or adaptation right; and with respect to the communication right, "public" or "publicly" shall mean:

(a) places open to the public or any place where a substantial number of persons outside of a normal circle of a family and its social acquaintances is gathered; and

(b) communications of works in any form or by means of any device or process, regardless of whether the members of the public capable of receiving such communications receive them in the same or separate places and at the same time or at different times.

2.   Subject Matter of Copyright Protection

Copyright protection shall extend to all forms of original expression regardless of the medium in which the work is created, expressed, or embodied or the method by which it is communicated or utilized.   Such works include literary works (including all types of computer programs expressed in any language, whether application programs or operating systems, and whether in source or object code); musical works (including accompanying lyrics); dramatic works, cinematographic and audiovisual works; sound recordings; pictorial, graphic and sculptural works; choreography and pantomime; compilations (whether of protected or unprotected materials and whether in print, in a machine-readable data base or other medium); derivative works (without prejudice to any rights in preexisting material upon which they are based); and works created with the use of computers, as well as works in forms yet to be developed.

0348

3. Securing Protection

   Copyright protection shall vest automatically upon
   the creation of a work and shall subsist whether
   or not the work is published, communicated, or
   disseminated. The enjoyment and exercise of
   rights under copyright shall not be subject to any
   formality. Economic rights under copyright shall
   be freely and separately exploitable and transferable;
   transferees (assignees and exclusive licensees)
   shall be entitled to full enforcement of their
   acquired rights in their own name.

4. Limitations and Exemptions

   Any limitations and exemptions to exclusive economic
   rights shall be permitted only to the extent
   allowed and in full conformity with the requirements
   of the Berne Convention (1971) and in any event
   shall be confined to clearly and carefully defined
   special cases which do not impair actual or potential
   markets for, or the value of, copyrighted works.

5. Conditions For Compulsory Licenses

   Compulsory licenses shall not be adopted where
   legitimate local needs can be meet by voluntary
   actions of copyright owners. Implementation,
   where necessary, of compulsory licenses shall be
   strictly limited to those works and those uses
   permitted in the Berne Convention (1971); shall be
   implemented in accordance with relevant treaty
   standards; shall preserve all material interests
   of authors and copyright owners; and shall be
   accompanied by detailed laws and regulations that
   provide strong safeguards, including notification
   of the copyright owner and effective opportunity
   to be heard, mechanisms to ensure prompt payment and
   remittance of royalties consistent with those that
   would be negotiated on a voluntary basis, and
   workable systems to prevent exports.

6. Term of Protection

   The minimum term of copyright protection shall be
   the life of the author plus fifty years; and for
   anonymous and pseudonymous works and works of
   juridical entities (works made for hire), shall be
   at least fifty years from publication with the
   consent of the author, or, failing such an event
   within fifty years from the making of a work,
   fifty years after the making.

0349

7. Parties that have afforded no effective copyright protection to foreign works shall provide copyright protection for pre-existing works that are not in the public domain in the country of origin of the work.

D. Trade Secrets

1. Scope of Protection

Trade secret protection should be broadly available and cover items such as any formula, device, compilation of information, computer program, pattern, technique or process that is used in one's business or that has actual or potential economic value from not being generally known. Protection should be accorded both to technical information, such as technical drawings or operational specifications, and commercial information, such as price or customer lists or business methods, regardless of whether the trade secret is in a tangible form, such as a machine or written record, or is maintained without tangible means, for example, by memory.

2. Term of Protection

A trade secret should be protected so long as it is not public knowledge, general knowledge in an industry, or completely disclosed by the results of a use of the trade secret.

3. Maintenance of Right

To maintain legal protection, the owner of a trade secret may be required to make efforts reasonable under the circumstances to maintain such secrecy but need not show that no one else possesses the trade secret. Without losing the requisite secrecy, the owner may communicate a trade secret to employees involved in its use, communicate a trade secret to others pledged to secrecy or make any other communications required by law or as a condition for marketing.

4. Definition of Misappropriation, i.e., Infringement of a Trade Secret

Misappropriation means the acquisition, disclosure or use of trade secret without a privilege to acquire, disclose or use it. Misappropriation

0350

includes discovery of the trade secret by improper
means; use or disclosure of a trade secret in
breach of a confidence; acquisition of a trade
secret from a third person with notice that it was
a secret and that the third person misappropriated
it; acquisition, disclosure, or use of a trade
secret with notice that its disclosure was made by
mistake; or use or disclosure of a trade secret after
receiving notice that it was disclosed by mistake
or by one who had misappropriated it.

5.   Rights Conferred

Trade secrets must be protected from actual or
threatened misappropriation, and the owner shall
be entitled to full compensation for misappropriation.
In assessing liability for misappropriation involving
use or disclosure of a trade secret disclosed by
mistake or by one who had misappropriated it,
authorities may take into consideration whether the
recipient has in good faith paid value for the
secret or changed position to his detriment as a
result of its receipt.

6.   Conditions on Government Use

Trade secrets submitted to governments shall not
be disclosed or used for the benefit of third
parties except in compelling circumstances involving
major national emergencies posing an imminent
unreasonable risk to health or the environment, or
to facilitate required health and safety
registrations. Government use or disclosure on
the basis of a national emergency may only be made
where other reasonable means are not available to
satisfy the need for which the government seeks to
disclose or use the trade secret, and the government
may use it only for the duration of that emergency.
Government use or disclosure to facilitate required
health and safety registrations may only be made
if the trade secret has not been submitted within
the previous ten years and full compensation is
made for the use or disclosure. In any case, a
government shall not use or disclose a trade
secret to an extent greater than required to
achieve one of the above needs without providing the
submitter with a reasonable opportunity to oppose
the proposed use or disclosure, including the
opportunity to secure judicial review, or without
providing for the payment of full compensation as
in the case of personal property.

0351

E. **Integrated Circuits**

1. **Subject Matter for Protection**

   Protection shall be granted to any original layout-design incorporated in a semiconductor integrated circuit chip however the layout-design may be fixed or encoded.

2. **Term of Protection**

   The term of protection shall be at least ten years from the date of first commercial exploitation or the date of registration, if required, whichever is earlier.

3. **Conditions of Protection**

   Protection may be conditioned upon fixation or registration of the layout-designs. The applicant for a registration shall be given at least two years from first commercial exploitation of the layout-design to apply for registration. Also, if deposits of identifying material or other material related to the layout-design are required, the applicant for registration shall not be required to disclose sensitive or confidential information unless it is essential to allow identification of the layout-design.

4. **Rights Conferred**

   Subject to the provisions herein, and without prejudice to other intellectual property rights, the owner of a layout-design shall have the exclusive right to:

   (a) reproduce the layout-design;

   (b) incorporate the layout-design in a semiconductor integrated circuit chip;

   (c) import or distribute a semiconductor integrated circuit chip incorporating the layout-design; and

   (d) authorize others to perform any of the above acts.

5. **Limitations on Rights Conferred**

0352

(a) Protection shall not extend to layout-designs that are commonplace in the integrated circuit industry at the time of their creation or to layout-designs that are exclusively dictated by the functions of the integrated circuit to which they apply. A layout-design may be reproduced for the purposes of teaching, analysis or evaluation in the course of preparation of a layout-design that is itself original.

(b) It shall not be unlawful to import or distribute semiconductor integrated circuit chips incorporating a protected layout-design in respect of such chips that have been sold by or with the consent of the owner of the layout-design. Any Party may provide that there shall be no liability with respect to the importation or distribution of a semiconductor integrated circuit chip incorporating a protected layout-design by a person who establishes that he or she did not know, and had no reasonable grounds to believe, that the layout-design was protected; however, there shall be a right to a reasonable royalty for such acts after notice is received.

6. Conditions on Compulsory Licenses

A compulsory license may only be given to address, only during its existence, a declared national emergency or to remedy an adjudicated violation of antitrust laws. Semiconductor integrated circuit layout-designs may also be used non-exclusively by a government for governmental purposes. In the case of a license to address a national emergency or use by a government, a semiconductor integrated circuit layout-design owner must receive compensation commensurate with the market value of the license. A compulsory license must be non-exclusive. All decisions to grant compulsory licenses as well as the compensation to be paid shall be subject to judicial review.

IV. Enforcement Procedures

Obligations for the enforcement of intellectual property rights internally and at the border are an essential part of any agreement on trade-related aspects of intellectual property rights. Standards and enforcement are equal partners in the effort to reduce

0353

distortions of trade in goods and services protected by intellectual property.

Enforcement measures and sanctions must effectively deter infringing activity, Thus, Parties should undertake obligations to provide procedures to enforce rights against entities engaged in infringing activities and to provide appropriate remedies. In appropriate cases, this must include criminal sanctions. Safeguards against arbitrary action or abuse of procedures must also be included and Parties must take action to ensure that enforcement measures minimize interference with legitimate trade. The U.S. views on the specifics of enforcement obligations follow:

1. Types of Procedures Required

    Governments must provide procedures and take actions which are effective in preventing and deterring infringement of intellectual property rights and deprive entities trading in infringing goods and services of the economic benefits of such activity.

2. Standing to Initiate Procedures

    (a) Procedures must be available to owners of intellectual property rights and other persons authorized by the owner and having legal standing to determine the validity and enforceability of intellectual property rights for the assertion of such rights against any legal or juridical person or governmental entity.

    (b) Governments should initiate procedures ex officio where effective enforcement requires such action.

3. Competent Bodies to Hear Complaints

    Competent bodies to implement procedures may include administrative or judicial or both types of bodies so long as Parties designate a competent body and devote sufficient resources to ensure the prompt and effective enforcement of intellectual property rights.

4. Activities Subject to Jurisdiction of Competent Bodies

    Procedures to enforce intellectual property rights should apply at the point of production and commercial transactions, e.g., point of sale, offer for sale, lease, distribution etc. as well as at the border.

5. Procedural Requirements

    (a) Procedures for the enforcement of intellectual

0354

property rights, whether they be administrative or judicial, civil or criminal must ensure due process of law including:

(i) the right to receive written notice prior to commencement of proceedings which contains information sufficient to determine the basis of the dispute;

(ii) application of the same substantive standards for determining whether an enforceable intellectual property right exists and whether it has been infringed with respect to all products whether imported or locally produced;

(iii) prompt, fair, reasonable, and effective means to gain access to and present to relevant judicial or administrative authorities statements of witnesses and information, documents, records and other articles of evidence for the enforcement of intellectual property rights;

(iv) determinations in writing relating to the infringement of intellectual property rights which must be reasoned and made in a fair and open manner.

(b) Procedures shall not impose overly burdensome requirements concerning personal appearances by the parties, but shall, to the greatest extent possible, permit the parties to appear through representatives and provide a fair and reasonable opportunity for all parties to present evidence, in writing or orally, or both, for consideration by the authorities. Subject to procedures and conditions to ensure reliability and fairness, such as cross-examination and disclosure of adverse information, Parties shall facilitate the acceptance of evidence, including expert testimony, and technical or test data, in order to assist in expediting and reducing costs of participating in enforcement procedures.

(c) Parties shall provide a means to effectively identify and protect confidential information. Any information which is by nature confidential (for example, because its disclosure would be of significant competitive advantage to a competitor or because its disclosure would have a significantly adverse effect upon a person supplying the information or upon a person from whom he acquired the information or which is provided on a confidential basis for a procedure relating to an enforcement action shall,

0355

upon cause shown, be treated as such by the authorities. Such information shall not be disclosed without permission of the party submitting it except pursuant to a protective order sufficient to safeguard the interest of such party.

(d) Parties shall facilitate the gathering of evidence needed for an enforcement or related action in the territory of another Party. Procedures may be carried out in other countries to obtain statements of witnesses and information, documents, records, and other articles of evidence relating to an enforcement action, including the assessment of remedies. Parties shall facilitate the taking of such statements and production of such materials in their territories by establishing adequate, timely and efficient procedures. Such procedures shall permit such evidence to be taken in any manner not prohibited by national law. A Party may require prior notification of a competent authority before a statement is taken or materials produced.

(e) In cases in which a party to the proceeding or a government refuses access to, or otherwise does not provide, necessary information within a reasonable period, or significantly impedes the procedure relating to an enforcement action, preliminary and final determinations, affirmative or negative, may be made on the basis of evidence presented by the opposing party.

(f) Relevant authorities shall provide opportunities for the intellectual property right owner, other parties to the proceeding and the governments of the affected countries, to see relevant, non-confidential information that is used by the authorities in a procedure relating to an enforcement action, and to prepare presentations based on this information.

(g) Parties shall make available ex parte proceedings to preserve evidence and take other actions urgently required provided that the parties shall be provided subsequent notice of the action and the right to participate in an administrative or judicial procedure providing due process of law.

(h) Parties shall ensure that procedures to enforce intellectual property rights minimize interference with legitimate trade.

0356

6. **Right of Judicial Review**

Parties shall provide the right of judicial review of initial judicial decisions on the merits of a case and final administrative decisions on the merits of a case in disputes arising in connection with the obtaining, maintaining or enforcing of intellectual property rights.

7. **Civil Remedies**

(a) Remedies for infringement of intellectual property rights shall include seizure at the border and internally, forfeiture, destruction, and removal from commercial channels of infringing goods, or other effective action as may be appropriate.

(b) Parties must provide interim relief in the form of preliminary injunctions and other appropriate and prompt procedures to prevent the sale or other disposition of allegedly infringing goods pending a final determination on infringement.

(c) Final injunctions, as well as monetary awards adequate to compensate fully owners of intellectual property rights must also be available. In appropriate cases, this should include provision of statutory damages.

8. **Criminal Sanctions**

Criminal remedies shall be available for at least trademark counterfeiting and copyright infringement which are willful and commercial and shall include seizure of infringing goods, materials and implements used in their creation, and forfeiture of such articles, imprisonment, and monetary fines.

9. **Procedures Related to Border Measures**

(a) Parties shall afford owners of intellectual property rights and other persons authorized by the owner and having legal standing the judicial or administrative means necessary to initiate procedures to enforce their rights against imported infringing goods before they are released from the jurisdiction of the customs authorities. Parties shall designate the authorities to which owners of intellectual property rights may address themselves for this purpose. Procedures shall also apply to goods in transit provided that they cover goods infringing an intellectual property right of the country through which the goods were being shipped.

0357

(b) The person initiating such procedures shall be
required to present adequate evidence of the right
to protection in accordance with the relevant laws
of the country of importation.

(c) Seizure of goods at the border by competent
authorities may be either _ex officio_, _sua sponte_
or at the request of the rights holder when the
competent authorities are satisfied that imported
goods infringe an intellectual property right.

(d) When the competent authorities have reason to
believe imported goods may be infringing, they
shall detain such goods pending a determination
whether the goods are infringing.

10. Entities Subject to Remedies and Sanctions

Sanctions and remedies shall be available against the
producer, seller, distributor and in appropriate cases
the user of an infringing good or service. Remedies against
Parties, however, may be limited to payment of
compensation to the owner of the intellectual property
right.

11. Indemnification

(a) In order to prevent abuse of interim procedures
and border enforcement measures, Parties may
require a rights owner to provide security up to
an amount sufficient to hold the authorities and
importer harmless from loss or damage resulting
from detention where the goods are subsequently
determined not to be infringing. However, such
securities shall not unreasonably deter recourse
to such procedures.

(b) Parties shall make remedies available to provide
indemnification in appropriate cases of persons
wrongfully enjoined or restrained.

VI. Consultation and Dispute Settlement

The GATT's concept and mechanisms for consultation and dispute
settlement set it apart from many international conventions and
provide a significant benefit to Contracting Parties. The United
States believes that a multilateral mechanism should be available
to settle disputes between governments arising out of the obligations
undertaken in any agreement on trade-related aspects of intellectual
property. We would take this opportunity to reiterate our views
on this question. (See MTN.GNG/NG11/W/14.)

0358

A. The dispute settlement mechanism should follow the model of consultation and dispute settlement mechanisms in GATT agreements, recognizing that additional elements may be needed to address unique features of the subject matter.

B. Resort to the consultation and dispute settlement mechanisms would be available to any Party to the agreement that considers that the obligations of the agreement are not being met or that any benefit accruing to it, directly or indirectly under the Agreement is being nullified or impaired, or that the attainment of the objective of the agreement is being impeded.

C. Recourse to technical expert groups and panels should be available.

D. In the event that recommendations are not complied with, the Agreement should provide for retaliation including the possibility of withdrawal of equivalent GATT concessions or obligations.

VI. Revision and Amendment of the Agreement

As noted in our previous submission, any GATT agreement must be sufficiently flexible to accomodate future consensus on improved protection of intellectual property. The agreement should include new forms of technology and creativity as they appear. Parties should agree to a mechanism for amendment and revision of the agreement and should provide for regular review of its terms.

VII. Provisions Drawn From GATT Principles and Other General Concepts

A. National Treatment and Most-Favored-Nation Treatment

The negotiating group will need to address the complex questions of national treatment and most-favored-nation treatment. The task of the negotiating group will be to reconcile the concept of national treatment of products and national treatment of persons who are owners of intellectual property. Similar considerations apply with respect to MFN treatment, particularly if one equates MFN treatment with national treatment for persons.

B. Transparency

Concepts such as those embodied in Article X of the GATT should apply to intellectual property provisions.

0359

Specifically, laws, regulations, judicial decisions and
administrative rulings of general application pertaining
to obtaining and enforcing intellectual property rights
should be published promptly in such a manner as to
enable governments and persons to become familiar with
them.

C. **International Cooperation**

(1) Parties would undertake to coordinate the provision
of technical assistance, such as training of
appropriate officials, in the implementation of
the obligations of the agreement. Assistance
could be made available to Parties that request
such assistance under mutually agreed terms.
Parties with economic assistance programs would
undertake to include in their programs means to
provide direct assistance to Contracting Parties
interested in improving their intellectual property
regimes in order to become Parties to the Agreement.

(2) Parties shall cooperate to enhance the protection
of intellectual property rights in countries not a
Party to a GATT agreement by:

(a) Monitoring and exchanging information on the
adequacy of intellectual property protection
in such countries; and

(b) Taking joint or coordinated action to encourage
such countries to provide adequate intellectual
property protection consistent with the
agreement.

(3) Consistent with mutual assistance agreements for
the production of evidence, Parties shall cooperate
with each other in the production of evidence for
use in civil, criminal and administrative proceedings
to enforce intellectual property rights.

0360

'88 제 5차 UR/GNS 회의 참석 결과 보고
===

1988. 10.

0053

I. 우루과이 라운드 GNS 회의 동향 경과

1. 논의 경과

: 논의 경과

- '86.9.15-20 우루과이의 Punta del Este 에서 개최된 GATT 특별 총회에서 신각료 우루과이 라운드를 선언함에 따라 발족 이후 각 상임 위원회 구성
  - 12월의 우루과이 TNC (Trade Negotiations Committee) 각료회의에서 GNS 의 작업 모두를 보고서 또는 산정과 의원에 의한 산정규칙 및 산정규정을 대표간에 산하 조약에 따라 요청을 개발한 요원.

: 역기에는 새로운 분야의 서비스 다각적 협상대상을 포함함

- '88.9.19-23 (5일간), 제네바에서 GNS 제 5차 회의 개최 연차

- 위 상임의 하나, '87.1.28. 분야별로 16개 협상그룹과 2 그룹분류
  - 산품의상 그룹 14개 그룹분류
  - 2. GNS-상임의 구성 및 개최규칙 개별 일부

- 상품의상 그룹 (GNS) : 관세 비관세 적어가운 산품 14개 그룹
  - 나. 미국, EC 등 일상 주요 산정규 : 서비스 사장개방을 두우트로 90년까지 연차 협상하며 작업 계획을 대책규정 산정규을 추가.

o 서비스의 동일 및 측면 (Standstill & Rollback) 규칙 규칙
  - 각종 서비스 2차 가맹하여 양측 세계 우상의 정비규것 개량하다는 도입하여 서비스규의의 경실 다각적 규칙 대칙규정 추가

o 서비스 의상 그룹 (Group of Negotiation on Services/GNS)

- '87.2월의 우루 각 연상그룹별로 '87년도 조 그룹에 의상을 전개였으며,
  - 나. 법칙, 인분과 규칙 : 규칙 연상규별 직접규 추가.
  - 서비스 2차의 정보, 법로, 별로 및 서정이 우루규정 연상규 계발 추가.

- '87.2월 동향 작권규칙의 서비스 2차 연책에 대한 의상 중점진다고
  - 서비스 2차 가맹하여 양측 세계 우상정규 개량하다는 동일한 규칙 계발 규칙 규칙규.
  - 규칙의 상야면 의상이 규정됨.

중 사의 을 통해 작권규칙의 서비스 2차 연책에 대한 의상 중점진다고
  - 다. 연상 규칙 : 연상의 법로 산정규 중입.
  - 나. 연상대상 법로 연상규의 정보법규 이어야 한다는
  - 등의 연책이 이어야 한다는 규정이 중임.

각권의 상야면 의정이 규정됨.
  - 다. 연상 규칙 : 연상의 법로 규정규 중입.
  - 나. 연상대상 법로 연상규의 정보법규 이어야 한다는
  - 등의 연책이 이어야 한다는 규정이 중임.

o 그러나, 산정규의 규정 규양규 대표 대규규 연상규규 우루규규 규규 규규 규규 규규 규규 규규
  - 미규규의 규정규 규규 규규 규규 규규 규규 규규 규규.

제 부 부 0094

항 목	주 요 내 용	주 요 내 용	비 고
1. 협정목표	가. 협정의 목표	(i) 산업간 : 산업기술협력의 증진 (ii) 협정의 범위에 포함되는 사업	─ 산업기술 협력에 관한 제반 협력 분야를 포괄하는 (development)을 촉진하는
2. 용어(정의) 정의 및 통계 (Definitions and Statistics)	가. 정의 나. 용어의 정의 및 통계	(i) 산업간 : 종전의 관련 협정에서 (UR 협상결과에 따른) (ii) 산업간 : 통계 조사(90일까지 제공) (iii) 산업간 : 협정문의 용어의 정의 (i) 산업간 : 본 협정의 적용에 대한 (ii) 산업간 : 협정의 적용 대상 (iii) 산업간	─ 협정의 적용 대상이 되는 산업기술 ─ 통계조사의 수집 (90일 협정의 대상이 되는 산업의 범위)
3. 대상범위 적용범위 (Coverage)	나. 용어의 정의 나. 대상범위 표준에 관한 사항의 *	(i) 산업간 : 협정의 적용대상이 되는 (ii) 산업간 : 국경간 (cross-border) (iii) 산업간 : 협정 적용대상 (i) 산업간 : 최종제품의 협정 적용 (iii) 산업간 : 협정 적용대상	─ ─ 협정의 적용대상이 ─ 나. 대상범위 협정의 적용대상이

제 구 부

0095

항목 구분	주 요 내 용		우 리 입 장
4. 기본 원칙	가. 최혜국 대우 (Most Favored Nation / MFN)	(i) 대상국 모든 서비스 분야에 있어 여타 회원국에 대해	- 무조건부 MFN을 원칙적으로 지지하고, 개별분야의 특성상
		(ii) 오공급 원칙 : 무조건부 MFN 및 (무조건부 원칙)	동 원칙 그 초기부 원칙 수용 가능성 추후 검토
		(iii) 명시되는 일부 제외	
	나. 내국민 대우 (National Treatment / NT)	(i) 산업간 : 외국 서비스 공급자에 대한	-
		(iii) 명시되는 일부 제도는 : 조건부 MFN 에 따름	
		(i) 산업간 : 서비스 개별분야별 수요·사용 공급	- GATT 규정원칙과 연관하여 실질적 지지. 서비스 생산요소의
		(iii) 개별 생산요소의 대한 대한 명료 대상국	
	다. 개방성 / 명료성 원칙 (Transparency)	(i) 산업간 : 서비스 개별분야의 수입·사용 공급	-
		(iii) 개별 : 서비스 개별분야의 상이한 규제도 및 관행	
		(입법 및 규정)	중단된 서비스 교역에 상충되는 제재를 금지 · 제거하는
5. 기타 관계협정과의 연관 (Disciplines & Arrangements)	- 기타의 관계협정 및 약정과의	(ii) 대상국 : 서비스 개별 국가간의 및 관계기관간	인간의 자발적으로 이루어짐 명료성 및 계약성을 지지.
			양허의 폭을 넓게 이해 (추후 검토)
		(ii) 산정값 : 서비스 개별분야별 규제도 및 관계도	-
6. 규제 조치	-	(i) 산정값 : 다자간 및 양자간 협정의 명시·Inventory 작성	-
7. 규제 조치	- 서비스의 저해하는 단계적으로 명시(Inventory작성)		규제의 구성요소를 단계적 명시기준으로 대한 작성의
	대한Inventory작성		지침. Inventory 작성여부 및 대한 작성 작성 방

III.

· '88년도 제 5차 GNS 연석 대책

1. 기본 방침

- 이번 제 5차 의약 사태 대책에 직접적으로 있어서
  ○ 다각적 대응 방안의 연구 대상 사항을 중심으로

- 대정부 및 국민여론에 미치는 영향 등을 고려하여
  ○ 신중하게 대처하되 대국민 설득작전도 병행

- 산업계 및 유관기관의 대응으로 조직력을 강화하고
  ○ 상황변화에 대비한 단계별 대응

- 대외적 및 국내외 여론에 미치는 영향 등을 고려

2. 세부 대책

가.

- '88년도 제 4차 의거 (7.18~7.22)에는 발생했던,
  (상황은 노동운동), 담임한 (등의, 내적인 대응)에 준하여 조치함으로써
- 도출이 예상되며 세가지 안의 대응 수립을 전제로

· (참고)

○ 중앙 및 지방 조직에 대한 조직 강화로 Approach 를 통한

0097

부록 _ 관련 자료 375

(참고 2) 생산요소 이동 자유화에 따른 서비스시장 개방이 아국에 미치는
영향

- 생산요소이동 자유화에 따라 세계 서비스 시장이 개방되는 경우, 아국은
개도국 서비스시장 진출기회를 확보하는 반면、 선진국등 역타국에 대해
국내시장을 선진국 수준으로 개방·자유화하여야 하는등 국내경제에
미치는 파급효과가 클 것으로 전망됨.

- 아국 서비스 산업은 전반적으로 개도국영에서 선진국영으로 이행하는
과도기적·중간단계에 있으나, 부문별로는 노동집약적 서비스 부문 (건설·
정비등)과 같은 해외진출 능력을 갖춘 적극적 부문과 금융·증권 부문과
같은 국제 경쟁력이 미약한 국내시장 중심의 소극적 부문이 동시에 병존
하고 있으며, 어느 부문이든 국내시장의 급격한 대외개방에 대해 대응
능력은 취약한 실정임.

ㅇ 그러나, 장기적으로는 경상수지의 흑자기조가 정착화되어 대외채무여이
채권액보다 작은 미 성숙 채권국의 단계에 진입하여 국내 자본의
차관이나 해외 직접투자 형태로 외국에 본격적으로 진출하는 1990년대
중반기에는 아국의 금융·증권·보험 산업도 국제경쟁력이 현저히 신장
되어, 이러한 자본유출에 따라 한국 금융기관이 어떻게 외국에 진입
장벽없이 진출할 수 있을 것인가가 중요한 과제가 될 것도 예상할 수
있음.

- 따라서, 아국 입장에서는 건설·정비와 같은 노동집약적 중급 서비스
분만 아니라 금융산업등과 같은 자본 집약적 고급 기술 서비스도 장기적
으로는 개방·자유화됨이 필요하나, 당분간은 현재 비교열위에 있는
아국산업들이 충분히 국제경쟁력을 보유하게 될 때까지 시간을 벌 수
있도록 점진적이고 제한적인 서비스 시장의 개방·자유화가 이루어져야
함을 주장함이 필요

※ 생산요소 이동 자유화에 따른 서비스 시장 개방시의 예상효과 (예)

분야별	예 상 효 과	비 고
건설시장	아국건설업체 및 건설인력의 해외 진출 확대	설립권·주제권·노동이동
	해외 건설 인력의 국내진출 가능성	노동이동
금융시장	외국 금융기관 국내자유 설립	설립권·주제권
	외화자금의 자유도입 운용	규제의 완화·철폐
	금리·직급 상품의 자유화	자유 영업권
증권시장	증권·투자회사의 자유 설립	설립권·주제권
	국내자본시장 영업자유화	내국민 대우·영업권
보험시장	보험회사의 자유 설립	설립권·주제권
	국내보험 영업자유화	내국민 대우·영업권
	보험자산 자유 운용	

나. 우리의 입장

(1) 기본원칙 및 기대

- 획기적 대응, GATT 에 그간의 정부의 보조금, 국내외정책의
  중동, 정부의 재정수 동등 부과

- 대응의 대응 유지의 적용 유보, 국제기준의 사적용2,
  응통2 (cross notification) 유지 정부의 위반유도 방법을,
  협조 우방의에 대하여는 정부정의 통상의 추공 부과

- 우상의 지정을 위하여는 선진의 Approach 가 필요일 것이고,
  획기적 대응, 정부의 국내의 합의 조중 나, 개도국,
  응통 후 응인의 응인 비구정은 내지의 대응, 만도의
  아래의 우방의 만도 협의의 정부의 그의의 적용의 합으로
  우방의 실상 수정이도 것이다

(2) 인정하는 규제형 및 운영

- 준비 국제기구 (OECD 등) 대표적들의 확실이아의 이론 규제형의
  대응 도의 필요

- GNS 에서 새로운 운영의 만들어야 할 경우 대부분의 관 규제부
  동지정의 Identity 를 보존 합의아서 상 조화준 합 하의 합,
  것으로 예상되나, 관을 조화 또는 상원의 비구정의 경우 이의 조직
  Mechanism 를 우상전정에서 연구해도 좋다의 것으로 필요

(3) 우방은 2 억을 추진 또는 검토하는 조치 및 운영

- 우방은 우의 합사의 대응의 대 규제정비정이나 국내의 각 개의 정책의
  응의2 업이고로 정부의 발정통합의의 정부 또는 나정의 이의 합으로
  획기의 업이고로 부의 정책 통합의의 정부 또는 나정의 이의 합으로
  동류의 관의 초정동합의의 정부의 정책 또는 대응 비구정의
  규정는 우의이다, 정부의 국제정의 의응 정책들에 대하여 상통도의
  필요)

- 산업의 특의에 수 정책의 Inventory 제품용 응의 도의의 정영의 확실

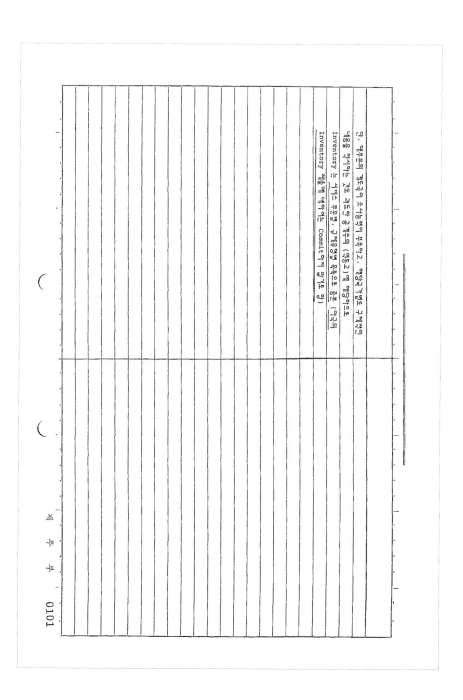

(별첨) GNS 협상 금융·자본시장 분야 아국 입장

분야별	기본 입장	분야별	기본 입장
가. 금융	- 국내은행이 외은지점과 동등하게 경쟁할 수 있는 여건을 단계적으로 조성 ㅇ 국내경제의 개방화, 자율화 및 이에따른 금융정책 방향에 보조를 맞춤 - 국내 금융기관의 경쟁력과 금융산업의 제반여건 변화 추이를 감안하여 점진적으로 개방화 추진 - 각국의 경제발전 단계 및 금융시장 규모등을 고려하여 개방을 유보할 수 있는 권리 인정 요구	다. 보험	- 보험시장 개방은 국내 보험회사의 대외경쟁력을 감안하여 점진적, 단계적으로 개방을 추진하되, 외환거래 및 자본거래의 자유화 정도를 감안하여 추진
		라. 외국인 투자	- 지속적으로 외국인 투자의 문호를 개방하여 왔으며, 아국의 현재의 발전단계를 감안하여 국내산업에 대한 충격을 최소화하기 위하여 각국의 경제발전 단계 및 산업별 특성을 감안하여 자유화를 유보할 수 있는 권리 인정이 필요 - 회사 설립의 자유화, 내국민 대우 및 최혜국 대우등의 제안에 관한 구체적인 범위 및 기준 등에 대해서는 향후 뉴라운드 협상을 통해 논의 필요
나. 증권	- 외국 증권사의 국내진출 문제는 자본시장 국제화의 전체적 진전도에 상응하여 이루어지는 것이 타당 - 우리의 시장 개방 정도는 일반 경제여건 및 국내증권시장 여건에 비추어 비교적 진전도가 높은 상태이나 아직 전반적으로 시장을 개방하기에는 상당히 미흡한 여건이므로 개도국 우대가 요구되는 분야임.		

재 무 부 0102

1. 「생산요소의 이동에 관한 서비스교역」 운영 태도

- 모든 서비스교역에 적용되는 일반적 원칙
  - 상품교역의 이전과 상이하게 서비스교역에서의 생산요소의 이동은 필수적

o 서비스교역에 따른 생산요소의 이동문제는 '88.9월 회의시 5차 회의시 논의

o 서비스교역에 따른 생산요소의 이동문제는 여러가지 유형의 서비스교역에 대한 제반 문제와 관련하여 검토

(생산요소의 이동에 따른 서비스교역)

생산요소의 이동에 관련된 서비스교역은 다음과 같이 유형을 구분 (상품, 노동, 자본)

2. 기타 검토 사항

o 최혜국 대우, GATT 의 기본원칙 적용문제, 국내정책 목표와 조화, 개발도상국

- 부록_관련 자료 381

U R / Montreal TNC 會議 對策會議

1988. 11.

國 際 協 力 官 室

0002

11. T R I P S

가. 주요쟁점

(1) 지적소유권의 무역관련 측면

o 다자간 규범제정 여부
- 선진국 (미국, 일본, EC)
  · 규범제정을 전제로 기본원칙, 시행절차, 분쟁해결절차등에 대한
     구체적제안 제출
- 개도국
  · GATT 내에서의 기본 규범제정 반대

o 협상범위
- 선진국 : 지적소유권의 포괄적인 보호를 요구
- 개도국 : GATT 기능 및 UR 협상지침을 감안하여 국제무역상 왜곡 및
          장애가 되는 사항에 국한

o 강제실시권
- 선진국 : 불실시의 이유로 강제실시권 불허
- 개도국 : 강제실시권은 기술이전 원활화의 측면에서 반드시 확보

(2) 위조상품 교역방지

o 선진국 : 무역관련 지적소유권 부문과 통합하여 논의
o 개도국 : 분리협상 주장

(3) 타 국제기관과의 관계

o 선진국 : 제안이 관련 국제기구의 권능을 침해하지 않음
o 개도국 : GATT 내에서의 토의내용이 관련 국제기구의 권능을 침해하지
          않아야 하며, 지적소유권 자체에 대한 기본적인 보호문제는
          GATT 권능사항이 아님

0029

나. 지금까지의 아국입장

(1) 기본입장

o 협상에는 적극적으로 참여하되 신중한 접근요망

o 지적소유권의 이용과 보호에 대한 균형된 접근방법 필요

(2) 구체적인 입장

o 포괄적인 기본규범 제정에는 반대

o 각료선언에 따라 지적소유권의 무역관련 측면과 위조상품 교역의 문제 협상지지

o 협상범위는 국제무역상 왜곡 및 장애가 되는 사항에 국한
  - 시행(Enforcement) 관련 부분은 포함

o 강제실시권은 원활한 기술이전을 위해서나 권리권자의 남용을 방지하기 위해 허용되어야 함

o 지적소유권의 GATT 내에서의 논의는 기타 국제기관 특히 WIPO 의 권능을 침해하여서는 안됨

0030

13. 紛爭解決節次

가. 의장보고서 초안의 주요내용

　(1) MTR 에서의 각료 결의사항

　　o 분쟁해결절차 개선안을 채택하고 '89.1.1 부터 시험적으로 적용해 나감

　　o MTR 기간중 또는 UR 종료시까지 다음사항에 관한 지침제시 요망
　　　(주요 쟁점사항)
　　　- 통지요구의 강화
　　　- 양자간의 분쟁해결에 있어서의 제3국의 권리보호를 위한 추가조치
　　　- 자발적으로 합의된 중재절차를 용이하게 하기 위한 방안
　　　- Panel 및 Working Party 절차의 개선
　　　- 규칙과 권고사항의 이행에 대한 효과적 감시
　　　- 국내의 무역법령과 강제절차의 GATT 에의 일치화를 위한 GATT 의
　　　　Commitments
　　　- 보상과 GATT 의무 정지에 관한 GATT 규칙의 명확화 및 개선
　　　- 개도국에 대한 우대조치에 관련된 사항
　　　- UR 종료시까지 각종 GATT 분쟁해결절차와 합의된 개선사항을 하나의
　　　　text 로 통합하는 a consolidated instrument 의 발전

　(2) 분쟁해결절차 개선안 (Chairman's Paper) : 별　첨

나. 지금까지의 아국입장

　　o 평화그룹 제안에 아국입장 반영
　　　- 다만 일부에 이견제시
　　　　. 제3자의 이해관계 표명은 당사국 모두 합의하는 경우로 함
　　o Consensus 원칙을 기초로 분쟁해결의 신속과 효율성을 기하는 방향으로
　　　MTR 까지 합의

0033

분쟁해결절차 개선안

구 분	의 장 보 고 서 안	평 화 그 룹 안
1. 통 보 (notification)	o 중재판정을 포함하여 GATT 제22조 및 제23조에 의해 제기된 사안에 대한 양자간의 합의사항은 이사회에 통보되어야 함 o 동 합의사항은 GATT 에 부합하여야 하며, 제3자의 이익을 무효화하거나 침해해서는 안됨	o GATT 분쟁해결 체제내 에서 제기된 사안에 대한 양자간의 합의 사항은 위원회에 통보 되어야 함 o 언급없음
2. 협 의 (consulta- tion)	o GATT 제22조 1항, 제23조 1항에 의한 협의요청 이 있는경우, 요청받은 국가는 10일 이내에 요청에 응하여야 하고 양자간에 합의가 없는 경우 요청받은 날로부터 30일 이내에 협의에 착수해야 함 - 요청에 대한 반응이 없거나 협의착수에 동의 하지 않을 경우 요청국은 바로 패널설치를 요구할 수 있음 o 협의요청은 서면으로 제출되어야 하며, 사유가 명시되어야 함 o 요청일로 부터 60일 이내에 분쟁해결에 실패할 경우 제소국은 제23조 2항에 의해 패널심치를 요구할 수 있음 o 부패성 상품과 같은 긴급한 경우에는 요청일로 부터 15일이내에 협의에 착수할 수 있으며 30일 이내에 분쟁해결에 실패한 경우는 패널 설치를 요구할 수 있음	o 좌 동 o 협의요청국은 직당한 기간내에 만족할만한 해결이 된 기미가 보이 지 않는 시점과 제23조 2항에의 요청시기를 결정해야 함 o 22조1항에 의한 협의가 만족하게 해결되지않는 경우 제23조2항에 의한 패널설치를 요구할 수 있음
3. 중개,화해, 조정 (good offices, conciliation, mediation)	o 중개, 화해, 조정은 분쟁당사국의 합의에 의해 취해지는 절차임 - 일방당사국은 언제든지 이를 종길하고 제23조 2항에 의한 패널설치를 요구할 수 있음 o 분쟁당사국이 합의하면 패널절차 진행중에도 중개, 화해, 조정절차가 계속될 수 있음 o 사무총장은 직권에 의하여 중개, 화해, 조정을 할 수 있음 o 화해, 조정과정에서 제안 또는 합의된 사항은 GATT 에 부합되는 조건으로 공평성을 고려 하여야 함	o 좌 동 o 좌 동 o 언급없음 o 언급없음

0034

구 분	의 장 보 고 서 안	평 화 그 룹 안
4. 중 재 (Arbitration)	◦ 분쟁해결 보완수단으로서의 GATT 내의 신속한 중재는 양당사국에 의해 명백히 된 문제의 해결을 촉진시킬 수 있음	◦ 좌 동
	◦ 중재요청은 양자합의에 의하며, 진행되는 절차에 대해서도 합의가 되어야 함 - 중재요청은 모든 GATT 회원국에 통보되어야함	◦ 좌 동
	◦ 중재결정은 분쟁당사국과 중재절차에 개입한 제3국을 구속함 - 중재판정 및 이의 이행은 GATT 와 부합되어야 하며, 중재절차에 개입하지 않은 제3자권리에 영향을 주어서는 안됨	◦ 중재결정은 당사국을 구속하며, 제3자는 GATT 상의 권리를 보유함
	◦ 무배성상품에 관한 분쟁해결등에 대해서는 정상적인 분쟁해결절차의 대안으로서 당사국 합의에 의해 구속력 있는 중재청구가 가능함	◦ 언급없음
5. 패널절차		
가. 패널설치	◦ 패널요청은 서면으로 하여야 함 - 협의개최 여부 및 불안사항에 대한 사실적, 법적근거에 대한 요약이 포함되어야 함	◦ 좌 동
	◦ 표준검토 사항 (terms of reference:TOR)과 다른 패널설치 요구시는 특별 TOP 의 text 를 포함하여야 함	◦ 언급없음
	◦ 제소국이 요청할 경우, 패널은 동 요청이 의제로 나타난 이사회의 바로다음 이사회에 설치됨	◦ 패널은 요청이 의제로 나타난 이사회의 다음 이사회 보다 늦지않게 설치됨
	◦ 해당사안이 GATT 제23조의 범위내에 해당되는 지에 대한 의견일치가 어려울경우 이사회는 에비적 문제로서 동 사법적 사안을 다룰 패널을 설치해야 함	◦ 언급없음
나. 표준검토 사항 (TOR)	◦ 분쟁당사국이 패널설치후(10일) 이내에 다른 사항에 합의되지 않는한 다음의 표준 TOR 를 적용함 - 해당사안의 심사 - GATT 제23조2항에 따른 권고와 재정을 내릴수 있도록 지원하기 위한 사실조사	◦ 좌 동
	◦ 표준 TOR 와 다른 사항에 합의한 경우 이는 체결국단에 배포되고 증인을 위해 이사회에 제출되어야 함	◦ 표준 TOR 와 다른사항 에 합의한 경우 이는 체결국단에 배포되어야 함

0035

구 분	의 장 보 고 서 안	평 화 그 룹 안
다. 패널구성	○ 패널은 자격있는 정부(및/또는) 비정부 인사로 구성	
	- 분쟁당사국과 패널에 제출할 권리를 가진 제3국의 시민은 분쟁당사국이 동의하는 경우에 한하여 패널인으로 종사 가능	
	○ 비정부 패널인 명부는 확대되고 개선되어야합	좌 동
	- 체킹국단은 패널에 종사할 인사를 지명하고 이들의 국제무역과 GATT 에 대한 지식에 관한 정보를 제공해야 합	
	○ 패널은 분쟁당사국이 패널설치 후 10일 이내에 5인 패널에 합의하지 않을 경우에는 3인으로 구성	
	○ 패널설치후 20일 이내에 구성원에 대한 합의가 없을 경우 일방당사자의 요청에 따라 사무총장은 이사회 의장과 협의하여 양당사국과 협의한 후에 가장 적절하다고 판단되는 인사를 지명하며 패널을 구성함	
	- 사무총장은 이러한 요청을 받은 날로부터 10일이내에 패널을 구성하고 이를 체킹국단에 알려야 함	
라. 제소국이 다수국일 경우의 절차	○ 동일사안에 대해 제소국이 다수국일 경우에는 하나의 패널을 설치하여 심사할 수 있음	좌 동
	- 단일 패널은 가능하면 언제든지 설치되어야함	- 단일패널설치는 권장 되어야 함
	○ 동 단일패널은 심사를 하고 조사사실을 이사회에 제출하여 분쟁당사국이 분리된 패널경우 받을수 있는 권리가 손상되지 않도록 하여야함	
	- 분쟁당사국의 일방의 요청이 있는 경우 패널은 보고서를 분리제출함	좌 동
	○ 제소국의 제출서류는 다른 제소국이 이용할수 있으며, 각 제소국은 이타제소국이 패널에서 제시한 견해를 제공받을 권리를 가짐	
	○ 1개 이상의 패널이 설치된 경우에는 동일인이 가능하고 적절한 경우에는 다른 패널의 패널인 으로 종사할 수 있음	

0036

구 분	의 장 보 고 서 안	평 화 그 룹 안
마. 제3국	o 분쟁당사국과 여타 체약국의 이익이 패널과정 에서 충분히 고려되어야 함	o 좌 동
	o 동 사안에 대해 실질적인 이해관계가 있는 제3국은 이들 (패널의 1차회의 이전에)(패널이 실치된 이사회에) 이사회에 통보한 경우는 패널정문에 참가하고 서면제출할 기회를 가짐	o .... 패널의 1차회의 이전에 ....
	- 동 제출사항 분쟁당사국에 전달되며 패널 보고서에 반영되어야 함	좌 동
	o 제3국의 요청에 따라 패널은 분쟁당사국이 패널에 제출한 서류중 제3국에 공개하기로 합의한 서류에 대해서는 제3국의 접근을 허용 할 수 있음	o 좌 동
바. 패널절차 의 단계별 시한	o 패널절차는 부당하게 지체되지 않는한 고수준의 패널보고서를 보장하기 위해 충분한 탄력싱을 부어야하여야 함	o 좌 동
	o 패널은 패널구성원이 분쟁당사국과 협의하이 별다른 이견이 없는한 1985.7 법률사무소의 "the Suggested Working Procedures" 에 따라야 함	o 좌 동
	- 당사국과 협의하여 패널구성원은 패널구성과 TOR 에 대한 합의가 있은 후 (1주일이내) (최대한 조속히) 패널절차에 대한 일정을 확정해야 함	- 패널이 게시된 날로 부터 1주일내에 일정 을 확정
	o 패널절차 일정 결정시에, 패널은 분쟁당사국이 제출서류를 준비하는데 충분한 시간을 부어 해야 함	o 언급없음
	o 각 당사국은 패널 빛 여타당사국에의 진달을 위해 제출서류를 사무국에 기탁하이야 함	o 패널구성원에의 진달을 위해 사무국에 제출 서류를 동시에 기탁 하여야 함
	- 패널은 제출서류의 여타 당사국에의 진달을 동시에 할 것인지, 순차적으로 할 것인지를 결정해야 함	- 제출된 서류는 당사국 간에 동시에 교환되어 야 함
	- 패널이 제소국에 대해 제1차 서류를 상대국 1차서류 제출에 앞서 제출토록 결정할 경우 이러한 서류제출간의 지연은 패널에 의해 정해짐	

0037

구　분	의 장 보 고 서 안	평 화 그 룹 안
	o 절차의 효율성 도모를 위해 패널이 심사를 수행하는 기간, 즉(일정이 확정된 시간) (패널 구성과 TOR 이 합의된 시간)부터 최종보고서가 당사국에 제공된 시간이 일반적으로 6개월을 초과하여서는 안됨 　- 부패성 상품과 같은 긴급한 경우 패널은 3개월내에 보고서를 당사국에 제공하도록 노력해야 함	o .... 　.... 인정이 확정된 　시간 .... 　................... 　.....
	o 6개월 (긴급한 경우 3개월)내 보고서를 제공 할수 없다고 판단할 경우 패널은 위원회에 서면으로 지연이유와 보고서 제출 예정일을 알려야 함 　- 어떤경우도 패널설치시 부터 당사국에 보고서 제출까지 12개월을 초과할 수 없음	o 좌　동
사. 보고서 채택	o 이사회회원의 패널보고서 검토에 대해 충분한 시간을 부여하기 위해 이사회는 보고서가 발행 된후 30일까지는 이의채택을 심의하여서는 안됨	
	o 패널보고서에 반대하는 체약국은 동반대에 대한 이유를 패널보고서가 심의되는 이사회 개회 10일전까지 서면제출하여야 함	좌　동
	o 분쟁당사국은 이사회의 패널보고서 심의에 완전히 참여할 권리를 가짐 　- Consensus 에 의한 패널보고서 채택 관행은 지속됨 　- 그러나 분쟁해결절차에 있어서 반대는 피해 져야 하며, 이를 위해 분쟁당사국은 보고서 채택을 위한 consensus 를 방해할 수 없고 다만 consensus 에 참여하거나 기권할수 있음	
6.기술적지원	o GATT 사무국은 당사국의 요청에 따라 분쟁 해결에 관한 지원을 해야 함	o 좌　동
	o 추가적인 법적 advice 와 지원이 필요할 수 있으며, 이를위해 사무국은 자격있는 법률 전문가(사무국직원이 아닌)를 요청에 따라 활용토록해야 함	o .... 　....... 사무국직원이 　아닌 자격있는 법률 　전문가 ....
	- 전문가는 당해국가를 공평하게 지원해야 하고 각 경우의 모든단계에 참여할 수 있으며, 사무국의 지원을 받을 수 있음	o 언급없음
	o 사무국은 당사국의 전문가가 보다 정보를 많이 갖도록 분쟁해결질차에 관해 특별교육 과정을 수행해야 함	o 언급없음

0038

구 분	의 장 보 고 서 안	평 화 그 룹 안
7.패널보고 이행의 감시	ㅇGATT 와 불일치되는 조치의 즉각적인 제거와 이러한 조치에 의해 야기되는 이익의 무효화 또는 손상의 신속한 조정이 신속하고 효과적인 분쟁해결을 위해 필수적임	ㅇ좌 동
	ㅇGATT와 불일치하거나 이타 체약국의 GATT 상의 이익을 무효화 또는 손상시키는 조치를 취한 국가는 제23조 2항에 의해 취해진 제정이나 권고의 이행을 위한 합리적인 기간을 가질 수 있으며 이의 이행에 관한 의도를 이사회에 동보하여야 함	ㅇ좌 동 (다만 제정에 관해서는 언급없음)
	- 패널이 상기와 같은 조치를 발견한 경우에는 권고를 작성할 수 있으며, 이사회는 제정이나 권고의 이행을 위한 적정기간을 걸정해야함	- 패널이 직정기간을 길정할 수 있음
	- 동 직정기간은 당사국의 개발상태등 득별한 상황에 따라 빈동될 수 있음	- 좌 동
	ㅇ이사회는 패널보고의 이행을 감시해야 함	ㅇ좌 동
	- 이사회에서 다른 걸정이 없는한, 패널보고의 이행에 관한 사안은 자동적으로 패널보고서 채택이후 3개월후에 개최되는 이사회의 의제 가 되며, 동 사안이 해결될 때까지 계속 의제로 존속함	- 패널보고서 채택이후 3개째 이사회의 의제가 됨
	- 각 이사회 개최 10일전까지 관게당사국은 패널보고 이행성과에 관한 서민상황 보고서를 이사회에 제출하여야 함	- 좌 동
	ㅇ적당한 기간내에 GATT 불일치등과 같은 조치의 제거실패는 보상이나 양허 또는 어타 GATT상의 의무정지를 야기시킴	ㅇ좌 동
	- 이러한 보상, 양허 또는 이타의무 징지등은 GATT 와 불일치하는 조치의 철회에 따른 잠정적인 조치이어야 함	
	ㅇ양허 또는 어타 GATT 상의 의무징지는 사전 이사회의 승인이 필요하며 GATT 와 불일치 하거나 GATT 상의 이익을 무효화 또는 손상 시키는 조치를 제거하지 않는 국가에 대해 차별적으로 직용되어야 함	ㅇ좌 동

0039

구 분	의 장 보 고 서 안	평 화 그 룹 안
	o 제23조2항에 의해 위해진 재정이나 권고의 이행을 위한 적정기간 만료후에 이사회는 분쟁 당사국의 요청에 따라 적정한 정도의 보상이나 양허 또는 여타 GATT 상의 의무정지를 징하기 위한 기술적 그룹이나 기타 자문단을 설치할 수 있음	o .... 손해의 정도를 징하기 위한 기술적그룹이 실치될 수 있음
	- 보상협상을 위해서 위와 같이 결정된 보상 정도는 분쟁당사국에 guide 가 됨	- 좌　동
	- 보상에 대한 합의가 없을 경우 제소국은 상기 와 같이 이사회에서 결정된 양허나 여타 GATT 상의 의무정지를 이사회가 승인하도록 요청 할 수 있음	- 절차설치를 요청한 당사국은 정해진 정도 를 양허나 GATT 상의 의무정지에 대한 기초 로 사용할 수 있음
	o 보상은 MFN 원회에 따라 해당조치에 의해 영향 을 받은 모든 국가의 권리와 의무간의 적당한 균형을 회복하도록 하이야 함	o 좌　동
	- 보상은 양허나 GATT 상의 의무정지보다 우선 직으로 직용됨 - 최빈국이 관련된 분쟁의 보상합상에 있어서는 최빈국의 무역, 재정, 개발수요에 대한 고려 가 있어야 함	
	o 보상정도는 분쟁당사국간에 다른합의가 있는한 이사회에서 보고서가 채대된 날로부터 기산됨	o 좌　동
	- 최빈국의 경우 또는 GATT 와 불일치하거나 GATT 상의 이익을 무효화 또는 손상시키는 조치의 신속한 제거나 동조치에 의해 야기된 손해를 치유하기에 불충분한 경우 보상정도 기산일이 동 조치가 취해진 날이 될수 있음	
	o 최빈국이 포함된 분쟁의 경우 이사회는 1979년 분쟁해결에 관한 Understanding의 제거문 및 제23문에 의해 상황에 따라 적정한 추가적인 행동이 무엇인지를 고려해야 함	o 좌　동
	o 상기의 모든 point 는 개도국이 GATT 의 1966. 4.5 결정에 따라 적절하다고 판단할 경우 제18조에 제공된 질차를 사용한다는 사실에 편건없이 직용되이야 함	o 언급없음

16. 서 비 스

가. 주요쟁점

(1) 포괄범위

　o 선 진 국
　- 국제적으로 교역가능한 모든 서비스를 대상으로 하며, 효과적인 시정
　　접근을 달성하기 위해 개별 서비스분야의 모든 유형의 거래가 포합되어야합
　- 서비스 수입국내에서 서비스를 생산, 공급하기 위하여 설립(establishment)
　　또는 상업적 주재(commercial presence) 필요

　o 개 도 국
　- 동일국가내에 소재하고 있는 기업이나 개인간의 서비스거래는 무역이
　　아니라 국내거래임
　- 개도국이 경쟁력을 보유하고 있는 생산요소(노동력)의 국경간 이동에
　　대한 협상도 다루어져야 합

(2) 협상결과의 구조

　o 선 진 국 : 기본협정과 부분별 협정의 2중구조 산정
　o 개 도 국 : 부문별 협정의 우선논의를 주장
　　　　　　　(서비스협상 자체를 무의미하게 하려는 의도)

(3) 기본원칙 및 규칙

　가) MFN 원칙
　　o 선 진 국
　　- 기본협정에는 무조건적 MFN 의 적용을, 부문별협정에는 조건부 MFN
　　　적용주장

0044

o 개 도 국

　－ 부.문.별 협정에도 무.조건 MFN 원칙 적.용· 주.장

나) 내국민대우(N.T) 원칙

　o 선 진 국 : N.T. 원칙은 구체적인 서비스영역에 적용되어야 함
　o 개 도 국 : 관세와 같은 장벽이 서비스무역에는 없기 때문에 국경간
　　　　　　　이동에는 N.T 를 적용시킬 수 없음

다) 명료성의 원칙

　o 선 진 국 : 광범위한 내용의 공개주의 주장
　o 개 도 국 : 선진국의 주장은 국제법 수준을 훨씬 초월한다고 하며, 정부
　　　　　　　조치뿐 아니라 제한적 영업관행(RBP)의 공개성도 검토되어야
　　　　　　　한다고 함

라) '개발' 의 개념 (개도국우대)

　o 선 진 국 : 구체적인 제안은 없고, 개도국들의 구체적인 제안촉구
　o 개 도 국 : 개도국의 국내 서비스산업의 보호 및 발전뿐 아니라 그들의
　　　　　　　개발목적과 점진적 자유화가 양립될 수 있도록 보장되어야
　　　　　　　하며, 상당한 예외조치가 허용되어야 함

나. 지금까지의 아국입장

(1) 기본입장

　o 서비스교역에 관한 다자간 규범제정이 필요하나 서비스협상의 진행이나
　　협상결과에 있어서 점진성 유지가 중요
　o 선진국과 개도국간의 균형된 협상결과 보장
　o 아국이 비교우위에 있는 서비스분야의 협상대상 범위 반영

0045

(2) 구체적인 입장

ο 협상 포괄범위는 선·개도국간 균형된 협상이익을 공유하는 관점에서 한정적
  으로 정하여져야 함

ο 설립권 및 상업적 주재는 원칙적으로 인정하되 그 범위는 상당히 제한되어야
  하고, 노동집약적 서비스부문이 포함되어야 함

ο 실효성있는 단일의 일반협정 체결이 바람직하고 부문별 협정은 극히 제한적
  으로 설정되어야 함

ο 부문별 협정에도 무조건적 MFN 원칙이 적용되어야 함

ο N.T 원칙은 개별 서비스부문의 특징과 각 체약국의 국내정책 목표를 충분히
  감안, 점진적으로 적용되어야 함

ο 국제관행을 초월하는 명료성원칙의 적용은 반대함

ο 협상전략상 '개발'의 개념을 발전시켜야 함
  또한 개도국우대가 일반협정에 명시되어야 함

0046

우루과이 라운드 몬트리올
각료회의 결과 보고

1988.12.12

외   무   부

공람	통상기구과	89. 12. 16	담당	과장	국장	차관보	차관	장관

0043

목   차

0044

2) 협상대상 범위 (모든 국가의 자유화에 대한 기여) (9항)
- 협상의 Mandate 가 MFA 의 갓트 복귀만을 다루는 것이므로, 모든
  국가의 섬유시장 자유화 주장은 협상 Mandate 를 이탈하는 것임.

3) 추가규제 조치동결
- 갓트체제를 이탈, 차별적으로 규제받아온 MFA 의 갓트 복귀를 위한
  정치적 의지 표명을 위해서도 추가규제 동결에 대한 각료들의 정치적
  결정 필요함.

4. 주요 토의 결과

가. 89년부터 갓트 복귀방안에 관한 본격 협상에 들어간다는 원칙에는 합의

나. 기타 쟁점분야에는 타결 실패
  1) 수출국 관심분야
    - 현 MFA 종료후 MFA 의 단계적 철폐
    - 추가 수입규제 동결
  2) 수입국 관심분야
    - 타협상 그룹과의 연계 문제
    - 섬유고역의 fair trade 문제

E. 농산물

1. 협상 쟁점별 각국입장

가. 장단기 조치 : 보조금 및 시장 접근
  1) 미국 : 10년내 각종 보조금 및 시장접근 제한 조치 철폐

0063

2) 이씨,일본,북구등은 당초 단기조치(수출보조금등)에 중점을 둔 제안
　　제출

3) 케언즈그룹은 장.단기 조치의 연계 및 동시에 합의를 보자는 내용의
　　제안

나. AMS 측정 장치 사용문제

1) 미국,이씨,케언즈등 대부분이 AMS 사용에 긍정적

2) 일본은 당초에는 AMS 협상 도구화에 반대하였으나 최근 긍정적으로 검토

다. 개도국 우대

1) 수출.입 개도국, 케언즈그룹 : 개도국에 대한 폭넓은 고려

2) 미국,이씨 : 부분적으로 긍정적임. 그러나 선발개도국에 대한 부담
　　분담 요구 입장

라. 위생 및 식물검역 규제

1) 대부분의 수출입 또는 선.개도국은 동조치가 무역장벽으로 이용되는
　　것에 반대입장

2) 작업단 회의시 각국의 세부적인 입장에서 차이를 보이고 있음.

마. 식량안보

1) 일본, 서서, 수입개도국은 식량안보를 협상의 주요 요소로 보고 있음.

2) 북구, 케언즈 그룹도 긍정적이나, 미국은 반대

2. 아국입장

1) GNG 보고서 제2부에는 아국등의 주장으로 "식량안보" 및 "식량 순수입
　　개도국의 문제"등이 주요 토의사항 포함되었으며, Checklist of Issues
　　에도 "식량 순수입 개도국에 대한 부정적 영향"이 포함됨.

0064

2) 앞으로 작성될 제3부와 관련하여 아국은 식량안보 문제에서는 일본, 북구, 서서등과 구조조정의 장기 유예기간 허용 및 수입개도국 이해 반영에서는 이집트, 멕시코, 자마이카, 페루등 개도국과 협조하여 아국의 입장을 반영 토록함.

3. 주요 토의 결과

가. 미국은 장기조치(elimination)이 전제되지 않는 단기조치는 반대한다는 강한 입장 견지

나. 이씨는 단기조치(freeze, reduction) 에 대해서는 협상 용의가 있으나, 장기조치(elimination)은 협상 불가 입장 고수

다. 장기조치와 관련 식량안보와 사회적 우려사항을 감안하는 방법을 모색한다는 내용 및 단기조치 관련 개도국은 향후 2년간의 단기조치 시행 의무 면제에는 합의함.

라. 아국 발언요지

1) 섬유고역에서 MFA 체계가 있듯이 농산물 분야에서도 지역개발 및 환경보존, 식량안보등 제반 특수성이 반영되야함.
2) 단기조치 요소 결정시 기초식량 개념, 수입국의 입장이 충분히 고려되야함.
3) 수입국에 대한 배려, 기초식량 및 식량안보의 3요소가 단기조치 대상품목 선정시 적극 고려되야함.

0065

K. 무역관련 지적소유권

1. 주요 쟁점별 각국입장

쟁 점	선진국	개도국	아 국
1) 형 식	별도 코드 또는 일반협정	기존 타 국제기구 (WIPO 등)활동으로 충분 (필요시 보완 정도)	갓트내에서 기존갓트 규정의 개정 또는 보완
2) 위임범위	광의로 해석하여 모든 지적소유권 협상가능	무역관련 지적소유권과 위조상품 교역에 한정범위를 최소한으로해야됨	기존 국제 Rule (파리협약등)이 확립되어 있는 분야에 한정
3) 이행절차	국경 및 국내절차	국경조치에 한정	국내절차까지 인정하되 정당무역 방해를 제거하기 위한 공탁금 제도등 Safeguards 와의 균형 필요
4) 공개주의	모든 입법 및 관행의 사전통고	발간(Publication)에 한정	사전통고 절차 반대

2. 아국입장

가. 전반적 입장

1) 지적소유권 분야는 아국의 이익방어 분야이므로 각 부분에 미칠 영향등을 고려하여 신중한 대처가 필요함.

2) TNC 앞 의장보고서는 향후 협상 계획을 기술한 것이며, 특히 의장안은 아국의 입장이 상당히 반영된 것으로 특별한 입장을 표시할 필요성은 없음.

0075

나. 주요쟁점별 입장

1) 아국은 파리협정 및 베른협정등 기존의 각 국제협약의 당사자로 실질적인
   규제를 받고 있으며

2) 87.7월부터 개정 시행중인 특허법 저작권법 및 새로 제정된 프로그램
   보호법등의 내용이 거의 선진국의 요구사항을 수렴하고 있음.

   o 협정형식 : 별도의 Code 제정을 반대하며, GATT 내에서 기존 갓트
     규정의 개정 및 보완에 따른 협정 체결이 바람직함.
   o 지적소유권 범위 : 무역관련 지적소유권에 한정하고, 위조상품
     교역문제는 객관성 확보를 위해 등록상표등에 한정하여야됨.
   o 보호기준(standards and norms) 제정문제 : 기존 확립된 국제규범을
     전제로한 보호기준 제정에 반대하지 않으며, 보호기준의 구체화를
     위한 검토(examine) 필요
   o 이행절차 : Safeguards 를 전제로 국경 및 국내에서의 이행절차에
     찬성함.
   o 공개주의 : 사전 통고 의무는 반대함.

3) TNC 보고서와 관련, 전체적으로 평화그룹안을 많이 반영한 의장보고서안이
   향후 협상의 기초가 될 수 있다는 다수 온건 선.개도국 입장에 동조함.

4) 다만, 세부적으로 의장보고서안 Para 1 은 다자간 규범이 갓트체제내
   에서라는 전제가 없으므로 C 안(스위스)의 Para 1 이 바람직함.

3. 합의요지 (주요 미합의 분야임)

   가. 최대 쟁점인 보호기준과 규범 결정 문제에 대해 미국과 강경개도국간 이견
       대립 계속

0076

나. 강경 개도국은 개발목표, 공공이익, 기술개발등 목적이 확보되야 한다는
　　입장 고수

L. 무역관련 투자조치

1. 협상현황

가. 협상진전 상황
　　o GNG 회의시 의장보고서 내용에 쟁점없이 합의함.

나. GNG 보고서 3부 요지

　　1) 향후 토의 의제

　　　o 기존 갓트조문에 의해 적절히 규제되고 있는 무역관련 투자조치 효과
　　　　확인
　　　o 기존 갓트조문에 의해 적절히 규제되고 있지 못한 무역관련 투자조치
　　　　확인
　　　o 경제개발 측면
　　　o 무역관련 투자조치의 부정적 효과 방지 방안
　　　o 상기 방안의 이행방법

　　2) 89년 조속한 시일내에 각국의 구체제안 촉구

2. 아국입장

가. 아국은 투자유치국(host country)이면서 투자 진출국(home country)의
　　양면적 지위를 가지고 있으며, 최근 외국인 투자에 대하여는 계속 자유화
　　조치를 취해 왔기 때문에 협상그룹에서 문제가 되어오고 있는 투자조치들에
　　대한 규율이 마련된다고 해도 아국 정책이 제약을 받을 요인은 적음.

0077

반면에 국제수지의 흑자 및 해외투자 확대에 따라 개도국등 상대방 국가의
무역관련 투자조치를 완화시킬 필요성은 점증하고 있음.

　나. 그러나 아국이 지나치게 선진국의 입장에 동조할 경우 타 협상그룹에서의
　　　아국입장과 균형을 잃을 우려가 있으며, 개도국과 연대를 상실할 가능성이
　　　있으므로 중재자의 입장에서 무역관련 투자조치에 대한 규율강화와 개도국
　　　우대를 적절히 주장하여 협상의 원활한 진행에 기여토록함.

　다. TRIMS 협상그룹 의장보고서 자체에 대하여는 아국입장에서 문제점이 없음.

3. 합의요지 (의장안대로 채택)

Ⅳ. 분쟁해결

1. 주요쟁점별 각국입장

　가. 패널보고서 채택방법(Consensus - 2) : 이씨, 일본, 아국, 인도, 브라질이
　　　반대하며, 여타국가는 찬성함.

　나. 패널설치 방법 (automaticit)

　　　1) 미국은 패널설치 요청이 토의되는 당해 이사회에서 설치되어야 한다고
　　　　 제의함.

　　　2) 카나다 및 중소 선진국, 홍콩, 싱가폴등 다수국가는 이사회가 달리
　　　　 결정하지 않는한 제소국의 요청후 늦어도 2차 이사회에서 패널이 자동적으로
　　　　 설치될 것을 주장함.

　　　3) 이씨는 (1) 사안이 23조 절차에 속하는지의 관할권 문제, (2) 패널
　　　　 절차를 통해 해결될 수 있는 문제인지 여부를 심사하기 위한 별도의
　　　　 패널 설치를 주장함.

0078

4) 일본은 제소 사항이 UR 협상 지위를 강화하기 위한 것인지를 심사하기
   위한 별도의 패널설치를 주장함.

다. 관련 국내법의 개정
   ○ 미국은 각국의 국내법을 갓트분쟁 해결 절차에 일치시키는데 반대함.

라. 패널의 단계별 시한
   ○ 미국,호주,뉴질랜드,홍콩,싱가폴등이 엄격하고 짧은 시한을 주장하는데
     반해, 이씨,일본,북구는 가능한한 융통성을 둘 것을 주장함.

마. 대개도국 우대
   ○ 개도국은 아래와 같은 우대를 주장하나, 선진국은 분쟁해결 절차의
     2원화를 이유로 반대함.

   (1) 패널 설치 관련, 패널 대신 작업단 설치 허용
   (2) 패널 구성원에 1-2명의
   (3) 패널의 단계별 시한에서의 우대
   (4) 패널 보고서에 개도국 우대 고려 내용 명시
   (5) 법률 지원을 포함한 기술지원
   (6) 패널 권고 이행기간 및 내용상의 우대

2. 아국입장

가. 전반적 입장
   ○ 몬트리올 각료회의에서 조기수확 분야로서 결정하고, 조기시행 하기
     위한 Consensus 에 반대치 않는다는 입장임.

0079

나. 주요쟁점별 입장

　1) 일반규정

　　가) 국내법규 일치 (Para 2)

　　　ㅇ 미국 301조등에 비추어 일치가 바람직하나 아국의 현실을 감안
　　　　입장표명 유보

　　나) 합의사항의 갓트규정 합치의무 (Para 3)

　　　ㅇ 원칙론적으로 바람직한 요건이나, 분쟁해결 절차의 경직성을
　　　　초래 (갓트 외적 타결 가능성 억제)하므로 소극 대응

　　다) UR 협상 관련 조항 (Para 4)

　　　ㅇ 농산물 협상과 관련한 일본의 주장 사항인바, 현지사정을 보아
　　　　저지 가능성 검토

　2) 패널설치 (Para (1))

　　ㅇ 현행 패널설치 절차가 당사자간의 충분한 협의를 가능케하므로
　　　자동설치와 관련한 Para (1) 전체 삭제를 일단 주장하고, 2차적으로
　　　패널설치 자동화를 약화하는 방향으로 노력

　3) 패널보고서 채택 (Para 3 및 4)

　　ㅇ 컨센서스 마이너스 2에 대하여는 대다수가 반대하고 있으므로 Para 3
　　　후반 괄호 부분을 삭제토록 주장

　　ㅇ Para 4 는 보고서에서 채택 시한을 정하고 있으므로 반대

3. 합의요지

　가. 패널설치 결정 : 늦어도 두번째 이사회에서는 패널설치 결정

0080

나. 패널 보고서 채택시 의결 방식과 갓트 분쟁해결 절차에 위반되는 일방 조치
   발동 자제 및 관련 국내법 조정 (서두 2항) 약속은 추후 계속 협상

다. 미국이 통상법 301조 절차 시한 18개월과 관련 주장한 협의 요청에서 패널
   보고서 채택여부 결정까지의 의무적 시한 (15개월) 설정

라. 양자협상, 화해, 중재를 통한 타결 결과가 갓트에 위반되어서는 안된다는
   약속 (서두 3항)은 홍콩, 싱가폴, 스위스등 주장대로 합의

N. 갓트기능

1. 주요쟁점별 각국입장

가. 전 문

   1) 개도국은 개도국의 경제개발과 대개도국 재원이전 문제 (외채문제) 를
      갓트기능 강화와 직접 연계시키려는데 반대함.

   2) 미국등 선진국은 갓트의 권능내에서 무역자유화를 통한 무역수지의
      불균형 해결에 주안점을 둠.

   3) 이씨는 통화.금융등 거시 경책의 일괄성 유지상 갓트의 역할을 강조함.

나. 제1 요소

   1) 목적 (A 항)

      ㅇ 개도국은 검토 체제가 무역정책만을 대상으로 해야한다고 한데 반해,
        선진국은 구체적 의무와 무관한 갓트체제내에서의 일반적 검토를
        통하여 무역외적 정책까지도 검토 대상으로 할 것을 주장함.

   2) 검토기구 토의사항 (D(ii)) : 개도국은 토의사항을 목적과 일치해야
      하므로 삭제할 것을 주장함.

0081

P. 써비스 교역

1. 주요쟁점별 각국의 입장 및 아국입장

쟁 점	선진국	개도국	아 국
1) 써비스 정의	국경 이동 써비스 뿐만 아니라, 수요 국내에서의 직접 공급 써비스등 넓은 개념	국경 이동 써비스 에 한정	자본,기술,노동력등 생산요소의 이동개념 으로 파악 (곧 국경 이동 써비스에 한정 하지 않음)
2) 설립권	설립권 인정	불인정	제한적으로 인정
3) 노동력 이동	노동력 불인정 (Key Personnel 에 한정)	광범위하게 인정	인정
4) 시장접근과 NT	시장접근과 NT (무제한) 동시 인정 필요	시장접근 및 NT 는 각국의 정책 목표에 따른 제한 필요	특히 NT 는 국가정책 목표와의 조화 필요 (제한적인 NT)
5) 개발개념	특별한 분야에 대한 최소한의 잠정 조치 고려	상대적 호혜주의 등 개도국 우대 조항이 Integral Part 로 되어야 합	개도국의 써비스 발전 단계에 따른 잠정조치 필요

2. 합의요지

가. 써비스 분야는 선.개도국간에 서로 양보하여 향후 협상 Framework 설정에 합의

1) 정   의 : 선진국 주장인 생산요소 이동을 포함하되, 강경개도국이 주장하는 목적의 특정성, 기간제한등은 계속 검토키로한 절충안 채택

2) 포괄범위 : 모든 참가국의 균형된 이익을 보장하기 위해 가능한한 광범위한 분야를 포합토록합.

0085

3) 기본개념   : 써비스 각분야에 대한 적용에 따른 효과 분석후 최종 결정
   키로하고 선진국 관심사항인 내국민 대우, 시장 접근뿐만 아니라, 개도국
   관심사항인 개발개념, Safeguards and Exceptions, Regulatory Situation
   등을 포괄적으로 포함됨.

4) 향후 작업계획   : 사무국이 내년 2월까지 써비스분야 목록 제시후 각국의
   관심분야에 대한 Indicative List 를 89.5월까지 제출토록 합의

O

O

0086

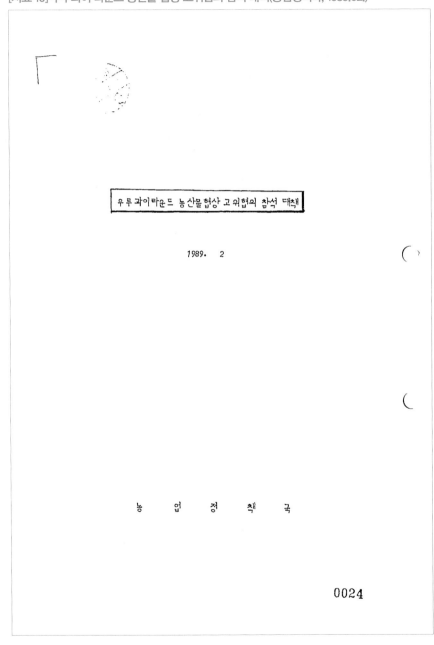

우루과이라운드 농산물협상 고위협의 참석 대책

1989. 2

농 업 정 책 국

0024

1. 회의개요

   가. 회의일정 : '89. 2. 9 ~ 2. 15 (7일간)

   나. 장   소 : 스위스 제네바

   다. 고위협의 성격

   ° '89. 4월초 개최예정인 TNC 회의를 앞두고 '88. 12 몬트리얼
     에서 개최된 UR 중간평가 각료회의시 결렬된 농산물 분야의
     합의점 모색

   ° 협의의 성격및 목적에 비추어 정책결정 차원의 책임있는 관리
     (각국별로 2인)를 참석 대상으로 함.

2. 그동안의 우루과이 라운드 농산물협상 추진경과

   가. 회의진행 경과

   ° 공식회의 : '87년 5회, '88년 6회
   ° 농업총량 보조측정(AMS) 기술그룹회의 : 5회
   ° 위생및 식물위생 전문가 회의 : 2회

   나. 그동안의 협의내용

   ° 별첨 쟁점별 주요국 제안비교 참조.

0025

다. 우루과이라운드 중간평가 각료회의 결과 (농산물 분야)

1) 농산물 의장보고서 내용

A. 장기조치(Long-term elements)

- 기본선택(Basic option)

  i) 무역을 왜곡시키는 지원및 보조조치의 철폐(.elimination)
     또는 상당한 감축(Substantial reduction)

  ii) 무역왜곡 조치의 철폐 혹은 점진적 감소는 특별한 정책,
      포괄적인 정책시행에 관한 협상이나 총량지변 측정장치의
      도입약속에 관한 협상방식중에서 택일하거나 혹은 이들
      두 방식을 혼합한 방식을 통하여 실현되어야함.

- 개혁지침(Guide line for reform)

  i) 농산물 무역에 직·간접으로 영향을 미치는 보조금과 수입
     장벽의 감축

  ii) 수입시장 접근과 수출경쟁에 직·간접으로 영향을 미치는
      모든조치는 명확하고 강화된 GATT 규정하에 둠.

      ° 수입시장 접근

        • 모든 예외조치(waiver 등)을 제거하거나 강화된
          GATT 규정하에 둠.

        • 비관세조치, 그리고 GATT 규범에 근거하지않는
          조치의 제거 또는 관세화 조치

0026

○ 수출경쟁

　• 직접보조 또는 부족불 지급제도를 통한 수출지원금의 점진적인 철폐 내지 감축

○ 국내지원 정책

　• 각국의 가격및 소득보조정책은 국제가격의 변동이 국내가격에 신축적으로 반영될수 있는 방향으로 시정되어야함.

iii) 식량안보와 사회적인 관심사도 협상에서 고려되어야함.

iv) 개혁지침 시행은 '89. 2. 1 부터 착수되어야함.

v) 각료들은 농업과 농촌 개발을 위한 정부조치는 개도국의 개발계획의 한부문이고, 그러한 조치는 직.간접의 정부지원을 포함할것임을 인식

B. 단기조치(Short-term elements)

[2년내 이행을 목표로 합의해야할 사항]

○ 농업보호및 지원조치를 x 년도 수준으로 동결하고, 새로운 조치의 도입을 억제

○ 장기조치 이행을 위한 첫째단계로 지원및 보호조치를 1990년까지 x % 감축

○ 순 식량수입개도국에게는 단기조치로 인해서 역효과가 초래될수 있다는점에 크게 유의해야함.

○ 동결및 감축에 대한 합의가 '89. 3. 31까지 이루어져야함.

0027

[기본선택]

o 동결및 감축은 총량지원 측정장치(AMS)혹은 특별한
  정책이나 양자의 조화방식에 의해 이루어지는 것 중에서
  선택해야함.

o 개도국의 단기조치 이행의무는 면제되어야함.

c. 위생및 동·식물 검역

o 동 기준은 과학적 근거와 상호 동등한 원칙에 기초하여야함.

o 개별국가의 위생규제에 대한 효율적인 통보절차를 수립하기
  위하여 기존의 통보및 응답절차를 검토함.

o 양자간의 분쟁해결을 위한 협상과정 개선

o GATT 내에 과학적인 판단과 전문가에 의한 다자간 분쟁
  해결절차 수립

o GATT 위생규정의 적용시 개도국에 미치는 영향과 기술지원에
  대한 평가

0028

2) 농산물협상 진행

[장기목표]

초반부터 미국과 EC , CAIRNS 그룹 그리고 개도국간의 심한 이견차가
노출

- 미국 : • 비교우위 원칙과 자유무역질서속 에서의 농산물 교역실시와
         무역장벽의 완전한 철폐(elimination of trade-
         distortive support and protection)를 강력히 주장

       • 국가내의 생산자와 소비자 그리고 납세자간의 형평(equity)
         문제해결을 위해서도 자유무역 원리가 필요함을 역설

- E C : • 미국의 농업보호 완전철폐는 정치, 사회적으로 불가능한
         비현실적인 주장이라고 함.

       • 무역장벽의 상당한 감소 (substantial reduction of
         trade-distortive support and protection   )주장

- 일본 : 농업의 비경제적 요인을 고려, 어느정도의 식량자급도 인정및
         P.S.E 는 실험적으로만 사용할것을 주장

- 아국 : 농업구조의 취약으로 완전한 시장개방과 비교우위원리를 적용
         할수 없음을 지적, 식량안보, 지역개발, 환경보전등 농업의
         비경제적 요인을 고려할것을 주장하여 의장보고서안에 반영

- 기타 : 북구, 스위스등 농산물 수입국가는 농업보호 입장을, 그리고
         카나다, 호주등 CAIRNS 그룹등은 종전과 같이 자유무역원리
         강조

0029

[단기조치]

장기조치에 대한 합의폭이 좁아지지않자 단기조치에 대해서는 각국이 기본
입장만 표명

- 미국 : ・ 단기조치와 장기조치의 동시 합의와 수출보조금 문제, 시장
            접근문제등에 대한 EC의 협상촉구

        ・ AMS 필요성 강조

- EC : ・ 단기조치 의무에서 개도국 면제용의 표명

        ・ AMS 평가결과에 따라 합리적인 기간내 농업보조 감축용의
            표명

- 일본 : ・ 단기조치의 범위는 무역왜곡 효과가 있는 범위여야 하며
            이는 장기조치의 일부여야함.

        ・ 단기조치의 시행기준 연도를 1988년도로 하자고함.

- CAIRNS : 미국, EC가 서로 양보하여 CAIRNS 안으로 타협하라고 촉구

- 미국 : 섬유교역에 다자간 섬유협정(MFA) 체제가 있는것처럼
         농업에 있어서도 농업의 특수성이 고려되어야하고, 특히
         수입국에 대한 배려, 기초식량, 식량안보등 3가지 요소가 단기
         조치 대상품목 결정시 적극 고려되어야함.

[협상결과]

보조금 문제등 미국과 EC 간의 이견이 현저한 분야를 조정하기 위하여 의장이
필요한 국가들과 협의를 통해 합의문서를 작성하는등 최선의 노력을 경주
하였으나, 그폭을 전혀 좁히지 못하고 협상이 결렬되었음.

0030

3. 우루과이라운드 농산물협상 고위협의 대책

가. 기본입장

1) '88. 10 아국서면제안 반영에 주력

o 아국서면 제안 주요요점

- 농업발전 수준과 농업의 특수성을 고력, 점진적 시장
접근 개선

- 식량안보 차원에서 주곡에 대한 수입자유화 예외조치및
자급율 확보고력

- 자연조건 의존의 농업생산방식, 경지면적의 협소, 기술
수준의 저워등 개도국 농업의 특수성 인정, 구조조정
기간동안 수입개도국의 한시적 수입제한 허용

- 각국의 농산물에 대한 위생상, 식물위생상의 규제규정은
국제기구 규정및 협정과 조화되어야하고, 명료성이 확보
되어야함.

- 단기조치의 내용은 농산물 수출국의 생산및 수출보조금
감축과 점진적 시장확대가 되어야함.

2) UR 농산물협상의 기본목적 인식에 있어서 현실적으로 이행
가능하도록 국내정책과 연계 필요

3) 단기조치 대상국가에 개도국 제외

4) 협상개시('86. 9)후 시장접근 확대조치의 Credit 확보

0031

우루과이라운드 農産物協商 主要國 提案比較

	韓 國 案 ('88.10.13 提案)	美 國 案 ('87.7.6 提案)	CAIRNS 案 ('87.10.26 提案)	EC 案 ('87.10.26 提案)	스위스案 ('87.10.26 提案)	日 本 案 ('87.12.26 提案)
1. 基本目標	一我國 農業發展水準과 農業의 特殊性을 考慮, 漸進的 市場 接近追求	一市場阻害原理의 完全한 農産的貿易의 自由化	一모든 輸入障壁 10年 內 撤廢	一期限과 低段階 또는 세프로水準 提高 一非稅的措置의 漸減的 撤廢		一農産物의 貿易自由化 擴大(但, 食糧安保, 環境保全, 顧慮)
2. 市場接近	一國內 農業經濟目標와의 世界農産物 貿易擴大 可能性提高의 調和 一構造調整期間중인 關稅化 및 原則一 輸入制限의 存續 一Waiver, 加入의경우, 其他의 GATT의 根據와 可能한 關稅化 再檢討 一GATT11條 2(C)의 發動을 통해 生産制限 등로 차		一가트의 低稅率 一비稅的措置 漸進 一가트의 明示되어 있지 않은 措置의 施行禁止 一가트의 모든 例外條項 禁止	一補給金의 段階的縮小 一市場接近에 대한 配慮 一生産과 産業에 直接的인 支援	一世界農産物市場機能 安定 一國際農業體系에 인치 可能한 農産物 直接的 支援方法으로 比較 優위 보장	一關稅, 關稅全外의 數量 制限措置의 一般的 止原則 維持 一웨토11條 2項에 의한 食糧需給安定中心 인 數量制限을 輸入制度 認定 一兩面의 適用 一關稅는 R/O 方式에 의한 一定期間內에 引下토록 提案

韓 國 案 ('88. 提案)	美 國 案 ('87.7.6 提案)	CAIRNS案 ('87.10.26 提案)	E C 案 ('87.10.26 提案)	스 위 스 案 ('87.10.26 提案)	日 本 案 ('87.12.26 提案)

3. 補助金
—輸出 및 輸出과 直接
 關聯되는 補助金의 撤
 進的 撤廢
—國內補助金과 關聯해서
 는 順應期間支給에 必
 要한 補助金 및 輸出
 의 擴大를 미리지
 는 補助金과의 區別
 • 對象品目 : 世界交易品
 비 1次産品
 同加工品
	4. 食糧安保 및 農業의 特殊性
	—食糧安保次元에서 主
	 要品에 대한 自給維持
	 및 輸入自由化 例外
	 許容
	—自然條件, 位置나 生産
	 方式, 期待外的 機能
	 遂行등 農業의 特殊性
	 및 紡他圈經濟, 役立,
	 技術水産配慮 맞은
	 國內支持政策의 許容
		—輸出의 影響을 미치
		 는 모든 補助金을 10
		 年內 完全撤廢
		
		—食糧安保를 —食糧安保도
		 는 나름따, 各品目 —모든 補助金 및 政府
		 의 食糧自給確保 支援措置 禁止
		 的 國家의 食糧安保 * 例外
		 의 專門 食糧安保 • 構造調整措置
		 에 食糧輸入國의 以 —國內食糧需支援
		  專門 • 危機 措置
		 • 不均衡한 支援
		 • 災害救助支援
		 • 消費者 目的을 및 人道
		 的 措置
		 • 生産과 價格과
		 分離된 價格所得
		 分離된 支援
			—農業의 特殊性認定	—國内農業補助政策維持
				 를 同政策의 影響을 最少化
				 하는 形으로 國内農業政策의 完全
				 的 農業政策의 完全
				 分離
				
				—食糧의 權外依存度가 —輸出補助金의 段階的
				  높은 食糧安保 撤廢
				 —地理的 및 氣候的條件 —그밖의 補助金도 1990年
				  다른 農業生産性의 5年間 生産過剩의
				  多樣性考慮 저部분 相當分으로 削
				 —各國의 農業 및 農業 小
				  政策의 多樣性考慮 * 例外 : 生産維持向上,
				  環境整備維, 研究開,
				  冬夏, 災害復舊등을
				  위한 支援

	我 國 案 ('88. . 提案)	美 國 案 ('87. 7. 6 提案)	CAIRNS案 ('87.10.26 提案)	E C 案 ('87.10.26 提案)	스 위 스 案 ('87.10.26 提案)	日 本 案 ('87.12.26 提案)
5. 衛生規程	一採種 및 植物保護의 制措置의 關聯問題 標準規定 및 協定과 의 調和 一各國의 相異한 自然 的, 生態的條件 考慮 佃疫技術水準 考慮	一保健 및 衛生規定의 調和 一早사받게 適用	一人間 및 動植物保護 를 위한 規定의 調和	一各國 經制의 및 모든 確保 및 實態의 필요성 異의 最少化, 早사만 適用, 制限開 一各國 法律의 새로운 生 原則 遵守		一擬似的 貿易障壁 除去 一檢疫措置, 輸入禁止, 次 制限, 解禁條件을 次 에 透明히에 透明 生 圖謀
6. 開途國 優待	一국가적 市場開放의 衝擊을 最少化할 수 있도록 輸入開放의 産業構造調整과 生産 向上을 위한 市場 接近 擴大措置의 段階的 許容	一特定商品을 對象으로 하지 않는 長期的 産業開發을 위한 補 期金 支給許容	一同提案의 모든 要素 에 開途國 優待適用 (履行停限 延長, 無 出과 進捗되지 않는 施舍, 開發開發 支援 措置 認定)	一關稅程度 및 開途國 要件에 따라 開途國 에 대한 特別하고 차별 적 待遇 認定		一모든 要件에 開途國 優待 認定

美 國 案 ('88. 提案)	美 國 案 ('87.7.6 提案)	CAIRNS案 ('87.10.26 提案)	E C 案 ('87.10.26 提案)	스 위 스 案 ('87.10.26 提案)	日 本 案 ('87.12.26 提案)
— 開發途上國의 農業特惠待遇, 審判本準의 開發 維持, 이에 비한 生産補助, 市場開放問題 — 一層開途上國에 대한 適期的 延長 — 新進市場開放國 의 先進國市場開放 進出 市場先導 確大之의 優先考述	— 矯正水準의 開發 維持, 開販路 핵심品目의 비 引 税保護率을 市場開放 一部期途上國에 대한 適期的 延長	— 1 段階 : 補助水準의 測定裝置 및 補助金소비 量의 算定 — 2 段階 : 減縮네단階 비 行 및 履行監視 ※ 測定裝置 : PSE ※ 政策카테고리 : 價格支持, 所得支持 等 모든 政府支援 措置	— 長期的인 規則 및 原則 의 改善을 向하는 段階的 接近(原料農産物, 加 工元全實産 次드라 工業産品, 모두 包含) — 施行計劃 '質品監查비止 및 廣範스케的 明立 ※ PSE調整율 · 質品에 신수한 影響 을 미치는 措置부터 實施 · 短期緊急計劃 : 農産物 貿易에 중大한 影響을 國際價格 및 連繫援助 協商 · 生產制度의 計畫化 方 向으로 進出	— 1 段階 (緊急措置) · 補助金에 의한 禁止 및 억제措置 — 農產物需給 · 市場接近 現狀維持 · 2 段階 (協商) · 農產物에 대한 貿易措置 · 이에 附隨하는 小간카 · 補助金에 의한 禁止 · 禁止規定 協商	— PSE를 協商手段으로 使用하는 것은 不適切 · 農産物需給 UR 全 般과 一部로서 均衡있게 推進 ※ 商品별비よ지 : 모든 品該物
7. 接近 方法	— 短期補置 : 輸出補助 金의 現水準의 測定裝置 및 減縮스케 量의 算定 · 協商途具모든 PSE, TDE를 肯定, 測定案 의 使用 不適動 — UR全體의 一部로서 均衡있게 推進				

我 國 案 ('88. . 提案)	美 國 案 ('87.7.6 提案)	CAIRNS 案 ('87.10.26 提案)	E C 案 ('87.10.26提案)	스 위 스 案 ('87.10.26 提案)	日 本 案 ('87.12.26 提案)
	(例外 : 直接移轉所得 其他 生産 및 貸面 과 분리된 支拂. 經 助金 生産 및 貿易 中立的 政策) * 商品커버리지 : 모든 農産物, 水産, 飲料, 木材, 水産物	・課徵 : 旣存市場 接近 ・課徵 : 모든 輸出 및 生 産補助 課徵. 새로운 衛生措置 導入 禁止 ・措置 : 上記 課結措置 下에 1段階로, 모든 輸出 및 生産補助의 一定比率 引下 및 市 接接近 改善 約束 * 分野 : 匯指的 輸出 補助 및 增加 또는 輸入減少를 招來하는 措置 * 施措 : 補助削減 整理 期程 : PSE			

0036

일 자		내 용
1967	4. 14	한국 GATT 가입
1974	12.	미국, 통상법 제301조 제정(무역상대국 정부의 불공정 무역관행에 대한 일방적 보복조치 규정)
1982	11.	미국, GATT 각료회의에서 서비스, 지식재산권, 농산물 등을 다루는 후속 라운드 개최 제안
1986	9. 20	푼타 델 에스테 각료선언 채택, 우루과이 라운드 협상 개시
1987	1.	우루과이 라운드 협상 본격화 위한 무역협상위원회(Trade Negotiations Committee) 개최
		한국, 우루과이 라운드 협상 기초 구축에 착수 [자료 2] 우루과이 라운드 농산물 및 세대 상품 협상추진방안(농림수산부 농림정책국, 1987.02.) [자료 3.1] 서비스무역규제에 대한 Inventory 작성계획(경제기획원 대외경제조정실, 1987.07.) [자료 4] UR 대책 실무소위원회 토의자료(외무부 통상국, 1987.06.)
1988	8.	미국, 통상법 제310조(슈퍼 301조) 신설
	12.	몬트리올 중간평가회의 개최 [자료 8] UR/Montreal TNC 회의 대책회의(국제협력관실, 1988.11.) [자료 9] 우루과이 라운드 몬트리올 각료회의 결과 보고(외무부, 1988.12.12.)
1989	3.	한국의 슈퍼 301조 우선협상대상국 지정 관련 한미간 협상 개시
	10.	한국, GATT 제18조 B항에 따른 BOP(국제수지) 개도국 조항 졸업 결정
1990	12. 3~7	브뤼셀 각료회의 개최 및 협상 결렬
	12. 24	미국 부시 대통령, 노태우 대통령에게 협상 결렬 관련 항의 서한 전달

일 자		내 용
1991	2.	한국, 쌀을 제외한 모든 농산물 분야의 관세화 가능 입장 개진
	5.	미국 의회, 부시 행정부 신속처리권한 연장
	12.	아르투르 던켈 GATT 사무총장, 일명 "던켈 최종협정안(The Dunkel Draft)" 제안
1992	8.	북미자유무역협정(NAFTA) 타결
	11. 20	미국-EU, 블레어 하우스 합의(농산물 보조금 감축 문제 등 타결)
1993	6.	미국 의회, 클린턴 행정부 신속처리권한 연장
	7.	'쿼드(미국, EU, 일본, 캐나다)' 공산품 시장접근 관련 협상 진전 발표
	12.	우루과이 라운드 최종 고위급 협상 및 한국 쌀 관련 최종협상 돌입(제네바)
	12. 9	김영삼 대통령, 쌀 개방 수용 관련 특별담화 및 대국민 사과
	12. 12	한국 쌀 관련 협상 타결
	12. 15	우루과이 라운드 협상 최종 타결
1994	3~4.	한국, 우루과이 라운드 이행계획서 수정 파동
	4. 15	우루과이 라운드 협상 참가국 중 111개국, "WTO 설립을 위한 마라케시협정" 서명
	12.	한국 국회, WTO 설립협정 최종의정서 비준
1995	1. 1	WTO 협정 발효 및 WTO 체제 출범
2001	11.	도하 라운드 협상 개시

| 참 고 문 헌 |

단행본

구민교, 최병선. 2019.『국제무역의 정치경제와 법: 자유무역 이상과 중상주의 편향 사이에서』
김석우, 윤해중, 신정승, 정상기. 2020.『한중수교』
김지홍. 2004.『쌀 협상과 미곡산업 구조조정방안』
김효은, 오지은. 2017.『외교관은 국가대표 멀티플레이어』
농림축산식품부. 2017.『한국농업통상 50년사』
매일경제 국제부. 2010.『대사관 순간의 기록』
무역위원회. 2017.『무역위원회 30년사 : 공정무역 질서 확립 30년을 담다』
박노형. 1995.『WTO體制의 紛爭解決制度硏究』
박덕영, 이태화. 2012.『기후변화와 통상문제: WTO의 역할』
박수길. 2014.『박수길 대사가 들려주는 그동안 우리가 몰랐던 대한민국 외교 이야기』
배종하. 2006.『우루과이 라운드, 최초의 농산물협상』
배종하. 2006.『현장에서 본 농업통상 이야기』
법무부. 1996.『美國通商法硏究』
법무부. 2002.『WTO 분쟁해결제도의 이행과정 연구』
법무부. 2018.『최신 미국 통상법』
서진교. 2016.『한국 외교와 외교관 : UR 협상과 WTO 출범』
선준영. 2016.『한국 외교와 외교관-우루과이라운드와 통상협상』
손찬현. 1990.『우루과이 라운드 지적재산권 협상과제와 우리의 (對應方案)』
안덕근, 김민정. 2020.『지역무역체제와 기술표준 협상』
오영호. 2004.『미국 통상정책과 대응전략』
유병린. 2014.『30년 경험의 전직 농업통상 관료가 말하는 농업과 통상』
이진면 외. 2014.『글로벌 통상질서 속의 지역주의 전망과 한국 신통상정책의 발전방향』
정경록. 2020.『2019년 통상일지』
최병구. 2019.『외교, 외교관』

최석영. 2022.『최석영의 국제협상 현장노트』

Brian McDonald. 1998. *The World Trading System: The Uruguay Round and Beyond*, Palgrave Macmillan

John H. Jackson. 2006. *Sovereignty, the WTO and Changing Fundamentals of International Law*, Cambridge University Press

John Whalley. 1989. *The Uruguay Round and Beyond: The Final Report from the Ford Foundation Project on Developing Countries and the Global Trading System*, Macmillan Press

K.A. Ingersent et al. 1994. *Agriculture in Uruguay Round*, Macmillan Press

Marion Jansen. 2012. *Defining the Borders of the WTO Agenda*, Oxford University Press

Mitsuo Matsushita et al. 2015. *The World Trade Organization: Law, Practice and Policy*, Oxford University Press

Peter Van den Bossche. 2005. *The Law and Policy of the World Trade Organization: Texts, Cas*

논문

강민지. 2016. "WTO SPS 분쟁 사례연구." 연구자료 16-08.『대외경제정책연구원』

권재열 외. 2003. "지재권 관련 DDA 협상의제에 대한 연구." 연구보고서 2003-01.『지적재산권연구센터』

김규호. 2019. "우리나라 WTO 농업분야 개도국 지위 '자기선언'의 변화와 향후 과제."『국회입법조사처』

김종덕 외. 2020. "신보호무역주의정책의 경제적 영향과 시사점." 연구보고서 19-13.『대외경제정책연구원』

김호철. 2015. "쌀 관세화, 2015년 1월 1일부터 관세율 513% 적용." 정책과 이슈.『KIET 산업경제』

대외경제정책연구원. 1992. "UR 총점검 : 분야별 평가와 우리의 대응." 연구보고서 92-96.『대외경제정책연구원』

문병철. 2011. "WTO와 국제통상규범."『국회사무처』

미래정책연구실. 2019. "주간 농업농촌식품동향."『한국농촌경제연구원』. Vol.43.

박태호. 1990. "우루과이라운드(UR) 協商과 우리의 對應方案." 다자간협상 90-02.『대외경제
　　정책연구원』

박태호. 2000. "미국 대외 경제정책 변천."『미국학』

배연재, 박노형. 2014. "한국의 GATT/WTO체제 경험과 국제경제법학의 발전."『고려법학』

북경사무소. 2017. "중국 WTO 가입 15주년 회고와 전망." KEIP 북경사무소 브리핑 17-03.
　　『대외경제정책연구원』

서진교 외. 2018. "WTO 체제 개혁과 한국의 다자통상정책 방향." 연구보고서 18-20.『대외
　　경제정책연구원』

서진교 외. 2020. "WTO 체제의 구조적 위기와 한국의 신 다자협상 대응 방향." 연구보고서
　　20-20.『대외경제정책연구원』

선준영. 1989. "갓트의 당면과제와 우루과이라운드다자무역협상의 의의." 정책연구시리즈
　　88-08.『한국개발연구원』

안덕근, 이원희, 신원규. 2010. "세계무역체제 거버넌스 개편과 한국의 대응방안 연구."『한
　　국국제통상학회』

외무부 통상국. 1988. "우루과이 라운드협상 진전 중간평가와 아국의 대책(3)." 집무자료
　　88-20.『외교부 통상국』

이재민. 2019. "WTO 개혁쟁점 연구: 분쟁해결제도." 중장기통상전략연구 19-02.『대외경제
　　정책연구원』

KITA. 2017. "한국무역 GATT 가입 50년의 성과와 도전."『한국무역협회』

KITA. 2015. "Chapter 6: Emerging Issues in Agricultural and Rural Policy," Agriculture in
　　Korea. KREI. https://www.krei.re.kr/eng/contents.do?key=358

Ann Weston and Valentina Delich. 2000. "Settling Trade Disputes after the Uruguay Round.
　　Options for the Western Hemisphere," Latin American Trade Network (LATN)

Daniel Gervais. 2011. "Agreement on Trade-Related Aspects of Intellectual Property Rights
　　(1994)," Max Planck Encyclopedias of International Law

Gabrielle Marceau. 2002. "WTO Dispute Settlement and Human Rights," European Journal
　　of International Law, Vol. 13, No. 4

James M. Lister et al. 2009. "Ambassadors' Memoir : U.S.-Korea Relations Through the
　　Eyes of the Ambassadors," Korea Economic Institute

John Peterson. 1994. "Europe and America in the Clinton Era," *Journal of Common Market Studies*, Vol. 32, No.3

Kerry Allbeury. 2019. "Review of the Dispute Settlement of Understanding: World Trade Organization (WTO)," *Max Planck Encyclopedia of International Law*

Matthias Oesch. 2014. "Uruguay Round," *Max Planck Encyclopedia of Public International Law*. https://opil.ouplaw.com/view/10.1093/law:epil/9780199231690/law-9780199231690-e1554?prd=MPIL#law-9780199231690-e1554-div1-3

Michael K. Young. 1995. "Dispute Resolution in the Uruguay Round: Lawyers Triumph over Diplomats," *The International Lawyer*. Vol. 29, No.2

Mona Pinchis-Paulsen. 2020. "Trade Multilateralism and U.S. National Security : The Making of the GATT Security Exceptions," *Michigan Journal of International Law*, Vol. 41, Issue 1

Pasha L. Hsieh. 2010. "China's Development of International Economic Law and WTO Legal Capacity Building," *Journal of International Economic Law*. Vol. 13, No.4

Peter-Tobias Stoll. 2014. "World Trade Organization (WTO)," *Max Planck Encyclopedia of International Law*. https://opil.ouplaw.com/view/10.1093/law:epil/9780199231690/law-9780199231690-e1555?rskey=HEtfC3&result=1&prd=MPIL

Tae-ho Bark. 1991. *The Uruguay Round Negotiations and the Korean Economy*, Policy Analysis 91-05. KIEP

Wolfgang Benedek. 2015. "General Agreement on Tariffs and Trade (1947 and 1994)," *Max Planck Encyclopedia of International Law*

WTO 문서

"Decision on the Application and Review of the Understanding on Rules and Procedures Governing the Settlements of Disputes." https://www.wto.org/english/tratop_e/dispu_e/dispu_negs_e.htm (최종 검색일: 2019. 10. 31)

Communication from Japan to the Negotiating Group on Dispute Settlement, MTN. GNG/NG13/W/21 (March 1, 1988)

Communication from Republic of Korea to the Negotiating Group on Dispute Settlement, MTN.GNG/NG13/W/19 (November 20, 1987)

Communication from Nicaragua to the Negotiating Group on Dispute Settlement, MTN. GNG/NG13/W/15 (November 20, 1987)

Communication from the Republic of Korea to the Negotiating Group on Trade-Related Aspects of Intellectual Property Rights, including Trade in Counterfeit Goods, MTN.GNG/NG11/W/48 (October 26, 1989)

"Negotiations to Improve Dispute Settlement Procedures." https://www.wto.org/english/tratop_e/dispu_e/dispu_negs_e.htm (최종 검색일: 2019. 10. 31)

Note by Secretariat, Group of Negotiations on Goods, Article XXI, MTN.GNC/NG7/W/16 (August 18, 1987)

Ministerial Declarations, WT/MIN(01)/EDC/1 (November 14, 2001)

여타 국제 문서

Congressional Research Service. 1995. "Services Trade and the Uruguay Round: An Issue Overview." (Dec. 5, 1995)

Congressional Research Service. 1999. "The World Trade Organization: Future Negotiation." (Jul. 30, 1999)

Congressional Research Service. 2020. "Section 301 of the Trade Act of 1974, As Amended: Its Operation and Issues Involving its Use by the United States." (Aug. 17, 2000)

Congressional Research Service. 2020. "Section 301 of the Trade Act of 1974: Origin, Evolution, and Use." (Dec. 14, 2020)

Congressional Research Service. 2021. "In Focus: Section 301 of the Trade Act of 1974." (Feb. 16, 2021)

European Commission. 1994. "The Uruguay Round: Memo/94/24." An official EU website. (April 24). https://ec.europa.eu/commission/presscorner/detail/en/MEMO_94_24

OECD. Review of Agricultural Policies in Korea. (April 1, 1999) https://www.oecd.org/korea/40417830.pdf

United States International Trade Commission, International Economic Review. (Jan 1994) https://www.usitc.gov/publications/ier/ier_1994_01.pdf

United States International Trade Commission. 1989. "Operation of the Trade Agreements Program: 41st Report." https://www.usitc.gov/publications/332/pub2317_0.pdf

언론보도 및 인터넷 자료

경향신문. 1988. "개도국에 경원 확대."『경향신문』(8월 3일)

경향신문. 1989. "농산물 97년부터 완전개방."『경향신문』(10월 27일)

경향신문. 1989. "미, 한, EC 우선협상대상국 지정."『경향신문』(1월 25일)

경향신문. 1989. "미 대한 농산물개방압력 강화."『경향신문』(1월 12일)

경향신문. 1990. "UR파고, 철저 대비를."『경향신문』(7월 23일)

경향신문. 1991. "전자, 수산물등 8분야 미, 대한 무관세화 요구."『경향신문』(5월 24일)

경향신문. 1991. "식량안보차원 쌀 개방 않는다."『경향신문』(10월 15일)

경향신문. 1991. "한일 UR협상 공동보조."『경향신문』(11월 15일)

경향신문. 1992. "쌀 개방반대 국제협조 박수길 대사 귀국회견."『경향신문』(12월 31일)

경향신문. 1993. "日(일)이 발목 잡는다."『경향신문』(12월 8일)

경향신문. 1993. "김-클린턴 교감 막판변수."『경향신문』(12월 9일)

경향신문. 1994. "美(미)에 약한 외교관들."『한겨레』(3월 16일)

경향신문. 1999. "미 자국시장 보호 '한국 때리기' 대한 통상압력 강화 배경, 업계 파장."『경향신문』(2월 19일)

권대우. 1989. "우선협상국 막판절충 시도."『매일경제』(5월 1일)

권대우. 1989. "수입제한 근거 상실에 관심집중."『매일경제』(5월 17일)

김기만. 1993. "한-미 쌀협상 뒷얘기, 개도국 대우 자칫 잃을뻔했다."『동아일보』(12월 16일)

김동철, 홍은택. 1993. "농민 어떻게 달래나 자성과 규탄."『동아일보』(12월 6일)

김상영. 1994. "미 UR 이행법 개도국지정 조항 마찰 소지."『동아일보』(12월 11일)

김성원. 1990. "비교역 품목 선정 막바지 진통."『매일경제』(9월 28일)

김병철. 1991. "아태 무역자유화 진일보."『매일경제』(11월 14일)

김영태. 1995. "포스트 플라자시대 플라자합의 100년…글로벌 머니게임 북미, 유럽, 아태 3각축 가속."『매일경제』(9월 14일)

김창균. 1996. "미, 한국차 불공정서 제외."『조선일보』(10월 3일)

김충일. 1994. "UR파장에 인사처방."『경향신문』(4월 5일)

김학순. 1992. "세계경제 블록화 가속."『경향신문』(8월 14일)

김학순. 1994. "이총리 퇴임회견 '자진사퇴… 다신 공직 안 맡겠다'."『경향신문』(4월 24일)

김효상. 1993. "쌀시장 지키기 어렵다."『조선일보』(12월 2일)

김효상. 1994. "UR 이행계획."『조선일보』(2월 15일)

나종현. 1993. "실속 개방 쌀 묘안 찾기."『조선일보』(11월 27일)

나종호. 1993. "쌀 지키려고 양보 거듭 UR 쌀 협상."『조선일보』(11월 30일)

노성태. 1993. "쌀시장개방과 우리의 대응."『매일경제』(12월 16일)

노응근. 1995. "선후진국 구분 방법."『경향신문』(3월 13일)

농림축산식품부. 2021. "쌀 관세화 절차 완료 (관세율 513% 확정)." (2월 21일)

대한민국 정책브리핑. 2007. "'재협상론' 누가 부추기나."『대한민국 정책브리핑』(4월 16일)

동아일보. 1985. "소 값이 이렇게까지…."『동아일보』(7월 18일)

동아일보. 1988. "쇠고기 수입재개."『동아일보』(7월 27일)

동아일보. 1989. "미 쇠고기 수입 축소 검토."『동아일보』(9월 30일)

동아일보. 1989. "한미 통상현안 연쇄논의 농산물-통신분야 이견 심각."『동아일보』(10월 10일)

동아일보. 1990. "UR 태풍이 온다 관치온실 속 서비스 산업 너무 허약."『동아일보』(10월 22일)

동아일보. 1991. "「통상조직」개편 추진."『동아일보』(2월 20일)

동아일보. 1991. "UR 대책 개도국 대우 협상 급선무."『매일경제』(12월 26일)

동아일보. 1992. "미국은 개방압력 자제해야."『동아일보』(6월 15일)

동아일보. 1992. "유세현장 불법 들춰내기 격양된 종반."『동아일보』(12월 9일)

동아일보. 1993. "美(미) 通商(통상)정책 視野(시야) 넓혀라."『동아일보』(2월 14일)

동아일보. 1993. "허승 신임 주제네바대사."『동아일보』(4월 16일)

동아일보. 1993. "입체점검 UR (9) 쌀 개방시대 14개 농산물 마지막 희망 관세보호막."『동아일보』(12월 10일)

동아일보. 1993. "가슴 졸인 쌀대좌… 긴박의 열이틀."『동아일보』(12월 14일)

동아일보. 1996. "한-미, 식품유통 협상 일부타결."『동아일보』(1월 24일)

매일경제. 1984. "한미 통상현안과 대응전략: 미국내 압력단체 설득 긴요."『매일경제』(11월 8일)

매일경제. 1986. "개도국 입장 주도역을."『매일경제』(5월 31일)

매일경제. 1986. "保護貿易(보호무역) 동결이 뉴라운드 前提(전제)."『매일경제』(9월 17일)

매일경제. 1986. "우루과이 라운드 협상 적극참여."『매일경제』(12월 19일)

매일경제. 1988. "한미 쇠고기협상 결렬, 고급육, 업소범위 이견."『매일경제』(2월 22일)

매일경제. 1988. "미 압력 일방적 수용시대 지나."『매일경제』(5월 12일)

매일경제. 1988. "세계경제질서와 수출주도공업화."『매일경제』(6월 1일)

매일경제. 1988. "한미 농산물 회담 8일 워싱턴에서."『매일경제』(8월 6일)

매일경제. 1988. "다자간 무역자유화가 살길."『매일경제』(12월 28일)

매일경제. 1989. "미국 슈퍼 통상법 401조 따라 한국 우선협상대상국 지정될듯."『매일경제』(1월 13일)

매일경제. 1989. "미 USTR 불공정무역국 지정 착수." 『매일경제』 (3월 28일)

매일경제. 1989. "한국 우선협상국 지정요청." 『매일경제』 (3월 31일)

매일경제. 1989. "미, 농산물 추가개방 되풀이." 『매일경제』 (4월 27일)

매일경제. 1990. "경제정책 재조정 착수." 『매일경제』 (7월 18일)

매일경제. 1990. "UR 금융, 서비스협상 아주국(亞洲國) 공동입장 제출." 『매일경제』 (9월 16일)

매일경제. 1990. "개방과 산업피해." 『매일경제』 (9월 21일)

매일경제. 1990. "경제운용 저면 재검토." 『매일경제』 (9월 26일)

매일경제. 1990. "非交易(비교역)품목 선정 막바지 진통." 『매일경제』 (9월 28일)

매일경제. 1990. "UR 파고 극복할수 있다." 『매일경제』 (10월 31일)

매일경제. 1990. "UR협상과 우리경제의 진로 (4) 무역에 미치는 영향." 『매일경제』 (11월 1일)

매일경제. 1990. "UR협상 중도(中道) 역할 담당." 『매일경제』 (12월 1일)

매일경제. 1990. "UR협상 최종 각료회의 피해의식 벗어나 새 활로 개척을." 『매일경제』 (12월 3일)

매일경제. 1991. "UR전략의 재정비." 『매일경제』 (1월 14일)

매일경제. 1993. "우회덤핑 제재 강화." 『매일경제』 (6월 16일)

매일경제. 1993. "쌀 관세화 예외 한결같이 냉담." 『매일경제』 (12월 5일)

매일경제. 1993. "UR종합협상단 파견 단장에 선준영 차관보." 『매일경제』 (12월 7일)

매일경제. 1993. "한국쌀 UR 다자협상 돌입." 『매일경제』 (12월 9일)

매일경제. 1993. "다자간 협상서 최종결론." 『매일경제』 (12월 10일)

매일경제. 1993. "제2의 파동을 이기는 지혜." 『매일경제』 (12월 11일)

매일경제. 1994. "UR 이후 세계교역질서 WTO창설… 선진국 독주 제동." 『매일경제』 (1월 1일)

매일경제. 1994. ""한국금융개방 비협조적 UR실패 主因(주인)…강경조치" 캔터 美(미)무역대표." 『매일경제』 (1월 28일)

매일경제. 1994. "UR 계획서 수정 시사." 『매일경제』 (3월 4일)

매일경제. 1994. "개방시대 국가경영 (13) UR와 한국농업 진단." 『매일경제』 (9월 5일)

매일경제. 1994. "무역 일방주의시대의 종언." 『매일경제』 (10월 31일)

매일경제. 1995. "경제, 외교적 입지강화 시급." 『매일경제』 (11월 20일)

매일경제. 1996. "통산부 국제 통상협상 전문 외국인 변호사 2명 고용키로." 『매일경제』 (3월 18일)

박감목. 1993. "독불 급선회 배경과 파장." 『매일경제』 (8월 28일)

박감목. 1993. "인터뷰 허승 주 제네바대표부 대사, 일 '예외 없는 관세화' 수용할 것." 『매일경제』 (10월 12일)

박두식. 1993. "서울서 제네바서 뛰는 한국「UR팀」."『조선일보』(12월 1일)

박세훈. 1990. "주요 협상국 막후접촉 본격화."『조선일보』(12월 5일)

박세훈. 1990. "UR협상 어떻게 되나 분야별 중간점검 지적재산권."『조선일보』(10월 25일)

박시룡. 1991. "통상현안 막후교섭 절호의 기회."『매일경제』(11월 7일)

박승철. 1993. "쌀 개방 어디로 가는가 (1) 출구없이 강요 받는 협상."『경향신문』(11월 28일)

배인준. 1989. "한미 통상회담 마치고 온 김철수 한국 측 수석대표 '외국인 투자' 줄다리기가 가장 힘들었다."『동아일보』(5월 19일)

배인준. 1990. "인터뷰 '보조금 45%선서 타결 가능성 -UR협상 실무대표 이상옥 제네바대사."『동아일보』(10월 16일)

배인준. 1990. "UR 태풍이 온다 선진국 연내 타결 강공 개도국 수세 탈출 총력."『동아일보』(10월 16일)

서원석. 1988. "미, 무역법 시동…예견된 대한환율 압력."『조선일보』(10월 27일)

송영언, 김동철, 최영묵, 한기홍. 1993. "야 '내각사퇴' 공세에 청와대 못마땅."『동아일보』. (12월 16일)

신정희. 1989. "미 UIP코리아사 고발."『매일경제』(9월 22일)

왕상한. 1991. "UR 협상 늦어도 내년초까지 타결."『조선일보』(3월 23일)

윤덕노. 1988. "위조상표 남발 해외 압력 가중."『매일경제』(10월 28일)

안영임. 1989. "농산물, 섬유 큰 타격 예상."『매일경제』(4월 11일)

이경, 정석구. 1990. "'우루과이 라운드'가 오고 있다."『한겨레』(6월 5일)

이규민. 1990. "우선협상국 지정 여부가 최대관심."『동아일보』(4월 16일)

이길우. 1993. "미, 금융시장 통째 '눈독'."『한겨레』(12월 12일)

이동홍. 1993. "한국농업이 무너진다 UR 농산물 협상 긴급점검 (3)."『한겨레』(12월 1일)

이승구. 1989. "쇠고기 개방 이견조정 난항."『경향신문』(11월 9일)

이승구. 1989. "한국 가트 국제수지조항 졸업 확실."『경향신문』(10월 18일)

이웅환. 1993. "호소카와 駐日(주일) 한국특파원과 회견 한일무역 확대균형 노력."『매일경제』(11월 6일)

이재덕, 김지환. 2015. "미국 등 4개국 "한국 쌀 관세율 너무 높다" 이의제기."『경향비즈』(1월 2일)

이종현. 1989. "한미 통상 산넘어 산, 미 분야별 협상서 실리노려 강경."『매일경제』(8월 18일)

이홍동. 1990. "다가오는 UR 충격 (4) 지적재산권 기술도입 타격 대외종속 가속화."『한겨레』(10월 9일)

장덕경. 1996. "한-미 식품유통기한 분쟁 타결."『매일경제』(1월 21일)

장성효. 1990. "UR결산… 우리 경제에 미치는 영향:상 (경제초점)."『중앙일보』(12월 8일)

정운영. 1990. "'도라 도라'를 들으며."『한겨레』(12월 4일)

정인화. 1994. "UR해설서 펴낸 법무부 주광일 법무실장 '통상업무 나침반 역할 기대'."『경향신문』(5월 13일)

조선일보. 1967. "가트 협정에의 가입."『조선일보』(3월 9일)

조선일보. 1990. "UR농산물 협상 타결돼도 쌀등 수입예외 요구방침."『조선일보』(7월 29일)

조선일보. 1990. "쌀등 15개 '비교역적 기능' 품목 개방계획 제출 보류."『조선일보』(10월 24일)

조선일보. 1990. "UR최종협상 오늘 개막."『조선일보』(12월 3일)

조선일보. 1990. "부시, 한미현안 관련 친서."『조선일보』(12월 24일)

조선일보. 1991. "쌀 제외땐 모든 농산물 개방."『조선일보』(12월 22일)

조선일보. 1993. "UR 연내 타결 노력."『조선일보』(7월 10일)

조선일보. 1993. "개방 타분야 양보설 부인."『조선일보』(12월 12일)

중앙일보. 1990. "우루과이라운드 최종협상에 나서는 우리의 입장 (경제초점)."『중앙일보』(12월 1일)

중앙일보. 1993. "54세 동갑내기 미EC 무역협상 대표."『중앙일보』(12월 6일)

최청림. 1990. "통상외교 너무 서툴다."『조선일보』(12월 12일)

한겨레. 1989. "정부, 가트 국제수지위원회 결정 따르기로 수입규제 허용 유예기간 10년 보장 조건부."『한겨레』(10월 14일)

한겨레. 1990. "우루과이R 고위급협상에 총력."『한겨레』(7월 22일)

한겨레. 1990. "농산물 보조금현황 제출 늦춰."『한겨레』(10월 1일)

한겨레. 1991. "쌀시장 개방은 자립국가 포기 뜻."『한겨레』(10월 15일)

한겨레. 1992. "반덤핑 조사기간 240일로 줄여."『한겨레』(6월 16일)

한겨레. 1992. "덤핑판정기간 크게 축소."『한겨레』(7월 25일)

한겨레. 1992. "쌀시장 개방 반대 재확인."『한겨레』(11월 28일)

한겨레. 1992. "현안 어떻게 풀까 대선후보 시각 (5) 피폐한 농어촌."『한겨레』(12월 9일)

한겨레. 1993. "쌀 개방 대세론의 허구성."『한겨레』(1월 9일)

한겨레. 1993. "UR 연내타결 최우선."『한겨레』(7월 10일)

한겨레. 1993. "막바지 UR협상 2 벼랑에 선 '쌀시장 정책'."『한겨레』(11월 14일)

한겨레. 1993. "정부, 쌀 지키기 최선 다했나."『한겨레』(12월 7일)

한겨레. 1993. "허장관-캔터 최종 담판."『한겨레』(12월 8일)

한겨레. 1993. "농산물협상 허신행 한국대표 일문일답."『한겨레』(12월 9일)

한겨레. 1993. "UR 현장."『한겨레』(12월 11일)

한겨레. 1993. "UR 협상 최종 타결."『한겨레』(12월 15일)

한겨레. 1994. "미 슈퍼 301조 부활."『한겨레』(3월 5일)

한겨레. 1994. "정부 UR수정안 미국요구 수용 농산물 대폭양보 비밀협약."『한겨레』(3월 24일)

한겨레. 1994. "이총리 사퇴 정국 긴장."『한겨레』(4월 24일)

한겨레. 1994. "갑작스런 UR비준동의안 국회제출 결정 배경 또 한차례 대결정국 예고."『한겨레』(6월 17일)

한겨레. 1994. "UR 비준 각국 동향 김영진 의원 보고회, 미국 EU등 농업보호 대책위해 내년으로 미뤄, 한국 조기비준 대가 WTO총장 내락 소문 무성."『한겨레』(7월 30일)

한배선. 1993. "최종시한 한달… 돌파구가 없다."『매일경제』(11월 16일)

행정안전부 국가기록원. "우리나라 식탁의 모습을 바꾸다: 우루과이 라운드."

KBS. 1993. "우루과이라운드 협상, 유럽공동체 주재 허승 대사와의 대담."『KBS』(12월 6일)

Cathryn Cluver Ashbrook and Alvaro Renedo. 2021. "Social Media Influence on Diplomatic Negotiation: Shifting the Shape of the Table." *Analysis & Opinions, Harvard Kennedy School Belfer Center for Science and International Affairs*. https://www.belfercenter.org/publication/social-media-influence-diplomatic-negotiation-shifting-shape-table

Dipankar de Sarkar et al., 2006. "Trade Challenges, Media Challenges: Strengthening Trade Coverage Beyond the Headlines." *WTO Public Forum*. https://www.wto.org/english/forums_e/public_forum_e/trade_challenges.pdf

Forbes. 2009. "Where are China's WTO Lawyers?" https://www.forbes.com/2009/04/27/china-wto-law-business-economy-trade.html?sh=d203a656fa42

| 찾 아 보 기 |